W0221628

SFV

Joachim-
Ernst
Berendt

Ein Fenster aus Jazz

Essays
Portraits
Reflexionen

S. Fischer

© S. Fischer Verlag GmbH, Frankfurt am Main, 1977
Umschlagentwurf: Atelier Rambow, Lienemeyer, van de Sand
Fotoauswahl: Vera Berendt
Reproduktionen: Reproduktionsanstalt Neumünster

Satz: VID Verlags- und Industriedrucke GmbH & Co. KG
Villingen-Schwenningen
Druck und Bindung: Clausen & Bosse, Leck/Schleswig
Printed in Germany 1977
ISBN 3 10 003801 0

Für
Albert Mangelsdorff, Ali Akbar Khan und John Handy, Baden Powell, Carlos Castaneda, Hannibal, McCoy, Robert M. Pirsig, . . .
Vera, Christian und Stephanie

Im Gedenken an
Albert Ayler, Bird, Duke, Eric Dolphy, Jean Gebser, Ralph Gleason, Hermann Hesse, Lady Day, Satchmo, Trane
und an meinen Vater, der im Konzentrationslager Dachau ums Leben kam

The music is you.

Sun Ra

Wenn du nicht die spirituelle Seite dazunimmst, dann, glaube ich, ist Jazz nicht vollständig.

Albert Heath

America makes it a point to keep her creative jazz musicians – like the blues singer said – ›low down‹. All we want is not just to die, and somebody, just somebody, please, listen!

Albert Ayler

Das Dumme ist, daß Essays sich immer so anhören müssen, als spräche Gott für die Ewigkeit, obwohl es nie so ist. Die Leute müßten begreifen, daß es nie etwas anderes ist als ein bestimmter Mensch, der von einem bestimmten zeitlichen und räumlichen Standort aus spricht, aus bestimmten Verhältnissen heraus. Nie, niemals ist es etwas anderes . . .

Robert M. Pirsig

Solche Musik ist mehr als eine neue Kunstform; sie ist ein Grund, neu zu leben.

Blaise Cendrars

Inhalt

Intro

samt einschlägigen Überlegungen über die Situation der Jazzkritik und des Kritikers

I.

Vor einiger Zeit fragte mich ein Freund und Kritiker, warum ich nicht mehr so viel schriebe wie in den fünfziger Jahren. »Damals«, sagte er, »hast du fast jedes Jahr ein neues Buch gemacht, zehn Jahre lang.«
Ich möchte hier aufschreiben, was ich meinem Kritiker-Freund geantwortet habe.
Die Jazzkritik und die Jazzliteratur besaßen etwa zwischen 1947 und 1961 eine wichtige Aufgabe. Nicht bloß wegen des »Nachholbedarfs« in Deutschland. Der kam hinzu. Die Aufgabe, das Phänomen Jazz in seiner ganzen Breite darzustellen, war so international wie ihre Autoren: André Hodeir und Lucien Malson in Frankreich, Alun Morgan und Raymond Horricks in England, Nat Hentoff, Nat Shapiro, Leonard Feather, Marshall Stearns, Martin Williams, Ralph Gleason, Ira Gitler in den USA, Erik Wiedemann in Dänemark, der Schreiber dieser Zeilen in Deutschland.
Alle diese Autoren haben in den fünfziger Jahren eine besondere Aktivität entwickelt. Und fast alle haben im selben Jahr – zumindest für einige Zeit – zu schweigen begonnen: 1961. Warum?
In den fünfziger Jahren sind ganze Bibliotheken von Jazzliteratur entstanden. Die Geschichte des Jazz wurde ausgebreitet, das Wesen des Jazz untersucht, eine Kette von Definitionen erarbeitet, jede aus der vorhergehenden weiterentwickelt, die Musiker vorgestellt, die Lücke der Uninformiertheit über die terra incognita Jazz geschlossen. Wer heute immer noch uninformiert ist, ist selber schuld.
Trotzdem – das war es eben: Gar zu viele blieben uninformiert. Anfang der sechziger Jahre stand die Menge der greifbaren Jazzliteratur – den kleineren Bereich Jazz in Rechnung gestellt – durchaus in einem akzeptablen Verhältnis zur Literatur über bestimmte Formen der konventionellen Musik, sagen wir über die romantische Epoche. Gleichwohl: Über Franz Schubert wußte das musikinteressierte Publikum Bescheid, nicht aber über Fletcher Henderson. Es wurde deutlich – und zwar nicht bloß in Deutschland: Die Gleichung zwischen der Informationsarbeit und dem Verständnis war nicht – oder jedenfalls nur bedingt – aufgegangen.
Warum? Weil jahrelang zwischen dem Lesen über Jazz und dem Hören von Jazz ein Mißverhältnis bestanden hatte. Es ging mir damals oft so:

Wenn ich in den Bücherregalen durchschnittlich informierter, aufgeschlossener Bürger mein »Jazzbuch« fand, freute ich mich natürlich, aber dann sah ich, daß im Plattenschrank allenfalls das Modern Jazz Quartet stand, neben Bach und Mozart und den anderen – Hunderte von klassischen Platten, aber keine Billie Holiday und kein Lester Young und kein Charlie Parker – und dann ärgerte ich mich, und ich sagte mir: Es war alles umsonst.
Anfang der sechziger Jahre wurde deutlich, was eigentlich immer schon hätte deutlich sein müssen: Wichtiger als das Reden und Schreiben über Jazz ist das Hören von Jazz (und wiederum wichtiger als dieses ist das Jazz-Spielen!). Die Jazzkritiker erzielten mit ihren Büchern hohe Auflagen, aber die Musiker hungerten. Der angebliche »Jazzboom« der fünfziger Jahre war ein Boom des Geredes. Nicht zufällig waren es fast ausschließlich Amateur-Musik und amateurischer Jazz, die damals in Deutschland erfolgreich waren (siehe hierzu »Die Kleine Nachkriegsgeschichte des Deutschen Jazz« in diesem Buch). Und in den USA triumphierte die fade und leere Musik des Westcoast Jazz. Die Kritiker, die heute immer noch von einem »Boom« des damaligen Jazz reden, meinen im Grunde nur den Boom ihrer eigenen Erzeugnisse. Weil es diesen Boom, gesunderweise, heute nicht mehr gibt, sind sie enttäuscht und faseln vom »Tod des Jazz«. (Sun Ra: »Black Music, Schwarze Musik, ist wichtig für jeden einzelnen Menschen. Wer vom Tod des Jazz redet, meint seinen eigenen.«)
Um 1960/61 wurde deutlich: Jetzt kam es darauf an, dafür zu sorgen, daß Jazz gespielt wurde. (Und wahrhaftig, es wäre schon vorher darauf angekommen. Wir hatten geglaubt, indem wir schrieben, der Präsentation von Jazz zu dienen, aber das war nur bis zu einem gewissen, unbefriedigenden Grade so.)
Wir hatten Tausende von Musikern, Dutzende von Kritikern, aber es gab immer noch – und gibt auch heute noch – nur zwei Impresarios, Norman Granz und George Wein, die in einem weltweit bedeutenden Maße dafür sorgen, daß Jazz gespielt wird, und diese beiden mögen mit vielen – und viele mit ihnen – nicht zusammenarbeiten. Wer aber mit Granz und Wein nicht arbeitete – und auch nicht mit den wenigen kleinen, der Musik dienenden »Selbsthilfe-Agenten« –, der geriet in Gefahr, an kriminelle Parasiten zu geraten. Das mußte geändert werden. Und ich glaube, in mancher Hinsicht *ist* es geändert worden. Nicht zuletzt deshalb, weil viele von denen, die bis dahin nur geschrieben hatten, nun selber anfingen, die Geschäfte in die Hand zu nehmen, selber Festivals zu gestalten, Platten zu produzieren, Tourneen zu organisieren . . . und entsprechend weniger zu schreiben. Seit dem Ende der fünfziger Jahre wurden viele der wichtigsten Platten – darunter solche, die seit Jahren »fällig« gewesen waren – von Leuten produziert, die ehemals selbst Kritiker gewesen waren (und noch sind), von George

Avakian bis Orrin Keepnews, von Jean-Louis Ginibre bis Shoichi Yui und noch anderen überall in der Welt.
Exemplarisch wird diese Entwicklung (die übrigens inzwischen fast abgeschlossen ist) bei den Jazzprogrammen des Rundfunks. In den fünfziger Jahren war eine Jazzsendung ohne langatmige Erklärungen im Grunde unmöglich. Jede Sendung hörte sich an wie ein gepflegter Hot Club-Abend. Aber dann ergab sich, langsam und graduell: Wenn es bei einer Beethoven-Symphonie mit einer Struktur, die doch gewiß schwieriger ist als die irgendeines Jazzstückes, wenn es da genügt, den Titel, das Orchester, den Dirigenten und die Sätze anzusagen, dann muß – oder kann doch zumindest – das Entsprechende auch in der Jazzmusik genügen: das Ansagen von Titel, Bandleader, Solisten, vielleicht noch des Aufnahmedatums, meinethalben auch einiger sachdienlicher Hinweise . . . Diese Entwicklung hat inzwischen begonnen – und geht weiter. Das Bla-Bla des Redens über Jazz hatte eine Barriere aufgerichtet, die viele Menschen am Hören von Jazz hinderte. Sie konnten all dies Gerede nicht ertragen – und hatten oft genug recht damit. Und selbst wenn sie nicht recht hatten und das, was da geredet wurde, sinnvoll und klug war: eine Barriere für viele blieb es trotzdem.
All das Reden geht von der Sendezeit ab, die für Musik zur Verfügung steht. Und darauf kommt es an: die Musik hörbar zu machen, den Musikern zu helfen, ihre Musik spielen zu können. Ich habe das in den Grenzen, in denen es mir möglich war, zu tun versucht.
Inzwischen haben wir ein – zumindest relativ – gesünderes Verhältnis zwischen Musik und Kritik auf der Jazz-Szene. Nicht mehr die Kritiker sind den Musikern voraus – wie es in den fünfziger Jahren schien, als es kaum eine Jazz-Zeitschrift gab, in der nicht irgendein Kritiker irgendeinem Musiker gute »Ratschläge« zu geben wagte . . ., sondern die Musiker machen Musik, die sie selber für richtig halten. Und sie können sie häufig unter besseren Verhältnissen spielen als damals (viel ist noch zu tun!).
Es ist selbstverständlich, daß diese ganze Entwicklung nicht so reibungslos und geradlinig verlaufen ist, wie sie aus Gründen der Klarheit dargestellt werden muß. Aber, ich glaube, sie ist so, wie sie nun einmal gelaufen ist, »richtig« gelaufen. Sie war notwendig. So jedenfalls schien es am Anfang, und so scheint es auch wieder heute. Zwischendurch, auf dem Wege, kamen die Zweifel: von einem selbst und von anderen.
Was zumindest die Lage in der Bundesrepublik betrifft, so sagte mir Albert Mangelsdorff nach einer längeren Europa-Tournee, die er Anfang 1976 unternommen hatte, daß ihm auf dieser Tournee deutlich geworden sei, wieviel »besser«, wieviel konsolidierter doch die Jazzsituation heute in Deutschland sei, verglichen mit derjenigen in den meisten anderen europäischen Ländern – in Schweden, England, Frankreich etc. Das meinen auch die ausländischen Musiker. Deshalb leben

so viele von ihnen in der Bundesrepublik. Deshalb sagen so viele Musiker der englischen Avantgarde, sie hätten in Deutschland mehr zu spielen als in ihrer Heimat. (Aber nochmals: Viel ist noch zu tun!)
Und was die Jazzliteratur betrifft: Selbstverständlich sind inzwischen weitere Bücher über Jazz veröffentlicht worden. Aber es sind weniger als in den fünfziger Jahren. Die Jazzbücher-Kollektion in meinem Arbeitszimmer füllt inzwischen ein Regal von zweieinhalb Meter Höhe und drei Meter Breite – und ich habe gewiß nicht alle Jazzbücher. Die »International Jazz Bibliography« von Carl Gregor Herzog zu Mecklenburg, das für diesen Zweck maßgebende Standardwerk mit seinen diversen Nachträgen, weist rund 2500 Titel nach. Aber Jazzliteratur ist heute in erster Linie ein Anschlußfinden (und -suchen) an die jeweils folgenden Entwicklungen geworden, ein Verarbeiten dessen, was bereits gefunden wurde, ein Umschreiben, ein Neuordnen, ein Bündig- und Schlüssigmachen des bereits vorliegenden Materials, eine Darstellung des jeweils Neuen, ein Abklopfen der eigenen Ergebnisse im Hinblick auf das, was inzwischen an neuer Musik gespielt wird, ein Befragen der Musiker selber. Man schaue in die Jazz-Zeitschriften: Von alledem sind sie voll. All das ist wichtig und notwendig, vor allem das Befragen. In den fünfziger Jahren war ein Musiker-Interview eine Seltenheit; in »down beat«, der wichtigsten Jazz-Zeitschrift der Welt, findet sich im ganzen Jahrgang 1955 – um ein beliebiges Jahr herauszugreifen – kein einziges (!) Musiker-Interview, damals sprachen im wesentlichen nur die Kritiker; heute kann kein Jazz-Magazin ohne Musiker-Interviews und -Statements auskommen.
Ich meine, in dieser Situation ist es notwendig, die Grenzen dessen, was unter Jazzkritik und Jazzliteratur verstanden wurde, auszuweiten, die bisherigen Grenzen zu durchbrechen, vom Jazz her in »die benachbarte Gegend« vorzudringen.
In anderen Bereichen ist das längst geschehen. Wer über Literatur oder moderne Konzertmusik oder Malerei schreibt, muß ständig die ganze Palette künstlerischer, geistiger und gesellschaftlicher Prozesse in den Fingerspitzen haben. Die Jazzleute aber empfinden es als deplaciert, wenn in ihrem eigenen Bereich Vergleichbares geschieht. Sie reagieren ärgerlich darauf, weil es sie in ihrem Elfenbeinturm stört: »Der Jazz hat so etwas nicht nötig.« Dadurch ist es dazu gekommen, daß die bekanntesten kulturkritischen Äußerungen über den Jazz von einem Jazzgegner wie Adorno kamen. Die meisten Jazzschreiber haben dazu tendiert, die kulturkritische Einordnung des Jazz Außenstehenden zu überlassen – und können sich deshalb über all das Falsche, Halbe und Kenntnislose, was da zusammengeschrieben wurde, nicht beklagen. Sie haben sich eingeigelt, es sich mit dem Jazz genug sein lassen. Ich meine, sie sollten das nicht mehr tun. Dieses Buch versucht, den Igel aus dem Bau zu locken.

Es versucht, Fenster aufzustoßen. Durch das geöffnete Fenster wird – wenn man so will: in einem Rahmen aus Jazz – ein gutes Stück Welt sichtbar.
Beim Anschauen des Inhaltsverzeichnisses mag auffallen, daß in den Überschriften der einzelnen Aufsätze das Wörtchen »und« verhältnismäßig oft vorkommt (und gewiß noch viel öfter hätte gewählt werden können). Dies ist die Haltung, aus der ich zu schreiben versucht habe: Raus aus der Insider-Mentalität, Verbindungen herstellend, Brücken schlagend – Jazz und . . .
Der Jazz, die Jazzkritik, hat – wie jeder derartige Bereich – seine »heiligen Kühe«, die jahrzehntelang getreulich gemästet werden. Diese »heiligen Kühe« weiden hier nicht. Nicht daß sie geschlachtet würden, von einer Ausnahme abgesehen (das Schlachten ist diesem Autor zuwider, es sollte nur dann geschehen, wenn es wirklich notwendig ist), aber sie werden respektlos verscheucht und schon gar nicht gemolken. Mögen das weiterhin andere tun – und in einem künftigen Buch meinetwegen auch wieder ich selber.

II.

Zuerst wollte ich die Sammlung von Aufsätzen, die ich hiermit vorlege, »Jazztime« nennen.
»Time«, Zeit, ist ein Schlüsselwort der Jazzmusiker. Eines der höchsten Komplimente, die ein Musiker dem anderen machen kann, liegt in den drei Worten: »You got time«, was besagt: Du hast Zeitgefühl, was wiederum bedeutet: Du hast Jazzgefühl, du swingst. Diese – annähernde – Gleichbedeutung von »Zeitgefühl« und »Jazzgefühl«, von »time feel« und »Jazz-Feeling«, sagt mehr über das Wesen des Jazz als viele komplizierte Theorien.
Andererseits: Wenn ein Musiker deutlich machen will, daß jemand kein echtes Gefühl für den Jazz besitzt, daß er ihn – beispielsweise – aus dem Zeitgefühl der klassischen europäischen Musik heraus spielt, dann sagt er – und auch das ist ein stehender Terminus: »He hasn't got any time.«
Wenn man das ins Deutsche übersetzt, kommt etwas – scheinbar – anderes heraus: »Er hat keine Zeit.« Und doch, letztlich, ist genau dies gemeint. Als Komeda, der wunderbare polnische Musiker, starb, fragte ich in einem Gedenkartikel: Gibt es jemanden, der ihn je in Eile gesehen hätte? (Siehe den Komeda-Beitrag in diesem Buch.) Ja, sagte mir ein polnischer Jazzmusiker, das sei zwar richtig, es gälte gewiß in besonderem Maße für Komeda, aber er möchte doch fragen, ob ich überhaupt schon viele Jazzmusiker in Eile gesehen hätte. Die Frage trifft. Jazzmusiker haben ein anderes Verhältnis zur Zeit. Genauer: Sie

wissen, was Zeit wirklich ist, nämlich mehr als die Uhrenzeit, die Dauer, die der bürgerliche Mensch fast nur meint, wenn er von Zeit spricht. Jean Gebser unterscheidet zwischen acht oder neun verschiedenen Zeit-Arten. Auch der Jazzmusiker hat – auf seine unbewußte, intuitive Weise – ein Gefühl für verschiedene Formen von Zeit.
Wenn der vielbeschäftigte moderne Mensch so häufig sagt: »Ich habe keine Zeit«, dann »verrät« er genau das, was der Jazzmusiker meint, wenn er von einem Kollegen sagt: »He hasn't got time.« Für beide – den gehetzten modernen Menschen und den auf diese Weise abgekanzelten Musiker – ist die Zeit »kaputt«: Beide haben keine »gelebte Zeit« mehr, leben Zeit nicht mehr, leben nicht mehr, funktionieren nur noch. (Siehe hierzu auch die Erklärung des swing-Phänomens durch verschiedene Formen von Zeit im »Jazzbuch – von Rag bis Rock«, Fischer-Bücherei und Wolfgang Krüger Verlag.)

»Jazztime« – das Wort und der Bezug von Musik auf Zeit bieten aber auch in anderer Hinsicht einen Hinweis. Ich wollte – nun durchaus im Gegensatz zum »Jazzbuch« – von »meiner« Jazz-Zeit reden und vorwiegend von ihr: von dem, was ich selber erlebt habe – als Kritiker, als Produzent, als Jazzredakteur beim Rundfunk und Fernsehen. Nichts Zusammengetragenes, sondern Selbst-Erfahrenes. Um ein Beispiel zu geben: Quincy Jones hat einmal gesagt – in jener unverwechselbaren Weise, die alle, die ihn kennen, so sehr lieben: »Es ist wie mit einem Mädchen.« (Einschub des Verfassers: So fangen viele Musiker-Aussprüche an.) »Du kennst es erst, wenn du mit ihr geschlafen hast. Einen Musiker kennst du erst, wenn du mit ihm im Studio gearbeitet hast. Die Kritiker haben einen Fehler: sie glauben, ihn schon vorher zu kennen.«
Also: Was ich an »time« – an »jazz-time« – mit Musikern im Studio bei gemeinsamen Produktionen, auf Festivals und Tourneen verbracht habe – das ist in die Arbeit an diesem Buch eingeflossen. Das habe ich erfahren, und nur was einer selber erfahren hat, weiß er wirklich. »Um eine wirklich klare und eindringliche Erkenntnis von einem Gegenstand zu haben, muß er persönlich erlebt worden sein . . .« (Daisetz Suzuki).

III.

Es ergibt sich hier – und mehrfach in diesem Buch – die Frage, wie ein Kritiker, der selbst Platten produziert, es mit seinen eigenen Platten halten soll (siehe hierzu auch den »Brief an einen jungen Jazzkritiker«). Es erscheint dem Schreibenden unmöglich, diese Platten auszusparen, denn er hat sie doch produziert aufgrund von Überzeugungen und Überlegungen, die ihm als Kritiker wichtig erschienen – oft genug war er als Kritiker an einen Punkt gekommen, an dem ihm diese oder jene Platte einfach notwendig schien. Der Kritiker und der Plattenproduzent sind *eine* Person. Es ist deshalb zwangsläufig, daß diese *eine* Person als Kritiker immer wieder auf das zurückkommt, was er als Produzent erfahren hat, wie er ja auch als Produzent die Anregungen aufgriff, zu denen sein Kritikerdasein ihm verholfen hatte. Die Unterbrechung dieses Kreislaufes ist schlechterdings unmöglich, sie würde Kurzschluß, Gespaltenheit bedeuten.

»Jazz Meets The World« – die Begegnung des Jazz mit den großen außereuropäischen Musikkulturen – ist ein Hauptthema meines Lebens, an dem ich etwa zwanzig Jahre lang gearbeitet habe, so intensiv und umfassend wie möglich, und das heißt: als Kritiker, Plattenproduzent, Festivalgestalter, als Funk- und Fernsehredakteur, Berater von Tourneen und Konzertdirektionen etc. Soll ich nun plötzlich als Kritiker über dieses Thema schweigen, weil ich Platten und Konzerte zum selben Thema produziert habe? Schweige ich aber nicht darüber, komme ich automatisch, logisch, zwangsläufig immer wieder auch zu den eigenen Platten, eigenen Produktionen, denn dabei habe ich ja die Erfahrungen gewonnen, die meinen derzeitigen Gesichtskreis als Kritiker dieses Bereiches geprägt haben.

Dutzende Male haben Musiker darüber geklagt, daß das Beurteilungsvermögen von Kritikern begrenzt sei: daß die kritische Reflexion allein nicht ausreiche, um »das Ganze« zu überblicken. Ich meine, daraus kann man doch nur folgern, daß der Kritiker Erfahrungen auch in den anderen Bereichen der Beschäftigung mit dem Jazz gewinnen muß. Nur dadurch hat er die Möglichkeit, die Begrenztheit der kritischen Dimension zu sprengen. Hat er sie aber gesprengt, dann muß er auch darüber reden – logischerweise.

Ein weiterer Gesichtspunkt: Wenn ich über Albert Mangelsdorff, Gunter Hampel, George Gruntz, Oscar Pettiford, Komeda, Baden Powell – um nur wenige Namen zu nennen, von denen in diesem Buch die Rede ist – schreibe, dann kann ich Platten, die diese Musiker zu den besten zählen, die sie gemacht haben, nicht deshalb aussparen, weil ich sie zufällig selber produziert habe. Das Wort »zufällig« trifft nicht ganz zu. Ich habe die Platten nur deshalb produzieren können, weil ich mich intensiv mit den Problemen der Ästhetik und des Stils der betreffenden Musiker beschäftigt habe. Aus demselben Grund aber kann ich auch über sie schreiben. Wie gesagt, ich habe ja beim Produzieren ihrer Platten zusätzlich neue Einsichten über sie gewonnen.

Man belüge sich also nicht selbst: Die Forderung nach Trennung der Kapazitäten – Kritiker, Plattenproduzent, Festivalgestalter etc. – läuft auf die Amputation eines Menschen hinaus, der doch ein Ganzes ist.

Was gefordert werden kann, ist immer nur die persönliche Verantwortung, das künstlerische Gewissen. Die Berufe »Jazzkritiker«, »Jazzproduzent« usw. sind – als Berufe – eine Fiktion. (Weiteres über diese »Berufe« am Schluß des Buches, im »Brief an einen jungen Jazzkritiker«.)
Mein Beruf, mein Feld ist der Jazz – der »ganze« Jazz, in allen Dimensionen und Kapazitäten. Mit Ausnahme des Selber-Jazz-Spielens waren mir alle zugänglich. Es gibt Kritiker und Produzenten – Leonard Feather und George Wein –, die auch dies können. Wer hätte das Recht, es ihnen zu verweigern, da sie doch bei den wenigen Gelegenheiten, an denen sie es taten – aus Freude am Spielen –, bescheiden geblieben sind, ihrer Grenzen bewußt? George Wein hat in Berlin einmal ein ganzes Konzert gerettet, weil er in der Lage war, für Duke Ellington einzuspringen, der nicht mehr konnte und wollte, weil er das Buhen des Publikums leid war. Und für Ellington einzuspringen, das ist keine Kleinigkeit, geschehe es auch noch so vorsichtig und zurückhaltend. Hat man schon beobachtet, daß es immer die begrenztesten Kritiker sind, die so auffällig allergisch reagieren, wenn einer ihrer weniger begrenzten Kollegen mal am Klavier sitzt – oder am Mischpult?

IV.

Ich habe mich, solange ich über Jazz schreibe, als Anwalt der Avantgarde gesehen und bin deshalb oft genug angegriffen worden. Aber eine Avantgarde ist, wie der Name sagt, wirklich immer nur die Avantgarde der Kunst, ein Ausschnitt also, niemals das Ganze. Wir müssen den »ganzen« Jazz sehen lernen. Wie wir auch die ganze europäische Musikgeschichte sehen gelernt haben. Wer immer nur den neuesten Moden nachläuft, versteht nicht einmal diese und neigt überdies dazu, Jazz mit Popmusik zu verwechseln. Dorthin gehören die Moden.
Wohin es führt, wenn einem jegliches Gefühl einer Entwicklung und einer Tradition in der Jazzgeschichte abgeht, das hat das Publikum der Berliner Jazztage – mit Kopfschütteln von Konzertbesuchern aus der halben Welt apostrophiert – deutlich gemacht. Gewiß ist dieses Publikum, das Avantgarde mit Mode, mißverstandenes Engagement mit Musik verwechselt, ein Sonderfall, keinem anderen in Westdeutschland oder irgendwo sonst in der Welt vergleichbar, ein – wie Musiker von Frank Zappa über Ronnie Scott bis Keith Jarrett vermutet haben – neurotischer Fall. Aber gerade weil uns deutschen Jazzfreunden dieses Publikum so »handgreiflich« vor Augen und Ohren steht, macht es deutlich, wie blutlos unsere Musik werden kann, wie schal die Freude daran, wie sehr die Musik zu einer Angelegenheit von jeweils neuesten Strömungen und ihnen nachlaufenden Snobs wird, wenn man nicht nur

ihre Anfänge, sondern sogar noch ihren »Hauptstrom«, ihr schlagendes Herz ausklammert, wenn man nichts wissen will von Musikern wie Earl Hines, Anita O'Day, Duke Ellington, Sonny Stitt, Jay McShann, Stan Getz, Sarah Vaughan, Billy Eckstine, Lee Konitz, Willie »The Lion« Smith und dem Modern Jazz Quartet – um nur wenige Namen zu nennen, denen es schlecht ergangen ist in Berlin. (Ich meine allerdings auch, es hat keinen Zweck, nur immer weiter auf diesem Publikum herumzuhacken, wie es verschiedene ausländische Kritiker getan haben. Das Publikum wurde durch seine »Jazz-Kritik« – fast nur in Anführungszeichen ist dieser Begriff in Berlin verwendbar – konditioniert. Diese Stadt ist die einzige Weltstadt ohne eine entsprechend entwickelte Jazzkritik. Jede mittlere westdeutsche Großstadt hat diesbezüglich mehr zu bieten als die ehemalige Reichshauptstadt. Wie soll ein Publikum das Bewußtsein des »Ganzen Jazz«, der zusammenhängenden Entwicklung dieser Musik gewinnen, wenn nicht einmal die Kritiker dieser Stadt es besitzen?)
Im Jazz dieser siebziger Jahre geschieht etwas, was in mancher Hinsicht dem vergleichbar ist, was in den zwanziger und dreißiger Jahren in der Konzertmusik geschah: in der klassizistischen Periode Strawinskys, Hindemiths und der anderen. Wie damals die ganze abendländische Musikgeschichte resümiert wurde – bei Strawinsky etwa von der Gregorianik über Monteverdi und Pergolesi bis zu Tschaikowsky – und wie avantgardistische Kunst aus der Summe dieses Resumées geschaffen wurde, so – oder doch ähnlich – ist es im heutigen Jazz. Gerade die Avantgardisten der heutigen Jazz-Szene schaffen ihre Musik aus einem intakten Bewußtsein der Tradition schwarzer Musik vom Blues und vom Gospelsong, ja von Afrika her.
Es schien mir unter diesen Gesichtspunkten falsch, ein Buch vorzulegen, das nur den neuesten Strömungen und den neuesten Musikern gewidmet ist – wie ich es noch bei dem »Parallel-Buch« und Vorbild zu diesem, den »Variationen über Jazz« (Nymphenburger), 1956 vorwiegend getan habe. Gewiß, das Neue steht auch hier wieder im Vordergrund, aber daneben stehen historische Beiträge, zumal aus der Geschichte des deutschen Jazz. (Aus Gründen, die ich bereits ausgeführt habe, sah ich mich dabei gehalten, bei dem Teil der deutschen Jazzgeschichte zu bleiben, den ich miterlebt habe – also die Jahre nach 1945.) Auch der Beitrag über Oscar Pettiford soll in diesem Licht gesehen werden: als Geste der Verehrung und Dankbarkeit gegenüber einem Musiker, der der deutschen Szene – mehr als irgendein anderer – schwarze Expressivität und Intensität übermittelt hat und der in unserem Lande in dem Bewußtsein lebte, daß er hier eine Aufgabe zu erfüllen habe.

V.

Die Aufsätze, die hier gesammelt vorgelegt werden, verdanken ihre Entstehung den verschiedensten Auftraggebern und Anlässen, die aus Gründen der Korrektheit genannt werden müssen. Die »Kleine Geschichte des Deutschen Nachkriegsjazz« und »Der Deutsche Jazz und die Emanzipation« wurden von der Jazzredaktion des Norddeutschen Rundfunks, Michael Naura, in Auftrag gegeben. »Die Kunst des Duos« sowie die Aufsätze über McCoy Tyner, Keith Jarrett, Flora Purim und Tony Williams erschienen ursprünglich in der Zeitschrift »Stereo«, der über Friedrich Gulda zuerst in der »Deutschen Zeitung«, diejenigen über das »Modern Jazz Quartet« und die Problematik des Erfolges im »Jazz Forum«, der in Polen redigierten Zeitschrift der Internationalen Jazz-Föderation. Material aus den Beiträgen über Sun Ra, Komeda und über einige weitere Musiker und Produktionen entstammen den hierfür geschriebenen Plattenbegleittexten. Die Überlegungen über die »Neue Faschistoidität« wurden zuerst von der Schweizer »Weltwoche«, dann vom »Podium« veröffentlicht; in ersterer wurden sie – von Jean Améry, von Alfred Andersch und anderen – überwiegend positiv, in letzterem überwiegend negativ beurteilt, woraus eine Diskussion entstand, die im zweiten Teil des Beitrages reflektiert wird. »Jazz als Indiz« geht auf einen Auftrag des Studienkreises Rundfunk und Geschichte e.V. der ARD zurück und wurde als Vortrag auf der Jahrestagung dieses Kreises anläßlich der Berliner Funkausstellung 1975 gehalten; wo der plädierende Charakter des Beitrages durch die Vortragsform unterstrichen wird, wurde er beibehalten. »Jazz und moderne Konzertmusik« basiert auf einem Vortrag, der im Auftrage des Internationalen Musikzentrums Wien und der Heinrich-Strobel-Stiftung des Südwestfunks entstand. Die Aufsätze über Brasilien, den kreolischen Raum, Bali, sowie ein Teil der Ausführungen zum Thema »Europe Meets Jazz« und »Psychologie des Jazz« entstammen der »Jazz Meets the World«-Arbeit. Einiges davon erschien auch noch im alten »twen« – wie auch Gedanken über »Hip und Square«, nur konnte wenig davon verwendet werden, weil aus den schüchternen Hip-Anfängen Mitte der sechziger Jahre inzwischen eine weltweite Bewegung geworden ist. Auf den »Kreolischen Raum« als musikalische Einheit hat meines Wissens bisher nur Ernest Borneman hingewiesen, lange vor seinem bahnbrechenden Lebenswerk »Das Patriarchat«, als er noch Jazzkritiker beim »Melody Maker« war; weil ich gelesen hatte, was er damals geschrieben hat, bin ich hingefahren.
Die anderen Aufsätze wurden neu geschrieben; aber auch diejenigen, die schon – fast immer nur teilweise – erschienen sind, wurden umgearbeitet, oft gänzlich umgeschrieben, keiner erscheint hier in seiner ursprünglichen Form.

Thematische Überschneidungen, die sich bei der Bearbeitung und Zusammenstellung ergaben, wurden ausgemerzt. Geringfügige Überlappungen aber habe ich stehen lassen, weil sich mehrfach zeigte, wie ein Thema, das zunächst auf einen einzigen Zusammenhang fixiert schien, durch den anderen Kontext ergänzt wurde, dort auch in anderem Licht erschien. Auch verstärkt sich dadurch das Gefühl, daß alle diese Themen trotz ihrer Verschiedenartigkeit ineinander verzahnt und Ausdruck *eines* Jazz- und im Grunde Weltbildes sind. In das sind sie eingespannt wie die Gedanken über die Funktion der Jazzkritik und des Kritikers, die hier in der »Intro« angeschnitten wurden und am Schluß, im »Brief an einen jungen Jazzkritiker«, wieder aufgenommen werden.
Es hätte nahegelegen, all diese Aufsätze systematisch zu ordnen: meinetwegen zuerst die Beiträge über bestimmte Musiker, schön historisch von den älteren zu den jüngeren, dann die Aufsätze über die deutsche Szene, über Fernsehen und Radio, über »Jazz Meets The World«, zum Schluß die mehr philosophischen Essays und die Gedanken über Kritik. Aber mir schien, daß Systematik (die man ja im »Jazzbuch« oft genug geübt hat) gerade in einem solchen Buch, das betont unsystematisch gemeint ist, »unjazzig« wirkt. Statt dessen habe ich eine innere Ordnung gewählt, in der die Beiträge einander ergänzen, oft auch kontrastieren, eine Ordnung, die nicht beschrieben werden kann, aber, so denke ich, doch evident werden wird. Es gibt Alternativen zu dieser Ordnung. Niemand ist gehalten, diese Aufsätze in der Reihenfolge zu lesen, die die Anordnung des Bandes vorschlägt. Was immer einen interessiert: damit möge man anfangen. Zum Unsystematischen dieses Buches gehört es durchaus auch, daß nur wenige *alles* interessieren wird, gleichermaßen etwa Keith Jarrett wie der deutsche Jazz von 1950, gleichermaßen die Religiosität wie die Faschistoidität, gleichermaßen Bali wie Komeda und seine polnische Szene. Der Leser möge sich die Freiheit nehmen, die auch der Jazzhörer besitzt, noch stärker als der Hörer klassischer Musik: die Freiheit der Wahl.
Schwierig – wie immer – war es mit den Schallplattenhinweisen. Einige der in den mehr historischen Beiträgen erwähnten Platten sind nicht mehr auf dem Markt; wo eine – geringe – Chance besteht, sie über die Import- und Spezialgeschäfte trotzdem zu finden, wurden die ursprüngliche Firma und Plattennummer vermerkt; sonst wurden sie fortgelassen. Der Jazzkenner weiß, daß er sogar die Platten der zeitgenössischen Musiker nicht immer im »Plattengeschäft nebenan«, sondern in den auf Jazz spezialisierten Geschäften erhält; auf sie und ihren Rat wird, was Platten betrifft, ausdrücklich verwiesen.
Ich danke allen denen, die zum Entstehen dieses Buches direkt oder indirekt beigetragen haben . . ., wobei auch Kontroversen, wo sie der Sache dienten und dadurch fruchtbar und klärend wirkten, eine anregende Rolle spielten. Ich danke den Redakteuren, die durch Aufträge

oder Fragen die Beschäftigung mit einem Thema ausgelöst haben, darunter Helena Matuszewska und Michael Naura. Für Ermutigung und Ansporn danke ich den lehrenden Musikern; daß einige von ihnen – darunter Marion Brown, John Handy, Leon Breeden von der North Texas State University – Arbeiten von mir im Unterricht an ihren Hochschulen, Colleges und Universitäten verwendet haben, bedeutet mir mehr als jedes Kritikerecho. Und ich bin Stephanie Wiesand und – wie immer – meiner Frau Vera für wertvolle Hilfe und Mitarbeit bei der Redigierung dankbar.

Wie im »Jazzbuch« ist auch hier zu sagen: Ich kann nicht hoffen, allen Irrtümern entgangen zu sein. Noch kann ich erwarten, daß meine persönlichen Auslegungen von jedermann übernommen werden. Das ist auch nicht nötig. Dieses Buch hat seine Aufgabe erfüllt, wenn es ihm gelingt, die Fenster zu öffnen, die wir Jazzleute gar zu oft geschlossen gehalten haben.

Baden-Baden, im Frühjahr 1977

Joachim Ernst Berendt

Der Jazz und die Neue Religiosität

I.

Als Herbie Hancock nach seinem Auftritt auf den Berliner Jazztagen 1974 von Fans und Anhängern umringt wurde, zogen er und seine Musiker sich diskret in ihre Garderoben zurück, und nur zwei Beobachter, denen es gelungen war, mit dort hineinzuschlüpfen, erlebten, wie die Hancock-Leute ihren Gebetsteppich ausbreiteten, sich auf den Boden warfen und Mantras und Meditationsgesänge anstimmten.
Chick Corea, der andere Star des zeitgenössischen Jazz-Rock, sagt: »Ich weiß, es gibt einen Bereich jenseits, wo du Kunst nicht mehr brauchst. Du kommst an einen bestimmten Punkt in deiner Kunst, an dem sie getan hat, was sie für dich tun kann, nämlich dir zeigen, wo das Licht ist.«
Der Pianist McCoy Tyner – seit Anfang der Dekade bei den großen amerikanischen Publikumsrundfragen immer wieder zum »Musiker des Jahres« und zum führenden Pianisten gewählt – meint: »Ich finde Frieden in der Meditation . . . In ihr fühle ich meinen Schöpfer . . .«
Der Flötist Paul Horn gab eine erfolgreiche Karriere in Hollywood auf, um Lehrer und Einweiser in Maharishis Transzendentale Meditation zu werden. Und dann ging er nach Indien und nahm seine schönste Platte – mit dem kennzeichnenden Titel »Inside« – in der Gruft des Taj-Mahal auf.
Hannibal, der meistgelobte Trompeter der jüngeren Generation, widmete seine erste Platte vielen Musikern und Persönlichkeiten, die ihm wichtig sind, darunter John Coltrane, Louis Armstrong, Malcolm X, Charlie Parker, aber an die erste Stelle setzte er GOTT, und zwischen Dante und Ravi Shankar stehen auf seiner Liste Jesus und Mohammed. Seine Band nennt er das »Sunrise Orchestra«, und er sagte dazu in altem Zen-Geist: »Wir selbst sind der Sonnenaufgang . . . und in unserem zeitlosen inneren Licht stirbt er nie.«
Als im »Bi-centennial-Jahr 1976« auf dem großen Kongreß »The United States in the World« in Washington nach der Motivation des Jazzmusikers gefragt wurde, sagte der Tenorsaxophonist Nathan Davis: »Worauf es mir eigentlich ankommt, ist Spiritualität . . . «. Und als es wegen dieses Wortes Unklarheiten zu geben schien, präzisierte er: »Spiritualität hat mit Religion zu tun«, – eine Präzisierung, die gerade für uns Deutsche, die wir das englische Wort »spiritual« entweder mit »geistig« oder mit »geistlich« übersetzen können, notwendig ist.

Don Cherry

Als Don Cherry auf den Donaueschinger Musiktagen 1971 mit einem Orchester europäischer Free Jazz-Musiker sein Stück »Humus – The Life Exploring Force« aufführte, saß er vor jeder Probe und der Präsentation des Werkes in langen Meditationen tantrischer Mantras im Lotus-Sitz.
Und Alice Coltrane, die Witwe und letzte Pianistin John Coltranes, wallfahrtete nach Indien, und als sie zurückkam und ihre Platte »Universal Consciousness« mit dem Stück »Hare Krishna« unter Mitarbeit von Ornette Coleman, Leroy Jenkins, Jack DeJohnette und anderen aufnahm, sagte sie: »Dieses Mantra ist eines der höchsten. In seiner Struktur kann man drei der mächtigsten Götternamen finden: Hari – Krishna – Rama. Heilige sagen, daß die Kraft dieses Mantras allein schon Erleuchtung vermitteln kann . . .«, wozu Jimmy Heath, ein Tenorsaxophonist der älteren Generation, anmerkt: »Wenn du nicht die geistliche Seite dazunimmst, dann, glaube ich, ist Jazz nicht vollständig.«
Jimmy Heath ist Baptist, Chick Corea gehört zur »Scientology« Ron L. Hubbards, Herbie Hancock zur »Nishirena of America«, einer buddhistischen Sekte, John McLaughlin war bis vor kurzem Mitglied der Meditationsgruppe seines Gurus Sri Chinmoy, McCoy Tyner gehört zu den Ahmedijas des Islams, Don Cherry bekennt sich zum tibetanisch-tantrischen Buddhismus . . .
Ein Mitarbeiter, mit dem ich das Thema, um das es in diesem Aufsatz geht, erörterte, sagte nach kurzem Gespräch: »Wir brauchen gar nicht so viele aufzuzählen. Unter den führenden Jazzmusikern gibt es heute niemanden, der sich nicht in der einen oder anderen Form zu einer Neuen Religiosität bekennt.«
Genau das ist die Situation: Noch vor wenigen Jahren hätte ein Kontext von »Jazz« und »Religiosität« wunderlich gewirkt. Gewiß, die Jazzmusik hatte früher einmal ihre Wurzeln im Spiritual- und Gospelsong, in der geistlichen schwarzen Musik, aber man assoziierte sie nicht damit. Womit man sie – bewußt oder unbewußt, im letzteren Falle um so nachhaltiger – verband: das war die Welt der Nachtclubs, Bars und Cabarets, waren eher Prohibition, Heroin und Marihuana als Religiosität.

II.

Buddhismus, Islam und Hinduismus, Brahmanentum und die Lehre der Sufis, Tantrismus und Zen, überhaupt Meditationstechniken im weiten Raum zwischen Tibet und Japan, uralte afrikanische Riten, etwa die auf dem Wege über die brasilianische Musik bekannt gewordene Verehrung des großen Yoruba-Gottes Xango – des »Wotans« am Götterhimmel Westafrikas – und all der anderen Götter, Göttinnen

Yusef Lateef

und Dämonen, die dazugehören, und gewiß auch christliche Lehren, nicht zuletzt der großen Mystiker: das kennzeichnet die Vielfalt der religiösen Bindungen heutiger Jazzmusiker. In ihren Interviews und ihren Schallplattentexten sprechen sie häufiger und engagierter darüber als über ihre Musik. Und sie reagieren empfindlich, wenn jemand ihre Religiosität als »Pseudo-Religiosität« abtut. Yusef Lateef, ein Tenorsaxophonist, der bereits in den fünfziger Jahren viele seiner Kollegen zum Islam geführt hat: »Wenn manche Leute das, was wir glauben und erfahren haben, Pseudo-Religion nennen, dann hat das mehr mit Überheblichkeit zu tun als mit irgend etwas anderem. Ich würde schließlich auch nicht wagen, die Religion anderer Menschen Pseudo-Religion zu nennen. Wenn ›Pseudo-Religion‹ für mich mehr tut, als ›Religion‹ offensichtlich für viele tut, die sich Christen nennen, dann ist das deren Problem, nicht meines.«
Es scheint, daß christliche Religiosität im Jazz-Concerto all dieser geistlichen Strömungen eine verhältnismäßig geringe Rolle spielt. Gar zu viele junge Musiker sind in jener Perversion christlicher Lehre aufgewachsen, deren Reizworte Sünde, Tod, Leiden lauten, und hatten darüber vergessen, was Religiosität wirklich bedeutet: Beglückung, Einswerdung, Selbstverwirklichung, schöpferische Befreiung. Gar zu offensichtlich ist – zumal für Schwarze – der Widerspruch zwischen dem christlichen Bild des Menschen und dem, was in praxi daraus wurde. Für zahllose Neger – die immerhin die Mehrzahl stilschöpferischer Jazzmusiker stellen – war und ist der weiße Unterdrücker synonym mit dem Christen. Haben doch die weißen Rassisten ohne nennenswerten Widerspruch seitens der Kirche und der Christen der Welt immer wieder Wert darauf gelegt, ihre Forderungen und Vorrechte christlich zu begründen. Nicht aus Zufall gab es schon in den vierziger Jahren eine erste schwarze Bewegung – parallel zur musikalischen und gesellschaftlichen Entwicklung des Bebop – fort vom Christentum zum Islam. Die »Black Moslems« – aber nicht nur sie – sind daraus entstanden.
Und doch – nur wenige kommen fort von ihrer christlichen Herkunft: Für die Schwarzen ist sie identisch mit ihrer geistigen und musikalischen Entwicklung. Musik haben sie zuerst als christliche Musik kennengelernt, die ältere Generation als Spirituals, die späteren als Gospels. Kaum eine Musikerbiographie, die nicht erwähnte, daß Vater, Mutter oder Geschwister – in den meisten Fällen auch in seiner Kindheit der betreffende Musiker selbst – in Gospelgruppen und -chören in den schwarzen Kirchen der Nachbarschaft mitgespielt und mitgesungen hätten. Deshalb kann es nicht überraschen, daß selbst bei denen, die ihre christliche Bindung vehement bestreiten, das Erbe des Christentums durchschlägt. Ideologisches Engagement darf den Beobachter nicht dazu verleiten, die christliche Komponente im Gewebe der zeitgenössischen Neuen Religiosität gering zu veranschlagen. Das

John Coltrane an der Harfe seiner Frau Alice

»Love Supreme« des Jazzsaxophonisten John Coltrane – das jazzmusikalische Hauptwerk der ganzen Bewegung – ist zwar von der kosmischen Alles-ist-Eins-Religiosität des Buddhismus und Hinduismus inspiriert, aber der persönliche Gott des Christentums scheint an zahlreichen Stellen des Textes unmißverständlich durch.

III.

Ein Schlüsseldatum in der Entwicklung der religiösen Subkultur ist das Jahr 1961, für den Jazz gekennzeichnet durch den Welterfolg von »My Favorite Things« des verstorbenen Saxophonisten John Coltrane. Es war die Aufnahme, die endgültig jene Modalität durchgesetzt hat, die man aus den großen Musikkulturen Arabiens und Indiens – des islamischen und des hinduistisch-buddhistischen Raumes – kennt: das Improvisieren nicht mehr über den ständig wechselnden Akkorden des Themas, wie es die europäische Musiktradition nahelegt, sondern über den »Leitern«, den »modi«. Gewiß hatte es auch vorher, seit etwa der zweiten Hälfte der fünfziger Jahre, modale Aufnahmen gegeben, vor allem von Miles Davis, und ebenso gewiß ist der Blues, zumal als Volkslied, als »Folk-Blues«, eine ursprünglich »modale« Musik, – ja, die Musik aller großen Musikkulturen der Erde außerhalb der europäischen Kunstmusik und ganz gewiß die Volksmusik fast aller Völker ist modal. Und doch ging von dem auf einem simplen Musical-Walzer basierenden »My Favorite Things« eine elektrisierende, weltweite Wirkung aus. John Coltrane hat Modalität gewiß nicht entdeckt (wie viele Jazzschreiber, die immer nur ihren eigenen Bereich sehen, meinen), aber er hat sie wiederentdeckt. Und seine Wiederentdeckung gewann ihre Kraft, ihre die Musiker – und bald schon das Publikum – der Welt faszinierende Ausstrahlung dadurch, daß sich Coltrane nicht nur auf die technische Seite asiatischer Modalität bezog, sondern von Anfang an wußte und spürbar werden ließ: Diese technische Seite wird allenfalls eine Mode schaffen, eine neue Marotte sein, wenn wir nicht begreifen, daß sie geborgen ist und geborgen bleiben muß in der geistlichen Tradition, der sie entstammt. Keiner der großen Musiker der indischen Klassik – von Ravi Shankar bis Ali Akbar Khan –, der nicht auch heute noch seine Musik als religiös empfände! Ein Musiker muß »Bhaw« haben – »hingebende Religiosität, spirituelle Kraft, musikalische Magie« (P. M. Hamel) –, wenn er mehr sein will als nur ein Virtuose. »Nada Brahma« ist das Grundwort der indischen Musik: »Gott ist Klang, Klang ist Gott.« Das war es, was Coltrane in Wirklichkeit meinte. »Worte, Klänge, Sprache, Menschen, Gedächtnis, Gedanken, Furcht und Gefühle, Zeit – alles ist miteinander verbunden, alles ist von Einem gemacht, alles ist als eines gemacht – gesegnet sei Sein

Name.« So schrieb er im Text zu seinem bereits erwähnten »Love Supreme«.

IV.

Für die »ingroup« der Jazzkenner bildete Coltranes »My Favorite Things«, verbunden mit dem dazugehörigen spirituellen Bekenntnis, keinesfalls eine Überraschung. Ansätze zu dieser Entwicklung hatte es seit der Mitte der fünfziger Jahre gegeben. Der Komponist und Waldhornist David Amram erzählt von einem Gespräch, in dem John Coltrane bereits 1956 das Improvisationsprinzip indischer Ragas als Vorbild bezeichnet habe. Ein Kritiker von »down beat« hörte bereits 1955 im Spiel Coltranes »Orientalisches«. (Diese Daten sind auch deshalb interessant, weil sie einen Hinweis zur Lösung der alten Streitfrage bieten, ob nun Miles Davis oder Coltrane den ersten Anstoß zur Modalität des modernen Jazz gegeben habe. Coltrane, würde ich meinen, war der Initiator. Auch die abrupte, nie ganz geklärte Art, in der sich Davis und Coltrane im November 1956 zum erstenmal trennten, deutet in diese Richtung. Miles hatte Coltrane ins Gesicht geschlagen, und Coltrane, der schon damals alles studierte, was er über asiatische Religiosität erfahren konnte, hatte es, ohne sich zu wehren, geschehen lassen. Miles hatte begriffen, was Coltrane ihm erschlossen hatte; jetzt wollte er allein weitermachen. So war es immer in Davis' Laufbahn: Ende der vierziger Jahre bei Gil Evans-Gerry Mulligan-Lee Konitz, Anfang der sechziger Jahre bei Ahmad Jamal, in der Entstehung des Jazz-Rock bei Tony Williams und Joe Zawinul . . . In all diesen Fällen hatte Miles Davis innerhalb ganz kurzer Zeit eine Anregung, eine Tendenz verstanden, aufgegriffen, übernommen und in seine eigene verwandelt. Jahre später änderte Coltrane den Titel eines Stückes, das er damals für Miles geschrieben hatte – »Miles Mode« –, in »Mars«, nach dem Kriegsgott und roten Planeten.)

Mitte der fünfziger Jahre, als Coltrane mit Ragas zu experimentieren begann, war der kalifornische Jazzproduzent Richard Bock, inzwischen selbst Meditierender, der erste, der einen Musiker der indischen Klassik, den Sitar-Meister Ravi Shankar, mit einem Jazzmusiker, dem Altsaxophonisten Bud Shank, zu gemeinsamen Aufnahmen verband. Damals schuf der zur Gruppe des Schlagzeugers Chico Hamilton gehörende Cellist Fred Katz, ebenfalls in Kalifornien, eine erste Jazzplatte unter dem Titel »Zen«.

Von diesen und anderen kalifornischen Musikern ließen sich die Dichter der Beatniks – Kerouac, Ginsberg, Ferlinghetti und andere – zu ihren Jazz- und Poetry-Sessions und überhaupt zu vielen ihrer Arbeiten anregen. Kerouac definierte: »Beat ist hip plus Religion!«, will sagen: In der Dichtung der Beatniks verbindet sich der Geist des Jazz mit Re-

ligion. Und Allen Ginsberg dichtete im »Geheul« von denen, »die Plotin Poe Johannes vom Kreuz Telepathie und Bopjazz Kabbala studierten . . . die auferstanden sind im Geistergewand des Jazz im Schatten der goldenen Blasorchester, und bliesen des nackten Geistes Amerikas Lechzen nach Liebe in einem Eli-eli-lama-lama-asabthani-Saxophonschrei, der die Städte bis aufs letzte Radio erzittern ließ . . .« Ginsbergs »Geheul« nahm das Lebensgefühl der sechziger Jahre voraus. Reimar Lenz: »Wer ist, rückschauend betrachtet, der bessere Prophet gewesen, Allen Ginsberg mit seinem ›Geheul‹ oder die bürgerlichen und marxistischen Theoretiker verflossener Jahre . . .?«
Lenz bezeichnet das Jahr 1967 (in dem Coltrane starb) als das »des enthusiastischen Aufbruchs . . . der religiösen Subkultur«. Aber 1967 ist nur das Jahr, in dem die Neue Religiosität die musikalische Bewegung, in die sie bis dahin eingebettet war, verließ. Nicht umsonst erinnert sich Ingried Riedel in einem Bericht über den damaligen religiösen Aufbruch: » . . . jeder, fast jeder, hatte Instrumente bei sich, Flöten darunter, von der einfachen Bambusflöte bis zur silbernen Querflöte, Trommeln, vor allem indische, und Streichinstrumente aller Art . . . Ein ähnliches Musizieren findet sich unter freien Gruppierungen von Menschen zwischen San Francisco bis Amsterdam, Berlin und München . . .« Die Musik, die alle diese jungen Menschen spielten, war »modal« im Sinne Coltranes (und der asiatischen Musik). Vor diesem entscheidenden Jahr 1967 hatte es Neue Religiosität schon fast ein Jahrzehnt lang, kaum beachtet von der Außenwelt, unter den Jazzmusikern gegeben.
Bereits vor 1967 gab es Dutzende von Jazzaufnahmen mit religiösen Titeln und Aussagen – Platten wie Albert Aylers »Spiritual Unity« und »Holy Ghost«, Don Cherrys »Complete Communion«, Carla Bleys »Communication«, Yusef Lateefs »Try Love«, Ornette Colemans »Peace«, John Coltranes »Love« – all diese Titel religiös gemeint – und Coltranes »Himmelfahrtsplatte« »Ascension« oder die Stücke »Sun Song«, »Sun Myth«, »Nebulae« aus den »Heliocentric Worlds« von Sun Ra. Man spürt die Botschaft dieser Titel, wenn man sie in einen Zusammenhang bringt: . . . geistige Einheit durch vollständig spirituelles Einswerden mit der ganzen Welt, Liebe und Frieden für alle, Erlösung in pan-religiöser Ekstase durch kosmische Himmelfahrt, durch Aufstieg zu mythologisch verstandenen Sternennebeln und Weltenkörpern . . . (Ich habe die oben genannten Jazzstücke 1966 anläßlich der Neubearbeitung einer Ausgabe meines »Jazzbuches« ausgewählt und in den vorstehenden Zusammenhang gebracht; das muß deshalb erwähnt werden, weil die obige Stelle dadurch aus dem Kontext dieses Artikels gelöst wird, unverfänglicher wird – damals war ja noch nicht abzusehen, daß aus der Religiosität der Jazzmusiker jemals eine ganze Bewegung, eine neue religiöse Subkultur, werden würde.)

Ravi Shankars Indian Music Festival 1974

Von den genannten Jazzmusikern – und zahlreichen anderen – drang die Botschaft der Neuen Religiosität in die Rock-, von dort in die Popmusik, dadurch wurde sie einer weiteren Öffentlichkeit bekannt. Dafür, in der Tat, war 1967 das entscheidende Jahr.
Aufschlußreich in diesem Zusammenhang ist ein Ausspruch Ravi Shankars: »Die Situation, die ich heute vorfinde, ist anders als die vor fünf oder zehn Jahren. Es gibt eine große Gruppe von Leuten, die technisch gewiß nicht alles verstehen, die aber das Gefühl für indische Musik besitzen . . . Zuerst waren es die Jazzmusiker und die Jazzfreunde. Sie sprangen in die indische Musik wie ein Fisch ins Wasser. Indische Musik war für sie etwas Natürliches – mit ihren Improvisationen, ihren aufregenden Rhythmen und all dem anderen. Danach haben die Freunde der ›folk music‹ die indische Musik entdeckt. Und dann kam die junge Gruppe der Anhänger des Rock und der Popmusik. Freunde klassischer Musik – ich habe das immer bemerkt – brauchen etwas länger. Sie sind mehr reglementiert.« Wenn man hierzu die Meinung Ravi Shankars, Ali Akbar Khans, Coltranes und all der anderen fügt, daß

John Handy (Altsaxophon) und Ali Akbar Khan (Sarod) im Jubiläumskonzert aus Anlaß der 5000. Südwestfunk-Jazzsendung. Tabla: Zakir Hussain

sich das »Gefühl für indische Musik« nicht gewinnen lasse ohne ein Gefühl für die Spiritualität dieser Musik, wenn man versteht, daß die Verwendung dieses Wortes »Gefühl« durch Ravi Shankar, in seiner Abgrenzung gegenüber dem Musikalisch-Technischen, eben das Spirituelle einschließt, dann wird die ganze Entwicklung deutlich: Asiatische Religiosität und Musik drangen zuerst in den Jazz, dann in Folk und Rock, schließlich in die Pop-Musik, von da gelangten sie ins allgemeine Bewußtsein, zuletzt in das der Hörer klassischer, europäischer Musik, das heißt der Bildungsbürger.

V.

Es ist auffällig, daß sich unter den genannten Jazzaufnahmen aus der ersten Hälfte und der Mitte der sechziger Jahre keine einzige eines europäischen Musikers befindet. Innerhalb des Jazz – und zunächst auch außerhalb dieser Musik – war die Neue Religiosität vorwiegend ein

Anliegen amerikanischer Musiker. Dies deshalb, weil »Neue Religiosität« in den USA eine lange Tradition besitzt, die in Europa seit der Aufklärung rationalisiert und verschüttet wurde – oder, wie Gerhard Marcel schreibt: In Amerika ist »theologische und mythologische Rede von Gott und Göttern niemals so abgedrängt gewesen wie teilweise in Europa . . .«

Indiz hierfür ist – neben anderem – das »Great Awakening«, die Große Erweckungsbewegung, die in der zweiten Hälfte des 18. und Anfang des 19. Jahrhunderts ganz Nordamerika erfaßt hatte, eine ekstatische Bewegung, in deren Gemeinden es zu dem in der Apostelgeschichte beschriebenen, pfingstlichen »In-Zungen-Reden« kam und in der eine rhythmisch intensive, aufgeladene Musik, wie sie der europäischen Christenheit weitgehend fremd ist, eine besondere Rolle spielte. Man nannte das damals die »singende Ekstase«. F. M. Davenport berichtet in seinem Buch »Primitive Traits in Religious Revivals« von Leuten, die »lachten, in die Luft sprangen, weinten, riefen und wankten . . . Die Gesamtzahl der Menschen, die hilflos zu Boden gefallen waren, wurde auf dreitausend geschätzt... Andere kreischten in Agonie und hüpften herum wie Fische auf dem Trockenen. Andere rollten sich stundenlang auf dem Boden . . .« Im »Great Awakening« gab es »weiße Spirituals«, vergleichbar den Spirituals der Negerkirchen und dennoch unbeeinflußt von ihnen, gespeist aus einem frühchristlich verstandenen Christentum, indirekt angeregt vielleicht, wie amerikanische Forscher meinen, durch abgedrängtes Schamanentum indianischer Riten. Es wäre damals undenkbar gewesen, daß weiße Gläubige zu den meist im geheimen stattfindenden »Camp Meetings« der Schwarzen gingen, eher war es umgekehrt: daß Neger die Wiedererweckungs- und Revival-Veranstaltungen der Weißen besuchten.

In der amerikanischen Geschichte hat es alle 40 oder 50 Jahre Schübe einer ekstasegeladenen Religiosität gegeben, wie sie dem europäischen Denken und Empfinden fremd, ja geradezu abstoßend erscheint. Der »Weiße Spiritual« besitzt eine lange Tradition, die gerade heute wieder besonders lebendig ist. Fast an jedem Sonntag kann man im amerikanischen Fernsehen Gottesdienste weißer Prediger und Evangelisten sehen, die die Vitalität und den swing der schwarzen Gospel-Kirchen besitzen und doch weniger aus schwarzer als aus weißer amerikanischer Tradition kommen. Einer der bekanntesten dieser weißen Prediger ist Rex Humbard aus Akron, Ohio, der es fertigbringt, das riesige Rund des Madison Square Garden mit seinen Gläubigen und Anhängern zu füllen, die alle spontan in machtvollen Chören – rhythmisch in die Hände klatschend – ekstatische, »heiße«, swingende Hymnen und Songs anstimmen – so mitreißend und überzeugend, daß nun auch die Schwarzen in die Gottesdienste des weißen Reverend Humbard kommen.

»Dies ist vielleicht das amerikanische Wunder: Die Gesellschaft der Neuen Welt hat Aufklärung und Religiosität niemals als Gegensätze betrachtet, sondern vom Beginn ihrer Geschichte miteinander zu versöhnen versucht« (Klaus Harpprecht in einem Spiegel-Essay).
Der Jazzkritiker Marshall Stearns hat bereits in den fünfziger Jahren – ohne Wiederhall in der internationalen Jazzliteratur – darauf hingewiesen, wie wichtig die Bewegung des »Great Awakening« für die Entwicklung eines Geistes und eines musikalischen Bewußtseins gewesen ist, ohne die Jazz nicht denkbar wäre. Kein Zweifel, das wichtigste Fundament haben die Schwarzen gelegt – mit ihrer ebenfalls religiös zu verstehenden Musik. Aber man muß sich doch vergegenwärtigen, daß es auch im weißen Amerika bereits zu einer Zeit, als sich noch kaum jemand schwarzer musikalischer Äußerungen bewußt war, eine spontan improvisierende, ekstatische christliche Sing-Bewegung gegeben hat, deren Musik in mancher Hinsicht als »hot« verstanden werden kann (eine Bewegung, die beeinflußt ist von europäischen Wiedererweckern, von böhmischen Brüdern, von Herrnhutern und diversen pietistischen Gruppen des 17. und 18. Jahrhunderts).
Weil hierdurch das musikalische Bewußtsein in den USA vorgeprägt war, deshalb konnte später die schwarze Musik jenen Widerhall finden, der dazu geführt hat, daß gewiß nicht der »authentische« Jazz, aber eine jazzbeeinflußte, rhythmisch gespannte, intensive, »heiße« Musik zur eigentlichen Musik Amerikas wurde.
Es paßt hierzu, daß die Mehrheit der europäischen Jazzmusiker die Religiosität ihrer amerikanischen Kollegen zunächst zwar nicht ablehnte, aber kaum reflektierend zur Kenntnis nahm. Erst neuerdings gibt es auch auf der europäischen Szene in wachsendem Maße Musiker, die dem Phänomen der Neuen Religiosität zugerechnet werden können, vor allem in England und Skandinavien, aber auch zwei Deutsche, beides Vibraphonisten, beide kennzeichnenderweise die Hälfte des Jahres in den USA lebend: der Göttinger Gunter Hampel und der Heidelberger Karl Berger. Hampel sagt: »Die heutige Kunst . . . ruft zu Selbstentdecken und Sichfinden auf. Es gilt, bereit zu sein zur Bewußtseinserweiterung, zu den Schritten zum eigenen Ich . . . In meiner Musik manifestiert sich eine Art höherer Lebensgemeinschaft, in der wir in die Verantwortlichkeit gestellt sind, das Leben zu schützen, das der Menschen wie aller anderen lebenden Dinge . . .« Und Berger meinte bereits Ende der sechziger Jahre auf einem New Jazz Meeting in Baden-Baden, die Zuhörer zum Mitsingen auffordernd: »Wir müssen den Sound in uns finden, den göttlichen Sound. Hört darauf und macht daraus Musik!« Der »Sound in uns«, das ist der Klang, den das Zen-Koan meint: »Wenn du auslöschst Sinn und Ton, was hörst du dann?«
Nada Brahma. Gott ist Sound.

VI.

Für die ganze Bewegung der Neuen Religiosität in Jazz und Rock – und nicht nur dort – pflegt der durchschnittliche Europäer zwei Stichworte abwertend bereitzuhalten: Mode und Synkretismus. Wann immer von »alt-modischen« Menschen gesagt wird, etwas Neues oder ihnen Fremdes sei »ja doch nur eine Mode«, werden Ressentiment und Verdrängung signalisiert. Anders ist gar nicht zu erklären, warum die doch naheliegende Überlegung unterbleibt: Warum dies eine »Mode« sei und warum diese »Mode« gerade in dem betreffenden Moment notwendig werde . . ., wodurch der ganze Vorgang sofort den Charakter, den das Wort »Mode« impliziert – den Charakter des Gemachten, des Austauschbaren, des X-Beliebigen, des Geschäftes – verliert.
Der polnische Philosoph Adam Schaff: »Es wäre jedoch ein Irrtum, wollten wir eine bestimmte Erscheinung durch Berufung auf eine ›Mode‹ erklären. Wie es gewöhnlich bei einer intellektuellen Mode der Fall ist, handelt es sich gerade darum, das Auftreten dieser Mode zu deuten: Warum hat unter der Vielfalt der gegenwärtig in Erscheinung tretenden geistigen Strömungen gerade diese und gerade jetzt einen solch wohlwollenden Widerhall im Bewußtsein der Menschen gefunden . . .?«
Der Befund des Modischen findet eine – freilich nur scheinbare – Bestätigung in den zahlreichen Mißbräuchen, Entartungen, Geldmachereien und Betrügereien, denen die Neue Religiosität in wachsendem Maße ausgesetzt ist – durch Bewegungen und Unternehmungen wie die des Koreaners San Myung Mun (»Gott liebt Nixon«), des Gurus Maharadsch Dschi (»Herr des Universums«), der »Children of God«, der »Internationalen Gesellschaft für Krischna Bewußtsein« und dergleichen mehr. Man macht es sich zu einfach, »schüttet das Kind mit dem Bade aus«, wenn man über diesem ganzen Rummel das Echte, Wahre, Notwendige der Neuen Religiosität übersieht. Gerade zur Kraft und Vitalität einer solchen Bewegung – unablöslich mit ihr verbunden – gehört es zwangsläufig, daß sie von Entartungen umwuchert wird. Das ist nicht erst heute, das war schon zu Christi und zu Mohammeds Zeiten so. Und gerade der moderne Mensch, der Mißbräuche in nahezu allen Bereichen und Äußerungen seiner Existenz gewohnt ist, sollte die Fähigkeit entwickeln, hier die erforderlichen Unterscheidungen und Differenzierungen vornehmen zu können.

VII.

Zen, Brahmanentum, Hinduistisches und Buddhistisches, Islam, Afrikanisches und Christliches – all das in seiner Verbindung gilt herkömmlicherweise als »Synkretismus«. Aber dieses Wort entstand in der Spätantike, bezogen auf damalige religiöse und philosophische Bewegungen. Es konnte – in von Mal zu Mal abgemilderter Analogie – gewiß auch später gelegentlich verwendet werden. Inzwischen ist es Bildungsballast, ausgelaugt, ungenau, deshalb sinnlos geworden.
Traditionen sind in einer Zeit, in der sie als so fragwürdig empfunden werden wie in der unseren, wenn überhaupt, dann nur selektiv – und das heißt eben: synkretistisch – zu verarbeiten. Gerade diejenigen also, die auf ein Überleben von Traditionen Wert legen, müßten den zeitgenössischen Synkretismus, ihrem philosophischen Schulwissen zum Trotz, freudig begrüßen.
Es gibt Worte und Gedanken, die das, was heute im Zusammenströmen der Kulturen, der Religionen, ja letztlich der Bewußtseinsebenen geschieht, besser kennzeichnen als das Wort »Synkretismus«. Zum Beispiel die »Totalisation de l'humanité«, in der Teilhard de Chardin die Religionen und geistigen Strömungen der Menschheit zusammenfallen sieht wie in einem Brennglas. Oder das »Diaphane Bewußtsein« Jean Gebsers, des Schweizer Philosophen, dessen dreibändiges »Ursprung und Gegenwart« (dtv) ein Hauptwerk der Neuen Religiosität geworden ist. Das Diaphane Bewußtsein: das ist das Bewußtsein, in dem die früheren, für den rationalen Menschen nicht mehr zugänglichen Bewußtseinsstufen der menschlichen Entwicklung wieder »durchscheinen« – Archaisches, Magisches, Mythisches –, so daß zu einem neuen »integralen« Bewußtsein zusammenfließt, was nicht nur die rationalen, sondern auch die intuitiven, die magischen und mythischen, bewußten und unbewußten, archetypischen Fähigkeiten der Menschheit zusammengetragen haben – von Ägypten und von der Antike bis zu Tibet und China, von den Azteken und Mayas bis zum Buddhismus Indiens und zum japanischen Zen. Teilhard de Chardin in einem Brief an Francois-Albert Viallet: Wir werden »aus der Epoche der Religionen in die Epoche *der* Religion eintreten«; »die Religion des Jahres zehntausend werde sich zu ihrem heutigen Ausdruck etwa verhalten wie heute der Mensch zum Affen . . .« Und Elias Canetti: »Wie unfaßbar bescheiden sind die Menschen, die sich einer einzigen Religion verschreiben! Ich habe sehr viele Religionen, und die eine, die ihnen übergeordnet ist, bildet sich erst im Laufe meines Lebens.«
Weil das »Neue Bewußtsein« ein »Durchscheinen« vieler verschiedener Bewußtseinsebenen ist, lehnte Gebser den Ausdruck der Hippies und der Subkulturen »Bewußtseinserweiterung« ab. Statt dessen sprach er von Bewußtseinsintensivierung.

VIII.

Bewußtseinsintensivierung: das interessiert mich als Jazzmann. Das ist ja das Metier des Jazz, sein eigentliches Fach, darauf verstehen sich seine Musiker, das beherrschen sie besser als – bisher – irgend jemand, darauf läuft hinaus, was in der Jazzmusik seit der Revolution des Free Jazz – also seit dem Anfang der sechziger Jahre (wieder dieses Datum!) – geschehen ist: ein ununterbrochenes Wachsen der Intensität, ein ständiges Ringen um neue Intensitätsebenen. An diesem Ringen ist der wichtigste Musiker der Entwicklung, John Coltrane, 1967 gestorben, einfach an der Überforderung seiner Kräfte angesichts der ständigen Transzendierung von Intensitätsebenen, die eben noch als unüberschreitbar galten und zu deren innerer Logik es gleichwohl gehörte, daß sie bereits morgen überschritten werden mußten.
Heute, zehn Jahre später, darf man ohne Übertreibung festhalten, daß die berstenden, explodierenden Intensitätsgrade Coltranes, die damals allen Beschreibungsmöglichkeiten zu spotten schienen, immer noch weiter gesteigert und erhöht werden konnten, und zwar – das ist das Neue an der Entwicklung – ohne, wie es zunächst notwendig schien, den Verlust von Strukturen und Metren, von Form und Tonalität; im Gegenteil, diese wurden zurückgewonnen.
Man könnte die ganze Jazzgeschichte unter diesem Gesichtspunkt schreiben: als ein ständiges Explorieren neuer Intensitätsgrade, die aufgegeben werden, wenn sie beherrscht werden, die dann in die Pop-Musik abwandern, dadurch für die Jazzmusiker uninteressant werden, auch im Pop freilich jeweils neue Intensitätslevels schaffen, wonach sie im Jazz von neueren, weiterhin gesteigerten Intensitäten übertroffen werden, in einem stetigen Wachsen, dessen Ende auch nach achtzig Jahren Jazz nicht abzusehen ist.
Parallel mit der Steigerung der Intensität und notwendig damit verbunden läuft die Erschließung neuer musikalischer Welten: Afrikanisches und Europäisches standen am Anfang, dann folgte die ganze europäische Musikgeschichte, zuerst – schon im Ragtime der Jahrhundertwende, dann im Chicago-Stil der zwanziger Jahre – Romantisches, später Impressionistisches, Zeitgenössisches, parallel dazu – Mitte der fünfziger Jahre – Barockes und Klassisches, danach erneut Afrika, dann Indien, dann Arabien, Japan, Brasilien, die »Akulturisation« der westafrikanischen Yoruba-Musik mit der großen Gitarrentradition der Iberischen Halbinsel zur Brasilianischen Musik, deren Integration in den Jazz, und vielerlei anderes. (All dies, wenn schon das Wort unvermeidlich ist, ein ungeheurer, die Grenzen der Vorstellungsmöglichkeit sprengender »Synkretismus«, aber auch hier wäre das Wort »Integration« angemessener, das in der Tat, ohne Kenntnis paralleler Entwicklungen in anderen Bereichen, zu einem Terminus der Jazzfachsprache

geworden ist: eine »Totalisation« – im Teilhardschen Sinne – nicht nur »de l'humanité«, sondern auch der Musik durch Völker und Räume.)

IX.

Mehrfach muß spürbar geworden sein, wie stark diese Entwicklung mit der Protestbewegung der sechziger Jahre verbunden ist, musikalisch also mit dem Free Jazz, gesellschaftlich und politisch mit Berkeley (wo alles 1965/66 begann), mit Berlin 1967, dem Pariser Mai 1968 . . . Von hierher kommen viele der maßgebenden Persönlichkeiten der Neuen Religiosität. Außerhalb und innerhalb der Musik sind sie sich dieser Herkunft und ihrer politischen Implikationen bewußt geblieben – in auffälligem Gegensatz zu den meisten anderen, die der Protestbewegung entstammen: Sie wollen nichts wissen von Religiosität, jeglicher Zusammenhang zwischen ihr und den protestierenden jungen Menschen der sechziger Jahre ist ihnen unangenehm, wird fortdiskutiert. Der Marxsche Atheismus, der Religion-ist-Opium-fürs-Volk-Slogan bleibt eines der am wenigsten angekratzten unter den zahlreichen beschädigten Dogmen der Linken jedweder Couleur, auch in einer Zeit, in der die religiösen Wurzeln des Marxschen Gedankengebäudes längst offenbar geworden sind.
Von der Protestbewegung der sechziger Jahre ist wenig geblieben. Die Frage, ob sie nicht möglicherweise in der Neuen Religiosität lebendiger und virulenter nachwirke als irgendwo anders, hat viel für sich. Nehmen diejenigen, die sich heute als die Erben dieser Bewegung ansehen und von denen die meisten inzwischen ins politische und wirtschaftliche Leben integriert sind, auch dies noch zurück, berauben sie sich ihres kräftigsten Sprößlings; sie machen den Sprößling – das heißt, die Neue Religiosität – politisch heimatlos, treiben ihn in die Arme der Rechten, die längst schon freundlich geöffnet sind.

X.

Die eigentliche Konstante in der Entwicklung der Neuen Religiosität sind die Musiker. 1967 war ja nicht nur das Jahr des Aufbruchs; aus heutiger Sicht ist es fast schon ein Jahr der Nostalgie. Was folgte, entsprach nur noch in Ansätzen dem Anlauf, dem großen Befreiungsgefühl dieses Jahres. Nur die Jazzmusiker, oder sagen wir, in erster Linie die Musiker sind »dabei geblieben«, ja in der zweiten Hälfte der siebziger Jahre – das muß aus den eingangs zitierten Musikeraussprüchen deutlich geworden sein – bekennt sich die Mehrzahl der Musiker der amerikanischen Szene und eine Minderzahl der europäischen zur

Neuen Religiosität. Ich glaube, es kann hilfreich sein, diese Tatsache vor dem Hintergrund der religiösen Spiritual- und Gospeltradition des Jazz zu sehen, einer Tradition, die seit der zweiten Hälfte der fünfziger Jahre – also durchaus parallel zu der hier beschriebenen Entwicklung – in ständig wachsendem Maße bewußt und unbewußt »angezapft« wird. Beispielsweise stammt die heute populäre »Soul«-Spielweise aus dieser Tradition, für die Pop- und viele Rock-Musiker gewiß eine leere kommerzielle Masche, aber die Jazzmusiker wissen in ihrer Mehrheit, für was »soul« auch in spiritueller Hinsicht steht. Dutzende von ihnen haben sich dazu bekannt.

Wir brauchen ein Wort, kein umschreibendes, andeutendes, für die geistige Haltung zahlloser Musiker auf der ganzen Welt, und ich weiß kein anderes als das Wort »fromm«. In dreißig Jahren des Schreibens über Jazz gebrauche ich es zum ersten Mal. Zu welcher Religion oder Sekte auch immer sie sich bekennen mögen, was immer sie an diese Religion oder Sekte bindet, es ist nicht unmittelbarer zu bezeichnen als mit dem Wort »Frömmigkeit«. Es ist eine Frömmigkeit, die nichts weiß und nichts wissen mag von jener Kirchengläubigkeit, zu deren Attributen »Frömmigkeit« noch bis vor kurzem vorwiegend zu gehören schien. Es ist die Frömmigkeit einer *neuen* Religiosität, die hier allein gemeint ist. Daß allerdings auch die »alte« Frömmigkeit von den großen Musikern vor allem der älteren Generation schöpferisch und unvergleichlich gefeiert wurde, ergänzt den Befund. Die »Sacred Concerts«, die Geistlichen Konzerte Duke Ellingtons seien als besonders eindrucksvolle Beispiele hierfür genannt.

Nichts – nicht einmal die Liebe – stimuliert die schöpferische Kraft des Menschen so gewaltig wie seine Religiosität. Die Maler des Mittelalters, die Bildhauer Hellas', des indischen und hinterindischen Raumes, die Architekten von der Romantik und Gotik bis zum Barock und vorher diejenigen der Mayas und Azteken, der ägyptischen Pyramiden und der Tempel Griechenlands, die Musiker vom Mittelalter bis zum Barock, die Künstler Afrikas, Balis und Javas . . . fast alle großen Künstler aller Kulturen der Erde haben ihre schönsten und bedeutendsten Werke als religiöse Kunst geschaffen. Es ist gut – gerade in einem solchen Zusammenhang –, sich der Kraft der Religiosität bewußt zu werden, und an den großen Kunstwerken der Vergangenheit ist dies leichter möglich, kann es objektiver geschehen als an einer zeitgenössischen Kunst wie dem Jazz, der – selbst dort, wo er von ähnlicher religiöser Kraft vorangetrieben wird – gar zu verschiedenen, noch nicht vom Gewicht der Geschichte ausgewogenen, subjektiven Deutungen jederzeit offen ist. Wenn die Musik für solcherlei Befunde ein Maßstab ist – und ich meine: sie, mehr als irgend etwas anderes, müßte doch ein Maßstab dafür sein –, dann machen die Gloriae, die Sancti und Jubilati, die Magnificats und Hallelujas der Musikgeschichte und all das, was ihnen in allen Musikkulturen der Welt entspricht, zweifelsfrei deutlich: Nichts – noch einmal: auch die Liebe nicht! – scheint den künstlerischen, den musikalischen Menschen in einen solchen Rausch des Glücks, des Jubilierens, des schöpferischen Überschwangs zu stürzen wie sein Bewußtsein von Gott. Und es ist ganz offensichtlich – nach allem, was in diesem Beitrag vorgetragen wurde –, wenn es vielleicht auch noch nicht für jedermann nachvollziehbar ist, daß dies auch für die Jazzmusiker gilt.

Die schöpferischen Kräfte, die im Jazz der letzten anderthalb Jahrzehnte freigesetzt wurden – Kräfte, die alle Kategorien und Stil-Vorstellungen sprengten, in die Jazz bisher eingebunden war –, stammen bei der Mehrzahl der Musiker, die in dieser Entwicklung Rang und Bedeutung besitzen, aus ihrer Religiosität. Nicht zuletzt deshalb sprechen so viele Musiker in den Interviews und Gesprächen, die in den Jazz-Zeitschriften und auf den Platten veröffentlicht werden, von Religion, wenn sie über ihre Musik befragt werden: Religion, verstanden als Quelle von Kreativität. »Thank you, God«, sagte John Coltrane.

Die Religiosität der Musiker steht in eklatantem Gegensatz zu dem, was die Jazzkritik darüber schreibt: nämlich nichts – oder fast nichts. Das Mißverhältnis wirkt umso gravierender, wenn man bedenkt, daß Jazzkritik gerade dort, wo sie fundiert ist, fast alle ihre Überlegungen und Theorien aus dem abgeleitet hat, was vorher die Musiker selber gesagt haben. Nur in diesem einen Bereich, im religiösen, da passen die Kritiker.

Mir scheint, sie passen aus Verlegenheit, aus Nicht-wissen-was-man-dazu-sagen-soll. Die Neue Religiosität der Musiker ist zur Tabu-Zone der Kritik geworden – auch dies möglicherweise ein Grund dafür, daß sich die Musiker selbst genötigt sehen, so häufig über ihre Religiosität zu reden.

Zur Jazzkritik – zu aller Kunstkritik – gehört die Bewußtmachung des Lebensgefühls, der geistigen Welt, aus der die betreffende Kunst schöpft. Kein Zweifel, die Jazzkritik hat diese Bewußtmachung geleistet, solange es Jazz gibt. Mit dieser einen Ausnahme. Ich meine, sie könnte eine ihrer wesentlichen Aufgaben verpassen, wenn sie einen Bereich, der für die heutigen Musiker so wichtig ist wie der religiöse, weiterhin totschweigt.

Plattenbeispiele

Jazz:

John Coltrane: »Love Supreme« (Impulse ST AS-77)
John Coltrane: »OM« (Impulse AS-9140)
Pharoah Sanders: »Karma« (Impulse ST AS-9181)
Don Cherry: »Humus – The Life Exploring Force« (Philips ST 630 5153)
Michael White: »Pneuma« (Impulse AS-9221)
Paul Horn: »Inside« (rec. in Taj Mahal) (Epic BN 26 466)
Alice Coltrane: »Universal Consciousness« (Impulse AS-9210)

Jazz-Rock:

John McLaughlin: »My Goal's Beyond« (Douglas 9)
John McLaughlin Mahavishnu Orchestra: »Inner Mounting Flame« (CBS S 64 717)
John McLaughlin Mahavishnu Orchestra: »Birds Of Fire« (CBS S 65 321)
John McLaughlin und Carlos Santana: »Love – Devotion – Surrender« (CBS KC 32 034)

Periodische Musik:

Terry Riley: »A Rainbow In Curved Air« (CBS 64 564)
Terry Riley: »In C« (am. Columbia MS 7178)
LaMonte Young-Marian Zazeela: »The Theatre Of Eternal Music« (Shandar 83 510)
Peter Michael Hamel: »The Voice Of Silence« (Vertigo 6360613)
Peter Michael Hamel: »Buddhist Meditation – East West« (BASF-Harmonia Mundi 29 22292-6)
Eberhard Schoener: »Music For Meditation« (Ariola 87 131)

Musik und Text:

»Hesse Between Music«, Texte von Hermann Hesse, gesprochen von Gert Westphal, Musik von der Gruppe »Between« (Electrola C 062-29546)

Tibetanische Musik:

Tantra-Music, Tibetian Monks (Anthology Record and Tape Corporation AST-4005)
The Religious Sound Of Tibet (Teldec TST 76 965)

Indische Musik:

Ravi Shankar-Ali Akbar Khan-Balachander: »The Anthology Of Indian Music« (World Pacific WDS 26 200)
Ravi Shankar (CBS 67 269)
Ali Akbar Khan (His Masters Voice EALP 1268)
Ravi Shankar und Ali Akbar Khan: »New York Concert« (Apple SAPDO-1002)
Pandit Pran Nath (Shandar SP 10 007)
Ustad Vilayat Khan (EMI/Electrola ALP 1946)

Japanische Musik und Jazz:

Tony Scott-Shinichi Yuize: »Music For Zen Meditation« (Verve V-8634)

Indische Musik und Jazz:

Ali Akbar Khan and John Handy: »Karuna Supreme« (MPS/BASF CD 22 791-3)
Shakti With John McLaughlin (CBS 81 388)

Die Kunst des Duos

Zuerst gab es »The Art of the Solo«, die Kunst des Solos. Ich glaube, es war Coleman Hawkins, der das erste unbegleitete Solo der Jazzgeschichte aufgenommen hat – 1947, »Picasso«, basierend auf den Harmonien des Stückes, das mehr als jedes andere mit Hawkins verbunden war: »Body And Soul«. Danach kamen Lennie Tristano, Tal Farlow, Sonny Rollins, Lee Konitz, Albert Mangelsdorff, Attila Zoller und viele andere. Trotzdem: Wenn es inzwischen eine ausgesprochene »Bewegung« zum unbegleiteten Solo gibt – ich nenne als Beispiele Chick Corea, Keith Jarrett, John McLaughlin –, dann ist das in erster Linie Gary Burtons Verdienst und das seiner bahnbrechenden Platte »Alone At Last« (Atlantic SD 1598) von 1971; schon vorher – seit etwa 1966 – gab es für Burton praktisch kein Konzert mehr, in dem er nicht mindestens ein oder zwei Stücke unbegleitet gespielt hätte.
Burton hat – unter dem begeisterten Applaus der Jazz-Szene – gezeigt, wie es gerade unter den Erfahrungen heutigen Jazzmusizierens möglich ist, swing und Puls »immanent« in das harmonische und melodische Gewebe der Improvisationen hineinzunehmen und dadurch unabhängig von einem Schlagzeuger und einer Rhythmusgruppe zu werden.
Bereits in den fünfziger Jahren hat der Klarinettist und Saxophonist Jimmy Giuffre gesagt: »Der drive, der die Pulsierung schafft, muß in dir sein. Ich verstehe nicht die Notwendigkeit, daß jemand anderes dich treiben soll«, wozu der Kritiker Nat Hentoff bemerkte: »Die Fähigkeit, zu swingen, muß zuerst einmal in jedem einzelnen Musiker beschlossen sein. Wenn er von einer Rhythmusgruppe abhängig ist . . ., dann ist er in der Situation des zurückgewiesenen Freiers, der nicht verstehen kann, daß man selbst fähig sein muß, Liebe zu geben, wenn man sie empfangen will.«
Vorläufer dieser Entwicklung gab es, solange es Jazz gibt. Vorläufer vor allem waren die alten großen Pianisten vor und nach der Jahrhundertwende – vom Ragtime Scott Joplins zum Harlem-Piano James P. Johnsons und Fats Wallers, die alle unbegleitet gespielt haben, bis hin, selbstverständlich, zu Art Tatum. Vorläufer war auch – wie in allem, was Jazz betrifft – Louis Armstrong: in Dutzenden von Solo-Kadenzen.
Die Linie, die von all diesen Vorläufern solistischen Jazzspiels zur heu-

tigen Blüte der Solo-Kunst führt, gehört zu den faszinierendsten Genealogien in der Geschichte des Jazz. Mich selbst hat sie so sehr fasziniert, daß ich mehrfach versucht habe, sie zu dokumentieren. So 1972 auf dem Olympia-Jazz-Festival in München in »Solo Now!«, dem ersten Konzert der Jazzgeschichte, dessen sämtliche Mitwirkende solistisch spielten, und – im gleichen Jahr, einige Monate später – auf den Berliner Jazztagen in dem Konzert »The Art of the Solo«. Mitwirkende waren Albert Mangelsdorff, Gary Burton, Chick Corea, Jean-Luc Ponty, John McLaughlin, Gunter Hampel, Pierre Favre, Ornette Coleman und der alte Ragtime-Herr Eubie Blake – alle, wie gesagt, in unbegleiteten Soli.

Überhaupt hat die deutsche Szene spürbaren Anteil daran, daß sich die internationale Jazzwelt der Solo-Kunst und ihrer Möglichkeiten bewußt wurde. So brachte die deutsche Plattenfirma ECM einige der bis dato wichtigsten Solo-Platten heraus, allen voran die Bremen-, Lausanne- und Köln-Konzerte von Keith Jarrett.

Im Sommer 1976 ging eine weitere Initiative von unserem Lande aus, die die Musikwelt »solobewußt« zu machen geeignet war. Die Münchener Direktion des Goethe-Instituts schickte »Solo Now!« nach Süd-, Mittel- und Nordamerika: eine Konzertgruppe mit Albert Mangelsdorff, Joachim Kühn, Pierrre Favre und Gunter Hampel. Die vier Musiker gaben in Brasilien, Argentinien, Chile, Peru, Bolivien, Mexiko, den USA, Kanada und anderen Ländern Solo-Konzerte und haben zu ihrer Tournee auch eine entsprechende Platte gemacht: »Solo Now!« (MPS/BASF DC 22629-8).

Inzwischen hat die Entwicklung, die zur »Kunst des Solos« führte, eine Fortsetzung gefunden, die in mancher Hinsicht als zwangsläufig bezeichnet werden kann: zur »Kunst des Duos«. Gewiß basiert auch diese Entwicklung auf der Jazztradition, vor allem auf dem Mann, mit dem – wir sprachen davon – nahezu alle Dinge im Jazz anfangen. Louis Armstrong hat 1928 das erste ernstzunehmende Duo der Jazzgeschichte aufgenommen – den »Weatherbird Rag« mit dem Pianisten Earl Hines, dem »Vater des Jazz-Pianos« (CBS 88 002), anknüpfend an ein ähnliches Duo oder, sagen wir besser, einen Duo-Versuch, den vier Jahre vorher, 1924, King Oliver und Jelly Roll Morton gemacht hatten (Milestone M 47 017). Um 1927, also bereits vor der Armstrong-Hines-Aufnahme, begann der Gitarrist Eddie Lang sich für das Duo-Spiel zu interessieren. Er war der erste, der – fast schon ein wenig im heutigen Sinne – die Kunst des Duos zu seiner Spezialität gemacht hat – in diversen Aufnahmen mit dem Geiger Joe Venuti, dem Gitarristen Lonnie Johnson, den Pianisten Arthur Schutt und Frank Signorelli . . . (Eddie Lang-Joe Venuti, CBS 88 142).

Ergiebiger freilich für die heutige Duo-Blüte dürften die Duos sein, die Duke Ellington 1940 mit dem Bassisten Jimmy Blanton spielte – den

Anfänge des Duos: Earl Hines und Louis Armstrong

»Mr. J. B.-Blues« oder »Pitter Panther« (auf dem Doppelalbum »The Indispensable Duke Ellington«, RCA LPM 6009). Hier, glaube ich, gibt es zum ersten Mal in der Jazzentwicklung Ansätze zu jener hochgezüchteten Sensitivität, die die Voraussetzung der heutigen Duo-Kunst ist. Hieran hat auch Duke Ellington selbst angeknüpft, als er 1972 – nun also bereits in der Zeit der jetzigen Duo-Blüte – als eine der letzten Platten seines Lebens Duos mit dem Bassisten Ray Brown aufnahm – in memoriam Jimmy Blanton mit all der Reife und Souveränität, die dem Duke eigen waren (Duke Ellington und Ray Brown »This One's For Blanton«, Pablo 2310 721).

Trotz all dieser Vorläufer blieben Duos jahrelang Ausnahmen, Einzelfälle auf der Szene des Jazz. Erst neuerdings gibt es sie in Menge – von Oscar Peterson gleich mit fünf wichtigen Trompetern: Dizzy Gillespie, Clark Terry, Harry Edison, Roy Eldridge und, inmitten all dieser Senioren, mit dem jungen Jon Faddis, dem brillanten Trompetensolisten der Thad Jones-Mel Lewis-Band . . . Von Gary Burton mit Ralph Towner und Steve Swallow, von Gitarristen wie Joe Pass, Charlie Byrd, Herb Ellis, Barney Kessel, Toto Blanke, Philip Catherine in den verschiedensten Kombinationen, von letzterem auch mit Joachim Kühn und Zbigniew Seifert, von Attila Zoller mit Masahiko Sato, von diesem wiederum mit Wolfgang Dauner . . . Lee Konitz und Albert Mangelsdorff legten ganze Duo-Alben mit den verschiedensten Partnern vor . . .

Eines der schönsten Duos entstand in Dänemark – gebildet von dem amerikanischen Pianisten Kenny Drew und dem dänischen Bassisten Niels-Henning Oersted-Pedersen. Drew war der letzte Piano-Begleiter Charlie Parkers. 1928 geboren, gehört er zur Generation der Bebop-Pianisten. 1961 kam er mit dem Heroin-Theaterstück »The Connection« nach Europa. Zunächst ließ er sich in Paris, später in Kopenhagen nieder. Und in Europa »romantisierte« er seine früher oft herben, kantigen »single note«-Pianolinien. Er füllte die Bebop-Spielweise mit der ganzen reichen romantischen Piano-Tradition Europas. Der Däne Niels-Henning Oersted-Pedersen ist viele Male schon als »Größter Bassist Europas« bezeichnet worden. Es gibt keinen anderen Europäer, der mit so vielen der Großen des Jazz gespielt und Aufnahmen gemacht hat. Niels-Henning ist für Kenny Drew mehr als ein Partner am Baß. Die beiden sind Freunde, und es ist diese Freundschaft, die das Duo Kenny-Niels zu einer so glücklichen, runden, Zufriedenheit ausstrahlenden Angelegenheit macht. (Kenny Drew/Niels-Henning Oersted-Pedersen »Duo 2«, Steeple Chase SCS 1010).

Ich beginne mit dem Beispiel Kenny Drew/Niels-Henning Oersted-Pedersen, weil es in überzeugender Weise deutlich macht, daß eine intensive menschliche Beziehung – das, was ich im Falle Drews und Pedersens Freundschaft nannte – eine Grundvoraussetzung künstleri-

schen, improvisatorischen Duo-Spiels ist. Eine solche intensive menschliche Beziehung spürt man in beglückender Weise bei dem Duo-Album, das der Vibraphonist Gary Burton und der E-Bassist Steve Swallow (ECM 1055) gemeinsam aufgenommen haben. Überhaupt war Gary Burton nicht nur im Solo-, sondern auch im Duo-Spiel ein Pionier dieser Entwicklung. Bereits 1968 nahm er Duos mit dem Gitarristen Larry Corryell (RCA LSP / 3985) auf, 1971 spielte er im Duo mit Keith Jarrett, 1972 mit Chick Corea, und zwar zunächst im August dieses Jahres in dem oben erwähnten Solo-Konzert auf dem Olympia-Jazz-Festival in München, im November dann auf einer ECM-Platte, der wunderbaren »Crystal Silence« (ECM 1024).
Wie wichtig die menschliche Beziehung für die Kunst des Duo-Spiels ist, wird auch an den fünf erwähnten Duo-Platten deutlich, die Oscar Peterson mit großen Jazztrompetern aufgenommen hat. Die geglückteste Platte – so beurteilt es auch die maßgebende Fachzeitschrift Amerikas, »down beat«, – ist diejenige, bei der die menschliche Beziehung zwischen den Musikern am stärksten ist: Oscar Peterson mit Dizzy Gillespie (Pablo 2310 740), die schwächste ist diejenige, bei der sich schon wegen des Generationenunterschiedes kaum eine Beziehung herstellen ließ: Oscar Peterson mit Jon Faddis (Pablo 2310 743).
Es ist in diesem Zusammenhang aufschlußreich, daß das Duo »Meditation«, das John McLaughlin und Carlos Santana auf ihrer Platte »Love Devotion Surrender« (CBS S 69037) spielen und das so viele Jazz- und Rock-Freunde verwundert hat, erst aus der Erfahrung gemeinsamen Meditierens entstand und nur aus dieser Erfahrung erklärbar ist.
»Closeness« nannte der Bassist Charlie Haden seine Duo-Platte (Horizon-A & M SP-710): bewegende musikalische Exkursionen mit Ornette Coleman, Alice Coltrane, Keith Jarrett und Paul Motian, – alles Musiker, mit denen Haden jahrelang – im Fall Ornette Colemans: während seines ganzen bewußten musikalischen Lebens – verbunden war. Mit diesem Wort »Closeness« will Haden schon im Titel die Nähe und Verbundenheit andeuten, die notwendig sind, um improvisierte Duo-Musik auf dem Niveau, auf das es ankommt, spielen zu können. Man muß sich hineinzuhören versuchen in ein derartiges Duo, am besten zunächst nur in ein einziges, stellvertretend für alle die anderen, um zu begreifen, was da nicht nur an musikalischer, sondern auch an menschlicher Beziehung und Dichte »ins Spiel gebracht« wird. Eines der schönsten ist »Crystal Silence«, das Titelstück von der bereits erwähnten Duo-Platte Chick Coreas und Gary Burtons. Wenn da am Anfang Chick Corea das Thema vorträgt, dann ist dies, gleich von der ersten Note an, mehr als ein Vortragen: es ist ein Werben um den Partner, der – mit seinem ersten Vibraphon-Sound – sofort eine eigene, andere, kontrastierende, aber auch komplementierende Qualität auf die Palette bringt, klarer, dafür weniger irisierend, den Partner, der

Oscar Peterson und Dizzy Gillespie

nunmehr Corea ist, auf eine fast konventionell wirkende, kadenzierende Begleitung verweisend. Wenn danach das Thema wieder zurück an das Piano fällt, für die erste Hälfte einer Themenlänge, entsteht zum ersten Mal ein Dialog: das Thema als Frage, auf das in seiner zweiten Hälfte Gary Burton antwortet. Kein Zweifel, die Antwort ist komplexer, als die Frage klang: sie läßt weitere Fragen offen, ja fordert sie geradezu – sofern man bei einer Musik von derartiger Sensitivität das Verb »fordern« gebrauchen darf. Ja, doch, es *war* eine Forderung, denn nun wird Chick Corea – mit »single note«-Linien – härter, insistierender, »jazziger«, wenn man so will . . ., aber schon nimmt er sich selber wieder zurück, den »Jazz« in einen Walzer verwandelnd, so vorsichtig, so zart, daß eine Porzellanfigur danach tanzen, ja meinetwegen sogar hinfallen könnte, ohne zu zerbrechen. Aus dem Walzer entwikkelt Chick eine Begleitfigur – die freilich ebenfalls vom Thema abstammt –, und darüber, mit dem nur noch fern erinnerten Walzer als Untergrund, fängt nun Gary Burton an nachzudenken, ja auch ein wenig zu philosophieren. Und wenn bisher Chick Corea dem musikalischen Prozeß immer um einen Schritt – was sage ich, um Zentimeter – voraus war – er hat schließlich auch das Thema komponiert –, dann gibt es nun fast so etwas wie einen Emanzipationsprozeß bei Burton, es gibt Vibraphon-Akkorde, in denen das Thema nur noch wie eine ferne Erinnerung schwingt. Burton taucht ganz und gar in seine eigene musikalische Welt, – aber schon wenige Takte später sieht er, spürt er, ergreift er wieder den Partner, der die Gestalt seines Themas hat: Du hast das Wort, du bist der Komponist, dir gebührt das Resumée . . . Chick zieht es, aber was da musikalisch als Coda erscheint, ist nur eine neue Frage – diesmal wird sie nicht mehr beantwortet. Crystal Silence.

Solch ein Duo ist nicht nur, wie das Wort »Duo« nahelegt, eine Sache der Zweiheit. Es ist ein Geflecht aus tausend Fäden, von denen der Hörer – ich zum Beispiel eben – immer nur wenige verfolgen kann. Je mehr solcher Fäden man – in einem naturgemäß höchst subjektiven Prozeß – entwirren zu können meint, um so reizvoller wird das Spiel beim jeweils folgenden Hören. Neue Fäden finden sich, wollen verfolgt und entwirrt werden und führen zu weiteren.

Ich vermeide es im allgemeinen, Musik zu beschreiben. Es ist ein hoffnungsloser Versuch. Auch wieder in diesem Fall, und doch mußte ich ihn unternehmen, weil nur dadurch, zumindest ansatzweise, deutlich zu machen ist, was in einem solchen Duo – bereits auf seiner untersten, offensichtlichsten Stufe – an komplexhaften Verwobenheiten geschieht und wie dies – das wäre zu folgern – auf den höheren, der sprachlichen Beschreibung entzogenen Ebenen des musikalischen Prozesses sich immer noch steigert, noch weiter kompliziert, sensibilisiert und vergeistigt.

Es gibt Duos, die sind wie ein Liebesakt. Wenn Jiři Stivin oder Rudolf

Dasek – die beiden Partner von »Tandem«, der wunderbaren tschechischen Duo-Gruppe – gelegentlich irgendwo bei den Aufnahmen anderer Musiker mitmachen, habe ich jedesmal ein wenig das Gefühl von Ehebruch. Und wenn in der Musik des englischen SOS-Trios nach jenen langen, intensiven Duos, in denen sich die Improvisationen von John Surman, Mike Osborne und Alan Skidmore immer wieder abspielen, endlich wieder der dritte Partner ins Spiel kommt, dann denkt man zuerst einmal: Voyeur! Das gehört fast ein wenig zur Tragik improvisierten Trio-Spiels in der Jazzmusik: Einer ist immer ein wenig der Voyeur, nur am Rande beteiligt.

Ich könnte Dutzende von Beispielen dafür anführen, daß gemeinsam gelebtes Leben, eine gemeinsam gegangene – oder auch nur durchdachte, durchfühlte – Wegstrecke die eigentliche Voraussetzung für hochentwickeltes Duo-Spiel ist. Rund zwanzig Jahre lang hat der Altsaxophonist Paul Desmond zum Quartett von Dave Brubeck gehört. Nie in all diesen Jahren kamen die beiden auf den Gedanken, Duos zu spielen, obwohl längst schon in der Jazzwelt bekannt war, daß zwischen Brubeck und Desmond eine ungewöhnliche Empathie, eine nachtwandlerische Beziehung bestand. Damals verstand sich die Begleitung durch eine Rhythmusgruppe einfach von selbst für die Musiker dieser Ära.

Dann – im Sommer 1975, als Desmond schon jahrelang nicht mehr zum Brubeck-Quartett gehört hatte – nahmen die beiden an einer »Jazzkreuzfahrt« teil, wie sie die »Rotterdam« und andere Schiffe der Luxusklasse von Zeit zu Zeit durchführen. Und da erst, als eines Abends die Brubeck-Söhne, denen die Begleitung oblag, die Harmonien von »You Go To My Head« doch nicht so genau kannten, fingen Dave und Paul an, Duo zu spielen, – zuerst nur aus Not, aber sofort waren sie so fasziniert davon, daß wenige Wochen später eine ganze Duo-Platte folgte. Gerade hier spürt man: Diese Kunst des Duos gehört in eine bestimmte Ära, in die heutige; seit 25 Jahren hätten die Brubeck-Desmond-Duos entstehen können, aber jetzt erst war die Zeit für sie »reif« geworden. Auch andere Musiker, die schon lange auf der Jazz-Szene sind und früher nicht im Traum daran gedacht hätten, unbegleitete Duos zu spielen – Oscar Peterson, Dizzy Gillespie, Roy Eldridge, Harry Edison etc. –, finden sich nun mit einem Mal zwanglos zum Duo-Spiel zusammen.

Wie gesagt, von Albert Mangelsdorff und Lee Konitz gibt es Duo-Platten mit den verschiedensten Partnern, auf den Platten von beiden wirken Elvin Jones und der deutsche Vibraphonist Karl Berger mit. Lee Konitz hat durch seine Herkunft aus der Lennie Tristano-Schule Anfang der fünfziger Jahre schon immer ein offenes Ohr für Duos gehabt. Damals nahm er eines der berühmtesten frühen Duos der Jazzgeschichte auf – »Rebecca« mit dem Gitarristen Billy Bauer (Prestige LP

Chick Corea und Gary Burton

7004), noch ganz jener eisgekühlten Abstraktheit verhaftet, die heute blutvolles Leben geworden ist.
Albert Mangelsdorffs Duo-Platte (»Mangelsdorff And His Friends«, MPS 15 210) beginnt mit einem auf der deutschen Szene recht bekannt gewordenen Duo mit Don Cherry, aufgenommen auf dem Baden-Badener New Jazz Meeting 1967: »I Dig It, You Dig It«, ein Stück von einem umwerfenden Humor. Man amüsiert sich köstlich, wenn man verfolgt, wie die beiden miteinander und mit den verschiedensten musikalischen Einfällen ihre Späße treiben. Mangelsdorff entwickelt seine Liebe zum Duo-Spiel immer weiter – in exzentrischen, karikierenden Duo-Skizzen mit dem Saxophonisten Peter Brötzmann auf dem Frankfurter Festival 1976 oder in »weisen«, vorsichtigen Duo-Gängen mit dem polnischen Geiger Zbigniew Seifert, der – auf den Donaueschinger Musiktagen 1976 –, ohne sich selbst dessen bewußt zu sein, Reminiszenzen an Strawinskys »Geschichte vom Soldaten« in das kammermusikalische Filigranwerk aus Posaune und Violine hineingeigte.
Das Baden-Badener New Jazz Meeting war schon immer eine Brutstätte der verschiedensten Duos. Hier kamen Albert Mangelsdorff und Peter Brötzmann zum ersten Mal zu einem Duo zusammen – 1966, als Brötzmann noch von kaum jemandem ernst genommen wurde. Hier wurde das Duo-Spiel von Wolfgang Dauner und Jasper van t'Hof konzipiert, das wir dann auf den Donaueschinger Musiktagen 1974 vorgestellt haben. Hier gehört es sich fast schon von selbst, daß die Musiker die verschiedensten Duo-Ideen realisieren wollen. Im Laufe der Jahre haben wir wohl gut vierzig Duos der bekanntesten europäischen New Jazz Musiker auf den New Jazz Meetings in Baden-Baden aufgenommen.

Die Kultivierung der Duo-Kunst bringt es mit sich, daß wir hellhöriger und kritischer werden. Das Zusammenspiel der beiden Gitarristen John Abercrombie und Ralph Towner, das auf dem Deutschen Jazz-Festival Frankfurt 1976 (und auf ECM 1080) zu hören war, hätte noch vor wenigen Jahren Superlative der Zustimmung gefunden. Es findet sie auch jetzt noch, aber darein mischten sich in Frankfurt Stimmen des Bedenkens. Man bemerkte gewisse Inkompatibilitäten der beiden Gitarristen, ihre gar zu verschiedenen Ausgangspunkte: das Kammermusikalische bei Towner, die Herkunft aus der Jazztradition – und das heißt letztlich von Charlie Christian – bei Abercrombie. Immer wieder meinte man zu spüren: Das vereint sich nicht – und wo es sich doch vereint, opfern die beiden ihr »Eigentliches«, ihr Persönlichstes und spielen einfach wie zwei hervorragende Gitarristen, die sie zweifellos sind. Sicher ist es eine kluge Plattenidee, zwei der meistdiskutierten Gitarristen der heutigen Szene zu Duos zusammenzuführen, aber von hier bis zu der »sophistication« des Duo-Spiels, auf die es uns in diesem Zusammenhang ankommt, ist noch ein weiter Weg.

Immer dichter, immer konzentrierter wird die »sophistication«. Es gibt immer häufiger Duos, die – selbst dort, wo sie improvisiert wurden – in ihrer Gültigkeit und Endgültigkeit den Eindruck von Kompositionen machen. Am auffälligsten geschieht dies im Zusammenspiel des Multi-Instrumentalisten Anthony Braxton mit seinen sieben oder acht verschiedenen Blasinstrumenten und des Posaunisten George Lewis mit seinen ebenso vielen Dämpfern.
Was eingangs für das Solo-Spiel gesagt wurde, gilt auch für die unbegleiteten Duos: die deutsche Szene hat eine Vorliebe für sie. Bereits in den fünfziger Jahren, als derartige Duos überall sonst in der Welt durchaus noch den Charakter des Ungewöhnlichen, ja des doch eben ein wenig Deplazierten, trugen, war es selbstverständlich, daß auf nahezu jedem der damals noch jährlich stattfindenden Frankfurter Jazz-Festivals (siehe »Nachkriegsgeschichte des Deutschen Jazz«) eine Duo-Kombination vorgestellt wurde – im allgemeinen um Musiker wie Albert und Emil Mangelsdorff und um Attila Zoller. Attila spielte damals landauf, landab auf deutschen Jazz-Festivals, in Konzerten und Clubs überall in Deutschland Duos mit den verschiedensten Partnern, am liebsten natürlich mit Albert Mangelsdorff.
Ich weiß nicht, warum das Duo- und, wie gesagt, auch das Solo-Spiel gerade in unserem Lande so blüht. Hängt es mit der vielbesprochenen »deutschen Romantik« zusammen? Werden hier kammermusikalische Relikte aus dem 19. Jahrhundert wirksam? Oder wird – oder wurde jedenfalls – doch ein wenig auf diese Weise der Mangel an guten Rhythmus-Musikern kompensiert, – ja, mehr noch: das rhythmische Defizit des allgemeinen musikalischen Bewußtseins, der eigenen musikalischen Tradition?
Offensichtlich ist, daß die Tendenz zum unbegleiteten Spiel – im Solo wie im Duo – eine romantische Tendenz ist. Nicht zuletzt deshalb ist sie in unseren Jahren der Nostalgie so erfolgreich geworden. Sie ist auch eine Gegenbewegung: fort von der vielfach elektronisierten und amplifizierten Lautstärke zu einer intimen, aufs Äußerste personalisierten und sensibilisierten Aussage – Symptom einer wachsenden Hinwendung zu einer neuen, sachlichen, klaren Romantik.
Aber die Solo- und Duo-Tendenz besitzt auch Gefahren. Sie kann ein Zurückdrängen, ja eine Verdrängung von swing, drive und hartem Jazz-Puls, von schwarzer Tradition bedeuten, die ohne die kraftvolle Intensität eines Schlagzeugers nun einmal nicht denkbar sind, ein Überborden von Ästhetizismen, die dem Wesen des Jazz fremd sind und die letztlich das signalisieren, wogegen diese Musik, solange es sie gibt, aufbegehrte und weiter aufbegehren wird. Das Verführerische derartiger Tendenzen gewinnt nicht zuletzt dadurch seinen Reiz, daß man sie genießen darf, ohne ihnen zu erliegen.
Vielleicht wird sich erweisen, daß die eigentliche bleibende Duo-Musik

diejenige ist, der das Modische, das Ästhetisierende der derzeitigen Duo-Welle abgeht, in Deutschland also vor allen anderen das Christmann-Schönenberg-Duo – das am längsten bestehende Duo in Europa und gleichwohl eines der unbekanntesten, gebildet aus dem Posaunisten Günter Christmann und dem Schlagzeuger-Perkussionisten Detlef Schönenberg. Dichte – »density« – wird hier zwar auch, wie bei Braxton, durch Kompositionen, aber in erster Linie und stärker noch durch das jahrelange Eingespieltsein der beiden Musiker aufeinander geschaffen. Die Eingespieltheit selbst *ist* »Kom-position«. (Christmann-Schönenberg-Duo »Topic«, Hifi-Thelen.)

Wiederentdecken, was Jazz in Wirklichkeit ist

Gespräch mit Albert Mangelsdorff

J. E. B.:
Welche Musik hast du in deinem Elternhaus gehört?

A. M.:
Was man so im Radio hörte. Mein Vater war ein Liebhaber klassischer Musik, vor allem von Mozart. Die Brüder meines Vaters waren Musiker. Dadurch war der Musikerberuf vorgeprägt, – zumal das alles sehr attraktive und liebe Leute waren.

Was waren das für Musiker?

Alle drei waren Geiger. Der eine war Konzertmeister in Pforzheim am Theater, seine Frau war Harfenistin dort. Der andere hatte ein Unterhaltungsorchester und reiste damit durch die Lande. Seine Frau hat in diesem Orchester Klavier gespielt. Der dritte Onkel, den ich leider nicht mehr kennengelernt habe, ist im ersten Weltkrieg gefallen. Mein Großvater war übrigens auch Musiker.

Wann kommt der Jazz ins Bild?

Mein Bruder Emil brachte die ersten Jazzplatten mit nach Hause. Das war damals, Anfang der vierziger Jahre, Swing – Benny Goodman, Artie Shaw und natürlich Louis Armstrong und was es noch so alles gab. Viele Platten gab es ja nicht. Emil nahm mich manchmal auch mit, wenn irgendwo Jazz gespielt wurde; offiziell war es ja von den Nazis verboten. Und als ich diese Musik gehört habe und Emil dann auch anfing, sie zu machen, war eigentlich für mich klar, daß ich sie auch machen wollte.

Wie alt warst du, als das klar war?

Nun, das war so 1940, da war ich zwölf.

Und wie kamst du zur Posaune?

Das war viel später, ich war ja schon zwanzig, als ich anfing, Posaune zu lernen. Vorher hatte ich bei einem dieser Onkel, bei dem Konzertmeister in Pforzheim, ein ziemlich gründliches Violin-Studium. Das war überhaupt der einzige Weg, Musiker werden zu können, denn der Emil

Albert Mangelsdorff

war bereits auf dem Konservatorium, und meine Eltern waren ja nicht reich, mein Vater war Buchbinder. Als dieser Onkel hörte, daß ich Musiker werden wollte, hat er mich gefragt, ob ich nicht zu ihm kommen wolle. Das habe ich dann gemacht; ich war anderthalb Jahre in Pforzheim und habe täglich Unterricht gehabt.

Was hat dich zur Posaune gebracht?

1944 wurde mein Onkel eingezogen. Ich wurde am Konservatorium in Frankfurt angemeldet, mein Onkel aus Pforzheim wollte mir das Studium finanzieren. Aber dann wurden sämtliche Studenten dienstverpflichtet in die Industrie. Das war schon mal 'ne Pleite. Ich hab' also bis Kriegsende in einer Fabrik gearbeitet und mir so nebenbei das Gitarrespielen beigebracht. Als der Krieg vorbei war, war ich weder auf der Gitarre, geschweige denn auf der Geige soweit, daß ich professionell Musik hätte machen können. Ich hab' dann weitergearbeitet – und zwar bei den Amerikanern als Hilfsarbeiter, Büros reinigen, später auch so eine Art Büroarbeit bei einer amerikanischen Einheit im Hauptquartier in Frankfurt . . . Ich hab' mich natürlich die ganze Zeit weiter für Jazz interessiert und auch versucht, Gitarre zu spielen. Ich kannte Carlo Boländer, den Trompeter und Jazz-Theoretiker, der mir viel beigebracht hat. Den Sprung zum professionellen Musiker hab' ich geschafft, als mir Carlo einen Job als Gitarrist in einer Big Band verschaffte, die in einem amerikanischen Club spielte. Das war 1947. Aber ich habe mich immer sehr für die Posaune interessiert. Damals gab's Bill Harris, J. J. Johnson kam auf. Jemand hat mir 'ne Posaune besorgt, die irgendwo bei den Amerikanern gestohlen war, und ich bin zu einem Lehrer gegangen, der war erster Posaunist an der Oper in Frankfurt, Fritz Stehr . . . Das Instrument hat mich fasziniert, weil es der menschlichen Stimme so ähnlich ist, so gesangsähnlich gespielt werden kann, abgesehen davon, daß man mir sagte – und das hat man ja auch gemerkt –, Posaunisten waren rar, damals schon, und es schien, daß man als Posaunist vielleicht am ehesten Aussichten hatte.

Warum sind Posaunisten so rar?

Das Studium ist ziemlich lange, es ist ein sehr schwer zu spielendes Instrument, wenn man einmal über die normalen Dinge hinausgehen will, die mit der Posaune gemacht werden, in den Big Bands oder im Symphonieorchester oder früher im Dixieland. Das war ja nicht sehr virtuos, mehr wurde auch nicht verlangt; aber von der Entwicklung her, was man damit machen könnte, da schien mir die Posaune doch ziemlich vielversprechend zu sein.

Hast du dich noch mit Swing oder Dixieland beschäftigt?

Nein, gleich mit modernem Jazz. Damals gab's Charlie Parker, den man viel hören konnte – im Radio bei AFN. Der hat mich fasziniert. Durch Joki Freund, der ja ebenfalls – wie mein Bruder Emil und wie Carlo – einer der frühen Frankfurter Jazzer ist, lernte ich den Pianisten Joe Klimm kennen, und in der Joe Klimm Combo – das war eigentlich mein erster Job als Posaunist in einer richtigen Jazz-Band.

Ja, und mit Joe Klimm und Joki Freund hast du gleich in dem ersten Jazzkonzert mitgespielt, das ich für den Südwestfunk veranstaltet habe, 1949 oder 1950 in Koblenz.
Ich glaube, wir sollten jetzt versuchen, damit es übersichtlicher wird, deine Laufbahn in bestimmten Etappen zu sehen. Ich sehe drei Etappen: Zuerst die Cool-Ära in den fünfziger Jahren, dann das freie Spiel ab etwa Mitte der sechziger und schließlich die siebziger Jahre, die – was dich betrifft – vor allem durch deine Solo-Karriere gekennzeichnet sind.

Und viertens, das ist mir sehr wichtig, die Zeit zwischen dem Cool Spiel und dem freien Spiel – was man so Hard Bop nennt, so vom Ende der fünfziger Jahre bis etwa 1964, als wir zusammen in Asien waren.

Okay, vier Epochen. Fangen wir mit dem Cool Jazz an.

Es war damals natürlich die Lennie Tristano-Schule – aber als Solist am meisten beeindruckt hat mich Lee Konitz. Es war diese unwahrscheinliche Ausgewogenheit in seinem Spiel. Vielleicht liegt es auch daran, daß man als Weißer, als Europäer, stärker in diese Richtung gezogen wird. Trotzdem hörte man natürlich weiter Charlie Parker und den ganzen schwarzen Jazz. Dizzy Gillespie ist mir immer wichtig gewesen.

Du hast – viel später – zusammen mit ihm auf dem Newport Festival gespielt, und ich weiß, du möchtest gern mal wirklich mit ihm zusammenarbeiten. Er möchte das übrigens auch, ich habe ihn mal danach gefragt.

Eine neue Entwicklung, nach der Cool Jazz-Zeit, nach all den schönen Klängen und Harmonien, in denen man damals geschwelgt hat, begann für mich Anfang der sechziger Jahre – in meinem Quintett mit Peter Trunk und Hartwig Bartz. Wie der Hartwig Schlagzeug gespielt hat, davon ist eine Kraft ausgegangen, die hat es damals in Europa nicht gegeben.

Was hat die Asien-Tournee für dich bedeutet, die wir 1964 zusammen gemacht haben? Bald darauf begann ja deine Entwicklung zum freien Spiel.

In gewisser Weise war es sehr wichtig. Man hörte die indische Musik und spielte mit indischen Musikern. Einesteils wehrte man sich dagegen, und anderenteils öffnete man sich immer mehr dafür.

Genau! So ist es uns allen ergangen. Bei allen, übrigens auch bei den Hörern, gab es immer zuerst dieses Moment des Widerstandes. Manche sind heute noch nicht darüber hinweg.

Man merkte mit einem Mal, daß es auch ohne das ganze Spiel über Harmonien und Themen und all das ging. Es gab damals so eine Art Müdigkeit, immer noch weiter nur über Harmonien und über die amerikanischen Standardthemen zu spielen.
Ich hatte von Anfang an versucht, eigene Themen zu schreiben, aber es blieb trotzdem das Improvisieren über den Harmonien dieser Themen. Man wollte das nicht ewig so weitermachen. Dadurch wurde das Spiel ganz von allein freier. Du kennst »Intuition« (1949) von Lennie Tristano. Das hat mich schon damals fasziniert, gleich Anfang der fünfziger Jahre. Es ist die erste freie Aufnahme der Jazzgeschichte. Joki Freund und ich – wir haben damals schon versucht, so zu spielen. Deshalb war es für mich gar nicht so revolutionär wie vielleicht für einige andere. Die musikalische Revolution, von der so viel gesprochen wurde, die habe ich nie empfunden.

Es war mehr, als ob man etwas wiederentdeckte, was man schon mal gekannt, aber vielleicht vergessen hatte.

Nicht mal vergessen, nur in den Hintergrund gedrängt. Wir haben ja damals auch sehr viel kollektiv gespielt, kollektive Improvisationen – in der Gruppe mit Heinz Sauer, Günter Kronberg, Günter Lenz und Ralf Hübner, der Gruppe, mit der wir in Asien waren.

Das war das eigentlich Neue an deiner Musik in der ersten Hälfte der sechziger Jahre – diese wunderbaren, aufregenden Kollektive. Es gab niemanden in Europa, der das so machte – nur noch Mingus in den USA.

Ja, und eben zehn Jahre vorher Tristano. Ein großer Einfluß ist auch Attila Zoller gewesen. Es war wohl so um 1960 herum, daß er nach Amerika gegangen ist, und jedes Mal, wenn er dann zurückkam, haben wir zusammen gespielt, und man konnte richtig spüren, wie wir jedesmal etwas weitergekommen sind. Attila hat Dinge, die ich spontan spielte, mit seinem unheimlichen Ohr, seinem unheimlichen Einfühlungsvermögen, harmonisch sinnvoll gemacht.

Überhaupt ist ja die Beziehung zwischen dir und Attila Zoller etwas ganz Besonderes – war es von Anfang an, als Attila aus Ungarn bzw. aus Wien nach Frankfurt kam, so etwa 1953, dann als er in Baden-Baden lebte, und ist es heute immer noch, obwohl er schon so viele Jahre in

New York ist. Ich empfinde da eine gemeinsame Sensibilität, die mit europäischer Tradition mindestens so viel zu tun hat wie mit der des Jazz.

Deshalb haben wir auch so gern Duos zusammen gespielt, ohne Rhythmusgruppe.

Es wird ja oft gesagt, daß mit dem Free Jazz der Selbstfindungsprozeß des europäischen Jazz begonnen hat, und das ist sicher auch richtig. Würdest du trotzdem meinen, daß es da auch einen amerikanischen Einfluß gegeben hat – von Musikern wie Ornette Coleman, Cecil Taylor usw.?

Ja natürlich, von da kommt es. Von alleine hat sich das bestimmt nicht entwickelt.
Aber es war auch eine Erkenntnis, daß man sich sagte, man will seine eigene Musik spielen. So schön das ist, irgend so ein Evergreen aus einem Musical oder so was zu spielen, man fragte sich: Was geht mich das an? Erstens ist es nicht hier gewachsen, und zweitens ist es ja eine Musik, von der man eigentlich weg wollte. Was man als Jazzmusiker will, ist doch immer die eigene Musik, so schön diese Themen alle sind; ich habe sie ja ausgiebig gespielt.

Am schönsten: Autumn Leaves! Das war lange mein Lieblingsthema bei dir . . . Aber, Albert, ich möchte dich an ein Interview erinnern, das ich in der zweiten Hälfte der sechziger Jahre mit dir machen konnte. Es war unmittelbar, nachdem du auf dem New Jazz Meeting Baden-Baden 1966 zum ersten Mal mit Peter Brötzmann gespielt hattest, und damit begann für euch beide eine wichtige Entwicklung. Brötzmann galt damals wirklich noch als Außenseiter, und es wurde sehr beachtet, daß Albert Mangelsdorff ein Duo mit ihm aufgenommen hatte und daß die Anregung zu diesem Duo von dir ausgegangen war. Du hast ja dann ziemlich viel mit Brötzmann gespielt, und nun will ich dir vorlesen, was du damals gesagt hast:

> *»Für mich bedeutete diese Entwicklung eine große emotionale Befreiung. Ich bin an sich ziemlich introvertiert, der Cool Jazz war schon irgendwie meine Musik, aber ich will auch immer davon los, von dieser Introvertiertheit und Distanziertheit. Das heißt, ich will meine Dinge nicht nur immer in feiner, sensibler Form loswerden, sondern auch ruhig mal aggressiv sein dürfen, mich von all den Zwängen befreien . . .«*

Ja, genau so empfinde ich es auch heute noch, aber vielleicht bin ich inzwischen auf diesem Weg noch ein Stück weitergekommen . . .

Ich habe eine Vermutung. Ich empfinde in deiner ganzen Karriere, in der ganzen menschlichen und musikalischen Entwicklung, die ich ja doch seit dem Ende der vierziger Jahre mitverfolgen durfte, einen ständigen Zug von der Introversion zu wachsender, engagierter Extraversion, wobei allerdings – und erst dadurch wird es interessant – die Introversion immanent ständig erhalten bleibt. Könnte es nicht sein, daß dies der »drive« ist, der dich eigentlich motiviert? Ja, daß diese Spannung dich überhaupt zum Jazz geführt hat – von der Musik deines Elternhauses her, von Mozart und von dem her, was du bei diesem Onkel am Theater in Pforzheim gelernt hast, zuerst einfach zu dem Wunsch, Jazz spielen zu wollen, dann zum Cool Jazz und weiter zum Hard Bop, zum freien Spiel und schließlich zum Solo-Spiel?

Ich habe mir das noch nie so überlegt, aber ich glaube, da ist schon etwas Wahres dran.

Bist du nun heute bereits wieder in einer anderen Periode, oder fühlst du dich nach wie vor in der Free Jazz-Zeit?

Ich empfinde – und das hat sich durch die Solospielerei ergeben – einen starken Trend zu mehr Traditionellem –, und zwar einfach, weil man sich im Free Jazz wahrscheinlich doch ein bißchen zu sehr verloren hat. Man hatte das Gefühl, daß man die Bahnen des Jazz verlassen hat. Und vor allem, glaube ich, bin ich Jazzmusiker. Das bin ich von Anfang an gewesen, und es gibt eben gewisse Dinge im Jazz, die Elemente des Jazz, die man einfach bewahren muß, um Jazzmusiker zu bleiben. Ich lege Wert darauf, Jazzmusiker zu sein und einer genannt zu werden. Die ganzen Sachen, die wir damals gemacht haben, das näherte sich ja immer mehr der sogenannten zeitgenössischen Konzertmusik, und deswegen, glaube ich, ist es ganz gut, wenn man jetzt wieder so einen kleinen Abstand dazu schafft: eben indem man sich wieder mehr dem Jazzmäßigen zuwendet, der Jazztradition.

Trotzdem war da immer ein Unterschied, weil die Jazzmusiker diese Dinge mit einer unverhältnismäßig stärkeren Intensität gespielt haben als die Konzertmusiker, so daß einfach durch diese Intensität die Kraft und die Botschaft des Jazz bewahrt blieben.

Das ist ganz klar, von der Emotion her war ein Riesen-Unterschied.

Deine Solo-Karriere begann graduell. Ich erinnere mich an lange Kadenzen, wunderbare unbegleitete Soloteile, die du schon in den sechziger Jahren immer wieder gespielt hast – schon in Asien. Ich hatte oft das Gefühl: Herrgott, selbst wenn sie noch so lang waren, sie müßten weitergehen – ich habe nie auf das Wiedereinsetzen der Rhythmusgruppe gewartet. Wie bist du überhaupt auf das mehrstimmige Spiel gekommen?

Ich habe das nicht entdeckt, es ist keine neue Geschichte. Es gibt mehrstimmige Musik in der Literatur, ich glaube nicht für Posaune, aber für

Horn, in der romantischen Periode. Außerdem hatte mein Lehrer, von dem ich vorhin erzählt habe, an der Frankfurter Oper, der hatte das drauf, der hat unbegleitet Choräle gespielt ... aber natürlich nicht so konsequent, wie ich das nun weiterentwickelt habe. Nur ist es eben keine von mir entdeckte Geschichte. Der Eje Thelin in Schweden zum Beispiel macht es ja auch.
Es war nur so: Während ich immer mehr an dieser Möglichkeit des mehrstimmigen Spiels arbeitete, kamst dann, Gott sei Dank, du mit dem Solo-Konzert auf deinem Festival während der Münchner Olympiade und mit der Offerte, ob ich da unbegleitet spielen wolle – und das war natürlich ein guter Start für die Sache. Das war das erste öffentliche Konzert, in dem ich diese Spielweise angewendet habe.

Ja, und von da an ging es schlagartig. Es war wie ein Musterbeispiel für die Durchsetzung einer neuen Sache.
Meinst du nun, daß die Entwicklung weitergehen wird – daß du also in fünf Jahren noch weiter sein wirst –, oder bist du an einem Punkt angelangt, wo man absehen kann, daß eine weitere Perfektionierung nicht mehr möglich ist?

Ich glaube, ich kann noch ein bißchen dran arbeiten und es weiterbringen. Und vor allem kann ich mir gut vorstellen, daß jüngere Leute, die jetzt erst anfangen und noch mehr Zeit vor sich haben, noch viel machen können – vor allem dann, wenn jemand gleichzeitig auch seine Stimme schult. Ich möchte das auch noch selber machen, ich weiß nur nicht, wie weit in meinem Alter die Stimme noch schulbar ist.

Du willst deine Stimme schulen?

Ich muß das. Es sind einfach Dinge, die mit der Intonation der Stimme zu tun haben, die sehr schwierig sind bei dieser Spielweise, die möchte ich noch ausbauen. Die Intonation ist das Wichtigste, sonst entwickeln sich die Obertöne nicht richtig.

Könntest du bitte noch mal beschreiben, wie du es machst?

Es wird eine Note gespielt und meistens eine darüber gesungen ...

Darüber oder darunter?

Darüber, – man kann's auch darunter machen, aber der Effekt ist nicht der gleiche. Es kommt beim Drübersingen mehr heraus, mehr Obertöne. Durch die Reinheit des Intervalls zwischen dem gespielten und dem gesungenen Ton bilden sich Obertöne, die bei dieser Technik so stark hörbar werden, daß eben Akkorde entstehen. Es gibt Intervalle, die sind relativ einfach zu machen, und andere, die sehr schwer sind – das hängt einfach damit zusammen, wie weit man seine Stimme in der Gewalt hat. Deshalb möchte ich meine Stimme noch schulen.

Das ist wohl überhaupt etwas Besonderes an dir, daß du nie aufhörst, zu üben und dich weiterzuentwickeln. Ich kenne Hunderte von Musikern, die einfach an einem bestimmten Punkt in ihrem Leben aufhören, zu üben – und trotzdem noch tolle Musiker bleiben.

Ich bin vom Üben abhängig, einfach um den Standard zu halten, und natürlich will ich auch weiterkommen, also muß man eben ein kleines bißchen mehr machen.

Wieviel übst du?

Ach, es ist nicht die Dauer, es ist mehr das regelmäßige Üben, täglich vielleicht zwei Stunden. Wenn ich Zeit habe, auch drei oder vier. Ich wünsche mir, daß ich mal einen Übe-Urlaub machen könnte, wo ich, ohne spielen gehen zu müssen, vielleicht vier Wochen in Abgeschiedenheit den ganzen Tag üben könnte. Davon verspreche ich mir viel.

Das Üben muß dich faszinieren, denn sogar als wir in Asien waren und die anderen Musiker deines Quintetts und ich uns fast täglich die großartigsten Sehenswürdigkeiten ansahen, Tempel und herrliche Landschaften, bliebst du meist im Hotel und übtest . . .

Sonst merkt man nach ein paar Tagen, es geht etwas verloren.

Was geht verloren?

Ansatz, Sicherheit. Guter Ansatz bedeutet Sicherheit. Daß man eben einfach alles oder fast alles machen kann, was vom Kopf her kommt und vom Gefühl her. Daß man ausführen kann, was einem einfällt . . .

Dieser Wunsch, das machen zu können, was du im Kopf und im Gefühl hast, ist sehr stark in dir. Er motiviert nicht nur das Üben, sondern hat wohl auch die Entwicklung zum unbegleiteten Spiel ausgelöst. Du hast mir einmal in den sechziger Jahren gesagt:

> *»Man findet oft nicht die richtigen Musiker. Man will nicht von anderen abhängig sein. Ich meine einfach, man muß sein Instrument so spielen können, daß, wenn man allein auf der Bühne steht, man alles ausdrücken kann, was man möchte . . .«*

Dieses Empfinden steht auch hinter der Planmäßigkeit deines Übens, die ich selten in so ausgeprägter Form bei einem Jazzmusiker gefunden habe.
1971 hast du über dein Solospiel gesagt, es soll »nicht bloß ein Trick« sein, »es soll ein ganz wichtiger Bestandteil meiner Musik werden«. Genau das ist es geworden.

Albert, du bist ja kein lauter Spieler. Ich kenne Posaunisten, zum Beispiel Ake Persson mit seinem Riesenton, die viel lauter gespielt haben, oder zur Zeit in Amerika Bill Watrous, der ja viel von dir hat, nur ist er eben weniger sensibel, dafür lauter . . .

Ich mag keine laute Musik, weil mir dann die Ohren weh tun. Es ist einfach eine Tatsache, daß schnelle Phrasierungen, schnelle Artikulationen leiser leichter und genauer zu spielen sind. Ein großer Stein ist schwerer zu rollen als ein kleiner.

Wenn man dich hört, weiß man sofort, das ist Albert Mangelsdorff. Hast du ein bestimmtes Sound-Ideal – ich weiß, du hast es, aber ist es ein Ideal, das du in Worte fassen könntest?

Ich glaube nicht, daß das eine gezielte Sache ist. Das ergibt sich einfach mit dem Spiel, daß man irgendwann diesen Klang kriegt. Es hängt natürlich auch vom Mundstück ab. Ich hab' immer dazu tendiert, einen etwas dunklen Klang zu haben, der, wenn auch nicht laut, so doch offen klingt.
Aber als das Wichtigste an meiner Musik empfinde ich nicht den Sound, sondern den Rhythmus. Der Rhythmus ist überhaupt das Wichtigste am Jazz. Als ich zuerst Jazz gehört habe, als Emil die ersten Jazzplatten nach Hause brachte, da hab ich dazu getanzt, wenn ich sie allein spielte. Deshalb hab ich vorhin auch erwähnt, daß für mich so viel passiert ist, als ich mit Hartwig Bartz zusammengespielt habe. Und dann später mit Elvin Jones (auf »The Wide Point« MPS 20 22 569-0) und mit Alphonse Mouzon.

Könnte es sein, daß die rhythmische Komponente in deiner Musik neuerdings kräftiger durchschlägt als in anderen Perioden deiner Entwicklung?

Ja, das tue ich zur Zeit sehr bewußt. Jazz ist für mich rhythmische Musik. Und es gibt viele, die das eine Zeitlang vergessen haben.
Auch in der Solospielerei ist Rhythmus so wichtig, weil man, um einen Vortrag spannend zu halten, in einem bestimmten Rhythmus spielen muß. Diesen Rhythmus bekommt man nun eben nicht vom Schlagzeuger oder überhaupt von der Rhythmusgruppe, man muß ihn selber machen. Rhythmik ist ja nicht nur eins-zwei-drei-vier, aber ich lege bei den meisten dieser Solo-Vorträge Wert darauf, daß sie in einem bestimmten Metrum ablaufen: Daß sie swingen! Der Swing kommt von einem sehr genauen Spielen im Metrum und durch die Artikulation innerhalb des Metrums. Das ist einfach das Jazzfeeling, das man eben hat und herausbringen muß. Es ist schwer, das genauer zu sagen.

Ja, ich weiß, noch keiner konnte es genau sagen. Und diejenigen, die es am genauesten tun zu können meinen, die Wissenschaftler, schaffen letztlich die größte Verwirrung. – Nochmals, ist es so, daß du jetzt einen stärkeren Willen zu swingen hast als vor fünf Jahren?

Richtig. Ich möchte, daß die eigentlichen Elemente des Jazz nicht vergessen werden. Deshalb interessieren mich auch gerade einige der großen alten Jazzmusiker ganz besonders. Dizzy haben wir erwähnt, auch Sonny Rollins, Elvin Jones . . .

Es gibt Musiker, die sagen: Ich spiele für mich. Alles andere ist mir egal. Es gibt andere, die spielen fürs Publikum. Beides ist legitim. Beides ist in jedem Spiel gegenwärtig. Trotzdem – könnte man das transparenter machen? Für wen spielst du?

Ich glaube, ich spiele vorwiegend für das Publikum, – nur eben nicht um jeden Preis, denn dann könnte ich mit anderer Musik erfolgreicher sein. Alleine spielen – wenn es kein Üben ist –, daran habe ich überhaupt keinen Spaß, da fehlt jede Spannung: die Spannung, die die Leute »anturnt« und die zum Jazz gehört, fast so wie der Rhythmus . . .

Sie ist *Rhythmus, in einem gewissen Sinn.*

Aber natürlich, es gibt auch andere Motivationen, sie sind alle da: daß man die Musik weiterbringt, also einfach etwas für die Musik tut, daß man das Instrument weiterentwickelt und all diese Geschichten . . . das ist auch wichtig, aber das Wichtigste ist, vor Leuten zu stehen und für sie zu spielen. Und was so toll dabei ist: Es sind immer junge Leute. Ich spiele jetzt dreißig Jahre Jazz, man wird immer älter, aber das Publikum bleibt immer jung.

Ich glaube, das gefällt uns allen, die wir mit Jazz zu tun haben.
Ich möchte dir jetzt ein paar Sätze aus einem Interview vorlesen, das wir 1971 hatten – in deiner Wohnung, als du »Grüne Soße« für uns kochtest, das Frankfurter Nationalgericht, das du – und ich weiß, was ich damit sage – fast ebenso gut beherrschst wie die Posaune. Ich lese dir diese Sätze vor, weil ich das Gefühl habe, es hat sich inzwischen etwas geändert. Du hast damals gesagt:

> *»Man muß dahin kommen, daß man alles spontan komponiert, also nicht mehr bloß Variationen über ein Thema, das zugrunde liegt. Alles kommt darauf an, die Musik so ehrlich und so unmittelbar wie möglich zu machen. Wenn ich mir vornehme, ich spiele dieses oder jenes Stück, dann muß das ja nicht unbedingt der Situation entsprechen, in der ich mich gerade befinde. Dieser Situation kann man eigentlich nur dann entsprechen, wenn man spontan komponiert.«*

Wir haben danach davon gesprochen, daß dies vielleicht das eigentliche Ziel der Jazzentwicklung sei, dahin gehe die Jazzgeschichte: immer mehr Spontaneität und Unmittelbarkeit in die Musik zu bringen. Als Jazz entstand, in New Orleans oder wo auch immer, unterschied er sich dadurch zu allererst von europäischer Musik, daß er spontan gemacht wurde.

Wenn dieses Ideal der Spontaneität überhaupt einen Sinn hat, dann muß man es immer weiter ausprägen. Genau das hat die Jazzgeschichte getan – in ständig wachsendem Maße . . . Und dann hast du gesagt:

> *»Jetzt sind wir erstmals an dem Punkt, wo wir Spontaneität ganz rein und ganz unmittelbar vermitteln können. Und wenn wir das können, dann sollten wir es auch tun, das heißt, auf komponierte Stücke verzichten.«*

Natürlich hat sich etwas geändert, aber ich distanziere mich nicht von diesen Sätzen. Ich habe damals das Wort »Ziel« gebraucht: die absolute Spontaneität ist ein Ziel. Vielleicht kann man auch sagen: eine Utopie. Ich gehe nicht ab von dieser Utopie, die ich wirklich für ungeheuer wichtig halte.

Aber was du in deinen Solokonzerten spielst, sind doch Stücke – übrigens sehr schöne und oft humorvolle Stücke – komponierte Stücke . . ., über die du dann natürlich improvisierst.

Es ist auch eine Frage der Technik, und es hängt mit den formalen Möglichkeiten und Realitäten des Solospiels zusammen. Dahinter bleibt die Utopie gültig: Spontane Musik! Wenn es mir in einem Solokonzert gelingt, auf einige der vorher komponierten Stücke zu verzichten und einfach spontan zu komponieren, dann ist das für mich das Allerbeste. Bei allem, was ich vorhin über Tradition gesagt habe, ist es mir wichtig, die Musik weiterzubringen. Die Musik muß immer freier werden, nur muß man dieses Wort »frei« eben nicht mehr nur im Sinne der sechziger Jahre verstehen.

Du bist in einer beneidenswerten Situation dadurch, daß du in so vielen verschiedenen Gruppen und Formen auftrittst und es trotzdem innerhalb all dieser Gruppen eine kontinuierliche Entwicklung gibt: Du hast dein Solospiel, dann dein Quartett, und schließlich spielst du im Globe Unity Orchester . . .

Dazu kommt noch »The Trio«, die Gruppe mit John Surman, Stu Martin, Barre Philips. Mit John bin ich ja zusammengekommen, als wir mit dir in Osaka waren, auf dem Jazz-Festival auf der World Expo. Und seit damals spielen wir immer wieder zusammen, wenn sich irgendwo eine Möglichkeit dazu bietet. Wir wollen das künftig noch intensiver tun.
Aber ich möchte auch über Heinz Sauer sprechen, er ist für mich einer der wichtigsten Musiker, mit denen ich zusammenspiele und gespielt habe . . ., obwohl man ja nie von einem perfekten Zusammenspiel bei uns sprechen konnte. Ich glaube, gerade diese Gegenpoligkeit zwischen Heinz und mir war so fruchtbar.

Ist nicht manchmal ein Moment von Aggression darin?

Auch das – und das ist gut so.

Wie lange ist der Heinz jetzt in deiner Gruppe?

Seit 1962. Es ist eine so lange Zusammenarbeit, wie sie im Jazz eigentlich ganz selten ist.

Wie siehst du überhaupt die deutsche Szene? Du hast ja praktisch überall in der Welt gespielt, kannst also gut vergleichen.

Ich glaube, die Jazz-Szene in der Bundesrepublik ist die beste von allen vergleichbaren, abgesehen von Japan, wo es noch besser ist. In Europa ist sie auf jeden Fall die beste. Sowohl was die Musiker, wie was das Publikum betrifft. Es liegt nicht zuletzt an der Rundfunkarbeit. Überhaupt an der Öffentlichkeitsarbeit. In keinem Land wird so viel Jazz im Rundfunk gespielt wie in Deutschland. Ich will damit nicht sagen, daß es für junge Jazzmusiker hier ein Paradies wäre. Die meisten haben es sehr schwer. Aber verglichen mit anderen Ländern ist es in Deutschland am besten. Das Elend, in dem viele amerikanische Musiker leben – davon kann man sich in Europa gar keine Vorstellung machen.

Trotzdem, was fehlt dem deutschen Jazz?

Nun, zum Beispiel könnte es mehr gute Schlagzeuger und Bassisten geben. Wenn man eine Gruppe zusammenstellt, dann ist das Hauptproblem immer: Wer ist der Schlagzeuger? Wer ist der Bassist?

Wir reden soviel über Musik. Wie ist der Mensch Albert Mangelsdorff? Was liebst du?

Die Natur. Den Wald. Tiere, vor allem Katzen und Vögel.

Es gab Jahre, in denen war deine Wohnung voller Katzen. Zur Zeit hast du drei. Warum liebst du Katzen?

Weil sie so unheimlich unabhängig sind. Du kannst sie nicht zwingen, dich zu mögen. Sie mögen dich oder nicht. Aber wenn eine Katze dich mag, dann kannst du dir vielleicht sogar was drauf einbilden. Katzen kannst du nicht herumkommandieren. Komm hierher und komm daher. Sie tun, was sie wollen.

Was Vögel betrifft, du kennst sie wirklich. Selbst in Asien kanntest du die verschiedensten Arten. Einmal, bei Altena, traf ich dich im Wald mit einem langen Richtmikrophon und einem Bandgerät, wie du Vogelgesang aufnahmst. Du hast ihn ja auch mehrfach in deiner Musik verarbeitet. Warum liebst du Vögel?

Weil sie so schön aussehen. Weil sie schöne Musik machen. Und dann können sie auch noch fliegen! Gründe genug.

Du bist politisch engagiert, siehst du einen Zusammenhang zwischen diesem Engagement und deiner Situation als Jazzmusiker?

Ich weiß, der Zusammenhang ist da, aber ich kann ihn nicht in Worte fassen. Ich kenne keinen Jazzmusiker, der ein Rechter wäre. Das kann kein Zufall sein.

Und es war ja auch in der Nazizeit so: In keiner Gruppe von Menschen war man so sicher, nicht von Nazis unterwandert zu werden, wie unter den Jazzleuten.

Es kann zu einem Teil daran liegen, daß Jazzmusiker selten aus reichen Häusern stammen. Aber es hat auch mit der Musik zu tun: das Spontane, das Improvisatorische, der eigene, persönliche Ausdruck, der Sound – das sind alles Momente, die nicht leicht in rechte Denkkategorien hineinpassen.

Meine letzte Frage: Du bist der einzige europäische Musiker, der immer wieder in den amerikanischen Polls, den alljährlichen Rundfragen nach den besten Musikern des Jahres, genannt wird – und das nun schon seit 15 Jahren. Du hast das erreicht, ohne in Amerika zu leben. Trotzdem gilt natürlich die Regel: Wer es in Amerika schaffen will, der muß dort leben. Nur dadurch haben es die anderen europäischen Musiker, die in den USA erfolgreich geworden sind, geschafft – Joe Zawinul, Michal Urbaniak, Urszula Dudziak, Jean-Luc Ponty . . . Hast du nie daran gedacht, in den USA zu leben?

Gedacht habe ich oft daran. Anfang der sechziger Jahre wollte ich es auch tun. Aber ich glaube, ich bring' es nicht fertig, zu verlassen, was hier schon besteht und was man mit aufgebaut hat. Ich fühle mich der Szene hier verbunden. Auch glaube ich, daß ich mich in den USA nicht wohl fühlen würde. Ich fühle mich doch sehr als Europäer. In Frankfurt – da fühle ich mich zu Hause.

McCoy Tyner – Echoes Of A Friend

Montreux-Jazz-Festival 1973. Miles Davis spielte, Cannonball Adderley, Gato Barbieri . . . und viele andere. Aber als McCoy Tyner gespielt hatte – und nur bei ihm – stürmten alle die Jazzstars auf ihn zu, gratulierten ihm, umarmten ihn, sagten, es sei das Größte, was sie seit langem gehört hätten. So ist es oft, wo immer McCoy Tyner auftritt: Die Musiker, die so etwas ja am besten verstehen, interessieren sich zuerst für ihn – und dann erst für all die anderen.
Als ich ein paar Monate später Don Cherry von McCoys Triumph in Montreux erzählte, strahlte der über das ganze Gesicht und sagte nur die drei Worte: »Ah – Yeah – Coltrane!« Was Cherry meinte und was auch die anderen gemeint hatten, als sie McCoy gratulierten, war: Die ganze musikalische Szene – Jazz und Rock und Jazz-Rock – ist heute nicht denkbar ohne John Coltrane. Aber McCoy Tyner hat – im Unterschied zu den meisten anderen – Coltrane wirklich verstanden. Er repräsentiert das Coltrane-Erbe in der Mitte der siebziger Jahre gültiger als die anderen. McCoy Tyner *ist* dieses Erbe: still und dienend, voller Ernst und Religiosität.
Zitieren wir Coltrane selbst: »Seine größte Gabe ist sein melodischer Einfallsreichtum . . . die Klarheit seiner Ideen . . . Auch hat er einen ganz persönlichen Sound auf dem Piano, – einen Sound, der wegen der Clusters, die er gebraucht, und der Art und Weise, in der er sie individualisiert, besonders klar und hell ist . . . Außerdem hat McCoy einen ungewöhnlichen Form-Sinn . . . Er spielt niemals konventionelle Klischees. Und schließlich: McCoy hat Geschmack. Er kann nehmen, was immer er will, und etwas Wunderbares daraus machen . . .«
McCoy Tyner war der Pianist des »klassischen« Coltrane-Quartetts. Aber er hatte in dieser Gruppe, verglichen etwa mit dem Schlagzeuger Elvin Jones, dem Bassisten Jimmy Garrison oder gar mit Trane selbst – immer ein wenig konservativ gewirkt. Deshalb hat sich Coltrane ja auch schließlich von ihm getrennt und seine Frau Alice ans Klavier seiner Gruppe geholt.
Inzwischen sieht die Sache allerdings anders aus: Was damals »konservativ« scheinen mochte, sind aus heutiger Sicht »roots«, Wurzeln schwarzer Musik in Blues, Gospel und Soul. Das ist der Unterschied zu McCoy Tyners Coltrane-Musik und all der anderen modischen Coltra-

McCoy Tyner

ne-Musik, die heute landauf-landab gemacht wird: McCoy Tyner hat »roots«. Deshalb ist die McCoy Tyner-Gruppe eine der interessantesten der siebziger Jahre, deshalb wird diese Gruppe, wird McCoy Tyner selbst, werden Platten von ihm seit Anfang dieses Jahrzehnts alle Jahre wieder von den Jazzkritikern der Welt zur »Gruppe des Jahres«, zum »Musiker des Jahres«, zum besten »Pianisten des Jahres« und zur »Platte des Jahres« gewählt – ein Erfolg, wie ihn nach Miles Davis kein anderer Musiker erzielte.

Der amerikanische Kritiker Bill Cole charakterisiert Tyner: »Er attakkiert das Piano, fordert seine Kraft und Gewalt heraus. Mit der Linken hat er die Kunst des Block-Akkord-Spiels perfektioniert . . ., aber erst durch das, was er mit der rechten Hand darüber spielt, wird er so ungeheuer dynamisch. Er gibt seinen Hörern des Gefühl der Polyphonie, obwohl er Linien gegen Akkorde setzt, nicht Linien gegen Linien . . . Die ungeheure Spannung seiner Musik entsteht durch die Beziehungen zwischen den Linien der rechten und den Akkorden der linken Hand . . . McCoy Tyner spielt Klavier wie ein brüllender Löwe . . . Wenn du an der neuen Schwarzen Musik interessiert bist, dann steht diese Band an erster Stelle.«

McCoy Tyner wurde 1938 in Philadelphia geboren. Er gehört zu jener Philadelphia-»Clique«, zu der außer Lee Morgan, Benny Golson, den Heath-Brüdern und so vielen anderen ja auch Coltrane selbst gehörte – und auch der Bassist Steve Davis, der ja auch einmal für kurze Zeit in der Coltrane-Gruppe gespielt hat. In Steves Wohnung hatte Coltrane seine »Naima« kennengelernt. McCoys Frau Aisha und Steves Frau Kadija sind Schwestern. McCoy war schon gläubiger Moslem mit 17, als Coltrane noch – wie praktisch alle Schwarzen in Philadelphia – einer guten alten Baptistengemeinde angehörte. Er hat den Moslemnamen Salaimon Saud, was – wie er gern erklärt – »von Gott geschützt« und »zum Himmel aufgestiegen« bedeutet. Auch McCoys und Aishas Kinder haben Moslemnamen – der älteste Sohn, der Altsaxophon spielt, heißt Ibrahim, der zweite Ishmahil (er spielt Klarinette und Schlagzeug) und der dritte, ein angehender Pianist, Nurdeen.

McCoy wuchs in diese ganze Gruppe der Philadelphia-Jazzmusiker von Anfang an hinein. Er bewunderte die musikalische Kraft seiner späteren Kollegen und dachte, daß »Klavierspielen etwas für Mädchen« sei. (Nun, er hat dafür gesorgt, daß es etwas für Männer wurde!) Bud Powell, der große Pianist, der den modernen Pianostil eigentlich geschaffen hat, wohnte um die Ecke und spielte gelegentlich auf dem Klavier der Tyner-Familie. Das andere große Vorbild wurde Thelonious Monk. Bei aller jungenhaften Reserve: es war unvermeidlich, daß McCoy zu dem »Mädchen-Instrument« kam. Die Jungen auf der Straße nannten ihn »Bud Monk«. (Die Hipness der Gettos! Wo sonst in der Welt gibt es Kinder, die solche Spitznamen verteilen?)

Aber nicht nur Bud Powell und Monk, auch die Rhythm and Blues-Musik, die den musikalischen Background der schwarzen Gettos Amerikas bildet, hat McCoy Tyner geformt. Mit fünfzehn leitete er seine erste Rhythm and Blues (»r + b«)-Band. Zwei Jahre später begegnete er zum ersten Mal John Coltrane. Es schien von Anfang zwangsläufig, daß die beiden eines Tages zusammenkommen würden: »Wir sind einen langen Weg gemeinsam gegangen und haben einander von Anfang an verstanden, als ob wir Verwandte wären. Was immer der eine tat, hat der andere aufgenommen und beantwortet. Wir konnten uns aufeinander verlassen. Es hat etwas mit Reife zu tun.«
Inzwischen spielte McCoy in den Bands von Max Roach, Sonny Rollins, Lee Morgan und im »Jazztet« von Art Farmer-Benny Golson. 1960, als er einundzwanzig war, holte ihn Coltrane – und behielt ihn bis 1965. Das heißt, McCoy hat an all den eigentlich berühmt gewordenen Coltrane-Aufnahmen teilgenommen – von »My Favorite Things« und »Olé Coltrane« (beide bei Atlantic) bis zu »Love Supreme« und »Live at the Village Vanguard« und all den klassischen Impulse-Platten. »Meditation«, 1965, war seine letzte LP mit Trane.
Der englische Kritiker Steve Lake findet mit Recht: »Coltrane und Tyner hatten damals bereits die Klänge realisiert, nach denen viele der Rocker auf dem Wege über Mystizismen und LSD gestrebt haben und die sie, technisch begrenzt, wie sie gewesen sind, niemals befriedigend schaffen konnten.«
McCoy hatte, als er bei Coltrane spielte, einen Namen wie wenige andere Pianisten der Jazzwelt. Und doch ging es, nachdem er Trane verlassen hatte, zunächst einmal bergab – und zwar steil bergab. Schon vorher hatte keine seiner Solo-Platten besondere Beachtung gefunden – etwa »Night Of Ballads And Blues« oder »Today And Tomorrow« (beide bei Impulse). Es war alles sehr gute Musik, aber man hatte ständig das Gefühl, es handle sich um ein Quartett, in dem nur drei Mann spielten. Fehlte vielleicht Coltrane?
Die beste Tyner-Platte aus jener Zeit wurde »Live At Newport« (Impulse). Denn hier verfügte Tyner über Bläser, und zwar über den Trompeter Clark Terry und den Altsaxophonisten Charlie Mariano. Vor allem zwischen Tyner und Mariano bildete sich, obwohl die beiden sich bis dahin kaum kannten, sofort eine enge Beziehung. Als »Sheets of Sound« hatte der Kritiker Ira Gitler den Stil Coltranes in den späten fünfziger Jahren beschrieben: Blätter, Fetzen von Klängen. Als »Tears of Sound« beschrieb Mingus das Spiel Charlie Marianos: als Tränen des Klanges. Mariano, der den langen Weg durch die asiatische Musik und Religiosität gegangen ist, stand für McCoy Tyner auch geistig an einer Stelle, die der John Coltranes in etwa entsprach. Willis Conover von der »Stimme Amerikas« sagte es auf seine Weise: »Es ist bei ihnen so ähnlich wie bei Filmstars, die einander vorgestellt werden, kurz be-

vor die Kameras zu laufen anfangen, sich gegenseitig die Hände schütteln und sofort mittendrin in der intimsten Liebesszene sind.«
Zwischen 1964 und 1968 entstand keine McCoy Tyner-Platte. »Wenn irgend jemand ein vergessener Mann damals war«, so Steve Lake, »dann war es Tyner.«
1967 ging McCoy auf eine Art Wallfahrt nach Japan – nicht so sehr der Musik wie der Religiosität und der asiatischen Lebensart wegen: »Ich meditiere, wann immer ich kann. Es hilft mir, mich von den Gedanken an physische, materielle Dinge zu befreien«, sagte er zu Lee Underwood von »down beat«.
Als Tyner aus Asien zurückkam, nahm ihn, wie auch vorher schon, die Firma Blue Note auf – mit dem Album »Time For Tyner«. Aber die Zeit war immer noch nicht reif für Tyner. Er spielte bei Art Blakeys Messengers und fühlte sich nicht wohl dort. Blue Note machte weitere Platten mit ihm, aber brachte sie erst Jahre später auf den Markt. Erst heute begreift man plötzlich bei Blue Note, welche Schätze man mit all diesem McCoy Tyner-Material angesammelt hat.
Wie so oft wirkte das Newport-Festival auch für McCoy als Katalysator. 1972 wurde er in Newport – in genau diesem Sinne – »wiederentdeckt« – mit einer Band, die die Festival-Besucher erschütterte wie ein Orkan. McCoy hatte sich dazu den Schlagzeuger Alphonse Mouzon von der Gruppe Weather Report geholt. Und da Mouzon bei Weather Report in rein elektronischer Umgebung gespielt hatte, ergab sich die Frage, wie er in die akustische Musik von McCoy Tyner hineinpassen würde. Steve Lake: »Wunderbar!«
Von da an ging es aufwärts. Seine erste Platte, die die Kritiker zur »Platte des Jahres« wählten, war 1972 »Sahara« (Milestone MSP 9039). McCoy zitiert dazu den arabischen Historiker Ibn Khaldoun: Es dauere »ein Leben, die Wüste von einem Ende zum anderen zu durchqueren, und selbst an ihrer schmalsten Stelle braucht man noch eine Kindheit dazu.« Das Zitat ist charakteristisch. Denn eine »Reise der Seele in neues, unbekanntes Land« ist für McCoy Tyner die ganze Musik: »Ich versuche, Musik zu hören aus vielen verschiedenen Ländern . . . Afrika, Indien, aus der arabischen Welt, europäische klassische Musik . . . Ich liebe Volksmusik, ich versuche herauszufinden, was andere Völker musikalisch zu sagen haben, was ihre musikalischen Erfahrungen sind . . .« Und: »Alle Arten von Musiken sind untereinander verbunden. Im Kern jeglicher Musik gibt es Gemeinsames . . .«
McCoy Tyners Reise der Seele in unbekanntes Land führt ihn – als gläubiger Moslem, der er ist – immer wieder in die arabische Welt. In seinem »Song Of The New World« (Milestone MSP 9049) schafft er die arabisierende Islam-Stimmung, wie Coltrane sie dem Jazz und überhaupt der heutigen Musikszene erschlossen hat, mit einer ganzen Big Band: Es ist ein Klangkörper, der wie eine großorchestrale Fort-

setzung von Tranes »Love Supreme« klingt – und auch so gedacht ist. Schon ein Titel der Platte klingt an »Love Supreme« an: »Divine Love«, ein Hymnus auf die göttliche Liebe, wie Coltrane ihn so oft gesungen hat und wie ihn auf der heutigen Szene keiner intensiver, kraftvoller singen kann als McCoy.

Ein Erfolg folgte auf den anderen: das Doppelalbum »Enlightenment« (Milestone M-55001), das auf dem Montreux-Jazz-Festival 1973 aufgenommen wurde, ein weiteres Doppelalbum »Atlantis« (Milestone M-55002), das 1974 in dem San Franciscoer Jazzlokal »Keystone Corner« entstand, und aus dem gleichen Jahr »Sama Layuca« (Milestone M-9056), wozu sich McCoy Tyner als Gäste den Altsaxophonisten Gary Bartz und den Vibraphonisten Bobby Hutcherson ins Studio holte. Die Mitglieder der McCoy Tyner-Gruppe wurden auf der Szene bekannt und respcktiert, vor allem die Saxophonisten: erst Sonny Fortune, dann Azar Lawrence. Festes Mitglied der Gruppe dieser Jahre ist auch der brasilianische Perkussionist Guillerme Franco, der der Tyner-Musik jenes brasilianische Flair gibt, das auf der heutigen Szene so beliebt ist und für das gerade McCoy mit seiner Offenheit gegenüber anderen Musikkulturen ein besonderes Ohr besitzt. Gelegentlich beginnt er seine Auftritte mit einer richtigen »Escola de Samba« im Stil des brasilianischen Karnevals.

Lee Underwood in »down beat« über McCoy Tyner: » . . . Krachende Dissonanzen, donnernde Polyphonie, vulkanische Eruptionen, ein messianischer Drive, treibende Rhythmen, rollende Orgelpunkte, widerhallende Baßnoten, chromatische Stürme, dunkle Sonoritäten – massive schwarze Akkorde, dichte Cluster, ein Urwald von Tönen wie mit Krallen aus der Tastatur gerissen – meteorisch, sintflutartig, brennend mit dämonischer Intensität – dröhnend, sich windend, schleudernd, peitschend, zuschlagend, eine Attacke . . .«

Pianisten rätseln darüber, wie McCoy Tyner diese Kraft aus dem Klavier herausschlägt. Cecil Taylor tut es ähnlich, aber er spielt atonal, da ist es leichter. Andere Pianisten können noch so laut auf die Tasten schlagen, es klänge gleichwohl nur halb so machtvoll wie bei McCoy. Er hat es erklärt: »Du mußt eins werden mit dem Instrument. Nach all diesen Jahren sind das Klavier und ich wirklich Freunde geworden. Du kannst nicht einfach sagen: Okay, ich bin ein Musiker. Du fängst an, ein Instrument zu lernen, und dann ist das Instrument zunächst nur dein Instrument, aber nach einer Weile wird es eine Ausdehnung von dir selber. Und dann werden du und dein Instrument eins.«

An der »Einheit« mit dem Instrument muß es auch liegen, daß es McCoy Tyner gelungen ist, seinen eigenen, charakteristischen Sound auf dem Klavier zu finden. Er hat diesen Sound auf jedem Klavier, wo immer er spielt, durchaus im Sinne der großen Bläser der Jazztradition – eines Johnny Hodges oder Ben Webster. Auf dem Klavier ist das

schwerer als auf einem Blasinstrument. Man kann McCoy, noch bevor man seine unverwechselbare Phrasierung wahrnimmt, schon an seinem Sound erkennen.
Deshalb auch lehnt es McCoy ab, elektrische Klaviere zu benutzen. Er hat eine Weile damit experimentiert. Bei seiner Plattenfirma Milestone hat man ihm gut zugeredet. Man weiß schließlich, E-Pianos sind zur Zeit en vogue. Aber McCoy ließ sich nicht umstimmen. Bob Mercer, Promotion-Director bei Milestone-Fantasy: »Er will es einfach nicht so machen wie Herbie Hancock und diese Leute.«
McCoy Tyner »ist« sein Sound. Deshalb hat er es schwer, neue Platten mit jeweils neuen, abwechslungsreichen Inhalten zu machen. Neil Tesser: »Der Stil wird so leicht erkennbar, daß er den Inhalt verdunkeln kann; die Musik kann immer wieder gleichartig klingen, und die wahren Neuerer und Originale – wie Tyner – müssen ständig auf der Hut sein, von ihrem einmal eingeschlagenen Wege abzukommen . . . Chamäleons und all die anderen, die weniger machtvolle Stimmen besitzen, kennen solche Probleme nicht . . .«.
Bisher hat McCoy die Probleme gelöst: indem er sein Piano-Spiel mit immer neuen Klängen umgab – etwa in Trio-Besetzung mit dem Bassisten Ron Carter und dem Schlagzeuger und Freund aus alten Coltrane-Tagen Elvin Jones (Milestone M 9063) oder mit einem Kammerorchester, für das er selbst die Arrangements schrieb, wobei er Streicher und Jazz-Improvisation so dicht ineinander »verzahnte«, wie das nur ganz selten geglückt ist (Milestone-Bellaphon BLPS 19 239.) Auf den Berliner Jazztagen 1976 leitete er seinen Auftritt ein, indem er Dulcimer spielte, ein Instrument aus der Volks- und Hofmusik des Elisabethanischen England, das noch heute in der Hillbilly-Folklore von Tennessee und anderen nordamerikanischen Südstaaten verwendet wird, aber – und darin steckt der ganze McCoy: Er stimmte sein Dulcimer, als sei es ein Shamisen, die Banjo-Gitarre der japanischen Volksmusik!
Am eindrucksvollsten hört man den Tyner-Sound, wo man ihn »pur« bekommt: in »Echoes Of A Friend« (Milestone M-9055), einer Solo-Piano-Platte ohne die Gruppen und Bands, von denen vorhin die Rede war, in Japan aufgenommen mit der ganzen Sensibilität, mit der die Japaner solche Platten produzieren. »Echoes Of A Friend«: Der Freund, selbstverständlich, ist John Coltrane.

Keith Jarrett

Keith Jarrett – Die ganze Welt im Flügel

Man hat in diesen Jahren oft von »Totaler Musik« gesprochen, doch war das Wort »total« meist nur ein Etikett, um – wieder einmal – eine neue Ideologie zu verkaufen. Wenn der Ausdruck »Totale Musik« irgendeinen unideologischen De-facto-Sinn hat, dann ist das, was Keith Jarrett in seinen Solo-Konzerten spielt, »Totale Musik« (Bremen und Lausanne Concerts ECM 1035–37, Köln Concert ECM 1064–65). Ein solches Konzert mag – wie das in Bremen gegebene – im Stile der großen pianistischen Konzertmusik des vergangenen Jahrhunderts beginnen. Man denkt an Schumann, Brahms, Mendelssohn – und wird von da an auf drei Plattenseiten durch die ganze darauf folgende pianistische Geschichte geführt: über Chopin und über die Impressionisten, Debussy vor allem, und über Skrjabin zu den Ragtime-Pianisten der Jahrhundertwende und weiter über James P. Johnson und Art Tatum zum zeitgenössischen Jazz, der im Grunde erst auf der dritten Plattenseite voll entfaltet »da« ist. Freilich – man sträubt sich dagegen, diese Musik in Kategorien zu sehen. Auch Jarrett möchte das nicht: »Ich bin wirklich sauer auf die westliche Kultur, weil sie, sobald sie etwas wahrnehmen, immer gleich fragen, was es ist . . . Mich interessieren andere Fragen . . . Geschichte, der Prozeß, bei dem man rückwärts schaut, ist nicht das, wo man die Antworten findet. Vision, der Prozeß des Vorwärtsschauens, darin liegen die Antworten.«

Deshalb ist auch die Frage nicht erheblich, ob dies Jazz sei – oder was es sonst ist. All diese »Labels« brauchen die Kritiker. Und die Plattengeschäfte, um die Platten in die richtigen Regale zu stellen. Und die Käufer – für die entsprechenden Regale und Schubladen in ihrem Sensorium. Aber ich gebe gern zu: Für mich *ist* dies Jazz, geborgen viel mehr in schwarzer als in europäischer Musik. Ich habe vor Jahren zu zeigen versucht, daß es in der Jazzgeschichte immer wieder Momente gibt, in denen eines der drei Charakteristika des Jazz – Improvisation, swing bzw. Puls, Sound bzw. Phrasierung – so stark werden kann, daß es stellvertretend steht auch für die beiden anderen. Ich habe Beispiele dafür genannt (»Das Jazzbuch – von Rag bis Rock«, Kapitel »Die Definition des Jazz«). Keith Jarrett ist ein weiteres Beispiel. Bei ihm ist die Improvisation dieses Element, aber natürlich auch die Phrasierung, in der immer wieder Jazzfeeling durchbricht. Doch, wie gesagt: Das ist

nicht wichtig. Wer sagt, dies sei kein Jazz, mag ebenso recht haben. Die Frage ist ja nicht, ob dies Jazz ist oder nicht, sondern: was diese Musik einem Hörer zu geben vermag.
Keith Jarrett wurde bekannt, als er in der ersten Hälfte der sechziger Jahre bei Charles Lloyd spielte. Und als Miles Davis Anfang der siebziger Jahre Jarrett in seine Gruppe holte, da wurde dies im Sinne jener Qualitätssigna verstanden, die Miles all den Musikern gegeben hat, die in seinen diversen Gruppen von 1955 bis heute bekannt geworden sind: Miles hat immer genau gewußt, wer die besten Musiker der Szene sind.
Also, wie gesagt, wir wissen, Jarrett kommt vom Jazz her. Aber wenn wir es nicht wissen würden, es gibt lange Passagen in diesen beiden Konzerten – fast ganze Plattenseiten –, auf denen man es nicht hört. Allein die Souveränität, mit der Jarrett über die weiße und schwarze Pianistik zweier Jahrhunderte verfügt, ist leichter vom Jazz her zu gewinnen als von der europäischen Konzertmusik. Wie dort die Souveränität klingt, wissen wir vom Beispiel Friedrich Gulda her. Und natürlich: Es gibt auch in den langen, »jazzfernen« Passagen immer wieder Modulationen, harmonische Trübungen, Einfärbungen, bei denen man sich hüten muß, sie im Sinne debussyistischer Ganztonharmonik zu verstehen. Ich habe Jarrett einmal auf Debussy hin angesprochen – und er hat das weit von sich gewiesen. Dies komme von schwarzer Musik – und vor allem: es sei seine eigene.
Wer die Jazz- und Blues-Harmonik kennt, und wer weiß, daß die Jazzmusiker diese Harmonik aus Quellen bezogen haben, die mit Debussy und überhaupt mit Europa nichts zu tun haben, der weiß, daß Jarrett recht hat. Aber vor allem gibt es eben den Jarrett-»touch«, der zwar durchaus das ist, was in der europäischen Pianistik als »Anschlag« mit einer reichen Raffinesse und Kultur verbunden wird, der aber doch weit darüber hinausgeht. Meisterhaften Anschlag in herrlicher Vollendung – den haben wir auch bei Friedrich Gulda, wenn er »Jazz« spielt. Aber den »touch«, der vom Jazz kommt, der fehlt bei Gulda. Auch das gehört zum Ereignishaften dieser Solo Concerts: die makellose und übergangslose Verbindung von Konzertanschlag und Jazz-touch.
Keith Jarrett spricht davon, daß er einen »anti-elektrischen Kreuzzug« geführt habe. An anderer Stelle sagt er: »Ich könnte in die philosophischen Aspekte gehen und geradezu nachweisen, daß es schlecht für dich ist, elektrische Musik zu spielen, und schlecht für die Leute, sie zu hören . . . Aber ich glaube, es ist am besten, einfach zu sagen, daß ich nichts mit elektrischen Instrumenten zu tun haben möchte . . .«
Gewiß, auch Jarrett hat gelegentlich E-Piano gespielt, und ich weiß alles, was über die Notwendigkeit des elektrischen Pianos, auf das nicht mehr verzichtet werden könne – und ja auch gar nicht soll –, gesagt worden ist.

Aber gerade, wer Keith Jarrett auf seinen wenigen E-Piano-Aufnahmen im Ohr hat, spürt, wenn er ihn am großen Konzertflügel hört, wie unvergleichlich überlegen dieses Instrument ist – ein instrumentalistischer Gipfel, wie er vielleicht nie wieder erreicht werden wird. Man spürt, daß Keith Jarrett Respekt und Liebe, ja Zärtlichkeit für sein Instrument empfindet, und daß er ihm nachhorcht und nachspürt, als stecke in dem großen Flügel selber schon die halbe Musik, noch bevor der menschliche Geist und das menschliche Herz dazukommen.
Die meisten Pianisten, die in den letzten Jahren die Szene betreten haben, glänzen in bestimmten Gefühlsbereichen. Keith Jarrett gebietet über die ganze Skala menschlicher Gefühle. Dies ist nicht nur Musik aus Liebe und Kommunikationsbedürfnis, wie vorwiegend bei Chick Corea. Und es ist auch nicht nur Musik aus Zorn und Protest, wie vorwiegend bei Cecil Taylor. Es ist alles zusammen.
Als Jarrett Anfang der sechziger Jahre bekannt wurde, hat man ihn in der Tat mit Cecil Taylor verglichen. Und gelegentlich – etwa auf der dritten Seite des Bremer und der zweiten des Lausanner Konzertes – wird man immer noch an Cecil Taylor erinnert, aber in einer sublimierten, vergeistigten Weise.
Dies ist romantische Musik unserer Zeit. Ich könnte mir vorstellen: Wenn Schubert, Schumann, Brahms, Mendelssohn heute leben würden, so könnte ihre Musik klingen. Aber natürlich auch umgekehrt (ich höre den Einwand kommen, von denen, die die Befreiung der siebziger Jahre mißverstanden haben – als eine Befreiung zum Chaos, zur ununterbrochenen Phrenesie um jeden Preis, als eine Befreiung vom Wohlklang): So auch könnte es klingen, wenn ein Jazzmusiker unserer Zeit rückversetzt würde in die Zeit Schuberts und Schumanns. Es ist aufschlußreich, daß diese »Solo Concerts« ein solches Spiel mit der Zeit nahelegen. Dies ist zeitlose Musik.
Es ist sinnvoll, daß ECM die Jarrett-Konzerte vollständig vorlegt. Diese Musik braucht Zeit. Sie muß sich entwickeln über lange Zeiträume hinweg und muß in langen Zeiträumen erlebt und erfahren werden. Jede einzelne Plattenseite für sich ist im Grunde nur eine Ansammlung isolierter Informationen und damit unvollständig. Das war es ja, was die ungeduldigen Berliner auf den Jazztagen 1971 an Jarrett mißverstanden haben: Wer da glaubt, »die Post müsse gleich von Anfang an abgehen« wie bei Fats Waller oder bei Oscar Peterson, der bringt in der Tat falsche Voraussetzungen für diese Musik mit.
Mit Keith Jarretts Verhältnis zur Zeit ist sein Verhältnis zur Religiosität verbunden. Im Plattenbegleittext schreibt Keith: »Ich glaube an einen Schöpfer, und deshalb ist dieses Album in Wirklichkeit Sein Album, durch mich für dich, mit so wenig Distanz dazwischen wie möglich auf dieser medienbewußten Erde.«
Der Plattenbegleittext ist kurz, aber es ist unendlich viel zu diesen Plat-

tenseiten zu sagen. Daß Keith Jarrett unter dem wenigen, was er hervorhebt, gerade die religiöse Seite betont, erhellt, wie sehr es ihm darauf ankommt. (Siehe auch den Beitrag »Der Jazz und die Neue Religiosität).

Es ist auch richtig, daß diese Musik als Konzertmitschnitt vorgelegt wird. Jarrett spricht davon, daß seine Musik »bestimmt werde durch die Atmosphäre, das Publikum, die Stätte – sowohl den Raum wie die geographische Lage – und durch das Instrument«. Ein Mann wie Keith Jarrett lebt – außerhalb und innerhalb der Musik – in »vibrations«, in Schwingungen. Er spürt Schwingungen nicht im intellektuellen Sinn, als ginge es darum, zu verstehen, was ein Gesprächspartner oder ein Publikum will oder denkt. Er hat seine Antennen weit draußen, um, jenseits des Bewußten, mit Publikum und Partner zu kommunizieren.

Deshalb braucht er die Konzertatmosphäre. Deshalb kann man sich schwer vorstellen, daß Musik dieser Art – wie etwa die amerikanischen Produktionen der Jarrett-Gruppe (auf Impulse) – im Studio gemacht würde. Jarrett meint, wir brauchten auch deshalb keine Elektronik, weil »Elektrizität durch uns alle geht und nicht auf Drähte beschränkt werden kann«.

Auf der zweiten Seite der Lausanne-Platte gibt es eine Passage, wo Jarrett gleichzeitig *auf* der Tastatur und *im* Flügel auf den Saiten spielt, aber während sonst das Spiel innerhalb des Pianos, seit John Cage und David Tudor es in den fünfziger Jahren durchsetzten, fast ausschließlich kontrastierende Wirkung hat – als Exotikum, als Schock, als perkussiver Effekt –, gehen hier angeschlagene und gezupfte Sounds so bruchlos ineinander über, daß – auch hier wieder dieses Wort – »Einheit« erzielt wird.

Das Bremer Konzert macht besonders deutlich, wie überzeugend Jarretts Improvisationen auch formal »stimmen« – nicht freilich im Sinne taktmäßig abzählbarer Strukturen, aber als »geatmete« und »atmende« Formen.

Ich glaube, es ist wichtig für Jarretts Musik, daß die pianistische Totalität auch in der Zukunft gewahrt bleibt. Gewahrt bleiben kann sie nur, wenn sie weiterentwickelt wird. Wer hier nur bewahrt, schreitet rückwärts. Deshalb darf nach all dem Positiven, was ich gesagt habe, vielleicht doch auch etwas Kritisches gesagt werden: Wer Jarretts Musik kennt, nicht nur von diesen beiden Konzerten her, der ist über eine bestimmte Vorliebe dieses Musikers für gewisse melodische Wendungen, gewisse, oft gar zu einfache harmonische Progressionen und Überleitungen wohlinformiert. Die Vorliebe ist gut, weil sie Familiarität schafft, das Gefühl, »alten Bekannten« zu begegnen, doch sollte sie über das Maß des hier Gegebenen nicht hinausgehen. Der Pole Andrzej Trzaskowski – selbst Pianist – empfindet bereits im »Köln Con-

cert« eine gewisse »Begrenztheit«, sowohl in kompositorischer als auch in rhythmischer Hinsicht.
Wahrscheinlich weiß Jarrett dies besser als alle seine Kritiker. Im Winter 1975/76 teilte er mit, er werde vorerst keine weiteren Solo-Konzerte geben: »Wenn etwas mechanisch wird, kann es falsch werden . . . Ich mußte die Solo-Konzerte stoppen, damit ich in der Lage bin, eines Tages wieder mit ihnen zu beginnen . . . Ich wäre sonst nicht in der Lage, sie wieder mit wirklichem Gefühl zu geben . . .«
»Die eine Sache, die mich in meiner ganzen musikalischen Karriere gelenkt hat, ist: mich nicht zu identifizieren mit irgend etwas, was ich getan habe. Das ist wahrscheinlich das Wichtigste – nicht nur in der Kunst, sondern in deinem ganzen Leben . . . In der Minute, in der ich mich mit dem identifiziere, was ich spiele, kann ich den nächsten Schritt nicht klar wahrnehmen . . . Du kannst einfach nicht hingehen und Musik improvisieren, wenn du das, was du hörst, als dein Eigentum betrachtest. Denn dann wirst du alles, was du spielst, in deine Tasche stecken wollen, und du sagst: Oh, das war wunderbar, ich spiele es besser noch mal. Die Musik ist so viel stärker als die Person, die sie spielt. Deshalb mußt du behutsam sein . . . Du mußt wählen, um sicher zu sein, und hart wie Stein. Oder unsicher und fähig zu fließen.«
Die Keith Jarrett-Solo-Konzerte könnten es notwendig machen, die Idee des Solo-Klavierabends neu zu überdenken. Wenn es möglich ist, eine so universale Musik spontan und bei jedem Konzert anders in solcher – auch formaler – Vollendung zu schaffen, dann allerdings gewinnen Klavierabende, bei denen längst schon komponierte Stücke in einer Perfektion gespielt werden, über die sowieso längst Einigkeit herrscht, den Charakter leergelaufener Rituale.

P. S. Der vorstehende Beitrag war abgeschlossen, das Manuskript dieses Buches dem Verlag abgeliefert, als Keith Jarrett im Sommer 1976 sein Konzert in der Carnegie Hall gab: mit Jan Garbarek, Charlie Haden und mit »strings«. Jarrett selbst hatte in einer das Publikum befremdenden Einleitungsansprache sein Konzert als »event« – als Ereignis – angesagt, aber sogar die bedächtige New York Times wollte das Wort nur in Anführungszeichen verwendet wissen. In bezug auf das romantische Streicher-Seufzen, das Mr. Jarrett zur Unterstützung der Läufe und Kadenzen seines Pianospiels überreichlich gebrauchte, hielt sie das Adverb »morosely« für angebracht, ein Wort, das im Umkreis von »mürrisch«, »grämlich«, »verdrießlich«, »finster« vielerlei Bedeutungen besitzt. Damit nur ja niemand seine hehren Inspirationen störe, hatte Jarrett vor Beginn der Musik seine Zuhörer gebeten, sich auszuhusten. Und genauso prätentiös wie diese Bitte wirkte die Musik. Da kamen die romantischen Klischees wie auf Stelzen einher. Nicht nur

Jarrett selbst, auch Jan Garbarek und der Bassist Charlie Haden fanden – so die New York Times – »fast keinen Raum, in dem sie sich bewegen« konnten. Erstmalig wurden die Grenzen der Jarrett-Musik – oder doch zumindest seiner derzeitigen Konzeption – deutlich, in einer Weise, die so kurze Zeit nach den in vorstehendem Artikel skizzierten Höhepunkten ernüchternd wirkte.
Kein Zweifel, Jarrett folgt dem Ideal einer reinen, bewegenden Schönheit; vielleicht lehnt er historische Vergleiche auch deshalb ab, weil er weiß, wohin dieses Ideal schon einmal in der Musikgeschichte geführt hat. Aber man kann dem Pfad der Schönheit bis an eine Grenze folgen, auf deren anderer Seite das liegt, was allgemein als Kitsch bezeichnet wird. Die Grenze zwischen beidem – André Heller: »Der schmale Grat zwischen Kitsch und Bestürzung« – ist hauchdünn und oft kaum auszumachen, und doch bildet er eine entscheidende Demarkationslinie künstlerischen Schaffens. Keith Jarrett ist ihr bedenklich nahe gekommen.
Nicht zufällig war es das Wort »pretentious«, prätentiös, das an dem Abend in der Carnegie Hall von vielen der mit hohen Erwartungen gekommenen Zuhörer gebraucht wurde; der britische »Melody Maker« – auch er in seiner Kritik des »Ereignisses« so vernichtend wie nahezu die gesamte übrige Fachpresse – sprach von »Arroganz«, von »wichtigtuerischer Unerfreulichkeit«. Es gibt in Jarretts Persönlichkeit und in seiner Musik jenes gottgleiche Gehabe gewisser spätromantischer Künstler, das Verehrung und Weihrauchstimmung dadurch fordert, daß es sich selbst verehrt. Man mag etwas Bayreuthisches darin sehen, und es ist seltsam paradox, ja erheiternd und komisch, wie dieses bayreuthische Element, durch die Realisationen eines Patric Chéreau, eines Pierre Boulez und anderer aus dem heutigen Bayreuth schon fast vertrieben, nun auf dem Umweg über einen der Jazzwelt entstammenden Musiker wieder zur Hintertür in die musikalische Szene hineinspaziert.

Flora Purim – Eine Stimme der Freiheit

Es gibt junge Musiker heute, die fragen sich – und andere –, inwiefern überhaupt die sechziger Jahre mit ihrem Durchbruch zum Freien Spiel und ihrem revolutionären Impetus wichtig seien für ihre Musik. Was wichtig für sie sei, das komme aus den fünfziger Jahren und von noch weiter her. Nun ist gewiß kein Zweifel: Die freie Verfügbarkeit der verschiedensten musikalischen Materialien aus einem Dutzend und mehr musikalischer Kulturen – die haben wir durch die sechziger Jahre gewonnen. Jenseits davon werden, nicht zuletzt instrumentaltechnisch, die meisten Instrumente heute so gespielt wie in den fünfziger Jahren. Nur die Technik hat sich vervollkommnet, ist komplexer, dichter, raffinierter, virtuoser geworden. Gewiß, ein reiches elektronisches Instrumentarium – vor allem Keyboards und Synthesizers – ist dazugekommen. Aber unter den überlieferten Instrumenten wurde nur die Spielweise eines einzigen grundlegend revolutioniert: der Gitarre. Kein junger Gitarrist kann heute spielen, als ob es Jimi Hendrix nicht gegeben hätte. Aber – und das wird übersehen – auch die Behandlung eines weiteren »Instrumentes« hat sich grundlegend gewandelt: die der menschlichen Stimme.

Es gibt eine neue Generation von Sängerinnen, die nur noch entfernt mit ihren Vorläuferinnen aus den dreißiger, vierziger und fünfziger Jahren verglichen werden können. Die drei bekanntesten sind die schwarze Amerikanerin Dee Dee Bridgewater, die Polin Urszula Dudziak und die Brasilianerin Flora Purim. Interessant dabei, daß zwei von ihnen nicht US-Amerikanerinnen sind; das hat es früher nicht gegeben auf der nordamerikanischen Szene. Aufschlußreich auch in diesem Zusammenhang, daß wir hier in Europa nunmehr Sängerinnen von einer Qualität besitzen, die früher in unseren Breiten unbekannt war – allen voran die Engländerin Norma Winstone und die Norwegerin Karin Krog. Sie – die neuen Sängerinnen – haben die Dimension der »Stimme als Instrument« bis in Bereiche ausgedehnt, die noch vor wenigen Jahren unvorstellbar schienen. »Gesang« heißt für sie nicht nur »Singen«, sondern auch noch all das andere dazu: Schreien und Lachen und Weinen; das Stöhnen der sexuellen Erfahrung ebenso wie kindliches Geplapper; der ganze Körper, vom Unterleib bis in die Bereiche der Stirnhöhle und der Schädeldecke, wird Instrument, wird vibrieren-

Flora Purim

Dee Dee Bridgewater

Urszula Dudziak

der Sound-Erreger, wird Klang-»Körper«. Über die ganze Skala menschlicher und weiblicher Laute wird hier verfügt, ja auch die Laute der Tierwelt werden einbezogen, das Bellen der Hunde, das Singen der Vögel. Nichts Menschliches, nichts Weibliches, nichts Tierisches scheint dieser Geräuschskala fremd zu sein. Hemmungslos wird herausgeschrien, herausgestöhnt, herausgestoßen, was zu einem bestimmten Song, zu einer bestimmten Stimmung oder Atmosphäre gehört. Aber es ist nur eine scheinbare Hemmungslosigkeit, denn all diese Sounds müssen ja nicht nur herausgeworfen, sie müssen auch gemeistert, gestaltet, musikalisch integriert werden.

Die erste, die in dieser Weise »gesungen«, Sounds produziert hat, war Ende der fünfziger Jahre Sheila Jordan, von Kennern beachtet wegen eines grandios-satirischen »You Are My Sunshine«, das sie damals mit dem George Russell-Sextett aufnahm: eine Persiflage voll beißendem Zynismus auf die amerikanischen Mittelstandsbürger, für die das Lied »You Are My Sunshine« in etwa ebenso »verbindlich« ist wie »Am Brunnen vor dem Tore« für bestimmte deutsche bürgerliche Schichten.

Heute, wo derartige Sounds in den Aufnahmen zahlreicher zeitgenössischer Sängerinnen zu hören sind, ist es schwer vorstellbar, daß Sheila Jordan Anfang der sechziger Jahre einem größeren Publikum unbekannt blieb. Aber es war wohl wieder einmal so: Die Zeit war nicht reif. Vielleicht wäre interessant, zu beobachten, was geschähe, wenn die alten Riverside-Platten von Sheila heute neu veröffentlicht würden. Aber über die Riverside-Rechte verfügt Milestone-Prestige, und das ist die Plattenfirma in San Francisco, an die Flora Purim gebunden ist. (Während das Buch in Druck geht, haben japanische Jazzfachleute – wie so oft der internationalen Szene um eine Nasenlänge voraus – zwar nicht alte Sheila Jordan-Aufnahmen neu herausgebracht, aber eine neue Platte von Sheila Jordan vorgelegt: »Confirmation« (East Wind EW-8024). Doch dürfte diese LP schon aus Gründen des Vertriebs außerhalb Japans kaum ein größeres Echo finden. Auf einer George Russell-»reissue«, versteckt in einem Doppelalbum und allenfalls für den Kenner entdeckbar, liegt das oben erwähnte »You Are My Sunshine« wieder vor – in »George Russell – Inner Thoughts«, Milestone M-47027).

»Stimme als Instrument« – das ist ein Ausdruck, der sinnvoll immer nur relativ verwendet werden kann. Was in den zwanziger Jahren bei Adelaide Hall im Duke Ellington-Orchester als ein *non plus ultra* instrumentaler Stimmbehandlung erschien, wurde in den dreißigern von Kay Davis, seit den vierzigern von Ella Fitzgerald, in den fünfzigern von der indianischen Sängerin Yma Sumac und wird heute von Flora Purim und Urszula Dudziak überboten, wobei jeder dieser Namen jeweils als nicht überbietbares Endstadium gepriesen wurde. So also wird es weitergehen.

Vor zweihundert Jahren hätte es durchaus Sinn gehabt, von einer Koloratursopranistin der italienischen Oper des 17. Jahrhunderts zu sagen, sie verwende ihre »Stimme als Instrument«. Erst aus heutiger Sicht wird offenbar, wie eindimensional geworden ist, was damals als reich abgestufte, instrumentale Behandlung der Stimme erschienen sein mag, und zwar inzwischen nicht nur im Vergleich mit Sängerinnen der Jazz-Szene, sondern durchaus auch mit einer Konzertmusik-Stimme wie der von Cathy Berberian. Bei den Jazzstimmen kommt freilich zu den Möglichkeiten des europäischen Kulturkreises, über die die Berberian so eindrucksvoll gebietet, gleich immer noch ein Arsenal an stimmlichen Expressionen hinzu, das aus anderen Kulturkreisen, und zwar nicht mehr nur der schwarzen Musik, zusammengetragen wurde.

Ursprünglich sind alle drei – Dee Dee, Urszula und Flora – Sängerinnen einer komplizierten, zu Abstraktionen neigenden Avantgarde. Sie sind hervorgegangen aus der Free Jazz-Bewegung der sechziger Jahre. Als sie die Szene betraten, galten sie als »kompliziert«; kaum jemand glaubte damals, daß sie ein größeres Publikum erreichen würden. Aber sie haben die Avantgarde »griffig« gemacht, Abstraktes in Konkretes verwandelt. Nur die Anhänger gar zu »offensichtlicher« Musik werden

die Platten von Dee Dee, Urszula und Flora heute noch als besonders schwierig bezeichnen. Das liegt vor allem daran, daß sich alle drei einer volksmusikalischen Tradition verbunden fühlen. Bei Dee Dee Bridgewater ist es die Tradition der schwarzen, bei Urszula Dudziak die der polnischen, bei Flora Purim die der brasilianischen Musik.
Dee Dee ist – und in diesem Punkt liegt sie nun doch auf der Linie der Tradition des konventionellen Jazzgesanges – nicht denkbar ohne den Blues und die Musik der schwarzen Kirchen. Sie tut auch heute noch das, was Billie Holiday in den dreißiger und vierziger Jahren tat: Wenn sie auch nur selten Blues singt, so gewinnt doch vieles, was sie singt, Blues-Atmosphäre.
Urszula besitzt auch in ihren abstraktesten Vokal-Gebilden etwas von der Sensibilität der polnischen musikalischen Tradition, – von jener Sensibilität, die die Frage nahelegt, ob nicht das Erbe Chopins heute in der jungen Generation der polnischen Jazzmusiker lebendiger sei als sonst irgendwo.
Und Flora – das wird in diesem Beitrag hinlänglich deutlich werden – entstammt ganz und gar der Tradition der neuen brasilianischen populären Musik, die Ende der fünfziger Jahre mit der Bossa Nova begann und inzwischen die verschiedensten Mutationen durchlaufen hat. Im Hintergrund bleibt da immer, so weit diese Musik sich auch entwickeln mag, die gute alte Samba spürbar.
Dee Dee und Urszula haben sich einem gewissen Vermarktungsprozeß nicht entziehen können. Urszula wurde von ihrer Plattenfirma Arista ein maßgeschneidertes »funk«-Korsett verpaßt, wie man es heute auf Hunderten von Aufnahmen findet (»Urszula«, Arista AL 4065): jene stereotypen »funky«Rhythmen und »funky sounds«, die man inzwischen kaum mehr hören kann. Sogar »down beat« reagierte sauer. Trotzdem, Urszulas Sensitivität wirkt gerade im Kontrast zur Klischeehaftigkeit dieser »funk«-Masche um so eindrucksvoller. Wer die ursprüngliche, die sensible Urszula hören will, hält sich am besten an eine Platte, die sie mit dem Pianisten Adam Makowicz aufnahm, bevor sie 1973 mit ihrem Mann, dem Geiger Michal Urbaniak, nach Amerika ging: »Newborn Light« (Cameo 101) – oder an eine, die zu produzieren ich 1976 in Stuttgart Gelegenheit hatte, nach einem nicht ganz mühelosen Prozeß des Ablegens des »funk-Korsetts« (»Smiles Ahead«, MPS 15 499).
Dee Dee Bridgewater, die einem größeren Publikum als Sängerin des Thad Jones-Mel Lewis-Orchesters bekannt wurde (besonders eindrucksvoll auf Thad Jones' Tribut an Louis Armstrong »Suite for Pops«, A & M Records SP 701), hat inzwischen eine zweite Karriere als Schauspielerin begonnen. Sie gewann 1975 den begehrten Preis der »Besten Schwarzen Schauspielerin des Jahres«. Und kein Zweifel – die schauspielerische Karriere ist ihr wichtiger. Sie schrieb mir dies unum-

wunden, als ich sie 1975 zu unserem alljährlichen New Jazz Meeting Baden-Baden eingeladen hatte.

Die »kompromißlose« Dee Dee Bridgewater hört man am besten auf einer nur schwer erhältlichen Platte des deutschen, in New York lebenden Pianisten-Komponisten Heiner Stadler: »Brains On Fire« (Labor LRS 7002).

Dee Dee singt hier, begleitet lediglich von den Baßlinien Reginald Workmans, ein Gedicht des amerikanischen Lyrikers Lenore Kandels »Love In The Middle Of The Air«: wunderbar bildhafte Verse über ein Artistenpaar hoch oben in der Zirkuskuppel, wo Vertrauen und Sicherheit zu einer Frage von Leben und Tod werden. Sie singt das leicht und spielerisch – und doch fliegen die Sounds und die Phrasen zwischen ihr und Reginald Workman so sicher hin und her wie das Trapez zwischen dem schwebenden Paar, als ginge es auch in einem musikalischen Sinne »um Leben und Tod«.

Die Brasilianerin Flora Purim zeigt sich bis dato unkorrumpiert durch den Vermarktungsprozeß, mit dessen Hilfe das internationale Musikgeschäft heute nahezu jeden schöpferischen Künstler für seine Zwecke einspannt.

Flora Purim entstammt einer bürgerlichen jüdischen Familie in Rio de Janeiro. Ihre Eltern – die Mutter Brasilianerin, der Vater aus Rumänien eingewandert – waren klassische Musiker, aber die Mutter mochte auch Jazz, so daß Flora von klein auf Schallplatten von Jazzmusikern wie Erroll Garner, Miles Davis, Billie Holiday, Dinah Washington und anderen hörte. Und selbstverständlich hörte sie auch die auf die westafrikanische Yoruba-Musik zurückgehenden Klänge der brasilianischen Populärmusik, der Samba, des Carnevals, mit denen junge Menschen in Rio aufwachsen.

Die beiden Musikzweige also, die Flora »zusammengebunden« hat – Jazz und brasilianische Musik –, spielten für sie bereits in ihrer Kindheit die entscheidende Rolle. Entsprechend fühlte sie sich zu denjenigen brasilianischen Musikern, die ein offenes Ohr für den Jazz haben, besonders hingezogen, vor allem zu dem Flötisten und Pianisten Hermeto Pascoal und zu dem Perkussionisten Airto Moreira. Hermeto riet ihr, wortlose Improvisationen zu versuchen, also das, was man im Jazz »scat« oder »Bebop-Vocals« nennt. Und das in der Tat wurde, wie die amerikanische Zeitschrift »Newsweek« findet, ihr Stil: die Verbindung von brasilianischer Musik, traditionellem Jazz und den instrumentalen Vocals der Avantgarde. Airto machte sie mit den dazugehörigen Rhythmen vertraut. Als seine Frau kam sie 1968 nach Amerika.

Airto Moreira – man weiß es – ist der brasilianische Perkussionist, der die heutige Szene »brasilienbewußt« gemacht hat, und zwar auf dem für zeitgenössische Klänge mittlerweile sprichwörtlichen Umweg über Miles Davis. Als Miles Anfang der siebziger Jahre seine Platte »Live at

Fillmore« (CBS 66257) aufnahm, da zog er auf Anraten des österreichischen Pianisten Joe Zawinul Airto Moreira mit hinzu. Und sofort waren die brasilianischen Rhythmen etabliert. Dutzende anderer Gruppen suchten sich brasilianische Perkussionisten, es kam zu jener Integration von brasilianischen Samba- und traditionellen Jazzrhythmen, die im Laufe weniger Jahre so dicht wurde, daß heute oft nicht einmal mehr die Fachleute auseinanderhalten können, was da vom Jazz und was aus Brasilien kommt. Diese Integration ist ein wesentlich anderer Vorgang als die oberflächliche Adaption, die es Anfang der sechziger Jahre gegeben hatte, als der Gitarrist Charlie Byrd und der Tenorsaxophonist Stan Getz ein paar Bossa Novas aus Brasilien mit zurück in die USA gebracht hatten. Die damalige Bossa-Nova-Welle war im Grunde nur eine kommerzielle Masche, bei der die brasilianischen Melodien mit der Phrasierungsweise des Jazz gespielt wurden; entsprechend schnell ging sie vorüber.

Bevor Airto und Flora in die USA kamen, war Airto jahrelang durch Brasilien gereist und hatte – nicht so sehr als Musiker wie als Musik-Ethnologe – Rhythmen und Instrumente gesammelt. Aus den abgelegenen Urwäldern des Amazonas, aus dem trockenen brasilianischen Nordosten, aus den Steppen des Matto Grosso hatte er ein kaum mehr übersehbares Sammelsurium exotischer Instrumente zusammengetragen, die er nun zu praktizieren begann; für viele von ihnen mußte er die ihnen angemessene Spieltechnik erst wieder neu entdecken.

Inzwischen sind Flora und Airto die Seele der »Brasilianischen Bewegung« in der amerikanischen Populärmusik der siebziger Jahre. Es ist nicht mehr – wie noch vor wenigen Jahren – angebracht, von Flora als der »Frau Airtos« zu sprechen; Flora mag das auch nicht. Man könnte mittlerweile ebensogut den Perkussionisten Airto Moreira als den »Mann von Flora Purim« vorstellen.

Als Flora Brasilien 1968 verließ, sechsundzwanzigjährig, hatte sie in Rio ihre eigene Fernsehshow und war auf dem besten Weg, ein Star zu werden. In den USA mußte sie noch einmal ganz von vorne anfangen. Sie lebte im Hause von Walter Booker in New York, dem Bassisten der Cannonball Adderley-Gruppe, und jammte mit oder sang für Musiker wie Herbie Hancock, Thelonious Monk, Cannonball Adderley, Joe Zawinul und andere.

Ihren ersten Job fand sie bei dem Mann, an den man damals noch zuerst dachte, wenn man von brasilianischer Musik auf der amerikanischen Jazz-Szene sprach: Stan Getz. Es versteht sich, daß sie damit nicht zufrieden war. Weitere Etappen wurden der Miles Davis-Arrangeur Gil Evans und schließlich Chick Corea. Zwei Jahre lang gehörte sie zu seiner ersten »Return To Forever«-Gruppe. Dadurch wurde sie international bekannt. (Und ich möchte durchaus auch das Umgekehrte vermuten: Die ungeheure, von keiner späteren »Return To Forever« erreichte Faszination, die damals von Chicks Musik ausging und von der er immer noch zehrt, war nicht zuletzt ein Verdienst von Flora Purims sensiblem brasilianischen Gesang.)

Chick ist auch heute noch Flora Purims Lieblingskomponist. Gewiß aus gutem Grund. Der Komponist Chick Corea nämlich, der in der allgemeinen Wertschätzung oft hinter dem Pianisten und Gruppenchef zurückstehen muß, hat in der zeitgenössischen elektronisierten Jazz-Rock-Musik eine Balance und Integration erreicht, die man im Grunde nur mit dem vergleichen kann, was John Lewis im Modern Jazz Quartett für den Jazz der fünfziger und sechziger Jahre erzielte. Es ist kennzeichnend für Flora und ihr brasilianisches Formgefühl, daß sie einen solchen Komponisten bevorzugt.

Es wurde 1973, bis Flora ihr erstes Solo-Album machen konnte: »Butterfly Dreams« (Milestone M-9052) – Musik vom Zauber des Albumtitels: Träume eines Schmetterlings. Das Album war ein so großer Erfolg, daß kurz darauf die zweite Platte folgte: »Stories To Tell« (Milestone M-9058). Sie konnte das Album gerade noch einen Tag, bevor sie im Herbst 1974 ins Gefängnis mußte, fertigmixen.

Drei Jahre zuvor, 1971, war sie in der New Yorker Wohnung eines brasilianischen Freundes verhaftet worden. Die Polizei hatte Kokain gefunden, Flora wurde beschuldigt, das Rauschgift nicht nur selbst verwandt, sondern auch vertrieben zu haben. Sie wurde zu drei Jahren Gefängnis verurteilt.

Flora gibt unumwunden zu, daß sie – wie die meisten Musiker – gelegentlich einen Marihuana-Joint geraucht hat; das wird ja auch praktisch nicht mehr bestraft. Aber sie sagt, man habe bei ihr kein Kokain gefunden und sie habe auch nie welches verkauft: »Ich bin völlig unschuldig.« Trotzdem hatte sie keine Möglichkeit, sich zu verteidigen. Kenner der amerikanischen Rauschgift-Situation kommentieren: »Sie war das ideale Opfer: Ausländerin, noch dazu aus Südamerika, ohne dauerhafte Einwanderungsgenehmigung, Jazzmusikerin, ohne eigene Wohnung, in Apartments anderer Leute lebend . . . Solche Leute sucht die ›Narcotics‹-Fahndung, um an ihnen ihre Exempel zu statuieren.« Wie gesagt, das alles war drei Jahre, bevor Flora ins Gefängnis kam. Sie glaubte längst, die ganze Sache sei erledigt.

Flora Purim »saß« achtzehn Monate im Federal Prison of Terminal Island in Kalifornien, bevor sie »wegen guter Führung« entlassen wurde. Sie mußte – wie alle die anderen – Latrinen reinigen und Küchenarbeit tun und wurde schließlich dazu »befördert«, im Büro des Gefängnisses zu arbeiten. Weil sie anders war als die kriminellen Häftlinge, wurde sie schikaniert: »Du mußt hier Schlosser sein, um als normal betrachtet zu werden. Ich bin kein Schlosser. Ich bin Sängerin.«

Aber Flora fand auch täglich Zeit, zu üben: Komposition und Gesang. Höhepunkt ihres Gefängnisaufenthaltes war ein weithin in der amerikanischen Presse kommentiertes Konzert am 9. März 1975, auf dem sie für ihre Mitgefangenen sang – begleitet von berühmten Jazz-Stars, denen das Betreten des Gefängnisses und die Mitwirkung erlaubt worden war, darunter niemand Geringeres als Cannonball Adderley. Der sagte damals in einem Interview: »Ich habe wahrhaftig in einem Haufen Gefängnissen und Erziehungsanstalten gespielt, aber so etwas habe ich noch nicht erlebt. Ich fühle mich ungeheuer geehrt, daß ich hierherkommen und mit Flora spielen durfte. Sie ist ein großartiges Talent und außerdem ein wirklicher Freund.«

Flora eröffnete ihr Konzert mit einem Song, den sie und der Bassist Stanley Clarke für Chick Coreas »Return To Forever« geschrieben hatten: »Light As A Feather«. Der Text enthält die Zeile: »I am free, I am free, I am free.« Flora sang das so, meinte der Kritiker Leonard Feather, daß sich die Zuhörer wirklich für ein paar Stunden als freie Menschen fühlten. In einem Interview mit Feather sagte sie: »Du mußt dich auf dich selbst verlassen können, wenn du ›high‹ werden willst, nicht auf Drogen . . . Musik macht mich ›high‹, sie ist der beste Weg, ›high‹ zu werden . . .« Die Band-Aufnahmen von Floras Gefängniskonzert und Interviews wurden damals von Dutzenden von amerikanischen Radio-Stationen gesendet.

Während Flora noch im Gefängnis war, gewann sie den »down beat«-Poll 1975 als »Beste Sängerin des Jahres« – vor so etablierten Namen wie Ella Fitzgerald, Sarah Vaughan und Aretha Franklin. Airto hütete indessen ihre beiden Kinder – und kam für kurze Zeit, aus den gleichen Gründen wie Flora, selber ins Gefängnis.

Sobald Flora entlassen war, machte sie ihr drittes Album: »Open Your Eyes You Can Fly« (Milestone M-9065). Und hier sang sie nicht mehr nur in einer Zeile »I am free . . .« Das ganze Album ist ein einziger Freiheitssong. Flora sagt: »Das ist die beste Sache, die ich je gemacht habe.« Tausende von Musikern sagen das jeweils von ihrem neuesten Plattenalbum. Bei Flora ist es mehr. Sie projiziert wirklich das Gefühl, sie habe die Fesseln des Gefängnisses und die niederdrückenden Erfahrungen der hinter ihr liegenden Monate abgeschüttelt und brauche nur die »Augen zu öffnen – und schon könne sie fliegen«. In einem der Songs, zu dem ihr Hermeto Pascoal die Melodie und zu dem sie selber im Gefängnis den Text schrieb, heißt es: »Ich singe über dich und singe über mich, ich singe über jeden, der frei sein möchte . . .« Genau das tut sie, und man glaubt es ihr.

Ich war im August 1974 in San Francisco dabei, als Flora Purim ihr Album »Stories To Tell« mischte, kurz bevor sie ins Gefängnis mußte. Ich sagte ihr damals, wie wunderbar mir ihre Version von Antonio Carlos Jobims »Dindi« gefalle. Sie erzählte mir, wie sehr ihr gerade dieses Lied am Herzen liege und daß sie es bei fast jedem Auftritt singe; es sei eines der wenigen Lieder in portugiesischer Sprache, das sie in den USA in ihrem Repertoire behalten habe.

»Dindi« war der Spitzname von Sylvia Telles, der ersten Sängerin der neuen brasilianischen Musik; Jobim hatte es speziell für sie geschrieben – und als ich damals Flora erzählte, daß ich 1966 die bekannt gewordene Dindi-Version mit Sylvia Telles produziert habe (Folklore E Bossa Nova Do Brasil, MPS 15102), wenige Wochen bevor Sylvia in Rio de Janeiro bei einem Verkehrsunfall ums Leben kam, war der Kontakt zwischen uns hergestellt. Flora sprach ausführlich über »Dindi« und sagte, sie werde auch künftig reine brasilianische Musik singen und wolle es anstreben, daß auf jeder ihrer Platten mindestens ein Song in Portugiesisch sei. Aber worauf es ihr letztlich ankomme, das sei die Integration. Sie wolle weder brasilianisch noch amerikanisch, sondern zeitgenössisch klingen: »Ich will keine Labels, keine Etiketten, ich bin einfach ein menschliches Wesen, das anderen menschlichen Wesen etwas mitteilen möchte.«
Auf »Open Your Eyes You Can Fly« singt sie: »Invite the population with no classification; it's time for celebration without consideration . . .« Keine Klassifizierung, keine Grenzen, keine Kategorien – das ist ihr wichtig. Aber auch auf dieser Platte gibt es wieder ein portugiesisch gesungenes Lied – über eine imaginäre Reise nach Bahia, der klassischen Stadt der brasilianischen Musik.
Flora und Airto haben oft Sehnsucht nach Brasilien. Weil sie zu beschäftigt sind, um nach Brasilien fahren zu können, holen sie die brasilianischen Musiker, die sie mögen, zu sich. Schon vor Jahren wies Cannonball Adderley darauf hin, daß von den sechs Musikern der Flora Purim-Begleitgruppe drei Brasilianer seien. Für »Open Your Eyes You Can Fly« holte sie sich den vorhin schon erwähnten Pianisten und Flötisten Hermeto Pascoal und den Gitarristen Egberto Gismonti, Komponist einer eigentümlich brasilianischen, zeitgenössischen Kammermusik (in Deutschland auf »Orfeo Novo«, MPS 15 293). Schon vorher hatte sie den brasilianischen Posaunisten Raul de Souza nach Kalifornien gebracht und ihm auch eine eigene Solo-Platte vermittelt: »Colors« (Milestone M-9061). Dazu kommen – wie auf allen Flora Purim-Platten – der Keyboard-Mann George Duke und natürlich Airto Moreira, außerdem der Gitarrist David Amaro und der wunderbare, durch Weather Report bekannt gewordene Bassist Alphonzo Johnson – alles Musiker, die, seien sie nun Nordamerikaner oder Brasilianer, beispielhaft stehen für die musikalische Synthese, die in der Musik dieser siebziger Jahre stattfindet.
Flora: »Ich habe gelernt, die Sounds durch meinen Körper reisen zu lassen – von meinem Unterleib zu meiner Kehle, durch meine Nase und durch meinen Kopf . . . Als ich in die USA ging, haben mir meine Freunde gesagt: ›Sing keinen Jazz oder amerikanische Musik, dann hast du zuviel Konkurrenz.‹ Das habe ich beherzigt. Ich singe einfach menschliche Musik.« Flora sagt diese Dinge in seltsam nüchterner

Weise, und doch besitzt sie auch als Persönlichkeit, noch bevor sie zu singen beginnt, eine erstaunliche Ausstrahlung – mit ihrem roten Haar und ihren braunen Augen, einem großen Goldkreuz, das um ihren Hals baumelt, und mit nackten Armen, die von oben bis unten von kleinen Armreifen der verschiedensten Größen umgeben sind.
Der amerikanische Kritiker John L. Wasserman über Flora Purim: »Sowohl als Solistin wie als Mitglied einer Gruppe singt Flora Sounds als Worte. Und selbst wenn sie herkömmliche Texte singt, behandelt sie die melodischen Linien in einer einzigartigen Weise. Es ist weder ›scat‹ noch ›vokalisierend‹ im akzeptierten Sinn dieser Ausdrücke, noch ist es einfach Improvisation in der Art, wie Jazzsänger die Noten binden und manipulieren. Was Flora von anderen Sängern unterscheidet, liegt im Bereich der Intervalle und der Modulation. Sie klingt oft – wenn ich es so unpräzise ausdrücken darf –, als ob sie die Noten erhöht oder vermindert oder in Vierteltönen singt oder die Tonart mit jeder neuen Note wechselt. Aber ihre Sounds sind wahr und kommen aus dem Herzen . . . Jeder Sound hat – unabhängig von den experimentellen Exkursionen, auf die sie sich einläßt – seinen Platz und seine Funktion . . .«

Tony Williams

Tony Williams –
Die Zeit im Kopf

Ob er sich mehr für Jazz oder für Rock interessiere, wurde Tony Williams einmal gefragt. Antwort: »Ich kann solche Fragen nicht beantworten. Ich denke nicht in derartigen Begriffen, ich denke nicht an Bebop, an Jazz oder Rock. Ich denke allein daran, mein Schlagzeug so zu spielen, daß es gut klingt . . .«
»Natürlich versuche ich nicht, vom Jazz wegzukommen, weil ich gern Geld verdienen will . . . Coleman Hawkins, Charlie Parker, auch mein Vater (der Jazzsaxophonist ist) sollen nicht umsonst gelebt haben. Die schwarze Erfahrung – die Erfahrung des schwarzen Mannes in Amerika – soll nicht umsonst gewesen sein.«
»Ich bin nicht so sehr an der Pop-Szene interessiert wie am Sound. Deshalb ist es für mich auch keine Frage des Geldes, ob ich spiele oder nicht spiele. Die Frage ist allein, ob es mich stimuliert, mich aufregt, mir Freude macht . . . Denn mit meinem Ego ist es so bestellt, daß ich unbedingt meine eigene Sache machen muß . . .«
»Jazz ist so ein schlechtes Wort, und Rock ist auch ein schlechtes Wort. All diese Begriffe sind begrenzt. Kommerzielle Musik ist auch ein schlechtes Wort. Alle Worte sind schlecht. Aber es muß einen anderen Sound geben, der eines Tages geschehen wird. An diesem Sound möchte ich teilhaben . . .«
Was ich hier und im folgenden zitiere, hat Tony Williams nicht etwa in einem Atemzug gesagt. Ich habe es mühsam zusammengesucht aus verschiedenen Interviews, die im »down beat«, im »Melody Maker« und anderen Fachzeitschriften erschienen, auch aus eigenen Gesprächen auf den Berliner Jazztagen und auf dem Olympia Jazzfestival 1972 in München, wo ich Tony Williams mit Art Blakey vorstellte. (Wie sich damals die Vitalität Blakeys und die Sensibilität Tonys ergänzten: das war ein perkussionistisches Lehrstück. Nie zuvor habe ich so viele Schlagzeuger, die aus fern und nah nach München gekommen waren, in einem Konzert gesehen!)
Tony Williams: »Ich bin nicht daran interessiert, Dinge zu erklären . . .« »Ich bin mir selbst mein größtes Hindernis . . . Ich könnte eine Woche allein in meiner Wohnung sein . . . einfach tun, was ich zu tun habe, ohne Kommunikation mit anderen Menschen . . . Es gibt Dinge jenseits der Worte, und daran bin ich interessiert: am Sound.«

»Vielleicht liegt es daran: Meine Mutter und mein Vater lebten getrennt. Ich blieb bei meiner Mutter, aber sie wollte unter keinen Umständen der Wohlfahrt zur Last fallen, deshalb nahm sie zwei verschiedene Jobs an, weißt du – den einen für mich, den anderen für sich selbst.
Und dann ging sie auch noch zur Schule, um sich weiterzubilden. Sie war fort von Montag bis Freitag, kam nur zum Wochenende nach Hause. Ich war die ganze Zeit allein. Dadurch kann ich auch heute noch so gut allein sein.«
»Oft ging ich zu meinem Vater. Er war Jazzsaxophonist, und ich hörte ihm zu. Dadurch lernte ich die Musik kennen . . .«
»Ich wurde 1945 in Boston geboren, wuchs in der Nachkriegszeit auf. Mein Vater hatte alle wichtigen Schallplatten. Weißt du, Bebop hatte gerade begonnen, Bebop mit Billy Eckstine. In all den Jahren, in denen ich aufwuchs, hörte ich Musik. Mein Vater spielte immer die richtigen Platten . . .«
Die Familie, die Trennung der Eltern, sind der eine Grund dafür, daß Tony Williams geworden ist, wie er ist. Der andere: sein gestörtes Verhältnis zum weißen Mann.
Tony Williams: »Ich mag keine Weißen . . . Denn weiße Leute, wenn sie jemandem zuhören, dann tun sie das, um sich mit ihm zu identifizieren . . . Wenn ein Weißer ausgeht, um eine Musikgruppe zu hören, dann schaut er herauf auf die Bühne und denkt: Yeah, das könnte ich sein! Weißt du, sie gehen in einen Saal und wollen etwas sehen, von dem sie sich vorstellen können, daß sie ein Teil davon sind. Sie möchten gern dort oben stehen und singen oder die Gitarre spielen. Wenn sie nun einen Schwarzen hören, dann können sie sich nicht identifizieren. Sie können sich nicht vorstellen, schwarz zu sein. Das ist der eigentliche Grund, aus dem die weißen Musiker so viel mehr Geld verdienen als die schwarzen. Denn die weißen Musiker entsprechen dem Image der weißen Leute, die das Geld haben und ihnen 30 000 Dollar für eine Nacht geben. Einem Schwarzen, der genau das gleiche spielte, würden sie keine 30 000 Dollar geben . . . Sie können sich nicht mit ihm identifizieren . . . Ja, ich mag keine weißen Leute, und das ist das ganze Problem . . .«
Bei seinem Vater – im Zusammenspiel mit ihm, auch von seinen Platten – hatte Tony so viel gelernt, daß er bereits mit neun zum ersten Mal öffentlich auftreten konnte. Mit 17 holte Miles Davis ihn in seine Gruppe – in das berühmte Quintett mit Herbie Hancock am Piano, Ron Carter am Baß, George Coleman und später Wayne Shorter auf dem Tenorsaxophon. Es war eine der musikalischen Sensationen der sechziger Jahre. »down beat« berichtete: »Den Schlagzeugern des ganzen Landes blieb der Mund vor Staunen offenstehen. Der Grund ihres Staunens war ein kleiner, siebzehnjähriger Drummer, der gerade Mit-

glied des Miles Davis-Quintetts geworden war.« »Seven Steps To Heaven« wurde Tonys erste Platte bei Miles; viele andere sollten folgen.
Mit einem Schlage war Tony Williams ein »Star«. Bis er 18 war, hatte er mit Jackie McLean (bei ihm hatte Miles ihn gehört), mit Sam Rivers (ihn bezeichnete Tony als seinen wichtigsten Lehrmeister), mit Eric Dolphy, Cecil Taylor und John Coltrane gespielt.
Tony Williams: »Ich habe alles viel zu schnell erreicht. Wie konnte man danach noch weitergehen?«
Tony Williams ging weiter. Fachleute meinen, daß er es gewesen ist – mehr als irgendein anderer –, der Miles Davis an die Grenze des freien Spiels gebracht habe. Der Siebzehnjährige hatte eine geradezu magische Wirkung auf Miles. Er schien zu bestimmen, was Miles spielte. Von keinem anderen Schlagzeuger konnte man je Ähnliches sagen. »down beat«: »So wunderbar Philly Joe Jones und Jimmy Cobb auch mit Miles gespielt haben, keiner von ihnen war in der Lage, Miles Davis so zu beherrschen wie Tony Williams . . . Tonys Schlagzeug schien Miles Davis die Richtungen, in die es ging, vorzuschreiben. Links herum. Dann wieder rechts. Stop. Drei große Sprünge. Miles folgte dem allem und lächelte und lächelte und war glücklich . . .«
Als Tony 18 war, gab es zwei Schlagzeuger, auf die die Szene hörte und die zu bestimmen schienen, was die Drummer der Welt schlugen: ihn selbst bei Miles Davis und Elvin Jones bei John Coltrane.
Tony Williams hat von den Schlagzeugern gelernt, die ihm vorausgingen. Er bewunderte Max Roach, in dessen Apartment er als Elfjähriger eine Zeit gewohnt hatte. (Der Dreizehnjährige: »Das war das Größte in meinem Lcben.«) Aber er war unzufrieden mit der Art, in der die anderen Schlagzeuger spielten: »Ich kann es nicht ertragen, wenn jemand die Hi-Hat immerzu auf zwei und vier spielt, in jedem Solo, in jedem Chorus, in jedem Stück. Ich spiele den ›beat‹ auf den Cymbals und in meinem Kopf. Und wenn ich die Baßtrommel spiele, dann spiele ich sie dort, wo sie etwas bedeutet . . .«
Für die Jazzmusiker ist das Wort »time« ein Fachausdruck. Sie sprechen von »time«, von »Zeit«, wenn sie den »beat« meinen, das gleichmäßige Metrum, denn dies ist *ihre* Zeit: die Zeit, in der Musik geschieht. Tony Williams sagt wörtlich: »Meine ›time‹ – meine Zeit – ist auf den Cymbals und in meinem Kopf.« Der Satz bezeichnet das Neue seines Spiels besser als alles, was Kritiker darüber geschrieben haben. Der Akzent liegt auf dem Wort »Kopf«. Tony Williams *schlug* die »time« nicht mehr, er *dachte* sie, er hatte sie im Kopf. Aber von dort her wirkte sie so intensiv, daß sie nicht etwa »free« wurde, »chaotisch« wie bei manchen Free Jazz-Drummern. Jeder, der damals in der Miles Davis-Gruppe spielte, spürte die »time«, die sich in Tony Williams' Kopf abspielte, und richtete sich nach ihr. Es war wie ein Wunder: die anderen Schlagzeuger konnten es nicht verstehen, sie hörten die

»time« nicht und spürten doch, daß sie da war. Denn sie hörten, daß sich die anderen Musiker offensichtlich nach ihr richteten. Tony Williams: »Es ist eine geistige Sache – a spiritual thing.«
Vielleicht war die Bewunderung, die die Welt ihm zollte, zuviel für den siebzehn- oder achtzehnjährigen jungen Mann. Tony Williams: »Als sie mich baten, Schallplatten zu machen, hatte ich das Gefühl, ich hätte alles schon getan . . . Aber ich meinte das nicht egozentrisch, obwohl es so klingen mag. Ich meinte es musikalisch, denn ich hatte wirklich alles getan, was diese Burschen damals machten, ich war auf der Spitze dessen, was geschah . . .«
Das ist Tony Williams' Schicksal: Er klingt hochmütig, aber was er sagt, ist die Wahrheit. Hochmütig wirkt er auch wegen seiner Wortkargheit, seiner Selbstisolation, die auf Scheuheit und Sensibilität basiert, auf seine Kindheit und sein Verhältnis zum Rassenproblem zurückgeht. In Wirklichkeit ist er bescheiden. Als er beispielsweise 1964 seine erste Schallplatte unter eigenem Namen machte – die erste »Lifetime« (Blue Note 4180) mit Sam Rivers, Bobby Hutcherson, Richard Davis, Gary Peacock u. a. –, mochte er kaum darüber reden, weil er die Platte für »Durchschnittsware« hielt.
Tony Williams Mitte der sechziger Jahre: »Die Musik ist jetzt spiritueller – ja, sie geht noch über das nur Geistige hinaus. Sie wird reifer – und zugleich ist sie jugendlicher. Auch freier . . . Ich bin durch mein Interesse an religiösen Dingen so weit gekommen . . . Der Islam hat mir geholfen, mich selbst zu finden. Ich bin jetzt ein orthodoxer Moslem.«
In der zweiten Hälfte der sechziger Jahre begann Tony Williams, die Leere zu spüren, die der Tod John Coltranes hinterlassen hatte und die die Jazzwelt jahrelang lähmte. »Damals schoß mit einem Mal etwas Neues durch mich – wie durch einen Filter. Ich fing an, einen Haufen Elektrizität zu hören. Das erste, woran ich mich erinnern kann, war Jimi Hendrix' erste Platte – der Sound von ihm, weißt du, mit all der Elektrizität . . . Das fing an, mich aufzuregen, ich wollte mehr davon hören . . . Und nach einer Weile wußte ich, daß ich Miles Davis verlassen würde, denn er ging in eine andere Richtung.«
Die Richtung, in die Tony Williams von da an ging, wird von den Kritikern »Rock« genannt. Aber Tony Williams haßt Etiketten. Er sieht auch nicht ein, daß er Rock spielt. Auch betrachtet die Rock-Welt ihn nicht als einen der ihren. Tony Williams: »Ich habe einfach das *ganze* Schlagzeug gespielt, alle Einflüsse verwendet, die auf mich einströmten . . .«
Der deutsche Kritiker Manfred Miller über Tony Williams: »Tatsächlich reicht keiner der herkömmlichen Termini aus, um seine Musik angemessen zu charakterisieren. Es ist – zweifellos – moderner Jazz, mit herrlich swingenden Improvisationen. Es ist – zweifellos – avancierter

Free Jazz, mit subtil durchgeführten Kollektiv-Gesprächen. Und es ist – zweifellos – Rock, mit den unglaublichsten rhythmischen Differenzierungen und Überlagerungen: Diese Musik kennt kaum einen Moment, der nicht gefüllt wäre.« Und Tony selbst: »Ich mag die Beatles . . . Ich bin hingerissen von klassischer indischer Musik, auch von europäischer Klassik, von zeitgenössischer Symphonik, von Jazz – modern und traditionell. All das sind Bestandteile. Ich mag Sounds.«

Tony Williams verließ Miles Davis 1969, um seine (wenn man die eben erwähnte Blue Note-Schallplatte mitrechnet) zweite »Lifetime« zu gründen. Es war die erste Gruppe, mit der er unter eigenem Namen auf Tournee ging. Larry Young gehörte dazu, der Organist, der damals das Orgelspiel um einen entscheidenden Schritt über Jimmy Smith und die schweren, lauten, explosiven »funky«-Organisten hinausgeführt hatte. Und dann gab es in dem Trio einen jungen, unbekannten Gitarristen, den Tony sich aus London kommen ließ: John McLaughlin. Mit Tony Williams also begann der Siegeszug Mahavishnu McLaughlins. Die Platte dieser »Lifetime« hieß »Emergency« (Polydor Doppelalbum 25/3001) und war so schlecht aufgenommen, daß sie »klang wie eine alte 78er Platte aus den zwanziger Jahren« (Melody Maker).

Und doch: »Emergency« gehört zu den ganz wenigen Aufnahmen, die noch vor Miles Davis' »Bitches Brew« jene Integration von Jazz und Rock anbahnten, die – vollkommen – dann erst Miles zustandegebracht hat, damit den Jazz der siebziger Jahre eigentlich »auslösend«. Kein Zweifel, die Kritiker haben recht, wenn sie sagen: Tony Williams und außerdem noch Joe Zawinul sind es gewesen, die Miles für die Rock-Rhythmen und die elektrischen Sounds aufgeschlossen gemacht haben, ebenso wie Tony – wir sprachen davon – ein paar Jahre zuvor Miles auch an die Grenze des freien Spiels getrommelt hatte.

Ein Jahr später, also 1970, kam es zu »Lifetime III«. Hier wirkte – zusätzlich zu den eben genannten Musikern – der englische Bassist und Vokalist Jack Bruce mit, der durch sein Spiel in der legendären »Cream« zum »Superstar« des Rock geworden war; ja, Bruce hat einen so großen Namen, daß die englischen Konzertveranstalter die »Lifetime« unkorrekterweise nicht mehr unter dem Namen von Tony Williams, sondern unter dem von Jack Bruce anboten (Schallplatte: »Turn It Over«, Polydor ST 2425019).

Wie bei »Lifetime II« gab es auch im Zusammenspiel mit Jack Bruce ein Handicap: Die Platte wurde aufgenommen, als Bruce gerade erst wenige Tage mit Tony Williams gespielt hatte. Rhythmisch war Bruce brillant, aber immer wieder hört man, daß er die Themen nicht beherrscht und sich im Zusammenspiel mit seinen drei Kollegen – Tony Williams, Larry Young, John McLaughlin – nicht zurechtfindet. Ein wenig wird da auch die Limitiertheit der Rock-Musiker deutlich. Jeder der bekannten Jazzbassisten hätte sich sofort in die technisch gewiß

nicht übertrieben schwierige Tony Williams-Musik hineingefunden. Aber viele Rock-Leute können nicht »lesen«, sind nicht flexibel genug, nicht einmal einer der berühmtesten und anerkanntesten von ihnen. (Mehrfach ergab sich Ähnliches in der Jack Bruce-Laufbahn – und überhaupt bei gemeinsamen Plattenproduktionen von Jazz- und Rock-Musikern!)
Tony Williams liebt es, von seinem »Ego« zu sprechen. Er müsse »seinem Ego folgen«. »Ich mag mein Leben. Ich bin interessant für mich. Ich mache, was ich will.« Deshalb war »Ego« ein logischer Plattentitel für »Lifetime IV« (amerik. Polydor ST 24–4065). Auch diesmal gab es ein Hindernis: Der Gitarrist Ted Dunbar spielte leer und inhaltslos und wirkte als Nachfolger des inzwischen berühmt gewordenen John McLaughlin fast ein wenig wie eine Persiflage.
Wieder ein Jahr später, 1973, entstand »Lifetime V«: »The Old Bum's Rust« (Polydor PD 5040), die – wie die amerikanische Zeitschrift »Rolling Stones« findet – »kommerziellste, am wenigsten jazzige aller Tony Williams-Platten«, mit dem Pianisten Ben Sidran und als Gastsolisten mit Tonys Vater auf dem Tenorsaxophon. Diesmal hieß das Handicap: Williams' Gesang. Bereits auf den Berliner Jazztagen 1971 hatte er sich haarscharf am Skandal vorbeigesungen. Aber auch ein Publikum, das weniger allergisch auf Sänger reagiert als das Berliner, kann angesichts des Vokalisten Tony Williams ärgerlich werden. Ein Mann, der mit einer Jazz-Rock-Gruppe singt – so erwartet das Publikum mit einem gewissen Recht –, muß irgendwie in das Durchschnittsimage des Rock-Sängers hineinpassen. Und an dieser Stelle wird vollends deutlich, daß Tony Williams wirklich nur mißverständlich als Rock-Musiker bezeichnet werden kann. Als Sänger nämlich – er selbst hat darauf hingewiesen – orientiert er sich an Billy Eckstine, Frank Sinatra, Tony Bennett, – also an Musikern, die im Kontext einer Jazz-Rock-Gruppe deplaziert wirken würden. Das ist, mehr noch als der laienhafte Charakter seines Gesanges (den es ähnlich bei vielen anderen singenden Musikern gibt), der eigentliche Grund für das Mißbehagen des Publikums.
Tony Williams wurde, wie alle Musiker seiner Generation, von John Coltrane beeinflußt. Der amerikanische Kritiker Stu Woods ist auf den guten Gedanken gekommen, Williams zu fragen, ob er deshalb singe, weil er dem Geist Coltranes nahekommen wolle – was man als Sänger gewiß besser könne denn als Schlagzeuger. Tony hat diese Frage bejaht.
Immerhin – man merkt: Bei jeder »Lifetime« gibt es ein Handicap. Aber gerade darin liegt die Faszination: Trotzdem sind alle diese Tony Williams-Platten aus der Jazz-Rock-Bewegung der sechziger und siebziger Jahre nicht fortzudenken. Gäbe es derartige Handicaps bei den Platten anderer Musiker, man hätte sie längst vergessen!

Eine perfekte Tony Williams-Platte – das gibt es nicht. Vielleicht wird es sie nie geben. Denn es gehört zu einem so komplizierten, übersensiblen Menschen, daß sich ihm ständig neue Hindernisse in den Weg stellen und daß er nicht stark genug ist, sie zu überwinden. Perfekt ist deshalb auch die 1976 erschienene »Lifetime VI« nicht: »The New Tony Williams Lifetime« – »Believe It« (CBS 69201). Trotzdem – diese Lifetime ist besser produziert als je eine andere. Williams spielt wieder in Quartettbesetzung, mit zwei weißen Musikern, dem Keyboard-Spieler Alan Pasqua und dem aus der englischen »Soft Machine« hervorgegangenen Gitarristen Allan Holdsworth, dazu dem schwarzen Bassisten Tony Newton. Auffällig ist, daß Tony diese Musiker – vor allem den Pianisten und den Gitarristen – als Improvisatoren ganz und gar im Sinne der Jazztradition einsetzt. Fast alle Themen, fast alles Kompositorische auf dieser Platte ist knapp gehalten.

Schon der junge Tony Williams hat gesagt: »Auf einem Stück Papier passiert überhaupt nichts. All diese Noten bedeuten nichts, wenn du sie nicht mit deiner eigenen Stimme mit Leben erfüllst . . .«

Gleich das erste Stück – »Snake Oil« – ist charakteristisch: Nach einem kurzen, signalartigen Motiv über einem »funky«-Rhythmus geht es los – zuerst in kollektiver Improvisation des Ensembles, dann mit einem Gitarrensolo, das in langen, ruhigen Noten hoch über dem Rock-Rhythmus schwebt und schwebend singt. Ähnlich ist es bei den anderen Stücken. Ein kurzes Motiv, das man oft kaum als Thema bezeichnen kann, wird angerissen, und danach kommen die Tony Williams-Mannen zur Sache, nämlich zur Improvisation.

Tony Williams selbst hält sich auffällig zurück. Das ist eine Entwicklung, die schon auf »Lifetime V« (Old Bum's Rust) deutlich wurde. »Rolling Stones« schrieb, Tony Williams spiele hier »viel weniger virtuos als auf irgendeiner seiner früheren Platten«. Nun, auf »Believe It« spielt er *noch* weniger virtuos, er *dient* dem musikalischen Geschehen und scheint darüber all die verblüffenden Tricks, über die er ja verfügt, zu vergessen. Vielleicht fühlte Tony sich auch ein wenig abgestoßen von den Platten anderer erfolgreicher Schlagzeuger dieser Jahre – etwa von Billy Cobham, der praktisch ununterbrochen Soli spielt, selbst dann, wenn die anderen Musiker seiner Gruppe solistisch an der Reihe sind. Man muß es bedauern, daß man den brillanten Tony Williams auf dieser Platte so wenig solistisch hört. Es gibt nur einen kurzen Dialog des Schlagzeugs mit dem Ensemble in einem Stück, das »Proto-Cosmos« betitelt ist, und dann noch ein kurzes Schlagzeugsolo am Ende der zweiten Plattenseite. Vielleicht will Tony Williams auf diese Weise auch zum Ausdruck bringen, daß er, dem seine Egozentrik so oft vorgeworfen wurde, auf alles persönliche Im-Vordergrund-Stehen bewußt verzichtet. (Auch auf der danach folgenden Platte, den deprimierend marktorientierten und kommerziellen »Million Dollar Legs« von 1976

(CBS 81510), bleibt der virtuose Schlagzeuger Tony Williams auffällig im Hintergrund, hier sogar bis an die Grenze der Selbstverleugnung.)

Warum er seine Gruppe nun schon so viele Jahre lang »Lifetime« nenne, wurde er einmal gefragt. »Oh, ich nenne sie so, weil sie wirklich meine Lifetime, mein Lebensinhalt sind, weil sie so viel für mich bedeuten, meine Zukunft und meine Vergangenheit . . .«

Sun Ra und sein Schwarzer Kosmos

»Ich spiele die Musik des Weltraums«, sagt Sun Ra. »Wenn eines Tages Menschen auf fernen Weltkörpern die Klänge kosmischer Lebewesen hören, wird ihnen deren Musik bekannt vorkommen; denn sie haben auf der Erde Sun Ra gehört.«
Seine Stücke heißen »Cosmos«, »Heliocentric«, »Nebulae«, »Sonnenmythos« und »Kosmisches Chaos«. Und auf einer seiner Platten ließ er sich in einer Reihe mit Leonardo da Vinci, Kopernikus, Pythagoras, Galilei und Tycho de Brahe abbilden. »Ich habe die Musik der Planeten erforscht . . . wie Kopernikus deren Umlaufbahn.«
»Ra« ist der alte ägyptische Sonnengott, »Sun Ra« also ist zweimal die Sonne: deren Steigerung. Sun Ra glaubt an die vor Jahren bei vielen amerikanischen Negern beliebte Theorie, daß alle Neger von den alten Ägyptern abstammen. »Mein höchster Ehrgeiz ist es, ein Konzert im Angesicht der Sphinx zu geben.« (Inzwischen erreicht!)
Sun Ra hat seinen Sonnennamen Anfang der fünfziger Jahre angenommen. Er ist sorgfältig bemüht, alles, was vorher war, auszulöschen. Niemand soll seinen ursprünglichen Namen kennen. Er sagt: »Ich mußte meinen Namen erst finden – und habe lange dazu gebraucht. Fast alle Menschen haben falsche Namen und verzichten trotzdem darauf, ihren richtigen Namen zu suchen.«
Sun Ra ist etwa fünfzig Jahre alt, und alles, was er über seine Herkunft verrät, ist, er sei geboren »im Monat Mai, *arrival zone* USA«. Er wuchs auf in Indiana, Washington D.C. und Chicago, wo er lebte, bis er 1961 nach New York übersiedelte.
Sun Ras Aussprüche werden belächelt. Aber seine Musik hat die Anerkennung von Leuten gefunden, die es mit den Grundlagen des musikalischen Einmaleins so genau nehmen wie Stan Kentons ehemaliger Arrangeur Bill Russo. Und vor allem: Bevor Sun Ra sein »Sonnenorchester« startete, war Sonny Blount – so nämlich hieß er ursprünglich! – Pianist im Orchester Fletcher Henderson. Fletcher war der wichtigste Arrangeur des alten Benny Goodman-Orchesters – ein solider, wohlgeschulter Pianist und Komponist, der es sich gar nicht hätte leisten können, einen Verrückten – oder auch nur Halb-Verrückten – in seiner berühmten Band zu dulden.
Seit Sun Ra das Henderson-Orchester verließ (»Henderson hat mir

Sun Ra

immer wieder Angebote gemacht, zurückzukommen, und ein paarmal bin ich auch zurückgegangen«), arbeitet er an seiner »Solar Music« – zuerst in Chicago, seit dem Anfang der sechziger Jahre in New York, gelegentlich in Philadelphia.

Leroi Jones: »Sun Ras Orchester ist eine schwarze Familie. Der Chef hält 10 oder 15 Musiker bei sich, die davon überzeugt sind, daß Musik etwas Priesterliches ist, ein vitaler, wichtiger Aspekt schwarzer Kultur.« Und Sun Ra dazu: »Zur Idee meiner kosmischen Gesellschaft gehört es, daß jeder auf diesem Planeten einen Anteil am Universum haben sollte. Wir müssen eine Musik haben, die schädlichen Schwingungen von anderen Planeten widersteht.«

Zu Sun Ras Musikern gehören hervorragende Solisten – vor allen anderen der Tenorsaxophonist John Gilmore, der Angebote bekannter Orchester ausgeschlagen hat, nur um ständig für seinen Meister zur Verfügung stehen zu können.

Auch Marion Brown, einer der bekanntesten Altsaxophonisten des Neuen Jazz, ist aus dem Sun Ra-Workshop hervorgegangen. Er erzählt: »Monatelang spielte ich mit Sun Ra. Es waren fast immer nur Proben, keine Jobs. Aber Sun Ra half mir – wie wohl jedem, der länger mit ihm spielte –, mich selbst zu entdecken und einen eigenen Stil zu finden.

Sun Ra lebt in einer Drei-Zimmer-Wohnung. Die Proben finden den ganzen Tag statt. Manchmal gibt es zwanzig oder dreißig Musiker – eng zusammengepfercht. Wenn ich nicht wußte, wo ich schlafen sollte, blieb ich einfach dort.

Die Band klingt jeden Tag anders. Voller Überraschungen. Sun Ra ist ein Administrator. Wie Duke Ellington. Er spielt auf dir – und du spielst dein Instrument, als sei es das seine. Die Leute denken, er tut nicht viel, aber in Wirklichkeit steckt er hinter jeder Note, die gespielt wird . . . Mit Sun Ra zu spielen, war die positivste musikalische Erfahrung meines Lebens . . .«

Immer wieder gibt es den Vergleich zwischen Sun Ra und Duke Ellington. Wie Ellington der große Tonmaler des konventionellen Jazz ist, so ist Sun Ra der Poet des orchestralen Neuen Jazz.

Das französische »Jazz Magazine« nennt ihn »den wahren Duke Ellington oder Count Basie unserer Zeit«.

Sun Ra spielte bereits »Freien Jazz«, als es noch nicht einmal den Ausdruck »Free Jazz« gab – seit der ersten Hälfte der fünfziger Jahre. Und schon damals – als es noch nicht einmal Free Jazz in kleinen Besetzungen gab – war Sun Ras Musik großorchestral. Marion Brown meint: »Ich empfinde große Verehrung für Ornette Coleman, doch wenn es auf die Chronologie ankommt, war Sun Ra der erste, der Free Jazz gemacht hat.«

Sun Ra verwendet die seltsamsten Instrumente: »Sonnenharfe«, gestimmte Bongos, chinesische Geige, japanische Kotos, afrikanische Korus, nigerianisches Horn, »Spiral-Cymbal«, Baß-Marimba, elektronische Celesta, japanische Flöten, »Zebra-Trommeln« und einen Haufen Perkussions-Instrumente, für die nicht einmal er selber Namen besitzt. Er sagt: »Der meiste Jazz liegt über einem durchgehenden Rhythmus. Aber meine Musik hat zwei, manchmal drei und mehr Rhythmen zur gleichen Zeit. Du kannst sie nicht zählen, aber du kannst sie fühlen.«

Aber Sun Ras Musik ist nicht einfach Avantgarde-Jazz. Es steckt mehr darin: Count Basies »swing-riffs« und Duke Ellingtons Saxophon-Klänge, alter Blues und schwarze Songs, afrikanische Highlife-Tänze, ägyptische Märsche und schwarze Perkussionsmusik aus Nord-, Süd-, Mittelamerika und aus Afrika, Negro-Show und Voodoo-Ritual, Trance und schwarze Liturgie und »Black Myth« – zelebriert von einem Orchesterchef, der wie ein weiser afrikanischer Medizinmann wirkt, tausend Jahre alt, doch im »space-age«.

Sun Ra: »Als ich noch zur Schule ging, hab' ich nie eine Band versäumt, ob sie bekannt oder unbekannt war . . . Für mich war alles, was sie spielten, wahre, natürliche Black Beauty. Die Musik, die diese Bands machten, war Natur, Glück, Liebe . . . war frisch und mutig . . . unmanipulierte Avantgarde, und sie ist das heute noch, denn immer noch hat sie keinen Platz in der Welt . . . Ein Teil der Leere des modernen Teenager-Lebens hat hierin ihren Grund. Ich bin froh, daß ich die Möglichkeit hatte, alle diese wunderbaren schwarzen Musiker zu hören . . .

Die prophetischen Töne unserer frühen Musik sind auch heute noch ein beredter Ausdruck des Geistes des Jazz, der – in allen Stadien seiner Entwicklung – die Qualität der Freiheit besitzt . . .

Wenn ich von Schwärze spreche, dann spreche ich von mehr, als was die anderen meinen. Ich spreche von der uralten Weisheit schwarzer Menschen . . .«

In dieser Weisheit – Frobenius, Aimé Césaire, Janheinz Jahn haben darüber geschrieben – ist kein Bruch zwischen Körper und Geist, zwischen Materiellem und Immateriellem, zwischen Kunst und Leben, zwischen Natur und Idee, zwischen Irdischem und Überirdischem und meinethalben auch Außerirdischem. Genau dieser nicht vorhandene Bruch ist es, in dem für den weißen – und zumal den europäischen – Hörer Naivität nistet: die Naivität des Feuerschluckers, der – zum Beispiel bei Sun Ras Konzert in Berlin 1970 – auf dem Höhepunkt des Stückes »Myth Versus Reality« wie ein Zirkuskünstler über die Bühne hüpft. Oder die Naivität eines Filmes, der – bei Sun Ras Konzert auf den Donaueschinger Musiktagen im gleichen Jahr – ein dutzendmal in 20 Minuten Sun Ras Bild wie eine Christusfigur in die Konzerthalle blinkt. Oder die Naivität von Heiligenscheinen um den Kopf Sun Ras,

wechselweise silbern und gold, über glitzernden »Saturn-Gewändern« und »Galaxis-Mützen« und kosmischen Rosenkränzen. Und die Naivität eines Teleskops, durch das Sun Ra auf der überdachten Bühne der Berliner Kongreßhalle, inmitten des Stückes »Strange Worlds – Black Myth«, seinen »Heimatplaneten Saturn« sucht . . .
Naivität ist kein Terminus für schwarze Kunst. Sie existierte nicht, als die tanzenden Girls des Cotton-Clubs im Harlem der zwanziger Jahre zu Duke Ellingtons »jungle sounds« den Show-Rummel des weißen Broadway ablaufen ließen; sie existiert nicht, wenn in der schwarzen Gospel-Kirche der Prediger hofft, daß seine Gläubigen – noch heute abend! Gleich jetzt! – per Subway in den Himmel reisen mögen.
Peter Yates: »Die Kritiker fanden Sun Ra bedenklich, aber Sun Ra braucht die Kritiker nicht, er ist schon lange ein Untergrund-Mythos: eine Inspiration und ein Lehrer zahlloser Musiker, Poeten, Maler – vielleicht die zentrale Figur unter den schwarzen Künstlern in Amerika. Wenn du dies für übertrieben hältst, lies die Werke der jüngeren schwarzen Dichter, sprich mit den Musikern, die wissen Bescheid.«
Der bereits mehrfach erwähnte Altsaxophonist und Hochschullehrer Marion Brown spricht von der »conspiracy of silence« – der Verschwörung des Schweigens – gegen Sun Ra. Wir haben diese Verschwörung zu spüren bekommen, als Sun Ra 1970 zum ersten Mal nach Europa kam. Keine einzige große Agentur, die ihn präsentieren wollte! Ein paar englische und französische Freunde und ich mußten ihn selber holen. Zwischen dem Donaueschinger Musikfest am 17. Oktober und Sun Ras Konzert in Berlin am 7. November kein einziger Auftritt für die einundzwanzigköpfige »Sun Ra Familie« (wie LeRoi Jones sie nennt), die in Paris nicht wußte, wovon sie leben sollte!
Fünf Stunden Sun Ra-Musik: Das ist ein Prozeß kontinuierlicher Kreativität. Es gibt da lange Zeiträume, in denen fast nichts geschieht . . . Ein paar faszinierende Flöten-Sounds, wie zu Anfang des Donaueschinger Konzertes (auf MPS 15 289), dann erst einmal Zögern und Hinhorchen . . . Rhythmen werden gesucht, der eine schlägt einen Vierer-Vamp, der andere ein 7/8-Metrum vor . . . Niemand hat Eile. Schwarze Musik hat nie Eile gehabt, nie Stücke, die drei Minuten – oder auch dreißig – lang sind, mit klarem Anfang und Schluß; schwarze Musik beginnt, »wenn du nicht weißt, daß sie schon begonnen hat; und oft ist sie vorbei, wenn du immer noch angestrengt zuhörst . . .«, während die Musiker schon längst die nächsten Rhythmen, den nächsten Sound suchen und darauf warten, die nächste Idee zu einer neuen, noch stärkeren Klimax zu führen – wie Sun Ra das in einem Stück tat, das ich für die Donaueschinger Musiktage von ihm erbat, »Black Forest Myth«, mit einem Orgelsolo von mythischer Kraft. Niemand, innerhalb und außerhalb des Jazz, spielt sonst noch so Orgel! Und so Moog Synthesizer – den synthetischen Klang so vital musikalisierend

und humanisierend! Sun Ra als größter Synthesizer-Spieler des Jazz – das ist eine Überlegung, über die man nachdenken sollte.
Ein Musterbeispiel der Sun Ra-Musik ist »Myth Versus Reality«: Ein Höhepunkt reiht sich an den anderen: Sun Ras Moog-Solo, Leroy Taylors Fagott, Alan Silvas Cello, Sun Ras Clavinet, gesteigert zum vollen Orchester. Der Hörer spürt: *rien ne va plus.* Ein Altsaxophonist versucht es noch – nur wenige Töne –, aber jetzt spürt auch der Solist: das Solo ist überflüssig, jetzt und hier, nach diesem Aufbruch, nach dieser Ekstase, und schon hört er auf. Ohne Schlußakkord, ohne auch nur den Versuch eines Schlusses, hört auf und geht fort. Andere Sun Ra-Stücke enden ähnlich. Ich meine, es gehört Mut dazu und Ehrlichkeit, Stücke so enden zu lassen, vor zweitausend Menschen einfach aufzuhören und fortzugehen. Jeder andere hätte doch wenigstens die Andeutung einer Schluß-Kadenz gemacht, und der Drummer hinter ihm hätte ihm ein paar End-Beats geschlagen.
Wo dieses Orchester Leerlauf spürt – jenen Leerlauf, der achtzig Prozent der musikalischen Konzert-Routine in jedem Bereich ausmacht –, da hört es auf und sucht Neues und gibt den Leerlauf, den ehrlichen Leerlauf, der entsteht, während Neues gesucht wird, offen und uncamoufliert zu. Sun Ras »Watusi« ist der ausgelassenste, humorvollste afrikanische Marsch, den ich kenne; zehn, elf, zwölf verschiedene Metren werden übereinander getrommelt. Art Blakey – vor Jahren in seinen »Orgies In Rhythm« – hat das stundenlang durchgehalten. Sun Ra läßt seine Musiker ein paar Minuten trommeln, und schon herrscht Einigkeit: So könnte das jetzt eine Nacht lang weitergehen, hören wir also lieber gleich auf und suchen den nächsten Gedanken. Der heißt: »If you are not in reality, whose myth are you? If you are not a myth, whose reality are you?« Wenn du nicht in Wirklichkeit bist, wessen Mythos bist du dann? Wenn du kein Mythos bist, wessen Realität bist du dann?
Sun Ras »Arkestra« ist ein Kosmos aus Sounds – ich kenne, nach Duke Ellington und jenseits von Gil Evans, keinen reicheren. »Black Myth« ist ein Beispiel: am Anfang die Stimme von June Tyson, dunkler, schwarzer Mythos in jeder Silbe, dann die irisierenden, schillernden Ensemble-Sounds der »strange worlds«, schon setzt das Fagott ein, nicht mit einem »reed«-, sondern mit einem Kesselmundstück geblasen, wie eine Trompete, das irrste Fagott dieser Erde, umtänzelt von Oboe und Piccolo; Kwame Hadi läßt seine Trompete »kreisen«, von rechts nach links und wieder zurück . . . Immer wieder wird diese Musik gehend, wandelnd, promenierend, tanzend gespielt. Oft ziehen die Musiker durch die Publikumsreihen. Sun Ra allein bleibt auf der Bühne zurück, von seinen sieben Tasten-Instrumenten umgeben – Orgel, Mini-Moog, Piano, Clavinet, »Rocsichord«, Electra, »Spacemaster« –, hockend inmitten dieses ganzen elektronischen Instrumenta-

riums, das kein einzelner Mensch übersehen kann, wie ein Astronaut im Cockpit seines Raumschiffes, und während die Musiker irgendwo »draußen« sind, startet er irgendwohin, mit »farbigem Rauschen«, mit strömenden Moog-Sounds, mit »geschossenen Klängen«, gehämmerten Clusters, getrommelter Orgel – die eine Hand am Moog, die andere auf dem Clavinet, souverän über das Instrumentarium verfügend, es wechselnd und austauschend und neu zusammenführend . . .
Sun Ras Musik ist – so Leroi Jones – »klassische zeitgenössische Schwarze Musik«, präziser Ausdruck uralter schwarzer Existenz heute – mit allem, was positiv und negativ daran ist –, aber die Negativität ist nicht diejenige herkömmlicher europäischer »Kunstbetrachtung«. Wer die anwendet, verfälscht – oder, wie Sun Ra sagt: »So viele Leute müssen lügen, weil sie nicht verstehen. Ich habe Mitleid mit ihnen.«
Und dann erzählte er, nach dem Konzert in Donaueschingen, den staunend um ihn gescharten Zuhörern, wie – irgendwo in North Carolina – zwanzigtausend Bienen eine Familie angegriffen hätten. Warum? Nun, meint er, Bienen können wie wild auf Rosen werden, und diese Familie hieß »Rose«. »It's the sense of humor of the creator.«
Steckt Eskapismus im Mystischen und Kosmischen der Sun Ra-Ideologie? Das Moment der Flucht? Identifizierung der »black soul« mit dem leeren, schwarzen und doch irgendwo strahlenden, leuchtenden Kosmos – angesichts der Tatsache, daß es in der irdischen Welt ohnehin nicht viel gibt, das für das »Black Ego« (James Baldwin) als Identifikationsobjekt erstrebenswert wäre? Liegt darin der Grund, daß diese Musik auf weiße und schwarze Zuhörer so unterschiedlich wirkt? (Aber die intelligenteren unter den schwarzen Kritikern können die weiße Reaktion gleich mit einbeziehen; warum können dies so wenige weiße Kritiker in umgekehrter Richtung, obwohl diese umgekehrte Richtung – die Einbeziehung der schwarzen Reaktion – doch die sachlich angemessenere und fairere wäre, da es sich ja um schwarze Musik handelt?)
Archie Shepp: »Du mußt dir vorstellen, Buddha kommt auf die Erde, oder Gott Brahma, und macht Musik – heutige Musik in Amerika: dann weißt du, wie Sun Ra klingt.«
Sun Ra: »Ich zeichne Bilder der Unendlichkeit. Das ist der Grund, warum viele Leute meine Musik nicht verstehen können. Aber wenn sie wirklich zuhören würden, würden sie merken, daß es viel in ihr zu hören und zu finden gibt – Dinge von einer anderen Welt.«

Friedrich Gulda – Der Spiegel, der sich selber spiegelt

Friedrich Gulda habe die Möglichkeiten der klassischen Sonatenform »wohl als letzter voll ausgeschöpft«, ja, er habe »die musikalische Landschaft unserer Zeit entscheidend und unwiderruflich verändert . . .« So zu lesen nicht etwa in einem Reklame-Schreiben, das die Plattenfirma versendet, um Publicity zu machen, sondern in einem umfangreichen Plattenbegleittext, den Gulda – so die Firma MPS – »von einem persönlichen Bekannten schreiben ließ« und in dem er jedes Wort geprüft und für richtig befunden hat.
Ich beginne mit diesem Zitat nicht, weil es mir auf die klassische Sonatenform ankäme, sondern weil es in so besonders krasser Weise das Mißverständnis zwischen dem Mann und dem Anspruch deutlich macht, das das eigentliche Problem Friedrich Guldas ist.
Die Rede ist von einem Begleittext zu einer aus neun (!) Platten bestehenden Kassette, in der Friedrich Gulda die Bilanz seiner bisherigen Jazzarbeit zieht: das gigantischste jazzmusikalische Mahnmal der heutigen Szene, gleichwohl dem betreffenden Musiker nicht von anderen gesetzt, wie es John Coltrane, Eric Dolphy, Bud Powell längst gebührt hätte, nein, hier hat sich das Standbild selbst aufs Podest gesetzt. Die Statue ist zu klein für den Sockel.
»Midlife Harvest« (MPS 01 21 701-9) nennt Gulda die Kassette: Ernte in der Mitte des Lebens, Anlaß also, endlich das zu tun, was die Jazzkritik bisher dezent vermieden hat: sich ausführlich mit dem *Jazz*musiker Friedrich Gulda – und nur mit diesem – zu beschäftigen.
Gulda hat gesagt, er spiele Jazz, weil er dem Leerlauf, der Routine und dem Weihrauch der Konzertszene entkommen wolle, weil er das alles nicht ertragen könne, wenn er sich im Jazz nicht frei spiele. In Wahrheit trägt er Leerlauf, Routine und Weihrauch der Konzertmusik in den Jazz – oder in das, was er für Jazz hält. Zum erstenmal wurde das uneingeschränkt deutlich, als Gulda 1971 sein Album »The Long Road To Freedom« (MPS 33 20872-9) vorlegte – mit dem wahnsinnigen Satz: »Für das große Abenteuer der Freiheit sprechen Goethe und Golowin« (also Gulda selbst, denn das ist sein Pseudonym als Sänger!), »so wie alle großen Jazzer . . .« und mit dem Untertitel »Ein musikalisches Selbstporträt in Form eines Lehrgangs«. Nun muß man sich vorstellen: 1971 gab es zehn Jahre – oder noch länger – Free Jazz. In der ganzen

Friedrich Gulda

Welt hatte sich eine Generation junger Musiker intensiv mit dieser Musik auseinandergesetzt. Gulda selbst hatte sich zunächst nachdrücklich von ihr distanziert, alles Atonale als musikalischen Dilettantismus abgetan, das Wort »amateurisch« gebraucht. Und nun, nach zehn Jahren, als die Szene schon wieder in neues Land aufgebrochen ist, empfiehlt Gulda seine eigene, allererste, unsicher in die Richtung des freien Spiels zielende Platte jungen Musikern als einen »Lehrgang«! Ein bekannter deutscher Jazzer, der damals die »Long Road To Freedom« in meiner Wohnung sah, sagte: »Der einzige, der das Recht hätte, ein solches Album als einen Lehrgang herauszugeben, wäre Cecil Taylor. Aber der ist zu bescheiden. Von Cecil Taylor haben alle gelernt, die heute frei spielen, und wer von Cecil Taylor gelernt hat, was soll der noch von Gulda lernen?«

Guldas Musik entspricht seinen Worten. Sein freies Spiel hat mit der Musik, die die heutige Szene musikalisch und geistig revolutionierte, nichts zu tun; es ist einfach frei gespielter Rachmaninow oder Skrjabin, Franz Liszt mit falschen Noten, ein Hänschen-Klein-Cecil Taylor. »Immer, wenn er sich frei durch die Musik bewegen will, ist schon ein Gleis da, das er bereits einmal befahren hat«, schrieb »Die Zeit«. Die ganze Gedankenwelt der großen Klavier-Virtuosen, die alle viel mehr ins 19. als ins 20. Jahrhundert gehören, das ist die Gedankenwelt Friedrich Guldas. Für Jazz halten das nur diejenigen, die nicht wissen, was wirklicher Jazz ist. Wie gesagt, das wurde schon in »The Long Road To Freedom« deutlich; noch deutlicher wird es in dem »Duo« mit dem Schlagzeuger Klaus Weiss, das auf der neunten und letzten Platte von »Midlife Harvest« als sorgfältig angepeilter Höhepunkt präsentiert wird.

Den Weihrauch der Konzertmusik in den Jazz tragen ... Hier sind Beispiele – Guldas Anrede an seine »Schüler«: »Ich weiß, daß ich im Laufe meines Musikerlebens den Weg gefunden, freigehauen und begangen habe, der aus totenähnlichem Starrkrampf, geistig-musikalischem Immobilismus und Wiederholungszwang ins volle, gegenwärtige, reichfließende musikalische Leben zurückführt. Ferner weiß ich, daß dieser Weg von allen jungen Musikern ›klassischer‹ Herkunft nicht nur begangen werden kann, obgleich ihnen das vielleicht unmöglich scheint, sondern auch im Interesse ihres eigenen Lebens, ja Überlebens begangen werden sollte.« Das genau ist das Meister-Schüler-Verhältnis, das Gulda von seiner klassischen Welt her gewöhnt ist – mit all der gönnerhaften Überheblichkeit (der auf der Seite der Schüler Unterwürfigkeit antwortet) und dem vernebelnden Mystizismus, die dazu gehören. Zum Jazz, lieber Fritz Gulda – so möchte man ebenso oberlehrerhaft antworten –, gehört Gleichberechtigung zwischen Lehrer und Schüler, zwischen Spieler und Zuhörer.

Man lese Guldas Buch »Worte zur Musik«: Worte im Stile von »Also sprach Zarathustra«, im Stile des Übermenschen – und vergleiche damit, wie wirkliche Jazzer über ihre Kollegen sprechen, Miles Davis etwa über Joe Zawinul! Hier ist so ein »Wort«: »Ist nicht der gute Musiker Spender von Güte, Mitleid, compassion für seine Zuhörer? Darf er dabei ›sich selbst genießen‹? Nein. Merk's, Virtuose und Showman: Self-consciousness macht musikunfähig. Musikfähig ist der, der ›nicht ich‹, ›im Zustand der Gnade‹, ›inspiriert‹, ›in Zungen redend‹ ist . . .«

Friedrich Guldas »Worte zur Musik«: in ihrem Wortsinn, ihrem Inhalt stimmen sie fast alle, aber in ihrer Diktion, ihrem Pathos, ihrem Gestus offenbaren sie einen elitären, antihumanen Geist. Sogar er selbst kann sich's nicht verkneifen, sich und seine Leser ungeniert zu fragen: »Woher kommt die unleugbare faschistoide Tendenz der ersten, zweiten, dritten und fünften Notiz?« (Es würde zu weit führen, die betreffenden Gulda-Notizen hier zu zitieren, aber ihre Tendenz ist in der Tat so, wie Gulda sie charakterisiert.)

Die Bombastik, das Pathos, den Narzißmus des sprechenden Gulda besitzt auch der spielende. »Nackte Emotion entlädt sich in Gewaltakten . . .«, sagt er selber zu einer seiner Improvisationen in der »Long Road«. Verzeihung, welche Gewaltakte? Welche Emotion? Und wo gar ist nackte? Kennt Gulda wirklich nicht die Musik der großen freien Jazzimprovisatoren, die solche Beschreibung herausfordert? Schon vor Jahren schrieb ein so nüchterner Mann wie der Vibraphonist Teddy Charles: »Die tieferen Implikationen seines (Guldas) Aufschreis überläßt man am besten einem qualifizierten Psychoanalytiker; mir entlarven sie, daß sich Guldas Denken in einer Welt bewegt, die es in Wirklichkeit gar nicht gibt.«

Was Gulda als »Freedom« empfindet, wird autoritär zelebriert und damit zum Gegenteil von Freiheit. Die eigene Art mißverstandener Freiheit wird gläubigen Nachahmern zum Vorbild gesetzt – mit einer verordnenden Gestik, die nichts davon weiß, daß zur Freiheit Bescheidenheit gehört. Als junge Hörer in Kassel mit Friedrich Gulda diskutieren wollten, drehte der ihnen den Rücken zu. Als Gulda bei einem deutschen Sender ein paar Abhörstunden zur freien Verfügung hatte – Stunden, in denen er die beste Musik der Welt aus einem riesigen Archiv hätte wählen können –, wählte er seine eigene.

Dabei sollte Gulda diskutieren; er wächst an seinen Partnern. Man konnte das schon in den fünfziger Jahren beobachten, als er mit Joe Zawinul, dem Wiener Pianisten, der inzwischen in den USA ein Star geworden ist, zusammenspielte. Damals lernte Gulda von Zawinul Jazzmäßigkeit (soweit er sie lernen konnte!) und Zawinul dafür von Gulda pianistische Technik. Man spürte es noch stärker, als 1971 das Dialog-Album »Fata Morgana« (MPS 21 20886-9), ein Duo zwischen Friedrich Gulda und Fritz Pauer, live aufgenommen im Münchner

Domicile, erschien. Und man spürt es unwiderleglich bei den in der Neuner-Kassette enthaltenen »Variations For Two Pianos And Band«. Der pianistische Dialog, den sich Fritz Pauer und Friedrich Gulda hier liefern, ist ein hohes musikalisches und intellektuelles Vergnügen. Da werden dem Zuhörer die pianistischen Finessen und Raffinessen um die Ohren geschlagen, daß es seine Art hat. Und es ist auffällig: obwohl Fritz Pauer nicht im entferntesten die bravouröse Technik Guldas besitzt, ist er ihm doch ein kongenialer Partner. Wieder einmal erfährt man: Die Technik ist nicht das Wichtigste, sie ist wichtig nur dann, wenn sie im Dienst von Ideen und Einfällen steht. Und gerade dazu scheint Fritz Pauer durch seine konzentrierte und dienende Art seinen Partner und Widerpart zu zwingen. Wer auf viertaktige Phrasen in vier Takten schnell und bündig antworten muß, weil danach schon wieder die nächste Frage und Phrase auf einen zuschießt, kann sich jene eitle Selbstbespiegelung, die Gulda-Musik so oft unerträglich macht, nicht leisten.

Die 18 Plattenseiten der Guldaschen Monster-Kassette enthalten 363 Minuten Musik, sechs Stunden, 21 »Werke«! Ich denke, da müßten doch ein paar Melodien bleiben, die man mitnimmt. Nicht, daß es allein auf Melodien ankäme. Man weiß, wohin das führt. Aber Musik ist nun einmal nicht denkbar, ohne daß es nicht ab und zu tragende und bleibende melodische Einfälle gäbe. Was bleibt? An erster Stelle Jim Morrisons und Ray Manzareks Song »Light My Fire«, über den Gulda Variationen spielt (Platten-Begleittext: »Guldas erfolgreichstes Solo-Konzertstück, ein ›Schlachtroß‹ . . .«), ferner zwei der meditativen, gedankenreichen Themen von Fritz Pauer . . . Nichts jedoch oder fast nichts – ein Variationsthema vielleicht? – von Friedrich Gulda. Die melodische Armut dieser Musik steht nicht nur im Gegensatz, sondern auch in sinnvoller Ergänzung zu dem Aufwand an Noten und Technik. Musterbeispiel: Die Sparsamkeit eines Pauer-Themas und die leere Geschwätzigkeit, die Gulda daraus macht.

Natürlich, Gulda kann unglaublich Klavier spielen. Was er technisch in einigen der kleinen Klavierstücke »Play Piano Play« (Platten-Begleittext: »Übungsstücke«, um »vom akademischen Tastendrücker zum richtigen Musiker zu werden«!) oder in den »Light My Fire«-Variationen oder in einigen Soli der sieben(!) Concerti, Suiten, Fantasien für Piano, Orchester und weitere Solisten zaubert, ist umwerfend. Aber diese Technik hilft ihm nicht, im Gegenteil, sie ist ihm im Wege.

Immer mehr bestätigt sich der Verdacht: Was Gulda zuerst einmal am Jazz reizt, ist die Möglichkeit, sein pianistisches Können um so effektvoller glänzen zu lassen, als er sich in der Klassik gezwungen sieht, es beherrscht und dienend in den Dienst des Werkes zu stellen. Will sagen: Er meint gar nicht den Jazz. Er meint sich selber.

An einer Stelle spricht der Begleittext von der »Wolke« der Rhythm

Section. Das ist ein auffälliges Wort. Gulda hätte es sicher nicht stehen lassen, wenn es ihm nicht so einleuchtete. Genau das ist sein Verhältnis zum Rhythmus – ein wolkenhaftes, ungenaues, vernebeltes. Deshalb swingt seine Musik so selten, am meisten noch dort, wo andere *ihn* swingen, etwa die amerikanischen Schlagzeuger Albert Heath und Mel Lewis. Weil es Gulda am Rhythmus fehlt, sind fast alle Aufnahmen, die er gemacht hat, in Spannung zu den anderen beteiligten Musikern – oft große und anerkannte Namen des Jazz – entstanden. Ob es die »Music For Four Soloists And Band« ist, deren Entstehung ich 1965 miterlebt habe, oder – Jahre später – ein Jazz Workshop am Norddeutschen Rundfunk und vieles andere dazwischen: Immer wieder ächzen und stöhnen die Musiker, immer wieder fühlen sie sich autoritär unterjocht, immer wieder müssen sie sich zu gewissen Passagen zwingen – in einer Weise, die in der Konzertmusik erlaubt sein mag, die aber im Jazz zwangsläufig zu einem Mangel an Gelöstheit, an »relaxation«, an swingender Selbstverständlichkeit führen muß.

Damals, als die »Music For Four Soloists And Band« entstand, spielte das gleiche »Euro-Jazz-Orchester« auch einige Kompositionen und Arrangements von Jay Jay Johnson. Ich werde nie vergessen, wie mir hinterher, als alles vorüber war, eine Gruppe der beteiligten Musiker erklärte, sie hätten diese ganzen Probetage mit ihrem »musikalischen Krampf« nur ertragen können, weil zwischendurch auch immer wieder Musik von Jay Jay Johnson geprobt worden sei. »He saved us«, er rettete uns, sagte einer, auf Johnson deutend.

Und ein Musiker, der in Hamburg mit Gulda gespielt hatte (Namen darf man ja leider nicht nennen, weil der Betreffende sonst nie wieder ein Engagement in einer Gulda-Band bekäme): »Was Gulda schreibt, ›fällt‹ nicht richtig. Wenn es trotzdem manchmal lebt und swingt, dann liegt es eigentlich nur an den Musikern, die er immer sehr gut auswählt. Wir müssen dagegen an spielen, damit es trotzdem lebt.«

Gulda sollte seinen Musikern dankbar sein, daß sie seine Musik zum Leben bringen. Dankbarkeit heißt zuerst einmal: Er sollte ihnen – wie man im Englischen sagt – »Kredit geben«. Der Plattenbegleittext, aus dem mehrfach zitiert wurde, ist neunzehn Seiten lang – aber, abgesehen von zwei, drei Sätzen über Fritz Pauer – enthält er kein einziges Wort der Anerkennung für all die hervorragenden Solisten, die Gulda zur Interpretation seiner Musik engagiert hat und die die heutige Jazz-Szene stärker geprägt haben als Gulda selbst (der sie nirgendwo prägte), darunter Musiker wie Jay Jay Johnson, Freddie Hubbard und Phil Woods.

Dort, wo man immer noch am meisten von Jazz versteht, in den USA, hat sich der Gulda-Widerstand schon vor Jahren geregt. Ralph Gleason – in den fünfziger und sechziger Jahren einer der bekanntesten amerikanischen Jazzkritiker – nannte ihn den »Garrulous Gulda«, den schwatzhaften Gulda, und sprach von der »Unverhältnismäßigkeit zwischen dem Aufwand und dem Mann als Jazzmusiker ... Die einzigen, die von ihm eingefangen werden, sind die, die Jazz nicht kennen oder fühlen.« Oder Nat Hentoff: »... weit entfernt von einem wichtigeren Jazzsolisten, ohne individuelle Stimme ... kälter, als er selber glaubt ...« Und der Pianist, Komponist, Hochschullehrer Hal Overton im »Metronome« in einem »Offenen Brief an Friedrich Gulda«: »Da Dein harmonischer Sinn Dein schwächster Punkt ist ..., kann ich Deine verrückte Courage nur bewundern, als Du Dir herausnahmst, uns über Jazzharmonik belehren zu wollen ... Ich hoffe, Du wirst es lernen, das Feld des Jazz mit ein wenig mehr Bescheidenheit zu betreten ... Anderenfalls fürchte ich, daß Deine Einstellung Dich ausschließen wird von einer Vielfalt Dich bereichernder Erfahrungen, die absolut notwendig sind, um im Jazz zu wachsen. Aufrichtig, Hal Overton.«

Ich würde dies nicht schreiben – oder ich hätte es eher geschrieben –, wenn ich die Musik Friedrich Guldas nicht mit einer Affinität, die mich in allen Stadien seiner Entwicklung unmittelbar betroffen hat, verfolgen würde. Ich kenne die Stadien – von den unvergeßlichen Anfängen in Fatty Georges Wiener Jazzlokal »Tabarin« in der Anna-Gasse, wo Gulda 1956 und 1957 oft noch auf die Blockflöte und das Bariton-Saxophon auswich, weil er glaubte, sein klassisches Publikum würde es ihm übelnehmen, wenn er Jazz auf dem gleichen Instrument spiele, auf dem er Beethoven spiele. Ich habe die Begegnung mit Joe Zawinul, jenes Schüler-Lehrer-Verhältnis, bei dem *jeder* Schüler und *jeder* Lehrer war, jeder gleichberechtigt, mitverfolgt, als hätte ich unmittelbar daran teilgenommen. Und als Gulda im »Birdland«, dem New Yorker Jazz-Mekka jener Jahre, mit einer Gruppe erstklassiger amerikanischer Jazzsolisten auftrat und dieser Auftritt infolge des Einsatzes von John Hammond, dem berühmten amerikanischen Jazzproduzenten, auf Platte erschien, da habe ich an einen großartigen Durchbruch geglaubt, obwohl schon damals – in der zweiten Hälfte der fünfziger Jahre – die Kenner zwar Guldas Technik bewunderten, aber Jazzanschlag, Jazzphrasierung und Jazzharmonik vermißten. Ich habe gedacht, das alles würde noch kommen. Ich habe auch geglaubt und glaube das immer noch, daß Guldas Versuch, die großen klassischen Formen für den Jazz zu erschließen, legitim ist. Friedrich Gulda 1965: »Die europäischen Jazzmusiker schauen nach New Orleans oder Harlem oder auf die South Side von Chicago und können gleichwohl die Tradition des amerikanischen Negers nie vollständig assimilieren. Ich habe nie verstanden, warum sie sich nicht stärker auf ihre eigene Tradition beziehen.« Das klingt überzeugend. Aber gerade deshalb war ich so erschrocken, als der menschliche und musikalische Narzißmus Guldas immer spürbarer wurde. Ich habe jahrelang gedacht, man solle

darüber schweigen, man hülfe Gulda am besten, wenn man es nicht beachte. Ich kenne Kollegen, bekannte Namen des deutschen Jazz, die sagten: »Er wartet ja nur darauf, daß wir davon sprechen, der schlimmste Verriß freut ihn mehr als unser stillschweigendes Übergehen.« Aber inzwischen meine ich: Irgend jemand muß einmal Stellung beziehen. Alles andere ist auf die Dauer unaufrichtig. Die zwei Langspielplatten, auf die man die 18 Plattenseiten der Gulda-Kassette komprimieren könnte, könnten so gut sein, daß doch endlich einmal jemand sagen muß, welcher Friedrich hier welchem Gulda im Wege steht. Zu Gulda gehört ja wohl ohnehin die Situation der Gespaltenheit, nicht nur in dem oberflächlichen Sinn der Kluft zwischen Klassik und »Jazz«. Er ist auch in jedem dieser Bereiche in sich selbst gespalten. Daß er sich den gammelnden Wiener Sänger Golowin ausdachte, der er selber ist und dem er doch einen anderen Namen gab, von dem er sich distanziert und mit dem er sich gleichzeitig identifiziert: das ist ein Beitrag zur Selbstanalyse, wie er auf der Couch eines Psychotherapeuten nicht besser erreicht werden könnte. Vielleicht ist der narzißtische Gulda deshalb so übermächtig geworden, weil diejenigen, die von Mal zu Mal entschlossener mit Schweigen über jede neu erscheinende Gulda-Jazzplatte hinweggingen, auf diese Weise auch den dienenden, den »jazzigen« »Fritz« Gulda nicht mehr zur Kenntnis genommen haben.
Worte wie »gespalten«, »schizoid«, »monoman« fand ich in sieben verschiedenen Gulda-Artikeln der verschiedensten Autoren. Das also ist ein allgemeiner Befund. Gulda ist nie das, was er ist. Er schimpft auf Salzburg, wie einer nur schimpfen kann, und dann fährt er los, um in Salzburg – wenn auch nicht »offiziell« – zu spielen. Er erstrebt nichts so sehr, wie von der amerikanischen Jazzwelt anerkannt zu werden, aber er schimpft auf sie wie ein Rohrspatz. Er schimpft auf Wien – und ist doch Produkt dieser Stadt, so sehr man es nur sein kann. Und voll Sehnsucht singt er aus sicherer Distanz seine »Neuen Wiener Lieder«, bis zwischen zwei Zeilen liebender Hingabe an den »Gammler aus Ottakring« mit einem Male der nackte Haß blinkt. Den Wiener Strizzi-Jargon, den er sich angewöhnt hat, um nur ja nicht als der »Herr Professor Gulda« zu gelten, spricht er – so versichern Eingeweihte – »wie a Zug'reister«: eben genau wie der Professor, der er nicht sein will. »Auch der Jeans-Anzug straft Guldas brave Bürgermiene unausgesetzt Lügen. Er wirkt so forciert zwanglos wie ein verkleideter Oberstudienrat« (Sigrid Löffler). Gulda trägt Gammler-Kleidung für diejenigen, die nicht wissen, wie man sie richtig trägt. Er spielt Jazz für Nicht-Jazzer. Er verkündet Revolution, aber die Sprache, die er spricht, dekuvriert ihn als der Welt zugehörig, die revolutioniert werden soll – der Welt der Professoren, Studienräte und Spießbürger. Gulda liebt nichts und haßt nichts. Alles »lieb-haßt« er und »haß-liebt« er gleichzeitig – die verschiedenen Musiken, die er spielt, die Menschen, mit denen er

verkehrt, die Städte, aus denen er kommt oder in denen er lebt, seine Kollegen, seine Mitarbeiter und Partner, seine Frauen . . . Haß-Liebe ist die dominierende emotionale Basis seiner künstlerischen und menschlichen Kommunikationsmöglichkeiten.

Es ist – auch für diejenigen, die die Entwicklung Friedrich Guldas mit Anteilnahme und Zuneigung verfolgt haben – schwer zu sagen, wie es so weit kommen konnte. Vielleicht ging wirklich alles zu schnell und zu leicht: die Entdeckung mit 16, die rasante Entwicklung zum Weltstar der Klassik, bis er 20 war, so daß danach kaum noch etwas kommen konnte. Bereits 1951, als sich die gesamte Fachwelt noch in Gulda-Enthusiasmus überschlug, ahnte der kluge Hans Weigel in dem damals 21jährigen Gulda einen »unterirdischen Bruch . . ., der sich erst viel später unheilvoll auswirkt«. Zwanzig Jahre später sprach »Die Furche« von »nachpubertärer Unberechenbarkeit«. Vollzog sich, möchte man fragen, hier eine musikalische Entwicklung so schnell, daß die menschliche nicht mithalten konnte?

Diese Frage stellt sich auch angesichts von Friedrich Guldas Reaktion auf Kritik. Unter den Dutzenden von Beispielen ist der vielzitierte Viktringer Ausspruch am bekanntesten geworden: »Die Arschlöcher, die wir hier hinausgeekelt haben, sind ja genau die, die auch die Bomben auf Vietnam schmeißen und so weiter.« Ich tendiere hier noch einmal, zum zweiten Mal in diesem Beitrag, dazu, das Wort »faschistoid« zu gebrauchen. Der Stil entlarvt den Inhalt, das »Wie« ist wichtiger als das »Was«, das heißt: die intolerante, autoritäre, dem Widersprechenden mit Vernichtung drohende Sprache straft das Gerede von Menschlichkeit, von einer die Menschen vereinenden, brüderlichen Weltkultur, von Güte, Mitleid, Toleranz Lügen. Ein Artikel im »Profil«, aus dem ich mehrfach in diesem Beitrag zitiert habe, schließt mit einem Ausspruch von Paul Fuchs, Guldas ehemaligem engen Mitarbeiter in der Gruppe »Anima«: »Er ist ein Moloch. Er frißt Menschen.«

Krzysztof Komeda

We'll Remember Komeda

Es gibt Dutzende von Studien und Artikeln über Krzysztof Komeda. Sie alle haben einen gemeinsamen Befund. Komeda war ein Mann voller Liebe. Voll Wärme und Menschlichkeit. Voll Geduld und Toleranz. Er war ein Pole, der Weltbürger geworden ist. Dies alles schwingt – und swingt – in seiner Musik.

Komeda hat mehr als vierzig Filmmusiken komponiert. Er ist der wichtigste europäische Filmkomponist der sechziger Jahre – einer der wenigen, der Filmmusik – diesen so oft mißbrauchten Bastard – zur Kunst erhoben hat.

Er schrieb die Musiken für viele der großen polnischen Filme, die auf den internationalen Film-Festivals Preise einheimsten – für Wajdas »Innocent Wizards«, für Skolimowskis »Départ« und »Hände Hoch!« (ein Film, der in Polen immer noch verboten ist, mit einer der ersten weitgehend elektronisch gestalteten Filmmusiken), für Kijowiecz' »Die Fahne« und »Rondo«, für Morgensterns »See You Tomorrow«. . . Und vor allem für Roman Polanski.

Komeda und Polanski haben sich 1957 auf der Filmschule in Lodz kennengelernt, von der damals so viele Impulse auf den europäischen Film ausgingen. Damals hat sich jene Zusammenarbeit zwischen Filmemachern und Jazzmusikern etabliert, die auch heute noch charakteristisch für die polnische Szene ist: »Nach wie vor gibt es in Polen mehr Jazz im Film als in irgendeinem anderen Land.« (Roman Dylag)

Komeda hat, bis zu seinem Tode, den ganzen Entwicklungsweg Roman Polanskis begleitet – von den Kurzfilmen des Anfangs (zum Beispiel »Zwei Mann und ein Schrank«) und von »Das Messer im Wasser« (mit der wunderbaren Musikalisierung der masurischen Seen und dem seiner Frau Zofia gewidmeten Walzer »Crazy Girl«) über »Cul-de-Sac« und »Die Nacht der Vampire« bis zu »Rosemary's Baby« mit einem musikalischen Hexensabbath, wie ihn kein anderer Filmkomponist ähnlich unmittelbar geschaffen hat.

Nur einmal während Komedas Lebzeiten hat Polanski einen anderen Komponisten herangezogen – (weil Komeda keine Arbeitsgenehmigung in London bekam) – und das war ebenfalls ein Jazzmusiker: Chico Hamilton (für »Ekel«).

Aber auch für andere Regisseure hat Komeda gearbeitet – in seiner

Heimat Polen, in Skandinavien, Holland, Belgien, London, Paris und Hollywood.

Während Filmmusik – das meiste, was sich so nennt – längst schon in tausendmal wiederholten Klischees erstarrt ist, ging Komeda neue Wege. Komeda in dem einzigen Artikel, den er geschrieben hat – über »Musik im Film«: »Meiner Meinung nach ist Jazz die Musik, die für moderne Filme am besten paßt, denn es ist die modernste und dynamischste Musik. Jazz ist in Harmonie mit zeitgenössischen Themen. Jazz hat eine besondere Kraft des Ausdrucks, die in Filmen notwendig ist und durch keine andere Musik ersetzt werden kann . . . Ich meine, Musik sollte im Film nur gebraucht werden, wenn sie notwendig ist – lieber zu wenig als zu viel . . . Natürlich ist nicht alles, was ich für Filme schreibe, reiner Jazz; aber alles kommt aus meinem Gefühl und meiner Liebe zum Jazz . . .«

Und der polnische Kritiker Adam Slawinski: »Die grundsätzliche Spannung im Werk Komedas liegt darin, daß diese große Sympathie für die Avantgarde von einem Musiker gezeigt wird, der in Wirklichkeit zu Lyrik und Romantik tendiert.«

In Polen ist das Wort »Komeda« ein ländlicher Spitzname für »Doktor«. Komeda war Arzt. Er wollte sich als Kinderarzt spezialisieren. Er hieß eigentlich – am 27. April 1931 in Poznan geboren – Trzcinski. »Komeda« nannte er sich, weil seine Arzt-Kollegen im Krankenhaus nichts von seinem Hobby, dem Jazz, wissen sollten.

Komeda ist der polnischen Jazzgeschichte seit Anfang der fünfziger Jahre verbunden, das heißt: von Anfang an. In Polen nennt man diese Zeit die »Katakomben-Periode«. Jazz war offiziell verboten. Er wurde – wie auch andere avantgardistische Kunst – nur im geheimen, in Kellern, in »Katakomben« gemacht.

Der Erfolg des ersten polnischen Jazz-Festivals, 1956 in Zoppot, war in erster Linie der Erfolg Komedas. »Es war wert, das ganze Festival zu organisieren, nur um das Komeda-Sextett anhören zu können . . .«, schrieb ein Kritiker. Schlagartig war damals Komedas Name der populärste Musikername im Land.

Dieses Festival 1956 brachte den Durchbruch des Jazz in Polen – und das heißt: den ersten Durchbruch zur Liberalisierung, den Beginn der Entstalinisierung. Das Wort »Jazz« wurde in Polen zum Symbol der Freiheit. In keinem anderen Lande hatte Jazz je eine so große politische Bedeutung. Der polnische Schriftsteller Leopold Tyrmand schrieb, das erste Jazz-Festival in Zoppot sei politisch wichtiger für Polen gewesen als der Aufstand in Posen (dem westliche Historiker im allgemeinen den Beginn der Liberalisierung zuschreiben). Jazz gewann in Polen Signalfunktion. Und Komeda war dabei die Schlüsselfigur.

Komedas Kompositionen und Komedas Quintett stehen im Zentrum jener polnischen Szene, die Willis Connover von der »Stimme Ameri-

kas« für so bedeutend hielt, daß er sie auf den vierten Platz in der Welt setzte. Das Quintett, das Krzysztof Komeda in den sechziger Jahren leitete, war eine der wichtigsten europäischen Jazz-Combos. Vier Musiker haben in dieser Zeit eng mit Komeda zusammengearbeitet: der Tenorsaxophonist Michal Urbaniak (der heute auf der Violine und mit seiner Jazz-Rock-Gruppe in den USA erfolgreich ist), der Trompeter Tomasz Stańko (der überhaupt der engste musikalische Mitarbeiter gewesen ist, den Komeda gehabt hat), die Sängerin Urszula Dudziak (die die von Komeda bevorzugte Gesangsstimme gewesen ist, in ihrer Sensibilität und Beweglichkeit ganz und gar von ihm geprägt) und der Bassist Roman Dylag (der sich später in Basel niederließ und auch in Westeuropa mit Komeda zusammenarbeitete).
Für dieses Quintett schrieb Komeda Kompositionen und Themen, die in Europa ohnegleichen sind. Sie unterscheiden sich so eigentümlich von allem übrigen, was damals im europäischen Jazz geschrieben wurde, wie in den USA heute etwa die Kompositionen Carla Bleys – oder wie damals diejenigen von Thelonious Monk. Auch als Pianist erinnerte Komeda gelegentlich an Monk – aber er ist liebevoller, intimer, »chopinesker«, polnischer, europäischer . . . Im »Gyllene Cirkeln« in Stockholm, damals einem der führenden europäischen Jazzlokale, begleitete er Ben Webster und Sonny Rollins. Mit unendlich viel »space«, mit Raum zwischen den Noten, für europäische Verhältnisse vergleichslos »relaxed«. Mit einem Unmaß an »Zeit«. All das war auch in seinem Wesen. Gibt es jemanden, der Komeda je in Eile gesehen hätte?
Dieses Zeit-Haben, dieses »Voller-Bescheidenheit-sich-dem-Ablauf-der-Dinge-dienend-Unterordnen« verzauberte seine Musik wie seine Persönlichkeit. Wir alle, die ihn kannten, lächelten, wenn wir im Kino nicht nur seine Musik hören, sondern auch den Menschen Komeda gelegentlich in einer Nebenrolle, die sein Freund Polanski liebevoll für ihn ausgesucht hatte, sehen konnten; nur wir erkannten ihn in diesen Rollen. Aber Polanski wußte, warum er ihn wählte. Weil Krzysztof Menschlichkeit und Wärme ausstrahlte.
Komeda selbst bezeichnete als sein »schönstes und wichtigstes musikalisches Werk« die Musik, die er für das Plattenalbum »Meine süße europäische Heimat« (Electrola-Columbia SMC 74 432) in meiner Plattenreihe »Dichtung und Jazz« geschrieben hat – nach Gedichten der großen polnischen Dichter dieses Jahrhunderts: Czeslav Milosz, Wierzynski, Wislawa Szymborska, Jozef Wittlin, Sebyla, Czechowicz, Zbigniew Herbert, Grochowiak, Galczynski, Adam Wazyk und all den anderen . . .
Es sind die Dichter, die durch die Leiden des Krieges, der Gettos, der Konzentrationslager, der Gefangenschaft und der Emigration gegangen sind, die gefallen sind oder erschossen oder zu Tode gequält wur-

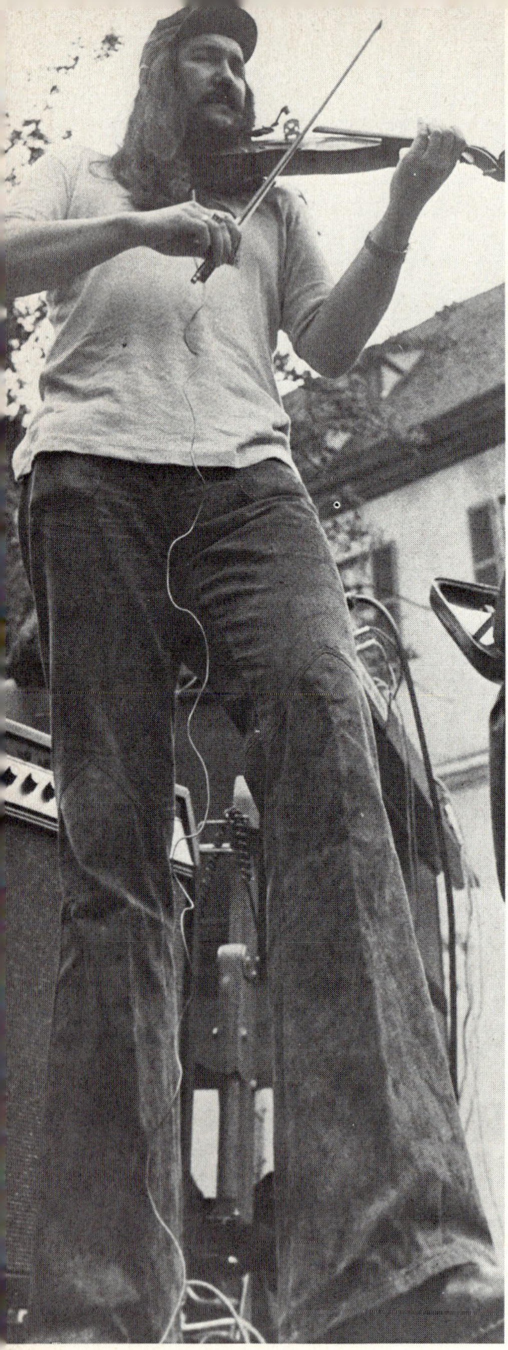

Michal Urbaniak

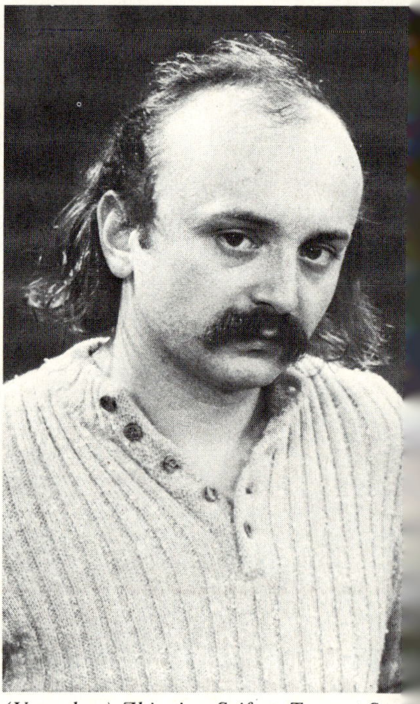

(Von oben) Zbigniew Seifert, Tomasz Star

den oder in den Gefängnissen der Gestapo ums Leben kamen. Aber es sind auch die Dichter, denen Polen jene unendlich reiche, verzauberte poetische Landschaft verdankt, für die es im 20. Jahrhundert nirgendwo in der Welt einen Vergleich gibt.
Ich hatte das Manuskript zu der Platte in deutsch nach den Übersetzungen von Karl Dedecius zusammengestellt. Komeda machte sich die Mühe, in den Bibliotheken Warschaus all die vielen Gedichte in ihrem polnischen Original-Text herauszusuchen, um die Musik nach der Ursprache der Texte komponieren zu können. Ich habe nie einen Musiker gesehen, der mit größerer Sorgfalt und Genauigkeit arbeitete.
Seine Musik entsprach der Atmosphäre der Dichtungen in beglückender Weise. Noch nie hatten wir auf einer Dichtung-und-Jazz-Platte so schöne, so reiche und so sensible Melodien! Noch nie hatten wir eine solche formale, kompositorische Geschlossenheit. Den Titel »Meine süße europäische Heimat« hatte Komeda selbst gewählt – nach einer Gedichtzeile des in die USA emigrierten Czeslav Milosz, zu der er eine »Dirge for Europe« komponierte: ein Klagelied über die verwüstete europäische Heimat der Kriegs- und Nachkriegsjahre.
Der Ton der Platte ist der einer unendlichen Trauer: »Ein Träufeln des Todes ins Weltall«, eine »in Trauer und Resignation getauchte Tatra-Atmosphäre«, ein »Geflüster, das Schrei wird«, ein »Schrei nach Menschlichkeit im Grauen des Unmenschlichen« »jener Menschheit, die weiterlebt, Abschied zu nehmen«, ein Gebet um Schutz »vorm leeren Leben ohne Musik und ohne Lied«, wenn »die Erde wie eine Träne fällt über das Weltall . . .«, um auf diese Weise Zeilen der verschiedenen Dichter zu einem Gesamtklang zusammenzufügen.
Im selben Jahr, in dem die Platte entstand, rief Roman Polanski Komeda nach Hollywood. Innerhalb von zwölf Monaten schrieb Krzysztof sieben große Filmmusiken. Auch in den USA begann man, mit ihm zu rechnen. Seine Erfolgslaufbahn als einer der großen Filmkomponisten der Welt schien auch dort unaufhaltbar.
Anderthalb Jahre später, im Januar 1969, hatte Krzysztof in Hollywood einen Unfall, dessen Hergang nie recht geklärt werden konnte. Komeda war in Kalifornien mit dem polnischen Dichter und Schriftsteller Marek Hlasko befreundet. Die beiden waren auf einer Party gewesen. Hlasko – ein großer, starker Mann – liebte es, seine Bekannten zu umarmen und voller Überschwang in die Luft zu heben. Es ist möglich, so sagen Freunde, daß er dies an jenem Abend mit Komeda getan hat, als er ihn nach Hause brachte, und daß Krzysztof dabei unglücklich gestürzt ist.
Fast drei Monate lang lag Komeda bewußtlos im Koma. Bewußtlos blieb er auch, als er, Mitte April 1969, nach Warschau geflogen wurde. Wenige Tage später, am 23. April 1969, starb er in Warschau, vier Tage vor seinem 38. Geburtstag.

Als Marek Hlasko in Hollywood von Krzysztofs Tod erfuhr, tötete er sich selbst.
Mit Tomasz Stańko, Michal Urbaniak, Urszula Dudziak, Roman Dylag . . . all den Musikern, die ihm nahegestanden hatten, nahmen wir in Frankfurt eine Gedächtnisplatte auf mit Stücken aus den Filmen »Rosemary's Baby«, »Das Messer im Wasser«, »Kattorna« und aus der Dichtung-und-Jazz-Produktion. Wir nannten die Platte »We'll Remember Komeda« (MPS 15 375). Krzysztofs engster Freund und Mitarbeiter, Roman Polanski, rief uns aus Rom an und sagte, wie gern er dabei gewesen wäre, und dann telegrafierte er die folgende Botschaft: »Seine Musik war kühl und modern, aber in ihr schlug ein warmes Herz. Er war der Filmmusiker par excellence. Er gab meinen Filmen Wert. Sie würden wertlos sein ohne seine Musik. Er war groß.« Und Don Cherry (der Komedas Musik in Filmen von Skolimowski und Henning Carlssen spielte): »Mit Komeda zu arbeiten, war ein bleibender Eindruck für mich . . . Er arbeitete mit Liebe und Geschmack. Seine Musik ist zeitlos. Sie klingt heute genauso frisch wie damals und wird immer frisch sein.« . . . was wahr ist. Man überzeuge sich.

Good Bye, Modern Jazz Quartet

Ende 1974 gab das Modern Jazz Quartet sein letztes Konzert. Jahrelang, im Grunde schon seit dem Ende der fünfziger Jahre, hatte man immer wieder Gerüchte vom Auseinanderbrechen der Gruppe gehört. Vor allem der Vibraphonist Milt Jackson wollte eigene Wege gehen, er fühlte sich im Modern Jazz Quartet eingeengt, doch war es John Lewis, dem Pianisten und Leiter des Ensembles, trotz aller Schwierigkeiten gelungen, die Gruppe zusammenzuhalten – von 1951 bis 1974, dreiundzwanzig Jahre lang.
Das Modern Jazz Quartet ist die am längsten bestehende Combo der Jazzgeschichte, eine Tatsache, die sich erst dann recht würdigen läßt, wenn man sich klarmacht, daß all die anderen wichtigen Gruppen, die den Lauf der Jazzgeschichte beeinflußt und verändert haben, meist nur wenige Jahre bestanden: die Louis Armstrong Hot Five etwa zwei Jahre oder das klassische Charlie Parker-Quintett im Grunde nur drei Jahre. Entsprechend nachhaltig war der Schock, den das Auseinandergehen des »MJQ« – wie man es sich abzukürzen gewöhnt hatte – ausgelöst hat, weniger in Europa als in den USA. Auf die amerikanische Jazzwelt wirkte das fast so, wie es auf die Welt der europäischen Konzertmusik wirken würde, wenn die Berliner Philharmoniker aufgelöst würden!
Das Stück, durch das der »neue Stil des MJQ« erstmals weltweite Aufmerksamkeit fand, war 1953 »Vendome« (enthalten in dem bemerkenswerten Bellaphon Doppelalbum BLST 6515 »The Modern Jazz Quartet«, das den wohl repräsentativsten Überblick über die ersten Jahre der Gruppe bietet). John Lewis hat »Vendome« als »eine barocke Fuge mit improvisierten Jazzepisoden« gekennzeichnet. Es waren immer wieder Aufnahmen dieser Art – Barockes, Klassisches, Romantisches –, durch die das Modern Jazz Quartet seinen Ruf gewann, obwohl sie die Minderzahl bildeten in einem Repertoire, das zum größeren Teil aus einfach swingenden Jazznummern bestand, aus Stücken, dessen Prototyp »Milt Meets Sid« wurde, das John Lewis 1957 in »Baden-Baden« umbenannte, als Gruß an unsere Südwestfunk-Jazzarbeit, die sich in den fünfziger Jahren intensiv mit dem Modern Jazz Quartet befaßt hatte. Es ist auch heute noch aufschlußreich, die ältere Aufnahme, die unter dem Namen Milt Jacksons entstand

Das Modern Jazz Quartet, von links: Percy Heath, John Lewis, Milt Jackson, Connie Ka

(»The Quartet«, Savoy MC-12 046) mit der späteren (»The Modern Jazz Quartet«, Atlantic 1265) zu vergleichen.

Das Modern Jazz Quartet begann im Grunde als Rhythmusgruppe der Dizzy Gillespie Big Band in den vierziger Jahren. Diese Rhythmusgruppe bestand aus John Lewis (Piano), Kenny Clarke (Schlagzeug), Ray Brown (Baß) und, wenn man ihn als Vibraphonisten hinzurechnen darf, Milt Jackson. Gillespie liebte es schon damals, diese Gruppe gleichsam als »band within the band« bei den Auftritten seines Orchesters vorzustellen, zunächst freilich einfach als Rhythmusgruppe, die Milton Jacksons von Anfang an als grandios empfundene Vibraphonimprovisationen zu begleiten hatte. Erst allmählich zog der Pianist John Lewis die Zügel an sich. Die beiden eben erwähnten Aufnahmen des gleichen Stückes – als »Milt Meets Sid« und als »Baden-Baden« – markieren diese Entwicklung.

1951 löste sich die Gillespie Big Band auf. Noch im gleichen Jahr machte das Modern Jazz Quartet seine erste Platte. Von da an war Percy Heath der Bassist der Gruppe. Es gab dann – in zwanzig Jahren, völlig ungewöhnlich im Jazz! – nur noch eine einzige Veränderung: 1955 ersetzte Conny Kay den ursprünglichen Schlagzeuger Kenny Clarke.

Abgesehen davon, daß er einen ganz eigenen, unverwechselbaren Klavierstil besitzt, eine sparsame »Unterkühlung« gleichsam von Count Basies Piano-Stil, liegt John Lewis' Beitrag in zwei Bereichen: erstens in der Integration, zweitens im Sound.

Lewis hat – wie kaum ein anderer – die Ausgewogenheit von Komposition und Improvisation auf einen Gipfel geführt, der seither nicht überboten wurde. Erst seit ihm und durch ihn versteht es sich von selbst, daß eine Jazzaufnahme ein Ganzes, daß sie in sich geschlossen sein muß und nicht einfach eine Folge schöner Soli. John Lewis hat für diese »Ganzheit« den Ausdruck gewählt, der auch in der Mathematik »das Ganze« bezeichnet: Integration – ein Ausdruck, der durch ihn zu einem stehenden Terminus der Jazzfachsprache geworden ist.

Durch die Integrationskraft von John Lewis ist aus der Spannung zwischen ihm und dem Vibraphonisten Milt Jackson – einer Spannung, die gelegentlich durchaus Charakteristika der Feindschaft besaß – ein musikalischer Dialog geworden. Hermann Schreiber, heute einer der Chef-Kolumnisten des »Spiegel«, damals unter anderem auch Jazzkritiker, schrieb Ende der fünfziger Jahre in einem oft zitierten Artikel: »Der musikalische Dialog zwischen Lewis und Jackson besitzt einen Platz unter den am meisten bewegenden Erfahrungen, die der Jazz zu bieten hat.«

Besonders treffend hat der amerikanische Kritiker Martin Williams die Integrationsfähigkeit von John Lewis gekennzeichnet: »Unter John Lewis' Leitung hat die Gruppe wiederentdeckt, was Musiker wie Jelly

Roll Morton und Duke Ellington in früheren Stilen demonstriert haben und was inzwischen in Vergessenheit geriet: das Geheimnis der Balance zwischen dem, was einerseits geschrieben, vorarrangiert ist, und andererseits dem, was von den einzelnen Solisten improvisiert wird – eine Balance, eine Synthese, die das Werk selbst des besten Jazzmusikers immer nur noch besser und wirkungsvoller machen kann.«
Und dann hat John Lewis seinem Ensemble »Sound« gegeben – einen unverwechselbaren Sound, der schon nach wenigen Takten einer MJQ-Aufnahme erkennbar ist. Im Grunde sind alle die zahllosen Aufnahmen, die das Modern Jazz Quartet in den zwanzig Jahren seiner Existenz gemacht hat, nur Variationen dieses Sounds, und angesichts des allgemeinen »Sound-Druckes« auf der internationalen Szene braucht man kaum ein Wort darüber zu verlieren, daß ein Sound schon tragend und stark sein muß, wenn er zwanzig Jahre lang ergiebig genug für derartige Variationen geblieben ist. In mancher Hinsicht ist der MJQ-Sound aus Vibraphon, Piano, Baß und Schlagzeug in seiner Dichte und »Integriertheit« mit keinem anderen Ensemble-Sound der Jazzgeschichte vergleichbar. Vergleichbar ist er nur den großen Individual-Sounds: etwa des Altsaxophonisten Johnny Hodges, des Tenorsaxophonisten Ben Webster, des Trompeters Louis Armstrong, des Posaunisten Jack Teagarden . . .; und damit erfüllt der MJQ-Sound das höchste Kriterium, das überhaupt an einen Ensemble-Sound zu stellen ist: daß er klingt, als sei er der Sound *eines* improvisierenden Musikers.
Es ist wichtig, zu betonen, daß John Lewis aus Albuquerque in New Mexico stammt. Es ist deshalb wichtig, weil es in Albuquerque, wie überhaupt in New Mexico, kein schwarzes Getto gibt oder jedenfalls damals, 1920, keines gegeben hat. John Lewis stammt also nicht aus jener Gettowelt, aus der fast alle großen Jazzmusiker hervorgegangen sind. Er wuchs in einer weißen Nachbarschaft auf, seine Mutter war klassische Konzertsängerin, er selbst studierte zunächst Anthropologie, bevor er sich der Musik zuwandte. Die Alltagserfahrung des Schwarzen in Amerika – Unterdrückung und Rassendiskriminierung – hat er kaum je kennengelernt. Wenn er gewiß auch – wie alle schwarzen Musiker – in der Spannung zwischen der schwarzen und der weißen Tradition lebt, so liegt der Akzent hierbei doch spürbar auf der letzteren. Lewis liebt es, in Europa zu leben, er hat eine jugoslawische Konzertpianistin geheiratet, hat ein Haus in Dubrovnic, ein anderes an der Côte d'Azur, er besucht italienische Barockkirchen und deutsche Burgen, Orgelkonzerte und klassische Festivals. Aber er ist ein schwarzer Musiker, geprägt durch die Tradition von Jazz und Blues, und seine drei Kollegen im Modern Jazz Quartet sind dies noch viel stärker. Das also ist die Spannung, die das MJQ bewegt und so einzigartig gemacht hat. Ein Musterbeispiel hierfür – vielleicht das Schönste überhaupt im

Werke John Lewis' – ist »Fontessa« (Atlantic 1231, in überarbeiteter Version auch auf Atlantic 1390 als »The Comedy«), eine kleine Suite, die von der italienischen Commedia dell'arte der Renaissance-Zeit inspiriert wurde und die ich in den fünfziger Jahren in Zusammenarbeit mit John Lewis und dem Ballett Théatre de Paris in ein Fernsehballett verwandelte. Pulcinella und Pantalone, Columbine, Pierrot und der Harlekin: all diese Figuren sind in der Musik vorgeprägt.
In Deutschland hat man zur Musik des Modern Jazz Quartet ein eigentümlich zwiespältiges Verhältnis, zwiespältig bis an die Grenze der Gespaltenheit. In den fünfziger Jahren nämlich wurde die Gruppe in keinem Lande der Welt so begeistert bejubelt wie bei uns. Kein anderes amerikanisches Ensemble erzielte damals so konstant volle Konzerthallen und so hinreißende Begeisterungsovationen wie das MJQ. Sein Auftritt auf den Donaueschinger Musiktagen 1957 (enthalten in dem neuen MPS-Album 15 479) machte Schlagzeilen in der deutschen Presse, wie ich das seither kaum bei einem anderen Jazzereignis beobachtet habe. Strawinskys »Agon« erlebte damals seine europäische Erstaufführung in Donaueschingen, und man hatte erwartet, daß dies der Höhepunkt des Festivals werden würde. Doch dann stellte der Auftritt des Modern Jazz Quartet alles andere in den Schatten. In der Presse gab es Schlagzeilen wie »König Jazz entthront König Zwölfton«. Der Erfolg war *zu* groß: neun Jahre lang – bis 1967 – gab es keinen Jazz mehr auf den Donaueschinger Programmen!
In den sechziger Jahren schlug das deutsche Verhältnis zum Modern Jazz Quartet innerhalb ganz kurzer Zeit ins Gegenteil um. Es waren die Jahre, in denen schöne, wohlklingende, ästhetische Musik in Verruf geriet. Sie geriet in der ganzen Welt in Verruf, aber nirgendwo nachhaltiger als in unserem Lande, wo gerade die, die von Jazz nichts verstanden – unterstützt vom Chor der mitlaufenden Kritiker –, postulierten, daß Musik gesellschaftliche und politische Relevanz besitzen müsse, was damals bedeutete, daß sie nicht ästhetisch schön sein dürfe und keine Existenzberechtigung habe, wenn sie diese Relevanz nicht besitze. Nun bin ich der letzte, der die gesellschaftliche Funktion der Musik abstreitet; wer immer – etwa in der Nazi-Zeit – die politische Wirkung von Musik erfahren hat, der weiß mehr darüber als diejenigen, die aus der Entrücktheit marxistischer Kunsttheorie lediglich darüber spekulieren. Musik, kein Zweifel, betrifft – wie die anderen Künste auch und wie besonders der Jazz – alle menschlichen Bereiche, also nicht nur persönliche, ästhetische, private, sondern *auch, unter anderem,* politische und gesellschaftliche. In diesem Sinn ist alle Musik *auch* politisch. Gleichwohl, so scheint mir, ist ein weiter Weg von dieser Erkenntnis bis zu dem intoleranten Proteststurm, der das Modern Jazz Quartet empfing, als es 1965 auf den Berliner Jazztagen John Lewis' Version der unsterblichen Melodien aus Gershwins Oper »Porgy and Bess« (enthal-

ten auf Atlantic 1440) spielte. Es war einer der ersten jener Proteststürme, durch die das Berliner Publikum seither weltweiten Ruf gewann. John Lewis ist seit damals nur noch selten und zögernd nach Deutschland gekommen.

Es ist in diesem Zusammenhang notwendig, über die Verketzerung des Nur-Ästhetischen in der Musik zu sprechen. Wer Musik nicht hören kann, ohne ständig an ihre gesellschaftliche und politische Funktion zu denken, der – so scheint mir – gleicht ein wenig dem, der nicht lieben kann, ohne an die Funktion der Liebe – nämlich ans Kinderzeugen – denken zu müssen. Alles was gut daran ist – an der Musik, an der Liebe – geht dadurch verloren. Ich habe sie in den sechziger Jahren zu Hunderten kennengelernt: die Jazzhörer (Jazzfreunde sage ich schon gar nicht), die eine Musik nur in dem Bewußtsein dessen, was sie außermusikalisch bedeute und bewirke, genießen – ein Wort, das ich in diesem Zusammenhang nur zögernd gebrauche. Es liegt musikalische Verklemmtheit darin, die kaum anders zu bewerten ist wie die sexuelle, – was doppelte Ironie dadurch gewinnt, daß sich meist gerade diejenigen, die da musikalisch so verklemmt sind, ihre sexuelle Emanzipiertheit besonders zugute halten. So kompensiert auch in dieser Hinsicht die Emanzipation hier die Frustriertheit dort.

Wie unqualifiziert damals die Reaktion auf das Modern Jazz Quartet gewesen ist, geht auch daraus hervor, daß ja gerade John Lewis dem neuen revolutionären Jazz der sechziger Jahre mit die Bahn geebnet hat. John Lewis hat Ornette Coleman, den Wortführer dieses Neuen Jazz, 1959 auf der Lenox Jazzschule entdeckt und ihn sofort in den Mittelpunkt der internationalen Jazzaufmerksamkeit manövriert. Von Anfang an hat er sich nachdrücklich für die Free Jazz-Bewegung eingesetzt und auch selbst Kompositionen der Free Jazz-Musiker gespielt – besonders hervorragend etwa Ornette Colemans »Lonely Woman« (Atlantic 1381), das er jahrelang im Repertoire seiner Gruppe behielt.

Überhaupt ist die Entwicklung des MJQ umgekehrt verlaufen, wie sie von so vielen Jazz-Journalisten dargestellt wird. Die Gruppe hat sich nicht, wie einmal jemand geschrieben hat, »zusehends in klassische und barocke Spielereien verloren«, sondern hat in den sechziger Jahren vielmehr zusehends das Stadium derartiger Spielereien – wenn man sie schon so nennen will – hinter sich gelassen. Das Quartett wurde immer handfester, kompakter, expressiver und jazzmäßiger, was man deshalb sehr leicht nachweisen kann, weil Lewis zahlreiche seiner Kompositionen über Jahre hinweg im Repertoire hatte. Durchweg geht der Vergleich zwischen einer früheren Aufnahme – sagen wir aus dem Anfang oder der Mitte der fünfziger Jahre – und einer späteren Version des gleichen Stückes so aus, daß die frühere stärker von europäischer Tradition getragen ist, während die spätere jazzmäßiger und intensiver ist.

Ein besonders überzeugendes Beispiel hierfür bietet »Django«, eine der schönsten John Lewis-Kompositionen, dem berühmten Gitarristen Django Reinhardt gewidmet. Sie existiert in diversen Plattenaufnahmen aus der Mitte der fünfziger Jahre (z.B. Bellaphon BLST 6515), der ersten Hälfte der sechziger Jahre (z.B. Atlantic 2-603 in dem grandiosen »European Concert«) und der zweiten Hälfte der sechziger Jahre (Philips 840 247 BY); jede folgende Aufnahme ist jeweils »härter« swingend, vitaler, kraftvoller gespielt als die vorhergehende – bis schließlich, in der letzten Version, Romantik nur noch Reminiszenz wird (und dadurch um so stärker wirkt!).
»Romantik als Reminiszenz«: das ist ein Stichwort, auf das sich die MJQ-Musik reimt. Aber sie reimt sich deshalb darauf, weil der amerikanische Musikhörer – und John Lewis in besonderem Maße – nicht jenen Bruch zwischen dem Romantischen und dem Zeitgenössischen empfindet, der für uns Europäer, die wir alle längst unsere musikalische Unschuld verloren haben, unvermeidlich ist. Zwei der letzten Platten, die es vom Modern Jazz Quartet gibt – bewußt als »Abschiedsplatten« empfunden –, sind beispielhaft dafür. Die eine heißt »Blues on Bach« (WEA-Atlantic 50039), die andere »In Memoriam – The Modern Jazz Quartet« (WEA 59650). Auf der ersteren gibt es einen ständigen Wechsel zwischen swingenden Blues-Improvisationen einerseits und Choralsätzen von Johann Sebastian Bach andererseits (darunter »Das alte Jahr vergangen ist«, »Wachet auf, ruft uns die Stimme« sowie Stücke aus dem Clavierbüchlein und dem Wohltemperierten Klavier). Und doch ist die Platte wie aus einem Guß – ein einziger strömender »Blues-Bach«. Nirgendwo löst das Barocke, Bachische jenen sich selbst bestätigenden »Aha-Effekt« aus, mit dem bürgerliche Hörer Anspielungen auf die europäische Musiktradition in der zeitgenössischen Jazz-, Rock- oder Pop-Musik zu begrüßen pflegen. Bach ist vollkommen in die MJQ-Musik integriert – so vollkommen wie der Blues. Und ich glaube, man sagt nicht zuviel, wenn man feststellt: nur John Lewis bringt so etwas fertig.
Die andere Platte (»In Memoriam«) präsentiert noch einmal eine jener Verbindungen des Modern Jazz Quartets mit einem Symphonieorchester, wie sie John Lewis von Zeit zu Zeit immer wieder versucht hat – jedes Mal mit der gleichen Zustimmung in den USA und dem gleichen fatalen Befremden in Europa. Auch ich höre diese Platte ohne Vergnügen, aber man muß doch sehen, daß die Schwierigkeiten, die derartige Kombinationen uns europäischen Hörern machen, darin begründet sind, daß diese Art romantischer Streicherklänge bei uns von den Orchestern der Unterhaltungsmusik, die man tagaus, tagein im Radio hört, weiter »gepflegt« und abgenutzt und für künstlerische Musik unbrauchbar gemacht wurde – eine Situation, die in den USA und überhaupt außerhalb Europas nicht besteht. Gewiß, solche Musik setzt

Kitsch-Signale. Aber Kitsch hat hier – wie überall sonst – mit dem Verhältnis einer Kultur oder Zivilisation zu ihrer Tradition zu tun. Dieses Verhältnis ist für den Amerikaner viel weniger gebrochen als für uns, und das ist ja eigentlich ein Sachverhalt, der eher uns als dem amerikanischen Hörer vorzuwerfen wäre. Man sollte sich also hüten, das Kitsch-Verdikt gar zu eilfertig zu fällen.

An dieser Stelle gibt uns das MJQ – nach den Ausführungen über die gesellschaftliche Relevanz von Musik – Anlaß zu einem zweiten Exkurs. Als E. L. Doctorows großartiger Roman »Ragtime« – nach einem triumphalen Erfolg in den USA – in der Bundesrepublik erschien, diagnostizierte Dieter E. Zimmer – trotz der Adäquatheit der Übersetzung – einen »Transportschaden«: »Zwischen E und U klafft ein Riß, überbrückt nur von ein paar behelfsmäßigen Stegen . . .«

»Transportschaden« ist ein gutes Wort für das, was der quasi-symphonischen Musik John Lewis' auf dem Wege von den USA nach Europa widerfährt. Der Ausdruck »Kulturgefälle« nämlich träfe nur, solange offen bliebe, nach welcher Seite hin das Gefälle besteht, und das widerspricht dem darin steckenden Wortbild, das ohne die charakteristische europäische Überheblichkeit nie hätte gebildet werden können. Denn, kein Zweifel: die Richtung des Gefälles *ist* offen, – eine Ansicht, die keinesfalls damit zu tun hat, daß ich dieses Buch als Mann des Jazz schreibe. Man denke etwa daran, daß die englisch-sprachige Literatur – und das heißt heute mehr als je zuvor: die Weltliteratur – in diesem Jahrhundert von in den USA geborenen Schriftstellern beherrscht wird.

Ein »Transportschaden« lag auch vor, als das Berliner Publikum John Lewis' Versionen der Gershwin-Melodien ausbuhte. Es gibt eine bestimmte Form von amerikanischer Kunst – innerhalb und außerhalb der Musik –, die alle Charakteristika von Kunst besitzt, aber gleichwohl einem europäischen Publikum als »typisch amerikanisch« erscheint und deshalb als Kunst nicht wahrgenommen wird. Zimmer spricht vom Fehlen des »Resonanzbodens«. Wer mit Jazz zu tun hat, begegnet diesem Phänomen des nicht mitschwingenden – und schon gar nicht: mit-swingenden! – Resonanzbodens ziemlich häufig, – nicht nur im Zusammenhang mit John Lewis und dem MJQ. Ich sehe auch keine Therapie dafür und weiß nicht einmal, ob Therapie nötig ist. Wir sind nun einmal Europäer – und die Amerikaner sind Amerikaner. Nur ist es eben notwendig, daß der »Transportschaden« nicht durch das »Gefälle« erklärt wird. Dann – wie gesagt – tritt Überheblichkeit ins Bild. Sinnvoll ist es allein, sich des Befundes bewußt zu werden: des fehlenden Resonanzbodens; und das Wort »fehlen« – versteht sich – indiziert ein Manko.

Zurück zum MJQ: Es gibt Tausende von Jazzhörern in der ganzen Welt, die dem Modern Jazz Quartet mit Wehmut »Good Bye« gesagt haben, und unter diesen Tausenden sind viele, die den Transportschaden de facto als »Schaden« empfinden. Sie freuen sich, wenn es vielleicht doch einmal ein Festival oder eine Tournee gäbe, zu denen die Gruppe wieder zusammenfindet. Daß diese Möglichkeit besteht, hat die Jazzwelt inzwischen mit Befriedigung zur Kenntnis genommen.

Thank You, Oscar Pettiford

Oscar Pettiford war unter den stilbildenden, schöpferischen Musikern des modernen Jazz der erste, der für längere Zeit mit dem deutschen Jazz verbunden war. Fast ein Jahr lang lebte er in Baden-Baden. Er hat in dieser Zeit mit einer Fülle deutscher und europäischer Jazzmusiker zusammengespielt; einigen hat er regelrecht Unterricht gegeben – meist ohne Bezahlung. Pettiford war in New York ein vielbeschäftigter Mann. Kein anderer Bassist hat in der zweiten Hälfte der fünfziger Jahre so viele Platten gemacht wie er. Entsprechend gut war es um seine Einnahmen bestellt. In Europa verdiente er nur wenig; er akzeptierte die gleichen Gagen, die damals an europäische Musiker gezahlt wurden – 50 oder 100 DM für einen Club-Auftritt, 150 oder 200 DM für ein Konzert. Er sagte: »Money is shit.« Oscar Pettiford hatte das Bewußtsein, daß er eine Tradition nicht nur am Leben zu erhalten, sondern weiterzugeben habe. Deshalb war er nach Europa gekommen.

In mancher Hinsicht gleicht die Rolle, die Pettiford Ende der fünfziger Jahre in Europa spielte, derjenigen, die Charlie Mariano in den siebziger Jahren übernahm, vielleicht nicht ganz so bewußt wie Oscar, aber ebenfalls die halbe europäische Szene durchdringend und überall Anregungen und Anstöße hinterlassend. Pettiford damals, Mariano heute »gebrauchen« die europäischen Musiker nicht einfach – wie so viele andere amerikanische Jazz-Stars das tun – als »local rhythm sections«, sondern spielen, arbeiten, wirken zusammen mit ihnen in echter menschlicher und musikalischer Beziehung.

Der europäische Jazz der fünfziger Jahre war »imitatorisch«, abgeleitet, zweiter oder dritter Aufguß der jeweils letzten Strömungen in den USA. Pettiford sagte: »Warum imitieren sie so viel in Europa? Wenn sie uns wirklich verstehen würden, würden sie aufhören, uns nachzumachen, und selber etwas schaffen. Sie müssen nur begreifen, was Jazz wirklich ist. Sie müssen die ›message‹, die Botschaft, verstehen, dann werden sie selber schöpferisch werden.« Um die Botschaft weiterzugeben: deshalb lebte O.P. – wie wir ihn nannten – in Europa.

Shoichi Yui, der japanische Kritiker, hat einmal gesagt: »Wenn wir auch in Japan einen Mann wie Pettiford gehabt hätten, dann hätte der japanische Jazz nicht erst zehn oder fünfzehn Jahre später als der europäische zu sich selbst gefunden.«

Oscar Pettiford mit Cellina

Ich meine, ein solcher Mann sollte nicht vergessen werden – und er *ist* fast vergessen, zumindest von der breiteren Öffentlichkeit. In den Jazzlokalen aber und den Clubs, in Garderoben nach den Konzerten, hinter der Bühne begegne ich immer wieder, seit mehr als fünfzehn Jahren, Musikern, die mit einem Mal nach Oscar Pettiford zu fragen anfangen: Wie es damals gewesen sei in Baden-Baden, wie er gewesen sei, sein Spiel, seine Frau, seine Kinder . . . Es gibt viele, die ihm dankbar sind; auch ich bin ihm dankbar für Hunderte von Gesprächen, die wir Monate hindurch fast täglich, halbe, oft ganze Nächte lang hatten.
Oscar Pettiford sprach bereits 1958/59 in einem Sinne über »schwarze Musik« und schwarzes Selbstbewußtsein, über »black culture« und »black tradition«, der der breiteren Öffentlichkeit erst in der zweiten Hälfte der sechziger Jahre durch Schriftsteller wie Leroi Jones oder Eldridge Cleaver, durch Musiker wie Archie Shepp, Roland Kirk oder Sun Ra bewußt wurde. Ich habe oft, als ich Leroi Jones' Buch »Black Music« las, gedacht: Das hat dir ja alles schon zehn Jahre früher Oscar Pettiford erzählt. Und ich habe dadurch verstanden, daß Jones und Cleaver und all die anderen wirklich nicht als individuelle, intellektuelle Schriftsteller und Künstler gesprochen haben, sondern als Glieder einer Tradition und Kultur, in der diese Gedanken und dieses Bewußtsein, unbeachtet von der weißen Welt, lange schon gegenwärtig waren.

I.

Oscar Pettiford stammt aus einer Indianerreservation im amerikanischen Mittelwesten. Dort wurde er im September 1922 geboren. Trotz seiner schwarzen Hautfarbe fühlte er sich mehr als Indianer, als »Ureinwohner dieses Kontinents«, denn als Neger.
Oscars Vater war ursprünglich Tierarzt – oder, wie Oscar sagte: »vielleicht ein wenig Medizinmann – wie früher in Afrika«. Aber bald schon bildete »Doc Pettiford« eine Band, die aus Oscars Mutter, einer Musiklehrerin, und den elf Pettiford-Kindern bestand, also eine richtige Big Band aus einer dreizehnköpfigen Familie.
Oscar begann mit elf Jahren Klavier zu spielen. Mit vierzehn kam er zum Baß. Bis 1941 war er mit dem Familienorchester seines Vaters auf Tournee. Kenner vermuten, daß die »Pettiford Family Band« nur deshalb kein größeres Echo gefunden habe, weil sie immer nur im Mittelwesten gespielt hat. Sie würde sonst als eines der bekannten Orchester der dreißiger Jahre gelten.
Im Mittelwesten, in Minneapolis – der Stadt, die Oscar als seine Heimat empfand – hörte der Big Band-Chef Charlie Barnet im Jahre 1943 Oscar Pettiford. Er verpflichtete ihn sofort. Mit dem Barnet-Orchester

kam Pettiford nach New York – und dadurch ins Mintons, das Lokal, das in der Entstehungszeit des Bebop der Kristallisationspunkt der neuen, damals als revolutionär empfundenen Musik war. Als Oscar erst einmal im Mintons war, war sein Weg gemacht: sowohl in Richtung auf Duke Ellington hin, wie in Richtung auf den Bebop.
In der Gruppe der Bop-Musiker nahm Oscar Pettiford etwa eine ähnliche Stellung ein wie der Tenorsaxophonist Lucky Thompson. Beide waren Musiker, die vom Swing-Stil herkamen und nun die neue Jazzsprache sofort beherrschten, als sei es von Anfang an ihre eigene gewesen. Nicht zufällig hat Oscar immer wieder mit Lucky Thompson zusammengespielt.

II.

Für die Jazzkritik kommt das moderne Baß-Spiel von Jimmy Blanton her. Aber Oscar Pettiford wußte sehr genau, daß all die modernen Bassisten Blantons Spielweise eigentlich über ihn kennengelernt hatten, und er fand deshalb, daß sie in Wirklichkeit viel mehr von ihm herkamen als von Blanton und daß dies gerade und vor allem für Ray Brown und Charles Mingus gilt.
In den vierziger Jahren hatte Oscar Pettiford die beiden Schlüsselpositionen inne, von denen aus man damals als Bassist einflußreich sein konnte. Die eine war seine Stellung bei Duke Ellington von 1945 bis 1948, die andere war sein Spiel mit den ersten Bebop-Gruppen auf der 52nd Street – der »Jazzstraße« jener Jahre – in New York. Das erste Bebop-Ensemble von Dizzy Gillespie war in Wirklichkeit eine Pettiford-Combo. Damals – 1943 – war Pettiford der erste Bassist, der es den jungen Bop-Musikern möglich machte, auf das Piano zu verzichten: in der ersten klavierlosen Combo des modernen Jazz, dem Dizzy-Bird-Don Byas-Max Roach-Oscar Pettiford-Quintett. Auch in den Coleman Hawkins-Combos, in denen Hawkins damals als erster großer Swing-Musiker die jungen Bop-Musikanten unter seine Fittiche nahm, war Pettiford der bevorzugte Bassist (Coleman Hawkins »The Commodore Years«, Atlantic SD 2-306). Bereits 1943, 1944 und 1945 gehörte er zu den All Stars der Zeitschriften »Esquire« und »Metronome«. Im Dezember 1943 machte er mit den Esquire All Stars seine ersten Plattenaufnahmen, und das ist sicher einmalig: daß ein Musiker die ersten Aufnahmen, die er überhaupt macht, gleich mit dem All Star-Ensemble des Jahres macht (»Esquire Swing Sessions«, Decca PD 12 005).
Die Ellington-Musiker haben Oscar Pettiford bewußt als Nachfolger des 1942 verstorbenen Jimmy Blanton empfunden. Aber das Ellington-Orchester besaß nicht nur wegen der Blanton-Tradition eine

Schlüsselstellung. Seit der Duke Ende der zwanziger Jahre als erster einen verstärkten Baß verwendet hatte – den von Wellman Braud – und seit er, etwas später, als erster zwei Bässe verwandte, war Ellington der »baßbewußteste« Mann unter den großen Band-Leadern des Jazz (Näheres hierzu im Beitrag über Charles Mingus).
Als Ellington 1959 in Europa war, bot er dem inzwischen in Baden-Baden lebenden Pettiford erneut den Baß-Platz seines Orchesters an. Aber Oscar liebte inzwischen nichts so sehr wie seine Freiheit. Er lehnte ab.
Eine der charakteristischen Aufnahmen, die Oscar Pettiford mit dem Orchester Duke Ellington gemacht hat, ist »Suddenly It Jumped« von 1946 (Big Band Archives LP 1217). Da wird deutlich, wie Oscar wirklich vom Baß her die ganze Ellington-Band swingt, wie es vor ihm nur noch Jimmy Blanton fertiggebracht hatte. Ellington hat nur wenige seiner Solisten dadurch ausgezeichnet, daß er sie in Combo-Aufnahmen begleitete. Zu diesen wenigen gehört Oscar Pettiford. Oscar machte, begleitet von Ellington, Cello-Aufnahmen in Quartettbesetzung, darunter ein grandioses »Perdido« (Riverside RM 475).

III.

Man sagt oft, daß Pettiford das Cello in den Jazz eingeführt hat. Das ist nicht ganz richtig. Der erste Bassist, der in einem modernen Sinn Jazz auf dem Cello gespielt hat, war Harry Babasin – 1947 mit Dodo Marmarosa auf den Platten der kleinen, wichtigen Firma »Dial«. Oscar kam erst zum Cello, als er 1949 Mitglied des Orchesters Woody Herman war (Capitol 5C 052-80805). Er hatte sich damals – beim Ballspielen mit seinen Herman-Kollegen – den Arm gebrochen (Oscar war ein begeisterter Ballspieler; wer immer ihn besuchte, Jahre später, in seinem Garten in Baden-Baden, wurde zuerst einmal zum Ballspielen aufgefordert!). Infolge des gebrochenen Armes war Oscar eine Zeitlang nicht in der Lage, das große Baß-Instrument zu handhaben. Dadurch war er gezwungen, sich mit dem Cello zu beschäftigen. Er empfand sofort, wie das Cello durch seine Höhe und Leichtigkeit Möglichkeiten besitzt, die dem Baß abgehen. Und sobald er einmal angefangen hatte, Cello zu spielen, übertraf er Harry Babasin sofort. Auf einer der frühen Cello-Aufnahmen, die es von Oscar Pettiford gibt, spielt Harry Babasin mit, und es ist charakteristisch, daß Babasin hier das zweite Cello im Sinne einer »Zweiten Geige« zupft: mehr oder minder als Begleitinstrument. Für diese Zwei-Celli-Session entstand eines der bekanntesten Themen von Oscar: der »Blues In The Closet«, für eine Bud Powell-Aufnahme dezenterweise umbenannt in »Collard Greens And Black-Eye Peas«.

Der inzwischen verstorbene kalifornische Jazzkritiker Ralph Gleason nahm an, daß Oscars Art, Cello zu spielen, dem Baß-Solo den Weg geebnet hat: »Das Cello schneidet mit seinem leichteren und schärferen Ton besser durch als selbst der verstärkte Baß . . . Das Ergebnis war, daß danach Dutzende von Bassisten – ob sie's nun wissen oder nicht – auch auf ihrem tiefen Baß-Instrument ein Publikum für ihre Soli finden konnten. Die Leute hatten endlich herausgefunden, daß es mehr war als Rhythmus, was man von dem großen Saiteninstrument bekommen konnte.«

Ob nun die Anregung von Oscars Cello-Spiel oder direkt von seinem Baß-Spiel kommt, an einem, glaube ich, ist kein Zweifel: Oscar hat die solistische Verwendung des Basses im modernen Jazz durchgesetzt, nachdem Jimmy Blanton die Barrieren, die den Baß umgrenzten, durchbrochen hat. Gleason konstatierte in den sechziger Jahren: »Pettiford ist wahrscheinlich erfolgreicher als jeder andere Baß-Solist seit Jimmy Blanton.«

In den fünfziger Jahren wurde Oscar Pettiford einer der meistbeschäftigten Bassisten überhaupt. Ob er mit eigenen Combos Ellington-Themen oder eigene Kompositionen aufnahm, ob er die Sängerin Chris Connors oder den Akkordeonisten Mat Matthews begleitete, ob die japanische Pianistin Toshiko oder der Experimentator Teddy Charles Aufnahmen machten, Thelonious Monk oder sein alter Combo-Leader Coleman Hawkins, Kenny Dorham oder Art Blakeys Schlagzeug-Aggregation, George Wallington oder Miles Davis, Helen Merrill oder Joe Roland, Wynton Kelly oder Duke Ellington, der Blues-Pianist Sam Price oder der Arrangeur Ralph Burns – es scheint fast, daß jeder, der damals irgendwo eine Platte aufnehmen konnte, zuerst bei Oscar Pettiford anrief. Noch 1960, im Jahre seines Todes, erschienen in den USA laufend neue Platten-Alben mit Pettiford, obwohl er damals schon drei Jahre lang nicht mehr in Amerika gewesen war.

IV.

Was auch immer Oscar spielte, man hatte das Gefühl, er »erzähle eine Geschichte«. Ich weiß keinen anderen Bassisten, der in diesem Maße das Gefühl des »Geschichtenerzählens« vermittelt, auch Mingus nicht. Es ist erstaunlich, wie Oscar seinen Baß »sprechen« läßt – mit Ziehtönen, Vibrati und Glissandi, die nur er beherrschte und durch die er sich von allen anderen Bassisten unterscheidet. Er veränderte den Klang seines Instrumentes im Sinne der großen Bläser der Jazztradition. Oft war es, als spiele er »Growl-Cornett auf dem Baß«.

Auch die eigenwillige Rhythmik Oscars gehört in diesen Zusammenhang: wie er lange, gleichmäßige rhythmische Bewegungen mit einem

Male durch eine gegensätzliche Bewegung gleichsam nachträglich auf den Kopf zu stellen verstand.
Der Pianist Dick Katz über Pettiford: »Was er auch spielt, Oscars Soli sind spontan, voller Überraschungen und dabei völlig integriert.« Spontan, voller Überraschungen und letztlich doch »integriert« war auch der Mensch Oscar Pettiford. Fast jeder, der ihn kannte, hat die Entsprechungen zwischen seiner Musik und seiner Persönlichkeit bemerkt. Die langen, wunderschönen Melodiengänge, die mit einem Male abbrechen und in Ausbrüchen enden, gab es in übertragenem Sinne auch bei dem Menschen Oscar Pettiford. Da schien er sich selbst und die ganze Welt zu hassen. »Shit« schrie er, »Shit! Shit! Shit!« Aber im nächsten Moment war er schon wieder der liebenswerte »O.P.«, dem auch diejenigen, die unter seiner Unbeherrschtheit leiden mußten, nicht böse sein konnten.
Weil Oscar »growl-bass« spielte – wegen seiner Expressivität und Emotionalität –, ist er heute wieder aktuell. Von den drei Musikern, die das moderne Baß-Spiel geformt haben – Blanton, Brown, Pettiford –, ist Oscar der emotionellste, – ja, jene Emotionalität, die etwa das Spiel von Charles Mingus, Jimmy Garrison, Eddie Gomez und überhaupt all den besonders ausdrucksstarken Bassisten des modernen Jazz kennzeichnet, ist nicht denkbar ohne ihn.
Als – im Zusammenhang mit der Elektronisierung des Jazz – Ende der sechziger Jahre der elektrische Baß, die Baß-Gitarre, aufkam, war dies das Dilemma: Einesteils besaß das elektrische Instrument größere Beweglichkeit und paßte klanglich – und auch lautstärkemäßig! – besser zu den elektronischen Gruppen, aber andererseits war es nicht ausdrucksstark genug, es klang nicht »human«, sondern technisch. Der erste, der das zu ändern begann, war – Anfang der siebziger Jahre – Larry Graham von »Sly And The Family Stones«, indem er etwas tat, was die Baß-Lehrer an den Konservatorien streng verbieten: er spielte mit dem Daumen. In den Produktionen der Plattenfirma Motown mit ihrem schwarzen Rock und Getto-Blues wurde dieses Daumenspiel der Elektro-Bassisten geradezu zum Markenzeichen: mit dem in der Intensität des Spiels gelegentlich gegen das Holz schlagenden Saiten, ganz ähnlich wie bei den alten New Orleans-Bassisten – auch dies in den Augen der Konservatoriumsprofessoren ein schwerer, durch mangelnde »Kontrolle« entstehender Fehler. Stanley Clarke verband das Daumenspiel mit der Technik von Scott LaFaro, dem 1961 verstorbenen jungen Musiker, der im Bill Evans-Trio akustischen Baß gespielt und dabei eine solche Beweglichkeit und Virtuosität entwickelt hatte, daß man damals von einer »zweiten Emanzipation des Basses« – nach derjenigen, die Blanton, Brown und Pettiford ausgelöst hatten – gesprochen hat. Schließlich kam – 1976 durch sein Spiel in der Gruppe »Weather Report« berühmt geworden – Jaco Pastorius aus Florida. Er

kombinierte das Daumenspiel und die LaFaro-Beweglichkeit mit einer Oktaventechnik, die bisher mit dem Gitarristen Wes Montgomery verbunden war und für die Bassisten schlechterdings unrealisierbar erschien. Pastorius ist dadurch zur eigentlichen »Baß-Sensation« in der zweiten Hälfte dieser siebziger Jahre geworden, und erst durch ihn ist die elektrische Baß-Gitarre voll »emanzipiert«. Nun mit einem Mal hört man auch bei den Elektro-Bassisten, was durch Oscar Pettiford zu einem Hauptkriterium sinnvollen Baß-Spieles in der Jazzmusik geworden ist: »Humanität«, Expression, Emotionalität, das »Erzählen von Geschichten« . . . So lange können bedeutende Musiker nachwirken.

V.

Pettifords musikalische Existenz ist zwischen zwei Pole gespannt: den Blues und die Romantik.

Der Blues war für ihn wirklich Blues: er war schmutzig und gemein und niedrig, »funky« (was, in sexueller Hinsicht, auch stinkend, klebrig bedeutet). Daß der »Blues In The Closet« seine bekannteste Komposition wurde, könnte fast symbolisch verstanden werden. Der Titel paßt womöglich noch genauer zu Oscar als das musikalische Thema.

Und dann die Romantik. Stundenlang konnte er in Baden-Baden in seinem Garten sitzen und die Berge anschauen und Kompositionen, Themen und Arrangements mit dem Blick auf den Schwarzwald oder die Burgruine Hohenbaden schreiben. Das seinem Sohn gewidmete Stück »Little Cello« entstand aus solch einer Stimmung heraus.

Noch deutlicher spürt man die romantische Ader in den Harfen-Sounds, die Oscar seinen Big Band-Aufnahmen auf ABC Paramount gab, oder in einer Komposition wie »Tamalpais«, angeregt von dem Berg gleichen Namens bei San Francisco (Swing M. 33 329). Oscar sagte: »Der Berg wird durch das Waldhorn von Julius Watkins porträtiert. Die Tenorsaxophonlinien von Phil Urso sind die Winde, die vom Pazifik herkommen und sich am Tamalpais fangen . . .« Und dann erzählte er von dem wunderschönen Indianermädchen namens Tamalpais mit ihren langen Haaren, nach der der Berg benannt ist – eine Art Lorelei der amerikanischen Ureinwohner. So etwas war ihm für seine Musik wichtig.

Aber dann gibt es auch eine instrumentale Spannung im Leben Pettifords. Oscar hat Duos, Trios, unbegleitete Soli, ausgefallene sparsame Besetzungen über alles geliebt, lange vor der zeitgenössischen Bewegung zum unbegleiteten Spiel. Aber er hat auch sein ganzes Leben lang die Sehnsucht nach der Big Band gehabt. Gleichermaßen die Zusammenarbeit mit Dizzy Gillespie in der Anfangszeit des Bebop, wie sein Spiel bei Duke Ellington und vor allem seine familiäre Herkunft von einem Vater, der selbst Big Band-Chef war, haben ihn zum großorchestralen Jazz geführt. In den Geschichten des modernen Jazz wird immer wieder übersehen, daß Oscar zu den ersten Musikern gehört, die versucht haben, großorchestralen Bebop zu spielen. Das ist ein weiterer Punkt, der in der Beurteilung Pettifords falsch liegt und der zu seiner Resignation und Verbitterung geführt hat. Eine der schönsten Big Band-Aufnahmen von Oscar Pettiford aus der großen Zeit des Bebop ist »Somethin' For You« aus dem Jahre 1945, gespielt von Pettiford »and his 18 All Stars« mit Don Byas und Dizzy Gillespie als Solisten.

Oscar war in erster Linie Improvisator. Er hatte das Arrangieren in einem langen und mühsamen Kursus lernen müssen. Er war ein hervorragender Arrangeur, und man kann seinen Willen zum Arrangement und zur Big Band-Musik erst dann richtig ermessen, wenn man weiß, wie frei und ungebunden er zu leben liebte und wie schwer es ihm deshalb gefallen sein muß, sich monatelang mit seinen Arrangement-Lektionen herumzuplagen.

Die überzeugendsten Beispiele für die »instrumentale Spannung« im Leben Oscar Pettifords sind kennzeichnenderweise mit Lucky Thompson verbunden: das eine ist die Oscar Pettiford Big Band auf ABC Paramount (ABC S-227), das andere ist das Lucky Thompson Trio mit Pettiford am Baß und Skeeter Best auf der Gitarre (neuerdings wieder vorgelegt in dem Doppelalbum »Lucky Thompson – Dancing Sunbeam«, ABC Impulse ASH 9307/2).

Es liegt eine liebenswürdige Ironie darin, wie Oscar immer wieder bemüht war, in die swingende, massive, kompakte Musik seiner Big Band-Platten »Kammermusik-Charakter« hineinzubringen. Er tat das vor allem durch die Verwendung der Harfe von Janet Putman, und wer Oscar über diesen Harfen-Sound hat sprechen hören, weiß, daß er ihm mindestens ebensoviel Bedeutung beimaß wie dem swing und den Soli.

Und was das Lucky Thompson Trio betrifft, so hat ein französischer Kritiker gesagt, es sei »das gelungenste und eines der ersten Beispiele eines swingenden, modernen Jazz ohne Schlagzeug«. Es ist bewundernswert, wie Oscar diese Trio-Musik vom Baß her zum Swingen bringt. Dabei könnte man das Wort »Trio« noch weiter einschränken. Im Grunde spielt hier ein Duo: Oscar und Lucky – mit einem sparsamen, oft kaum spürbaren Gitarren-Background von Skeeter Best.

Oscar Pettiford hat sich stets für kommende Entwicklungen und Klänge interessiert. Er empfand, daß Jazz aufhört, Jazz zu sein, wenn nicht Neues geschieht. Beispielhaft dafür sind seine Aufnahmen von Duke Ellingtons »Caravan« mit Thelonious Monk (Riverside RLP-1201) und der zweite Satz der »Freedom Suite« von Sonny Rollins (Milestone 47 007).

Das Zusammenspiel von Oscar Pettiford und Thelonious Monk und

die Sounds, die Oscar im zweiten Teil von »Caravan« gewinnt und die dann von Monk übernommen werden, nehmen etwas voraus, was die Jazzwelt erst viele Jahre nach dieser 1955 gemachten Aufnahme bewußt zu hören gelernt hat: die irisierenden Klänge von Bill Evans und Scott LaFaro.
Ein ähnlich faszinierendes Zusammenwirken gibt es im zweiten Satz der »Freedom Suite« zwischen Oscar Pettiford und Max Roach. Die beiden stellen sich so perfekt aufeinander ein, daß Max Roachs Spiel die Melodiösität und Sensibilität Oscars gewinnt und daß Oscars Spiel perkussiv wie ein Schlagzeug klingt.
Sonny Rollins sagte zu seiner Freedom Suite: »Amerika ist tief verwurzelt in der Kultur des Negers: seiner Art zu sprechen, seinem Humor, seiner Musik. Wie ironisch ist es deshalb, daß der Neger, der mehr als jeder andere die amerikanische Kultur als seine eigene beanspruchen darf, verfolgt und unterdrückt wird, und daß er, der die wahren Attribute der Menschlichkeit in seiner reinen Existenz beispielhaft symbolisiert, mit Unmenschlichkeit belohnt wird.« Oscar Pettiford könnte es auch gesagt haben. Auch deshalb lebte er in Europa.

VI.

Im Herbst 1958 kam Oscar Pettiford mit der Konzertgruppe »Jazz from Carnegie Hall« nach Europa. Ich lernte ihn bei seinem Stuttgarter Konzert kennen, lud ihn ein, und damals faßte Oscar den Plan eines Besuches in Baden-Baden, in »Germany's Black Forest«, wenn er mit seiner Tournee fertig sei. Aus diesem Besuch ist ein fast einjähriger Aufenthalt geworden. Zuerst wohnte er im Hotel, dann nahm er sich eine Vier-Zimmer-Wohnung, einfach, weil es ihm so gut gefiel, denn zu spielen gab es im Grunde nicht viel.
In Baden-Baden wurde Oscar Pettiford der Bassist des Hans Koller-Ensembles und überhaupt fast aller unserer Jazzkonzerte und -produktionen beim Südwestfunk. Das Hans Koller-Oscar Pettiford-Quartett war die beste Combo, die es damals im deutschen Jazz gab (für viele ist sie auch heute noch die beste!), und es machte in diesem Zusammenhang nichts, daß sie aus einem österreichischen Tenorsaxophonisten (Koller), einem ungarischen Gitarristen (Attila Zoller), einem schwarzen Amerikaner (Oscar Pettiford) und einem weißen (Jimmy Pratt) bestand. (Neu aufgelegt: »The Legendary Oscard Pettiford, Featuring Attila Zoller«, Black Lion Records 28 495-OU; enthält auch »Blues In The Closet«.)
Gleich zu den ersten Aufnahmen, die wir in Baden-Baden mit Oscar Pettiford machten – im Dezember 1958 –, war Kenny Clarke als Schlagzeuger aus Paris herübergekommen, und die Rhythmusgruppe

Pettiford-Clarke wurde im Lauf weniger Monate ungeheuer erfolgreich. Man mußte die beiden immer wieder zusammenführen, weil es einfach die beste Rhythmusgruppe war, die in Europa erreichbar war – und wohl überhaupt eine der leichtesten, swingendsten und präzisesten, die es damals im Jazz gab.
Für die Essener Jazztage 1960 holten wir viele berühmte Stars zusammen – Jay Jay Johnson, Coleman Hawkins, Buck Clayton, Buddy Tate, Dicky Wells, Bud Powell, Ella Fitzgerald –, aber kaum ein Kritiker zweifelte daran, daß die Rhythmusgruppe Pettiford-Clarke der eigentliche Höhepunkt des Festivals war, wen auch immer die beiden begleiteten (Coleman Hawkins, Bud Powell, O. Pettiford, K. Clarke »Essen Jazz Festival All Stars«, Debut DEB-131).
Einmal versprach ich Oscar, für ihn ein Ideal-Ensemble nach seinen Wünschen zusammenzustellen. Der erste Musiker, den er unbedingt dafür haben wollte, war Lucky Thompson. Dusco Gojkowic wurde der Trompeter, Hartwig Bartz der Schlagzeuger und Hans Hammerschmid der Pianist des Ensembles. Eine der schönsten Aufnahmen wurde ein großes Duo, das Oscar mit Lucky auf dem Sopransaxophon über Duke Ellingtons »Sophisticated Lady« aufnahm.
Zusammen mit Lucky auf dem Tenor und Dusco auf der Trompete ergab sich ein dreistimmiger Sound, bei dem Oscars Cello als dritte Horn-Stimme verwendet wurde. Freddy Dutton, der ehemalige Brubeck-Musiker, der damals in Heidelberg wohnte, war am Baß. Dieser Sound war Oscars Idee.

VII.

Wie gering die Notiz war, die die deutsche Jazz-Szene von Oscar Pettiford nahm, spürte Oscar im Grunde erst, als er im Sommer 1959 für ein kurzes Engagement zu Stan Getz nach Kopenhagen ging. Nach acht Tagen stand der Name Pettiford auf den Titelseiten der Tageszeitungen, und in den Feuilletons gab es ganzseitige Artikel über ihn. Oscar mußte sich sagen: Wenn nach einer Woche Aufenthalt in Dänemark so viel und nach fast einjährigem Aufenthalt in Deutschland so wenig geschieht, muß ich wohl meinen Wohnsitz falsch gewählt haben. Im Herbst dieses Jahres gab er seine Wohnung in Baden-Baden auf und siedelte nach Kopenhagen über.
Vier Wochen nach Oscars Ankunft in Kopenhagen waren die ersten dort gemachten Plattenaufnahmen von Oscar Pettiford auf dem dänischen und bald auch auf dem deutschen Plattenmarkt: mit dem dänischen Vibraphonisten Louis Hjulmand und dem schwedischen Pianisten Jan Johansson (Debut DEB 132 bzw. Fontana 688 601 ZL).
In Baden-Baden hatte Oscar Pettiford sich viel um seinen Sohn Cello

gekümmert, in Kopenhagen hatte er kaum mehr Zeit für ihn. Er hatte inzwischen auch noch Zwillinge bekommen: Celleste und Cellina nannte er die beiden mit liebenswerter Naivität.
Oscar klagte immer häufiger über Kopfschmerzen. Seine Freunde nahmen an, daß die Schmerzen von einem Unfall herrührten, den er gehabt hatte, als er im Winter 1958/59 mit Hans Koller und Attila Zoller von Baden-Baden nach Wien gefahren war. Er hatte damals wochenlang im Krankenhaus gelegen und von dem Unfall eine Narbe über der Stirn behalten.
Im Juli 1960 kam Oscar Pettiford noch einmal nach Deutschland. Er war gelöst und guter Dinge wie selten und sprach von tausenderlei Plänen und Hoffnungen. Aber er spürte wohl, daß irgend etwas Ungewisses auf ihn zukam. Er sprach von der Mutter seiner Kinder in Kopenhagen und sagte, daß er sie als seine wirkliche Frau empfinde und sie, sobald er sich von seiner Ehefrau in New York scheiden lassen könne, heiraten wolle. Immer wieder erzählte er von seinen Kindern; und er erinnerte mich auch an sein Lieblingsprojekt: ein Konzert, zu dem all die vielen amerikanischen Jazzmusiker, die in Europa heimisch geworden waren und überall in Europa lebten, versammelt werden sollten. Oscar empfand diese »Americans in Europe« als eine Elite – ähnlich wie sich – eine Generation zuvor – die amerikanischen Literaten um Gertrude Stein, Hemingway und Scott Fitzgerald im Paris der zwanziger Jahre als Elite empfunden hatten. All diese amerikanischen Musiker hatten für ihn die Aufgabe, von der er so oft gesprochen hat: »die message weiterzugeben«. Ich mußte ihm versprechen, daß ich dieses Konzert »Americans in Europe« eines Tages arrangieren würde. (Ich brauchte drei Jahre, bis ich die Mittel dafür beisammen hatte. Der Mitschnitt erschien in den USA auf zwei Plattenalben bei Impulse [AS 36 und 37]. Unter den Mitwirkenden waren Kenny Clarke, Lou Bennett, Bud Powell, Idrees Sulieman, Jimmy Gourley, Bill Smith, Herb Geller, Bob Carter, Jimmy Woode, Don Byas, Albert Nicholas, Peanuts Holland, Nelson Williams . . .: praktisch alle wichtigen amerikanischen Jazzmusiker, die damals in Europa lebten . . . Erst als dieses Konzert 1963 in Koblenz stattfand, wurde uns deutlich, mit welcher Intensität Oscar es gewünscht hatte: es war sein Vermächtnis.)
Anfang September 1960 erkrankte Oskar Pettiford in Kopenhagen. Innerhalb von drei Tagen war er völlig gelähmt. Am 8. September starb er. Die exakte Todesursache konnte nie festgestellt werden, doch wird vermutet, daß der Verkehrsunfall mit Hans Koller zu einer Gehirnverletzung geführt hat, die sich erst nach so langer Zeit ausgewirkt habe.
Es war eine sinnvolle Geste, daß die europäischen – die dänischen, französischen und deutschen – Jazzfreunde sich bemühten, ein klein wenig von dem zurückzugeben, was Oscar ihnen gegeben hatte. Oscars

letzter Wunsch war es – in charakteristischer Distanzierung von den USA als dem Land seiner Haß-Liebe –, daß seine Kinder nicht nach Amerika zurückkehren, sondern in Europa aufwachsen sollten. In Paris gab es ein großes Memorial-Konzert zugunsten der Kinder. In Dänemark organisierte der Jazzkritiker Erik Wiedemann eine Sammlung. Nach einigem Zögern fand in Deutschland eine ähnliche Aktion statt – in Form einer Konzert-Lotterie der Deutschen Jazz-Föderation. (Der Jazz-Club Tuttlingen gewann sie.)
Das Geld, das auf diese Weise zusammenkam, wurde in einem Oscar Pettiford-Fond gesammelt, der in Dänemark unter staatliche Kontrolle gestellt wurde und die Ausbildung der drei Kinder Cello, Cellesta und Cellina auf Jahre hinaus sicherstellte.

VIII.

Wie gesagt, das Lieblingswort Oscar Pettifords war »message«: Botschaft. Zu den Dingen, die er uns beibrachte – um am Schluß dieses Beitrages hierfür ein einziges Beispiel zu geben –, gehört der »message«-Charakter so vieler Jazzmusik. Von Horace Silver gibt es das Stück »To Whom It May Concern« (Blue Note 5062). Die Leute, die es betreffen sollte – erklärte uns Oscar –, waren die vier Musiker des Modern Jazz Quartets. Sie haben auch darauf geantwortet, ebenfalls musikalisch, und vor allem: Sie haben die »message« (der bald eine ähnliche von Miles Davis folgen sollte) verstanden. Die Botschaft war: die schwarze Tradition nicht zu vergessen, Vitalität, Swing und Expression.
Solche Botschaften stehen nicht in den Titeln. Sie werden versteckt und camoufliert – in Zitaten, Anspielungen, Persiflagen und Verfremdungen, die nur die Musiker verstehen. Mingus, Max Roach, Art Blakey, Clifford Brown, Miles, Pettiford selbst waren beziehungsweise sind Meister solcher »messages«, die einen konkreten Inhalt haben. Etwa: Du solltest deine Sache nicht so, sondern anders spielen. Oder: Es ist zwar nett, daß du mein Thema gespielt hast, aber ich habe es ganz anders gemeint. Botschaften also, die hinausgehen über jene Widmungen, bei denen man den Namen des betreffenden Musikers im Titel nennt und die im Grunde nur freundschaftliche Grüße darstellen. Indem die Musiker ihre Botschaften musikalisch formulieren, entziehen sie sie dem Publikum – und vor allem den Kritikern. Entsprechend gibt es auch keine Kritikerstimme – überhaupt bis dato nichts Gedrucktes, in dem je auf diesen Botschaftscharakter von Jazzmusik hingewiesen wäre.
Oscar Pettiford sagte – und jetzt muß ich in Englisch zitieren: »This comes from Africa. It's like mail. They didn't have mail in Africa. So

they used drums, they used music.« (Dies kommt aus Afrika. Es ist eine Art Post. Sie hatten keine Post in Afrika. Deshalb gebrauchten sie Trommeln, gebrauchten sie Musik.)

Musik ist für den Afrikaner – und letztlich überhaupt für den schwarzen Menschen – nicht (oder nur in zweiter Linie) ästhetisches Erlebnis. Sie erfüllt eine Funktion – eine religiöse, eine gesellschaftliche, eine politische, eine unterhaltende oder eben auch die Übermittlung von »Post« – von »messages«.

Oscar Pettiford: »Die schwarze Musik ist voller Botschaften, von Anfang an. Es sind Botschaften von Schwarzen für Schwarze. Weiße Leute wissen das nicht. Sie brauchen es auch nicht zu wissen. Die Botschaften sind nicht für sie.«

Der ganze Blues ist voll solcher »messages«. Einmal, als wir noch am »American Folk Blues Festival« arbeiteten, Mitte der sechziger Jahre, erfuhren wir unmittelbar von einer solchen Botschaft. Als Lightnin' Hopkins, der Blues-Barde aus Texas, der damals zu einer unserer Fernsehproduktionen in Baden-Baden gewesen war, daheim in Texas eine Platte aufnahm, sang er unter anderem »Goin' Back To Baden-Baden« (Arhoolie F 1022) mit den am Schluß gleichsam über den Ozean gerufenen Worten »Hello There«. Nur wenige wissen, daß diese beiden Worte ein Gruß an die Baden-Badener Blueskennerin Stephanie Wiesand waren und daß das ganze Stück in Erinnerung an sie und an diese Tournee der europäischen Blues-Festivals aufgenommen worden war. Frau Wiesand erzählt, Lightnin' Hopkins habe ihr, als er noch in Europa war, gesagt, er werde ihr »einen Brief schicken«: »Natürlich kam nie ein Brief. Erst als dann die Schallplatte erschien, verstand ich: Dies war der Brief.«

Wir alle, die wir damals an den Gesprächen mit Pettiford teilnahmen – meist waren Hans Koller und Attila Zoller dabei, oft kamen einige der Frankfurter Musiker und Jazzleute herüber –, haben viel von Oscar gelernt. Mit einem Mal entdeckten wir Botschaften und Hinweise, die bis dahin nur die amerikanischen Musiker verstanden hatten. Versteht sich, Oscar erklärte das nicht alles bis ins Detail, aber er gab Anstöße zum Verständnis der »messages«. Auch sonst gab er Anstöße: »messages«. Thank you, Oscar.

Mingus und der Schatten Duke Ellingtons

Es ist ein Wesenszug des modernen Jazz, daß viele Musiker – und zwar auffälligerweise gerade solche, die man als besonders »modern« empfindet – einen bestimmten Stil, eine bestimmte Spielweise, einen bestimmten Musiker der Tradition unmittelbar reflektieren. Cannonball Adderley rekapitulierte immer wieder die Gospel- und Negro-Volksmusik seiner Heimat Florida; Ornette Colemans Musik ist voller Erinnerungen an die Blues-Sänger in Texas, wo er geboren wurde und aufwuchs; Don Cherry sagt, die Kritiker hätten noch gar nicht gemerkt, wie indianisch vieles an seiner Musik sei, – er fühle sich so sehr als Indianer wie als Schwarzer; Thelonious Monks Piano-Spiel geht unmittelbar zurück auf das Harlem Stride Piano der zwanziger Jahre . . . Dutzende ähnlicher Beispiele ließen sich anfügen.

Vielleicht braucht ein Musiker gerade dann, wenn er die technisch-konventionellen Bindungen zu seiner Tradition löst – zur überlieferten Harmonik, Melodik, Metrik, Phrasierung –, einen Traditions-»Ersatz«: eine emotionelle Bindung an Musiker, die er bewundert, an Expressionen, die er – wenn auch in einem anderen Stilbereich – als den seinen verwandt empfindet, an Stile, denen er sich verbunden fühlt, an Musikarten, die er in seiner Jugend gehört hat.

Auch in der Konzertmusik gibt es ja diese Form der Bindung. Man denke nur an die Rolle, die die Volksmusik Ungarns für Bartók oder die die alte norddeutsche Kantoren-Tradition für Hindemith gespielt haben.

Diese Rolle spielt Duke Ellington für Charles Mingus.

Gunter Schuller über Mingus' »Invisible Lady« von 1961 (Atlantic 1416): »Das Stück erinnert in mindestens zwei Punkten an Ellington. Das eine ist der Titel, der Dukes berühmte Galerie musikalischer Frauenportraits weiterführt, und das andere ist die Musik, ein Vehikel für Jimmy Kneppers elegant fließende Posaune, durchaus derjenigen von Ellingtons großem Mit-Portraitisten Lawrence Brown entsprechend.« An einer anderen Stelle weist Schuller auf eine dritte Beziehung zu Ellington hin: »Wie Ellington am Piano, so inspiriert Mingus auf seinem Instrument das Orchester. Er liefert die Materialien, auf denen die Musiker aufbauen können – mit seinem treibenden beat, seinem persönlichen Magnetismus und der Intensität seiner spontanen

Charles Mingus

Duke Ellington

Einfälle.« Geradezu frappant spürt man dies bei den Aufnahmen, bei denen Mingus nicht Baß, sondern – wie der Duke – Piano spielt, auch etwa in »Invisible Lady«. Dieses ganze Stück ist in verblüffender Weise ein in die Welt von Mingus verpflanzter Duke Ellington. Man vergleiche es nur mit einer Ellington-Aufnahme wie »Prelude To A Kiss« von 1938 mit Lawrence Brown und Johnny Hodges als Solisten (Columbia CL 2048), um die Parallelen selbst nachempfinden zu können.
Mingus hat es als den »entscheidenden Moment« seines Lebens bezeichnet, als er zum ersten Mal Duke Ellington hörte. Er erinnere sich noch genau an das Stück: es sei »East St. Louis Toodle-Oo« gewesen, eine Komposition von 1927, lange der Theme-Song der Ellington-Band. Mingus sagt: »Das war das erste Mal, daß ich erfuhr, daß es noch etwas anderes gab außer Kirchenmusik.« Er habe das Stück auf einem alten, mit Kopfhörern ausgestatteten Kristall-Radio gehört, wie es sie Ende der zwanziger, Anfang der dreißiger Jahre gegeben hat. Vorher habe er nur die Spiritual- und Gospelmusik der »Holiness Church« in Los Angeles gekannt, zu der ihn seine Stiefmutter jeden Sonntag gebracht habe.
Charles Mingus kommt immer wieder auf diese Kindheitserinnerungen zurück. Man darf also annehmen, daß sie einen Kristallisationsmoment – vielleicht den entscheidenden in der Entwicklung des Kindes zu einer musikalischen Persönlichkeit – bildeten. Es war – wenn man es einmal so ausdrücken darf – die Befruchtung der Gospel-Erfahrung durch Ellington. An diesem Punkt entstand der Musiker Mingus. Nicht zuletzt von hierher rührt der ständige Wunsch Mingus', sich mit Ellington auseinanderzusetzen – etwa im »Open Letter To Duke« von 1959 (Columbia CS 8171) oder in »MDM« (= Mingus-Duke-Monk) von 1960 (Candid 8021) oder in »Duke Ellington's Sound Of Love« von 1974 (gleich zweimal im gleichen Doppelalbum, Atlantic 60 108) oder in den verschiedenen Duke-Themen, die Mingus aufgenommen hat: »Take The A-Train« und »Do Nothing Till You Hear From Me« von 1960 (Mercury MG 20 627) und den beiden Versionen von »Mood Indigo« (1959 auf Columbia CL 1440 und 1963 auf Impulse A-54) oder der Ellington-Medley in Monterey (Mingus 1) und in vielen anderen Stücken. Es ist ein unablässiger Zwang, die eigene Musik mit der Ellingtons zu konfrontieren. Gerade bei Mingus darf man hierin gewiß auch eine komplexhafte Reaktion sehen. War es doch Mingus selbst, der einen Psychoanalytiker bat, den Begleittext für eine seiner Platten zu schreiben; mit immer wieder neuen Hinweisen (»Sigmund Freud's Wife Was Your Mother«) regte er die Kritiker an, seiner Musik mit den Mitteln der Psychoanalyse näherzukommen.
Das Entscheidende freilich hat nichts mit Psychoanalyse, sondern mit musikalischen Fakten zu tun: Im Grunde gab es jahrelang neben Duke Ellington nur noch einen einzigen anderen Jazzmusiker, der die Fähig

keit besaß, mit seinem ganzen Ensemble »orchestral« zu improvisieren, der aus spontaner Intensität kollektive Wirkungen schuf, immer wieder andere und neue: eben Charles Mingus – aber heute natürlich, auf dem Wege über den großen Mingus-Einfluß, eine Fülle anderer Ensembles in Europa und den USA, die hierin – und in anderen Punkten – im Schatten von Ellington und Mingus stehen.

Wer im Jazz von Kollektivimprovisation spricht, denkt zunächst einmal an das drei- oder vierstimmige New Orleans- und Dixieland-Kollektiv. Es handelt sich dabei um eine praktikable, einfache Methode, die auch von durchschnittlichen, unausgebildeten Musikern gehandhabt werden konnte. Später ist echte Kollektivimprovisation immer mehr zu einem Glücksfall geworden – bis hin etwa zu den »head«-Arrangements der alten Basie-Band, die sogar die Musiker selbst damals als »Glücksfälle« bezeichneten. Je weiter die musikalischen Möglichkeiten und Anforderungen fortschritten, desto ausschließlicher bedeutete Improvisation in der Jazzmusik: das Improvisieren eines einzelnen Solisten zur Begleitung der Rhythmusgruppe, vor dem Background des Ensembles. Das ist vielleicht Mingus' wichtigster Beitrag: daß er die Kollektivität der traditionellen Jazzimprovisation mit den musikalisch-technischen Möglichkeiten des modernen Jazz verbunden hat.

Mingus arbeitete dabei durchaus ähnlich wie Ellington. Er erzählt: »Ich spielte die Kompositionen Phrase für Phrase meinen Musikern vor. Ich wollte, daß die Musik in ihren Ohren steckte, nicht mehr nur auf dem Papier, damit sie die komponierten Parts mit so viel Spontaneität und Soul spielen konnten, wie sie ihre Soli bliesen. Und ich entschloß mich, ein größeres Ensemble zu verwenden, einer Big Band ähnlich; ich wollte so viele verschiedene Linien hören, wie ich Musiker hatte.« Und – etwas später: »Ich sagte den Musikern, daß sie genau auf das hören sollten, was ich am Baß tat. Wenn ich etwas änderte, dann mußten sie in eine andere Richtung gehen. Dies ist eine sehr flexible Art zu arbeiten. Die einzige weitere Orientierung, die ich ihnen noch geben konnte, lag darin, daß, wenn ich jemanden etwas besonders Gutes spielen gehört hatte, ich ihn daran erinnerte, wenn wir das betreffende Stück wieder spielten, damit er es wieder so mache. Aber als Ganzes geschieht ja doch niemals dasselbe noch mal.« Jeder, der Duke Ellingtons Arbeitsweise kennt, weiß, daß man nur ein paar Akzente zu verschieben braucht, damit diese Sätze genausogut für Duke wie für Mingus gelten können.

Man kann die Beziehungen zwischen Duke und Mingus bis in Details verfolgen; sie wurden meinem Gefühl nach im Laufe der Jahre immer intensiver. Hierfür sprechen vor allem zwei Punkte: die auch bei Mingus spürbare Tendenz zu größeren Formen und der Wille zur Rekapitulation.

Mingus' »The Black Saints And The Sinner Lady« von 1963 (Impulse

A-35) ist angelegt wie eine der großen Ellington-Suiten. Man wird an Dukes »Black, Brown And Beige« von 1944 erinnert. Und es ist sicher kein Zufall, daß diese Tendenz zur größeren Form bei Mingus zum ersten Mal gerade im »Open Letter To Duke« 1959 deutlich wird – reich und vielfältig abgestuft und gegliedert, wie das für ein so kurzes Stück – der »Open Letter« dauert nur wenig mehr als 4 Minuten – ungewöhnlich im Jazz ist.
Der formale Reichtum der Mingus-Musik steigert sich ständig – ähnlich wie er sich bei Ellington von den vorsichtigen Anfängen des »Diminuendo And Crescendo In Blue« der dreißiger Jahre zur Shakespeare-Suite der fünfziger oder der New Orleans-Suite der sechziger Jahre gesteigert hat. Bei Mingus ist »Sue's Changes« aus dem »Changes One«-Album (Atlantic 60 108) von 1974 ein vorläufiger Höhepunkt: ein Portrait von Susan Graham, der Verlegerin der Zeitschrift »Changes«; aber, so fügt Mingus hinzu, das Stück »handle von einigen Stimmungen, durch die Sue hindurchgehe, nicht von ihrem Magazin . . .« Die Ingeniosität, mit der Mingus dabei die verschiedensten Themen und »Stimmungen« nicht einfach nur aneinanderreiht, sondern ineinander verzahnt und auseinander entwickelt und wieder zueinander zurückführt: das hat im Jazz so nur noch Duke Ellington gekonnt (der es ja – ähnlich wie Mingus – liebte, Frauen musikalisch zu portraitieren. Ellingtons und Hodges' »Warm Valley« – man weiß, welches Tal da gemeint ist – und Mingus' »Passions Of A Woman Loved«: das ist eine weitere Beziehung, für die sich schwerlich Parallelen bieten dürften!).
Mingus' Stücke wie »Open Letter To Duke« oder »Sue's Changes« schaffen Form und Gliederung durch verschieden abgestufte Tempi und Rhythmen. Nächst seinem Verhältnis zur Kollektivimprovisation ist dies vielleicht Mingus' wichtigste Leistung: die Virtuosität, mit der er die Tempi verschiebt, die Selbstverständlichkeit, mit der er von einem Tempo in das andere übergeht, und die Logik, die diese Tempo-Übergänge besitzen. Darin übertrifft er sein Vorbild Duke Ellington. Mingus muß einen ungeheuren Magnetismus auf die mit ihm spielenden Musiker ausstrahlen; jeder folgt ihm sofort bei den kleinsten Tempo-Veränderungen. Gewiß hat auch das Zusammenspiel von Mingus mit seinem langjährigen Schlagzeuger Dannie Richmond hieran Anteil. Man könnte sagen: Mingus spielt mit größerer Leichtigkeit und Selbstverständlichkeit in einem halben Dutzend verschiedener Tempi als manche Musiker in nur einem einzigen.
Jahrelang war der Zug zur Rekapitulation eine besonders typische Eigenschaft von Duke Ellington. Der Duke hatte seine berühmten Stücke über die Jahre hinweg immer wieder neu bearbeitet und aufgenommen, hat sie in immer wieder neuem Licht gesehen. Nun ist es gewiß so, daß auch viele andere Jazzmusiker ihre Erfolgsstücke ihr gan-

zes Leben lang spielen. Aber bei Ellington war es anders: er wiederholte nicht bloß, sondern versuchte, dem Wesen einer Komposition immer stärker und intensiver nahezukommen, den Kern seines Werkes immer deutlicher »herauszudestillieren«. Er tat das aus dem Gefühl heraus, daß die musikalischen Möglichkeiten, die er im Laufe seines Lebens gewonnen hatte, ständig größer geworden waren. Deshalb empfand er, daß er die alten Stücke später gültiger und »besser« spielen konnte, als in der Zeit, in der sie entstanden waren.
Ähnlich bei Mingus, der geradezu in seinen Stücken zu »bohren« scheint. Die meisten der berühmten Mingus-Themen besitzen wir viele Male in vielen verschiedenen Versionen, oft nur im Abstand weniger Jahre entstanden: die »Fables Of Faubus«, »What Love« (basierend auf dem Standard »What Is This Thing Called Love«), »Sigmund Freud's Wife« (basierend auf »All The Things You Are«), »Good Bye Pork Pie Hat« (auch als »Theme For Lester Young« bezeichnet), »Orange Was The Colour Of Her Dress«, »Better Get It In Your Soul« (auch abgewandelt zum »Saturday Night Prayer Meeting«), die diversen, immer weiterentwickelten Jelly Roll Morton-Tribute (»Jelly Roll«, »My Jelly Roll Soul« etc.) . . .
Mingus hat gesagt, daß er »am liebsten all seine früheren Platten, von einer vielleicht abgesehen, fortwerfen und sie noch einmal aufnehmen möchte«. Das hätte auch ein Gedanke von Ellington gewesen sein können, der gesagt hat, sein größter Konkurrent sei ein anderer Duke Ellington: derjenige von vor zwanzig oder dreißig Jahren, weil die Kritiker alles, was er heute spiele, mit dem verglichen, was er damals gespielt habe, und weil dabei der spätere Ellington oft schlechter wegkomme als der frühere. Ellington sagte das mit einem leisen Ton des Vorwurfs gegen die Kritiker. Mingus sagt es mit einem lauten Ton des Zorns gegen die Plattenfirmen. Der musikalische Sachverhalt, der dahinter steht, ist bei beiden Musikern der gleiche: das Bedürfnis, Stücke, die man früher erfolgreich gespielt hat, immer wieder neu zu fassen und weiterzuentwickeln.
Beide – Mingus wie Ellington – unterlagen gelegentlich der gleichen Selbsttäuschung. Sie dachten, daß ein Stück in dem gleichen Maße, in dem es »moderner« wird, in dem es technisch und handwerklich perfekter gespielt wird, auch ausdrucksmäßig und künstlerisch »besser« werden muß. Sie übersahen, daß der schöpferische Vorgang, der sich in der Originalaufnahme abspielte, oft durch keine noch so überlegene handwerkliche Perfektion ersetzt werden konnte.
Im Zusammenhang mit Duke Ellington ist dieser Sachverhalt bekannt. Viele Kritiker haben darauf hingewiesen. Was Mingus betrifft, so vergleiche man nur einmal die ursprüngliche Version von »Better Get It In Your Soul« von 1959 (Columbia CL 1370) mit der späteren von 1963 (Impulse A-54). Mingus nennt die Neu-Aufnahme »Better Get

Hit In Your Soul« und macht schon durch die Variierung des Titels deutlich, daß er die 1963er-Version für intensiver und stärker hält als die alte. In Wirklichkeit ist die neuere nur perfekter gespielt und natürlich auch besser aufgenommen. Aber das Stück, in dem sich der kreative Prozeß abspielt, in dem wirklich etwas »geschieht« – Erstaunliches geschieht –, ist die Originalaufnahme. Daran ändert auch die Tatsache nichts, daß bei dem Original gelegentlich eine gewisse Unsicherheit spürbar ist. Vielleicht hatte Mingus – wie er es ja gern tut – das Thema gerade erst zur Plattenaufnahme mitgebracht. Andererseits: die Tatsache, daß die Musiker auf der Impulse-Version ein schon oft gespieltes, erfolgreiches, oft verlangtes Stück wiederholen, hat möglicherweise jenen perfektionierten Routine-Charakter verursacht, den man als so störend empfindet.
Es war schon am Anfang davon die Rede, daß Mingus in den wenigen Aufnahmen, auf denen er Klavier spielt, das gleiche Verhältnis zum Piano zeigt wie Duke Ellington. Aber es ist auch umgekehrt – und dabei gewinnt die Beziehung Duke-Mingus eine fast ironische Präzision: Duke Ellington hat das gleiche Verhältnis zum Baß wie Mingus – trotz der Tatsache, daß der Duke ja kein Bassist war; er hat es auf dem Wege über andere Bassisten. Niemand vor Mingus hat den Baß so prominent und so expressiv verwandt wie Duke Ellington, und zwar schon seit dem Ende der zwanziger Jahre, als er 1928 mit Wellman Braud in »Hot And Bothered« die erste Aufnahme mit einem besonders verstärkten Baß gemacht hat, über die Versuche der dreißiger Jahre, zwei Bässe miteinander zu kombinieren, bis hin zu all dem, was Anfang der vierziger Jahre durch Jimmy Blanton und später dann durch Oscar Pettiford bei Ellington folgte. Nicht umsonst ist das Baß-Spiel der einzige Punkt, an dem das Orchester Duke Ellington direkt und unmittelbar in die Entwicklung des modernen Jazz eingegriffen hat. Und nicht umsonst sind gerade die Aufnahmen mit den Bassisten Jimmy Blanton und Oscar Pettiford die schönsten Combo-Aufnahmen (RCA Victor LPM 6009), die wir von Ellington kennen. Mehr als zwanzig Jahre später, 1962, empfand man – über die trennende Wand des Stilwandels hinweg – die gleiche Integration des Zusammenspiels bei den Trio-Aufnahmen, die Ellington und Mingus gemeinsam gemacht haben (unter Mitwirkung von Max Roach, bei United Artists).
Der Bassist Ray Brown erzählt gelegentlich: Ellington sei – neben Jimmy Blanton – der eigentliche »Grund«, weswegen er Baß-Spielen gelernt habe – eine erstaunliche Bemerkung, wenn man bedenkt, daß es doch üblicherweise Musiker des gleichen Instrumentes sind, die einen derartigen Anstoß geben. Nirgendwo sei es Brown so deutlich geworden wie bei den Platten des Duke, daß der Baß »das schlagende Herz eines Orchesters« sei.

Gelegentlich spürt man: Sogar in menschlicher Hinsicht möchte Mingus gern wie Duke Ellington sein. Einen seiner schönsten Ellington-Tribute hat er »Duke's Sound Of Love« genannt. Das wohl hört er beim Duke zu allererst: die Liebe. Sie motiviert die Musik, motiviert damit auch all die technischen, handwerklichen, stilistischen Elemente, die Mingus von Duke übernommen hat. Was er wirklich meint, sind nicht so sehr diese Elemente, sondern die Liebe, die dahinter steht.
Die musikalischen Parallelitäten zwischen Mingus und Ellington sind um so eindrucksvoller, als die beiden in menschlicher Hinsicht so völlig verschieden sind. Ellington ist ohne die Komplexe, ohne den Zorn und den Haß von Mingus ausgekommen. Keiner seiner Musiker hat ihn je verklagt – wie der Posaunist Jimmy Knepper es tat, weil Mingus ihm ins Gesicht geschlagen hatte. All die Spannungen und Auseinandersetzungen, unter denen so viele Musiker gelitten haben, die bei Mingus gespielt haben, hat es bei Ellington nie gegeben. Beim Duke blieben die Musiker ein Leben lang! Bei Mingus kommen und gehen sie – aber kommen auch wieder, wie Toshiko, die japanische Pianistin, die Anfang der sechziger Jahre kaputtzugehen schien unter Mingus' Quälereien – und inzwischen nun doch wieder bei ihm gespielt hat.
Besonders quälend waren in den Mingus-Bands die immer wieder durchbrechenden Vorbehalte gegenüber weißen Musikern – etwa Bobby Jones gegenüber, dem Tenorsaxophonisten und Klarinettisten, der doch nun wirklich ideal in das Konzept seines Leaders hineinpaßte, zumal als Klarinettist, mit einem Sound, der an Edmond Hall, den großen schwarzen Swing-Klarinettisten, erinnert. Mingus wußte das auch – zunächst! Aber dann schikanierte er Bobby so sehr, daß der es nicht mehr aushielt.
Im Laufe der Jahre ist es Mingus immer besser gelungen, seine Komplex-Reaktionen, nun, vielleicht noch nicht wirklich zu meistern, aber sie doch mit ganzen Packungen von Tranquilizer-Pillen zu dämpfen. Leider dämpfte er sich dabei auch als Baß-Solisten; das ist er ja längst nicht mehr: der virtuose, hinreißende, unendlich einfallsreiche Baß-Improvisator, der er in der zweiten Hälfte der fünfziger Jahre gewesen ist. Andererseits: als Bandleader, Komponist und Begleitbassist gewann er in dem gleichen Maße, in dem es ihm gelang, seine Emotionalität zu bändigen. Da wird er immer noch souveräner.
Ellington andererseits gehörte einer Generation an, die emotionell noch vorsichtig sein mußte. In dieser Generation hatte man »integriert« zu sein, sonst konnte man es einfach nicht »machen«. Jenseits davon stellte sich das den Komplex auslösende rassische Problem für Ellington genauso dringlich wie für Mingus. Was Ellington in »New World A-Coming« oder in »Black, Brown And Beige« sagte, ist »preprotestant-Mingus«.
Auch hatten beide – Mingus und Duke – ein vergleichbares Verhältnis

zu ihrem Publikum. Sie reflektierten sich im Publikum – in einer narzißtischen Attitüde. Deshalb die langen Ansprachen von Mingus, die ihm psychisches Bedürfnis sind. Auf »Charlie Mingus Presents Charlie Mingus« von 1960 (Candid 8005) gibt es diese Ansprachen sogar im Studio. Mingus tat dabei so, als befände er sich in einem Nightclub. Das heißt: Er dachte sich den »Spiegel«, obwohl gar keiner da war, so nötig brauchte er ihn. Bei Mingus ist das alles komplizierter, komplexhafter als bei Dukes unbeschwertem »Love You Madly«, wo die narzißtische Attitüde einfach nur amüsant ist. Mingus demgegenüber: »It's getting more and more difficult for man to just love.«

In Memoriam Peter Trunk

Peter Trunk wurde am 17. Mai 1936 in Frankfurt geboren. Er betrat die deutsche Jazz-Szene in der Mitte der fünfziger Jahre. Zunächst spielte er mit Musikern wie dem englischen Trompeter Stu Hamer, dem deutschen Pianisten Werner Giertz und mit Klaus Doldinger. Er brauchte keine Anlaufzeit. Er war auf der Szene – und schon galt er als der beste Bassist des deutschen Jazz. Das blieb er sein Leben lang.

Bereits 1957 begleitete er so berühmte amerikanische Jazz-Stars wie Kenny Clarke und Zoot Sims, 1958 Stan Getz und die holländische Sängerin Rita Reys. Ab 1958 spielte er mit Albert Mangelsdorff, zunächst in dessen Septett am Hessischen Rundfunk, dann – 1960 – wurde er Mitglied der eigentlichen Mangelsdorff-Gruppe. Eines seiner Solo-Stücke bei Albert war »La Vern Walk« von Oscar Pettiford, ein besonders schwieriges Baßstück, schwierig auch deshalb, weil der Komponist, einer der großen Bassisten des Jazz, in Baden-Baden lebte und sein Stück selber oft spielte. Die Vergleichsmöglichkeit lag also für die deutschen Jazzfreunde gewissermaßen »vor der Tür«. Peter Trunk benutzte jede Gelegenheit, den berühmten amerikanischen Baß-Kollegen zu treffen, mit ihm zu reden, von ihm zu lernen, Kniffe zu erfahren . . .

In den sechziger Jahren gewann Peter das Gefühl, die deutsche Jazz-Szene genüge ihm nicht. Er reiste so viel in der Welt herum wie meines Wissens damals kein anderer deutscher Jazzmusiker – nicht um große Tourneen zu machen, sondern um zu lernen und neue Musiker kennenzulernen. Aus eigener Initiative fuhr er mehrfach nach New York, bei den damals noch hohen Flugkosten und den noch höheren Lebenshaltungskosten in Amerika für einen deutschen Jazzmusiker durchaus ungewöhnlich. Bereits bei seiner ersten US-Reise, Ende der fünfziger Jahre, hatte er seine Frau kennengelernt, die Sängerin Stella Banks, die die New Yorker Szene gut kannte und Peter darin einführte. Eine Weile lebten die beiden in Paris. Dort wurde Trunk der Lieblingsbassist all der amerikanischen Solisten, die nach Europa kamen.

Ich erinnere mich an ein SWF-Konzert mit Lucky Thompson, dem großen amerikanischen Tenorsaxophonisten, das wir in Konstanz veranstalteten. Wie immer in solchen Fällen fragte ich Lucky, mit welchen Musikern er zusammenspielen wolle. Lucky darauf, wie aus der Pistole

Peter Trunk

geschossen: Am wichtigsten sei ihm Peter Trunk, der sei der beste Bassist, den er in Europa kenne. Damals entstanden eine Reihe wunderbarer Duos mit Lucky Thompson auf dem Tenor- bzw. Sopransaxophon und Peter Trunk am Baß – Duos, die man um so höher einschätzen wird, wenn man sich vergegenwärtigt, daß Luckys ursprünglicher, amerikanischer Duo-Partner in den fünfziger Jahren eben Oscar Pettiford gewesen ist!

Zu ähnlich inspiriertem Duo-Spiel kam es, ein paar Jahre später, mit einem anderen weltberühmten Tenorsaxophonisten: dem 1973 verstorbenen Ben Webster (auf der Platte »Ben Webster Meets Don Byas«, MPS 21 20 658-0). Es war zunächst geplant, daß Ben ein unbegleitetes Solo spielen sollte, aber ich erinnere mich lebhaft, wie er, kurz nachdem er Peter Trunk kennengelernt hatte, sagte: Er möchte unbedingt Peter dabei haben. Überhaupt – Peter Trunk war ein idealer Duo-Partner, nicht zuletzt auch immer wieder mit Albert Mangelsdorff, lange vor der heutigen Duo-Welle.

Von Paris fuhr Peter Trunk nach Spanien und lernte dort den blinden katalanischen Pianisten Tete Montoliu kennen – so gut kennen, daß er eine Weile in Spanien blieb und man ihn aus Barcelona kommen lassen mußte, wenn man ihn in Deutschland für ein Konzert oder eine Plattenaufnahme brauchte. Peter und Tete bildeten ein prächtiges Gespann, beide von gleicher Expressivität und Solidität des swing, beide im Grunde von schwarzem Jazzfeeeling. »Wir Katalanen sind eigentlich doch farbige Leute«, hatte Montoliu damals gesagt.

Das war der Grund, aus dem Peter von den großen amerikanischen Jazzmusikern als Baß-Begleiter bevorzugt wurde: Weil er, wie damals kein anderer europäischer Bassist, die Kraft und Expressivität schwarzer Musik besaß.

Von Spanien ging Peter nach Köln. Er wurde Bassist des Orchesters Kurt Edelhagen. Gelegentlich sprach er davon, daß er sich nicht recht wohl fühle in dieser Band, daß aber ein solcher Job notwendig für ihn sei. Er erfüllte seine Pflicht mit großem persönlichem Eifer und mit der Solidität und Gründlichkeit, die ihm eigen waren. Und er blühte geradezu auf bei den wenigen Sessions, bei denen Kurt Edelhagen avantgardistische, ausgefallene Aufnahmen machte – zum Beispiel bei Carla Bleys eigenwilliger Komposition »Oni Puladi«, die Carla als Gedenkstück für einen verstorbenen Freund konzipiert hatte und die nun rückläufig – mit einem wunderbaren Baß-Solo – auch zu einem Gedenkstück für Peter geworden ist.

Ende der sechziger Jahre gingen Peter und seine Frau Stella nach München. Als Volker Kriegel 1971 seine erste Spektrum-Gruppe gründete, wurde Peter der Bassist der Gruppe, bevor Eberhard Weber diese Stelle übernahm. Peter Trunk und Weber sind ja oft miteinander verglichen worden – und es war ein Glücksfall, daß wir so viele Jahre hindurch auf der deutschen Jazz-Szene die Wahl zwischen beiden hatten: dem brillanten, beweglichen, quicklebendigen, »europäischen« Eberhard Weber und dem intensiven und expressiven, »schwarz« klingenden Peter Trunk. In einer der schönsten Aufnahmen, die Peter mit der damaligen Spektrum-Gruppe machte – in »Strings Revisited« –, griff er auch zum Cello, und auch hier zeigte sich, daß er seinen Oscar Pettiford gründlich studiert hatte (»Spectrum«, MPS 21 20 874-5).

Seit dem Ende der sechziger Jahre hatte Peter sich in wachsendem Maße für Jazz-Rock interessiert. 1973 produzierte er aus eigener Initiative und aus eigenen Mitteln in einem Münchener Studio die, wie er gesagt hat, für ihn wichtigste Platte: »Sincerely P.T.« (Spiegelei 28 578-3 U). Peter hat sie großartig besetzt: mit Manfred Schoof und Shake Kean auf zwei Trompeten, Jiggs Whigham (Posaune), Jasper van t'Hof (Keyboards) und Siggi Schwab (Gitarre). Das Wichtigste aber waren ihm zwei Schlagzeuger: ein Rock-Mann – Curt Cress, und ein Jazzmann – Joe Nay. »Sincerely P.T.« war allen Integrationen von Jazz und Rock, die bis dahin auf der deutschen Szene geschaffen worden waren, weit voraus. Und Peter zeigte sich hier auch als hervorragender Komponist und Arrangeur, am eindrucksvollsten wohl in seinem Stück »Line«.

Die Gruppe, zu der Peter Trunk in den letzten Jahren seines Lebens als ständiges Mitglied gehörte, war das New Jazz Trio von Manfred Schoof, ein viel zu wenig gewürdigtes Ensemble, das in einer Ausgewogenheit und Ausgeglichenheit, für die es in diesen Jahren kaum einen Vergleich gab, die »Hauptströme« des Jazz miteinander verband – Bebop und Swing, freies Spiel und Avantgarde. Das kennzeichnet Peter Trunk am meisten, neben seiner Expressivität: daß er für all diese Tendenzen in gleichem Maße offen war. Deshalb konnte er sich auch zu einem so hervorragenden E-Bassisten entwickeln. Viele Musiker, die mit dem akustischen Baß aufgewachsen sind, haben das nicht geschafft.

Vor Weihnachten 1973 kam Peter Trunk zum New Jazz Meeting Baden-Baden. Es sollte der letzte Job seines Lebens werden. Wir alle lernten bei dieser Begegnung einen neuen Peter Trunk kennen: Nicht mehr nur den stillen, immer ein wenig introvertierten, der Sache dienenden Bassisten, sondern auch einen Bandleader von großer Ausstrahlung und mitreißender Überlegenheit. Als beispielsweise der südafrikanische Pianist Chris McGregor, selbst gewiß ein hervorragender Bandleader, bei der Einstudierung eines Stückes in Schwierigkeiten geriet, war es Peter Trunk, der durch die Art der Fragen, die er an McGregor richtete, Klarheit zu schaffen wußte und schließlich auch die nicht ganz so klaren Antworten McGregors so verdeutlichte, daß die anderen Musiker wußten, woran sie waren.

Wie immer gab es beim Mainzer Schlußkonzert des Meetings begeisterten Beifall. Das Publikum bestand auf Zugaben, man wollte die Musiker einfach nicht fortgehen lassen. Da wir kein weiteres Stück einstudiert hatten, das noch gespielt werden konnte, bat ich nach kurzer Verständigung mit den Musikern unter deren ausdrücklicher Zustimmung Peter Trunk, das große Ensemble des New Jazz Meetings zu übernehmen und spontan ein Stück zu improvisieren. Nun kann man gewiß mit einer solchen Gruppe avancierter Musiker nicht einfach eine Jam-Session machen. Aber Peter löste seine Aufgabe großartig – mit suggestiven und intensiven Dirigierbewegungen den ganzen Musikerapparat dahin lenkend, wohin er ihn haben wollte; wie gesagt, es war für uns alle ein neuer Peter Trunk.

Unmittelbar nach dem Mainzer Konzert fuhren Peter und Stella nach New York, um Familienangehörige zu besuchen. Während des Meetings hatte er davon gesprochen, wie sehr er sich auf diese Reise freue, nicht zuletzt, um wieder einmal mit Musikern der amerikanischen Szene zusammenkommen zu können. In der Silvesternacht wollte er mit seiner Frau und deren Verwandten Freunde besuchen, als vor dem Wohnhaus ein Auto mit hoher Geschwindigkeit die wartende Menschengruppe erfaßte. Peter Trunk, 37 Jahre alt, war auf der Stelle tot, seine Frau und deren Familie erlitten Verletzungen.

Ich glaube, es ist in Peters Sinn, wenn das, was er für die deutsche Jazz-Szene bedeutete, nicht nur in Worten gesagt wird, sondern musikalisch. Am schönsten hat es Albert Mangelsdorff gesagt: in seinem Gedenkstück »For Peter« (»The Wide Point«, MPS 20 22569-0).

Kleine Geschichte des deutschen Nachkriegsjazz (1945–1960)

15 Jahre Jazz – 1945 bis 1960: Man hat von der »Goldenen Zeit des deutschen Jazz« gesprochen. Wir werden sehen, wie sehr dieser Ausdruck differenziert werden muß. In jedem Fall: Danach – ab etwa 1960 – beginnt etwas anderes: die Emanzipation.
Jazz in Deutschland von 1945 bis 1960: 15 Jahre Jazz mit ein paar hundert Amateurbands allüberall und Jazz-Clubs selbst in Hintertupfingen. Mit viel zu wenig professionellen Jazzmusikern. Mit vier jährlichen Festivals, die schwerpunktmäßig so geschickt gegeneinander ausgewogen waren, daß es uns heute besser ginge, wenn es immer noch so wäre: das Deutsche Jazz-Festival in Frankfurt, der Jazz-Salon zunächst in Dortmund, später in Berlin, die Essener Jazztage (aus denen die Berliner Jazztage entstanden) und das Düsseldorfer Amateur-Festival mit Vor-Ausscheidungen in Berlin, Hamburg, Stuttgart, München und ich weiß nicht wo noch. All das der Nachwelt erhalten in Bergen von Bändern, die in diversen Funk- und Firmenarchiven lagern.
Wie kann man dieses Riesenmaterial ordnen? Historie, der streng chronologische Ablauf, ist nicht beliebt; sie würde langweilig wirken – als Wust von Aufzählungen. Ich glaube, die geographische Ordnung ist die beste. Der deutsche Nachkriegsjazz fing 1945 in Berlin an. Er feierte einen ersten, jähen Höhepunkt in der »Mitternacht in München« des Bayerischen Rundfunks. Dann ging der Trend nach Frankfurt, der »Hauptstadt« des Deutschen Jazz. Ich selbst habe versucht, Baden-Baden, den »Grünen Fin-de-Siècle-Salon«, dem das so gar nicht schmeckte, zu einem Zentrum zu machen. Hier begann die Jazz-Fernseharbeit. Hier kamen alljährlich die Deutschen All Stars, alljährlich auch die Preisträger der Amateur-Ausscheidungen zusammen.
Es gibt zwischen all diesen Zentren – und noch einigen weiteren Orten, von denen die Rede sein wird – zahlreiche Überschneidungen. Aber das erschwert nicht, wie es bei einem chronologischen Ablauf der Fall wäre, sondern erleichtert die Übersicht.
Ich habe diese »Kleine Geschichte des Deutschen Nachkriegsjazz« unter dem Gesichtspunkt zusammengestellt, was weitergewirkt hat. Das Adjektiv »Kleine« ist mir wichtig; die Konzentration war schon aus Raumgründen eine Notwendigkeit. Es gibt viele Namen und Ereignis-

se, die ich übergehen mußte; ich bedauere das. Und es gibt viele Musiker, Aufnahmen und Platten, die ein anderer Chronist notwendigerweise anders bewerten wird. Ich kann nur über das schreiben, was ich miterlebt und selber erfahren habe.

Berlin, die Anfänge

Die erste nennenswerte Gruppe des deutschen Nachkriegsjazz waren die »Berlin All Stars«. Sie schlüpften noch in den chaotischen ersten Monaten nach dem »Zusammenbruch« aus den Kellern und Ruinen der zerstörten und viergeteilten ehemaligen Reichshauptstadt. Es war schwer, einander zu finden, mit kaum noch vorhandenen Kommunikationsmitteln, aber die meisten Musiker kannten sich von früher. Gerade weil sie in der Nazi-Zeit so selten und meist nur verwässert Jazz spielen durften, weil ihre Sessions, das gemeinsame Anhören von Platten so oft im geheimen stattfinden mußten, hatte ihre Liebe zu dieser Musik sie miteinander verbunden, mehr, würde ich denken, als heute Musiker miteinander verbunden sind.

Die »Berlin All Stars« – das waren: Walter Dobschinsky (Posaune), Hans Berry (der sich als sogenannter »Halb-Arier« 1938 oder 1939 nach Belgien abgesetzt hatte, aber nun voller Begeisterung sofort zurückgekommen war) und Mäcki Kaspar (Trompete), Detlev Lais (Tenorsaxophon), Omar Lamparter (Klarinette), Helmut Zacharias (Geige), Erwin Lehn (Piano), Coco Schumann (Gitarre), Teddy Lenz (Baß) und Ilja Glusgal (Schlagzeug). Sie machten professionelle, gekonnte Swing-Combo-Musik – ein bißchen Benny Goodman, ein wenig Charlie Christian und Lester Young, ein paar Ellington-Töne und irgendwo, in Anklängen, auch schon ein wenig von jenem »Modernen Jazz«, der damals selbst in den USA gerade erst begonnen hatte. Ihre Aufnahmen – es war für uns alle eine Sensation: die ersten Jazzplatten nach dem Kriege! – erschienen auf Amiga, der späteren Staatsplattenfirma der DDR.

Auch die weiteren Plattendokumente des wiedererstandenen deutschen Jazz kamen zunächst aus dem sowjetischen Sektor der Stadt. Ebenso die meisten Musiker. Sie hatten mancherlei Schwierigkeiten, da die Stadt und ihr kulturelles Leben im Laufe der Zeit immer gründlicher geteilt und Jazz vor allem im Westen – im amerikanischen und britischen Sektor – gespielt und, was damals wichtig war, lizenziert(!) wurde. Jazz war immer schon eine proletarische Musik, und der Osten und Norden Berlins waren auch bereits, bevor sie die Hauptstadt der DDR wurden, »proletarischer« als der elegante oder jedenfalls gutbürgerliche Westen und Süden. Wenn sie gewollt hätte, dann hätte die DDR heute den besseren Jazz. Die Menschen jedenfalls, ihn zu spie-

len, hat sie gehabt, auch übrigens außerhalb Ost-Berlins. Jutta Hipp, Fred Bunge, Joachim Kühn, Günter Fuhlisch, Werner Baumgart, Franz von Klenck und mindestens ein Dutzend anderer, später bekannt gewordener »westdeutscher« Jazzer kamen aus dem Territorium der DDR oder von noch weiter östlich, und der Ruf der Hessen, »Deutschlands Jazzstamm Nummer Eins« zu sein, ist reine Fiktion.
Der deutsche Nachkriegsjazz begann nicht zuletzt deshalb in Berlin, weil er dort gar nicht erst zu beginnen brauchte. In Berlin hat es seit den zwanziger Jahren Jazz gegeben. Berlin – nicht Paris – war die europäische Swing-Hauptstadt. Wer Horst H. Langes »Jazz in Deutschland« (Colloquium-Verlag, Berlin) liest, wird verblüfft sein von der Fülle der Musiker, Stars und Kapellen, die damals in Berlin spielten. Nirgendwo sonst in Europa gab es eine ähnliche Konzentration von musikalischem – und damit auch von Jazztalent. Paris sei zwar die Jazz-, aber Berlin die Swing-Hauptstadt Europas, schrieb ein französischer Kritiker.
Die Nazis hatten zunächst ein gespaltenes Verhältnis zur Swing-Musik. Einesteils wollten sie sie »ausmerzen«, andererseits genossen sie sie zunächst einmal selber. Es hat sie gegeben – die SS-Offiziere, die nachts in den Bars der Ku-Damm-Gegend herumsaßen und voller Begeisterung Jazz und Swing hörten und die Musiker mit Vornamen anredeten und tagsüber im Reichssicherheitshauptamt KZs auffüllen halfen – mit Angehörigen der gleichen Rassen, denen die Mehrzahl der Musiker entstammten: Juden und Slawen. Wenn Nazis unter sich waren, dann hörten sie ganz gerne einer Jazz-Band zu, auch wenn sie offiziell noch so sehr über den »Swing-Juden« Benny Goodman und die »verniggerte und verjudete, plutokratische, entartete Jazzmusik« schimpften.
Bis zur Olympiade 1936 war Berlin ohnehin von der großen »Kultur-Reinigung« halbwegs ausgenommen. Schon wegen der vielen Diplomaten und internationalen Journalisten. Aber auch wegen der Berliner, die Großstädter waren und unterhalten werden mußten und die auf Marschmusik und Walzer nicht »ansprangen«. Zwar hingen die Schilder überall über den Köpfen: »Swingtanzen verboten!«. Aber darunter wurde in aller Lässigkeit eben dies getan: Swing getanzt. Die groteskesten Swing-Verbote kamen aus der Provinz. Etwa aus Pommern: »Swing- und Niggermusik verschwinden. Pommern macht den Anfang, um die Verwilderungen in den Tanzlokalen abzustellen ... Wir haben kein Verständnis für Narren, die Urwaldsitten nach Deutschland verpflanzen wollen ... Jaulende Orchester und ›swingende‹ Paare gehören in den Urwald ... Es ist daher begrüßenswert, daß Pommern den Kampf ... aufnimmt« (Verfügung des Gauleiters vom November 1938). (Näheres hierzu in dem Beitrag »Der Jazz als Indiz«.)

Aber – dies ist eine Nachkriegsgeschichte des deutschen Jazz. Das eben Gesagte war wichtig, damit deutlich wird: Berlin hatte eine Jazztradition. Das hatte in dieser Form, von ein paar im geheimen spielenden Jazz- und Swing-Gruppen in Frankfurt und anderen Städten abgesehen, keine andere deutsche Stadt. Deshalb gab es, was den Jazz betrifft, in Berlin keinen Neuanfang. Jene Aura von Wagemut und Abenteuer, die damals die jungen Musiker umgab, die überall in Westdeutschland Jazz zu spielen begannen, fehlte in Berlin. Dort machte man weiter, wo man aufgehört hatte.
Vor allem – in Berlin hatte es Big Bands gegeben: Das deutsche Tanz- und Unterhaltungsorchester, den dicken Kutte Widmann, den wir alle so sehr geliebt haben, Lubio D'Orio, Erhard Bauschke, Kurt Hohenberger, Max Rumpf und noch ein paar andere. Big Bands sind nun mal eine besonders gute Musikerschule (man wünschte diese Schule manch heutigem jungen Musiker!). Deshalb war das Reservoir in Berlin größer als anderswo.
Einer der Musiker, die damals mit den »Berlin All Stars« und den kleineren oder größeren Berliner Jazz-Bands jammten, war Helmut Zacharias, und der war wirklich damals ein »Jazzgeiger«, sogar »der« Jazzgeiger in Europa, nicht etwa »der sogenannte« Jazzgeiger, wie man ihn später tituliert hat und titulieren mußte. Kein Zweifel: Wenn Helmut Zacharias damals ein Publikum für seine Musik gefunden hätte, wenn er auch selbst die Kraft gehabt hätte, durchzuhalten, dann hätte er viele Dinge vorausgenommen, die erst zwanzig Jahre später durch den geigenden Franzosen Jean-Luc Ponty ins Bewußtsein der Jazz-Szene drangen. Wer alte Platten von Helmut Zacharias – etwa »Helmy's Bebop No. 2« aus den ersten Nachkriegsjahren (auch zunächst noch in Ost-Berlin auf Amiga) oder aus den Kriegsjahren (auf der alten Odeon) hört, der kann daran keinen Zweifel haben.
Der Bebop war damals das große Thema. Er spaltete die Jazzwelt, kaum daß sie sich endlich wieder zusammengefunden hatte. Jetzt waren es nicht mehr die Außenstehenden, jetzt waren es die Jazzfreunde selbst, die von »Un-Musik«, von »Barbarei« und »Chaos« sprachen. Ich erinnere mich gut, wie ich verketzert wurde, weil ich Bebop mochte. Meine älteren Kollegen, die in der günstigen Position waren, von sich sagen zu können, sie hätten schon »unter den Gefahren und Entbehrungen der Nazi-Zeit für den Jazz gekämpft«, mochten Bebop nicht. Und also begannen die ersten Pressefehden in Sachen Jazz schon damals. Nichts hat sich geändert.
Ähnlich war es übrigens in den USA. Nur zwei der bekannten amerikanischen Jazzkritiker waren von Anfang an für den modernen Jazz: Leonard Feather und Barry Ulanov (und ersterer war Engländer). All die anderen, die später doch geradezu als »Vorkämpfer moderner Jazzmusik« in der Welt bekannt wurden, schimpften wie die Raben auf

die »Bopper«: John Hammond, Nesuhi Ertegun, Norman Granz, George Avakian, Orrin Keepnews, Bill Grauer und wie sie alle heißen. Am unangenehmsten scheint mir die Sache bei Norman Granz, von dem es vernichtende Äußerungen über Charlie Parker und den Bebop gibt. Nachher verdiente er ein Millionenvermögen an Beboppern im allgemeinen und an Parker im besonderen, aber wenigstens bezahlte er dann dessen Begräbnis.

Es waren die Musiker – in den USA, wie in Deutschland –, die zuerst auf den Bebop setzten, weil sie die ungeheure Bereicherung der musikalischen Möglichkeiten – und auch die Befreiung von eingefahrenen Klischees und Standardprozeduren – erkannten. Die Kritiker mußten nachziehen. Sonst hätten sie mit einemmal nichts mehr gehabt, worüber sie hätten schreiben können.

Der erste bekannte amerikanische Jazzmusiker, der nach dem Kriege nach Berlin kam, war freilich alles andere als ein Bebopper. Es war Rex Stewart, der große Duke Ellington-Trompeter bzw. -Kornettist, der Intellektuelle, der Schriftsteller unter den Trompetern der Jazztradition. Aber Rex brachte eine Band mit, lauter junge Musiker, und die waren »Bebopper«. Bei Amiga in Ost-Berlin reagierte man vorbildlich und schnell; keiner könnte es heute besser machen: Man brachte Rex und seine Musiker mit den »Berlin All Stars« zusammen und machte Plattenaufnahmen; selbstverständlich waren dies noch die alten, zerbrechlichen Schellack-Platten, die mit achtundsiebzig Umdrehungen liefen. Das schönste Stück wurde »Blue Lou« mit den drei Trompetern Rex Stewart, Mäcki Kaspar und Hans Berry, mit Carlos Riley und Walter Dobschinsky auf zwei Posaunen, mit den zwei amerikanischen Saxophonisten Joe Appleton und Louis Stephenson, dem Pianisten Conrad Martinez, dem Gitarristen Heinz Cramer, dem Bassisten Teddy Lenz und einem Amerikaner am Schlagzeug: Clinton Maxwell. Deutsche und amerikanische Musiker also, schwarze und weiße in jener Verbindung, wie sie von nun an landauf, landab charakteristisch für die Jam Sessions in den Jazzlokalen werden sollte.

Berlin, wie gesagt, war auch deshalb in einer vorteilhaften Ausgangsposition, weil es dort während des Krieges das »DTU«, das Deutsche Tanz- und Unterhaltungsorchester, gegeben hatte. Es stand unter unmittelbarem Schutz des Propaganda-Ministeriums; Goebbels war stolz auf diese Band, und das DTU durfte deshalb eine Musik machen, die – wenn irgend jemand anderes sie gemacht hätte – gewiß als »artfremd« und »degeneriert«, als »unarisch« und »verjudet« verketzert worden wäre (siehe auch »Der Jazz als Indiz«).

Zuerst wirkte das »Modell« des DTU in der Stadt, aus der es stammte – in Berlin. Es prägte sowohl das »RBT«, das Radio Berlin Tanzorchester des damals noch unter sowjetischer Kontrolle stehenden Funkhauses in der Masurenallee, wie das Rias-Tanzorchester des »Rundfunks

im amerikanischen Sektor«. Horst Kudritzky leitete das erstere, Werner Müller das letztere, und beide spielten durchaus beachtenswerten Jazz und Swing, das Rias-Tanzorchester sogar Bebop, ja es adaptierte Anfang der fünfziger Jahre in einigen Aufnahmen den Stil des berühmten »Miles Davis Capitol Orchesters«, das damals das Klangideal für den kühlen Jazz des Jahrzehnts formte.
Der bekannteste, aus dem Rias-Tanzorchester hervorgegangene Solist war ein junger Altsaxophonist, der aus Leipzig nach Berlin gekommen war und damals noch nicht so genau wußte, daß die Klarinette eines Tages sein Hauptinstrument werden würde – Rolf Kühn. 1956 – um einmal vorauszugreifen – wurde er der erste deutsche Jazzsolist, der in den USA Erfolg hatte, bis sich dann ergab, daß er drüben eben doch nicht weiterkam. Er kam übrigens immerhin so weit, daß er sogar den Platz Benny Goodmans in dessen eigener Big Band übernahm. Aber am Ende mußte Leonard Feather in der »Encyclopedia of Jazz« konstatieren: »Kühn hatte das Pech, die Jazz-Szene zu einer Zeit zu betreten, in der sein gewähltes Instrument, die Klarinette, unwiderruflich immer mehr an Popularität verlor. Hätte er dieses Pech nicht gehabt, dann wäre er heute einer der großen Namen des Jazz.«
Vieles, wovon bisher die Rede war, ist Vorgeschichte. Aber die Vorgeschichte ist wichtig, weil sie den Nährboden bereitet hat für drei Bands, für die drei Combos, die zum großen Teil die Geschichte des deutschen Jazz der fünfziger Jahre gemacht haben: das Johannes Rediske-Quintett, das Michael Naura-Quintett und das Helmut Brandt-Quintett. Alle drei sind Berliner Gruppen. Man muß das betonen, denn die Berliner wußten es selber kaum. Brandt und Naura – und schließlich auch Rediske – waren so ununterbrochen auf Tournee, kreuz und quer durch Westdeutschland, daß sie nach Berlin oft nur zum Verschnaufen kamen. Hinzu kommt, daß man in Frankfurt wirklich darauf erpicht war, diese Stadt zur »Hauptstadt des deutschen Jazz« zu deklarieren, und daß es dort rührige und tüchtige Leute gab, die diesen Ruf zementierten. In Berlin ließ man, wie ja auch heute noch, die Dinge laufen, wie sie eben liefen. Erst seit es die Berliner Jazztage gibt, also seit 1964, gibt es nun auch in Berlin gelegentlich einmal – selten genug! – städtische, offizielle Verlautbarungen, etwa des Senats, in denen das Wort »Jazz« vorkommt. Damals war Frankfurt die einzige deutsche Großstadt, die stolz zu sein schien auf ihren Jazz.
Wie gesagt, aus all diesen Gründen wußte man wenig davon, daß Michael Naura, Helmut Brandt und Johannes Rediske mit ihren Gruppen Berliner waren; ohnehin kamen immer noch die meisten Berliner Jazzmusiker aus dem Osten und Norden der Stadt, aus dem »sowjetischen Sektor«. Am ehesten wußte man es noch im Falle des Rediske-Quintetts, denn der Gitarrist Johannes Rediske hatte seine Zelte in der Berliner »Badewanne« aufgeschlagen, einem Nachtlokal, das sich mit

Das Michael Naura Quintett, von links nach rechts: Michael Naura (Piano), Hajo Lange (Baß), Klaus Marmulla (Altsaxophon), Heinz von Moissi (Schlagzeug) und Wolfgang Schlüter (Vibraphon).

dem Jazz mehr dekorierte, als daß es ihn wirklich gepflegt hätte. Wenn berühmte amerikanische Bands in Berlin konzertierten, verstand es sich von selbst, daß die Musiker hinterher zum »Jammen« in die Badewanne gingen und dort mit ihren deutschen Kollegen um die Wette jazzten. »Jumpin' At The Badewanne« hieß denn auch eine der bekannten Platten von Rediske.
Johannes Rediske hatte sich eine bemerkenswert homogene, anpassungsfähige Gruppe geschaffen: mit dem Tenorsaxophonisten und Klarinettisten Lothar Noack, dem Pianisten Alexander Spychalski, dem Bassisten Manfred Behrendt, dem Drummer Heinz Niemeyer. Rediske selbst wurde in den fünfziger Jahren mit großer Regelmäßigkeit im Deutschen Jazz-Poll, der alljährlichen Rundfrage nach den besten Musikern des Jahres, zum »Nummer-Eins-Gitarristen« gewählt – bis Attila Zoller ihn in dieser Eigenschaft ablöste. Rediskes Erfolg hatte darin seinen Grund, daß er sich geschickt auf die »richtige Mischung« verstand. Seine Musik war nicht bloß »Jazz à la mode«; es war alles darin, womit man damals in diesem und in verwandten Bereichen erfolgreich sein konnte: Swing und moderner Jazz, Bar- und Cocktail- und Tanzmusik und manchmal auch ein wenig Bebop und Cool Jazz.

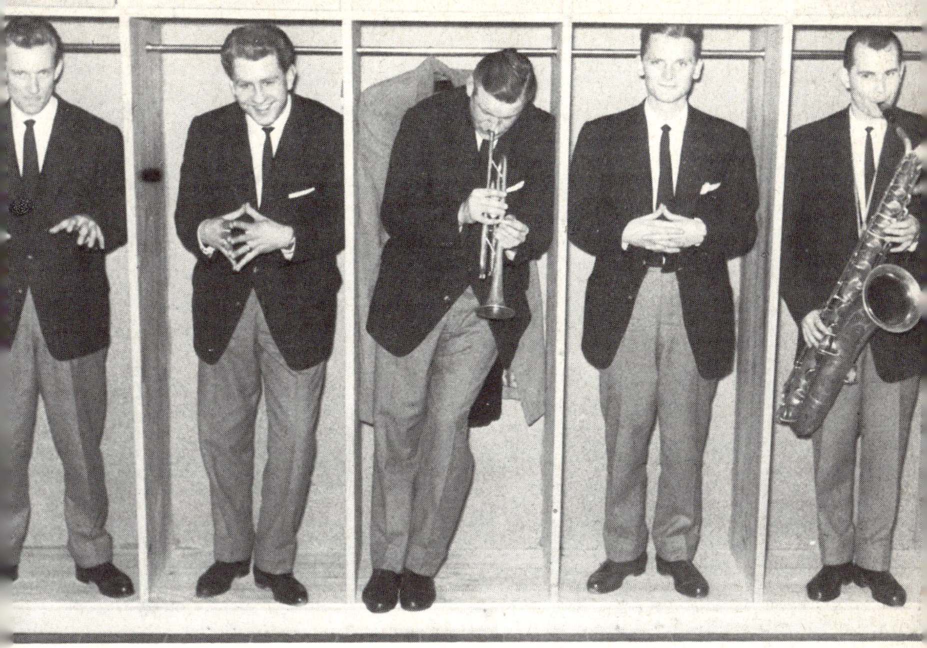

Die Helmut Brandt Combo, von links nach rechts: Ludwig Ebert (Piano), Klaus Gernhuber (Baß), Conny Jackel (Trompete), Hans Dieter Taubert (Schlagzeug), Helmut Brandt (Baritonsaxophon und Arrangeur).

Die zweite interessante Berliner Jazz-Gruppe war das Michael Naura-Quintett, das auf der Zusammenarbeit zwischen dem Pianisten Naura und dem Vibraphonisten Wolfgang Schlüter basierte. Diese Zusammenarbeit begann 1953; sie besteht noch heute, ist also die dauerhafteste Kollaboration in der Geschichte des deutschen – und meines Wissens des europäischen – Jazz. Der Bläser der Gruppe war der Altsaxophonist Klaus Marmulla – mit seinem »sinnlichen, unmittelbaren Expressivo« (Werner Burkhardt).
Das Naura-Quintett entstand im Auftrag eines damals bekannten Berliner Dixieland-Musikers: H.W. (wir sagten: »Hawe«) Schneider, der aus der DDR nach Berlin gekommen war, ein rühriger Manager und »deftiger« Posaunist. Mit seinen »Spree City Stompers« residierte er zunächst in der »Kajüte« auf der Rückseite des hohen Berliner Rathauses in Schöneberg, später in der »Eierschale« am Breitenbachplatz. »Hawe« hielt es für nützlich, gelegentlich auch eine moderne Band zur Verfügung zu haben; deshalb lancierte er das Michael Naura-Quintett.
Naura nennt heute diese frühen Zeiten seiner musikalischen Entwicklung – er ist inzwischen Leiter der Jazzredaktion des Norddeutschen

Rundfunks Hamburg – die »plagiatorische Epoche«. Dieser Ausdruck kennzeichnet nicht nur Nauras damalige Musik, sondern die aller deutschen – ja, europäischen – Jazzer. Jeder eiferte damals irgendeinem berühmten amerikanischen Vorbild nach. Für Naura war es zunächst das Modell George Shearings und dann auch das von John Lewis und seinem Modern Jazz Quartet – wie man an »Micha's Dilemma«, einer der alten Naura-Platten, erkennen kann. Im Plattenbegleittext steht der Satz: »Fragt man Michael Naura nach seinem Steckenpferd, bekommt man die Antwort: Johann Sebastian Bach. Der typische konzessionslose Stil des Naura-Quintetts ist mit einem Satz umrissen: barocke Kontrapunktmusik mit einem Seitenblick auf das Modern Jazz Quartet und Dave Brubeck.«
»Micha's Dilemma« war nicht nur sein Hin- und Her-Gezerrt-Sein zwischen dem Modern Jazz Quartet und Bach und dem, was er schließlich auch selber gern gespielt hätte, sondern eine Situation, die sich für die deutschen Jazzmusiker auf die Dauer als unerträglich erwies: das Spielen in den Jazz- und Nachtclubs, das im allgemeinen so zwischen acht und neun Uhr abends begann und ohne größere Unterbrechung bis vier Uhr, oft fünf Uhr morgens zu dauern hatte. Naura: »Wir haben das sieben Jahre lang durchgehalten, praktisch jede Nacht. Ich weiß selbst nicht, wie es gegangen ist. Es war schlimmer als Bergbau, als Untertagearbeit.« Am Ende war Naura so fertig, daß er mit einer schweren Rippen- und Bauchfellentzündung ins Krankenhaus kam und jahrelang nicht mehr spielen konnte.
Die Deutsche Jazz-Föderation arrangierte ein Benefiz-Konzert, auf dem nahezu alle deutschen Jazzmusiker spielten. Die Einnahmen wurden Michael Naura zur Verfügung gestellt, um seine Krankenhaus- und Sanatoriumsbehandlung finanzieren zu helfen. Abgesehen von der Oscar Pettiford-Gedächtnis-Lotterie, mit der – Jahre später, 1960/61 – für die Kinder des großen Bassisten gesammelt wurde (siehe den Pettiford-Beitrag in diesem Buch), war es meines Wissens in mehr als zwanzig Jahren das einzige Mal, daß die Deutsche Jazz-Föderation etwas für die Musiker tat. Im übrigen wurde immer nur diskutiert und geredet und sich selbst produziert – mit Präsidenten, Beisitzern, Sekretären, Buchprüfern und allem, was so bei gutbürgerlichen Vereinen dazugehört.
Es lag Logik darin, daß die deutschen Jazzer für Michael Naura gespielt haben. Denn Naura – und außer ihm eigentlich nur noch die Poldi Klein-Gruppe – haben die »Bergwerksfron«, die »Untertagearbeit« in den Nachtclubs stellvertretend für all die anderen jahrelang durchgehalten, selbst noch in einer Zeit, in der die anderen schon aufgegeben hatten und allenfalls noch zum Wochenende »Club-Gastspiele« akzeptierten, die dauerten dann allenfalls bis Mitternacht oder ein Uhr morgens.

Die Jazz-Nachtlokale, in denen sich das abspielte, gibt es heute nicht mehr. Auch die »Beat-Schuppen« können nicht damit verglichen werden. Die jungen Leute gehen heute eher ins Bett. Das Naura-Quintett spielte im »Barett« in Hamburg, im »Atlantic« in Stuttgart, im »Riverboat« in Lübeck und in ähnlichen Lokalen, in denen auch wir Jazzfreunde damals unsere Nächte versaßen. Naura: »Es waren ja eigentlich gar keine richtigen Jazz-Clubs. Es war eine Mischung aus Jazz und Erotik und Tanz und Trinken.«

Es ist in unserer nostalgischen Zeit beliebt geworden, diesen Clubs und Nachtlokalen der fünfziger Jahre nachzutrauern, als ob damit eine wundervolle Ära unwiederbringlich verlorengegangen sei. Aber man sollte die Schattenseiten nicht übersehen: Nicht nur in Deutschland, auch in anderen Ländern – auch in den USA – sind ganze Generationen von Musikern durch die »Untertagearbeit« verschlissen worden. Außenstehende können sich das schwer vorstellen, aber wer nach ein oder zwei Uhr nachts weiterspielen will, wenn er vorher schon drei oder vier Stunden gespielt hat, muß trinken – und dann immer mehr trinken, Nacht für Nacht, jahrelang, ein halbes Leben lang, auch wenn die Leber schon längst kaputt ist, denn er muß ja spielen, weil er sonst nichts verdienen würde. Lester Young wäre nicht so früh gestorben, Ben Webster lebte noch – und viele andere große, stilschöpferische Musiker ebenfalls –, wenn dies nicht vier Jahrzehnte lang die für Jazzmusiker übliche Art und Weise gewesen wäre, ihren Lebensunterhalt zu verdienen. Und wenn geschrieben wurde, die »Club-Ära« des Jazz sei daran »gestorben«, daß das Publikum in den Clubs rarer und rarer geworden sei, dann stimmt das allenfalls in zweiter Linie. Sie ist gestorben, weil es sich auf die Dauer als unmöglich erwies, improvisierte, schöpferische Musik täglich acht Stunden lang in der verräucherten, alkoholisierten, narkotisierten und erotisierten Atmosphäre der Nachtclubs zu machen.

Die dritte wichtige Berliner Jazz-Combo der fünfziger Jahre war das Helmut Brandt-Quintett – mit Conny Jackel (Trompete), Ludwig Ebert (Piano), Klaus Gernhuber (Baß) und Hans-Dieter Taubert (Schlagzeug); Brandt selbst war nicht nur der Baritonsaxophonist seiner Gruppe, sondern er prägte sie auch durch seine unverwechselbaren Arrangements. In einem Bericht über das Deutsche Jazz-Festival 1955 in Frankfurt schrieb ich im »Jazz-Echo«: »Der junge Baritonsaxophonist Helmut Brandt war die Überraschung des Festivals. Sein Chorus über ein Thema, das er ›Sum‹ nannte, war nicht nur der vielleicht großartigste Chorus des Festes, sondern durchaus eine jazzmäßige Übersetzung dieses lateinischen Wortes: Ich bin da als eine von nun an wesentliche Stimme im deutschen Jazz.«

Das Besondere des Brandt-Quintetts lag darin, daß Helmut mit nur zwei Bläserstimmen – dem Baritonsaxophon und der Trompete – eine

Klangfülle erreichte, die an viel größere Ensembles erinnerte, vor allem an ein Ensemble, das damals das Klangideal bestimmte: an den spröden, kühlen Klang von Miles Davis' Capitol-Orchester. Die Art, in der Brandt – heute Mitglied des Rias-Tanzorchesters – diesen Klang adaptierte, verfremdete und in etwas Eigenes verwandelte, war meines Wissens auch auf der US-Szene ohnegleichen.
Berlin – man ahnt es, noch bevor man gelesen hat, was über den Jazz anderer deutscher Städte zu berichten sein wird – hätte die »Deutsche Jazzhauptstadt« werden können, hätte es werden müssen: der Jazz in unserem Lande hätte sich gesunder und organischer entwickelt. Die Tradition gab es in Berlin, die Musiker und das Publikum ebenfalls. Nur eines fehlte: der Manager, der alles in den Griff bekam, und der Kritiker, der sich für die Berliner Musiker einsetzte. Die gab es im Westen. Von dort kamen sie, als es zu spät war. Der Jazzveranstalter Schulte-Bahrenberg, der sich am Kurfürstendamm niederließ, wurde aus Essen geholt. Mich holten sie aus Baden-Baden, um 1964 die Berliner Jazztage zu gründen. George Gruntz kam 1973 aus Basel, um mein Nachfolger zu werden – und ich habe damals lange gesucht, ob ich nicht in Berlin jemand fände, der es hätte werden können. Es war keiner da, die Berliner Szene war im Grunde schon kaputt, als die westdeutsche gerade erst begonnen hatte.
Ein alter Berliner, der noch die zwanziger Jahre miterlebt hatte, als Berlin – vor Paris, vor New York – das kulturelle Zentrum der Welt war, sagte mir einmal den Grund: »Ja, wiss'n Se, damals da hatten wa die jroßen Manager in Berlin, und det warn allet Juden. Det warn richtje Jenies. Als Manager meene ick. Und ehrlich warn se, det kann ick Ihne saren, uff'n Pfennig jenau. In Amerika, da sind se ja noch heute ›diejenigen welche‹.« (Kann ich bestätigen: George Wein, Norman Granz, Martha Glaser, Nat Weiss, Albert Grossman, Bill Graham, Sal Hurok . . . Die Ehrlichkeit auch. Nur bei denen, die von der Mafia kommen, da muß man vorsichtig sein.) »Und wie allet kaputt jing«, fuhr mein Berliner Gewährsmann fort – er hatte ein halbes Leben lang Konzertbillets und Theaterkarten verkauft –, »da hattn wa so ville zu tun, dat war ja nich jemerkt habn, daß et die Juden nich mehr jab. Ick globe, det is eenfach 'n ausjestorbener Beruf in Deutschland.« Auch das kann ich bestätigen: es gibt nur *eine* Konzertagentur in Deutschland von internationalem Gewicht, Lippmann + Rau. In den zwanziger Jahren gab es ein Dutzend. In den kleinen Ländern rund um Deutschland, in der Schweiz, in Holland, Belgien, Dänemark gibt es heute noch in jedem einzelnen Land mehr als in Deutschland.

Mitternacht in München

Der amerikanische Soldatensender AFN kam im Frühsommer 1945 mit einer Sendung nach Deutschland, die sich »Midnight in Munich« nannte. Jimmy Jungermann machte bei »Radio München« – wie der Bayerische Rundfunk damals noch hieß – die »Mitternacht in München« daraus. Jimmy fing im Herbst 1945 an: dreimal in der Woche wurde gesendet – montags, mittwochs und freitags jeweils von 24.00 Uhr bis 1.00 Uhr nachts. Hanns-Ger Huber und Werner Goetze – der letztere heute Abteilungsleiter am Bayerischen Rundfunk – führten die Sendung ab 1946 weiter und machten sie zu einem Sammelbecken des Besten, was damals an Jazz verfügbar war. Rückgrat der Programme wurden ein kleines Ensemble – die Gamelang-Combo – und eine Big Band: das Max Greger Orchester mit seinem mitreißenden, harten »Harlem-Jump«. »Night Train«, ein Stück im Stil der Musik der schwarzen Gettos Amerikas, war eine der Glanznummern des Orchesters, und die vielen schwarzen GI's, die es damals in München gab, fanden, »schwärzer« wurde es auch in Harlem nicht gespielt. Um die Gamelang-Combo und das Max Greger-Orchester scharte sich eine Fülle von Solisten, die in diesen Bands oder in anderen, mit Mitgliedern dieser Gruppen gebildeten Ensembles spielten: die Trompeter Fred Bunge, Charlie Tabor und Rolf Schneebiegl, der Posaunist Günter Fuhlisch, die Pianisten Christian Schmitz-Steinberg, Paul Kuhn und Klaus Ogermann, die Saxophonisten Hugo Strasser und Delle Haensch, die Schlagzeuger Teddy Paris und Silo Deutsch, der Bassist Max Büttermann ... Sogar eine schwarze Band aus den Kasernen in Freimann bei München stieß dazu – die »Four Stars«, die den deutschen Musikern einen amateurischen Bebop vormachten.

Die »MiM« – wie man die »Mitternacht in München« abkürzte – war das erste Zentrum des Jazz in Deutschland nach dem Kriege. Jeder wollte dabeisein, wenn sie ihre Konzerte veranstaltete. Man kann sich heute – im Zeitalter des Fernsehens – gar nicht vorstellen, was für ein Echo damals das Radio besaß. Jahrelang hockten die Jazzfreunde in halb Europa dreimal die Woche von 24.00 bis 1.00 Uhr nachts am Lautsprecher, um ihre »MiM« zu verfolgen.

Bis es die 500. Sendung gab, war es 1953 geworden. Das »Jubiläumskonzert der MiM« war das bis dato größte Jazzereignis in Deutschland. Besonderen Reiz hatte der Versuch, die Deutschen All Stars zusammenzuführen, wenn auch in einer Besetzung, die nicht genau dem wirklichen Poll-Ergebnis entsprach, das in Hamburg von dem Magazin »Die Gondel« ermittelt wurde. Die »Deutschen Jazz-Sieger 1953«, die im Jubiläumskonzert der »Mitternacht in München« »Perdido« jammten, waren: Fred Bunge (Trompete), Günter Fuhlisch (Posaune), Delle Haensch (Altsaxophon), Max Greger (Tenorsaxophon), Paul Kuhn

(Piano), Max Büttermann (Baß) und Teddy Paris (Schlagzeug). Die Deutsche Grammophon brachte das Ereignis auf Brunswick heraus, komplett mit Ansagen und dem akustischen Hintergrund einer kochenden, schreienden, irrsinnig begeisterten Menschenmenge.

Überhaupt: Es war die große Zeit der Jam Sessions. Man fackelte nicht lange, jeder »stieg« bei jedem mit ein; wo immer sich Musiker zusammenfanden, spielten sie auch zusammen. Die Standard-Themen kannte sowieso jeder – die »I Got Rhythm«-Akkorde, »How High The Moon« und die zwei Dutzend anderer Themen, auf die es letztlich hinauslief, den Blues sowieso: man brauchte ja nur die Akkorde; darüber spielte jeder seine eigenen Soli. Heutzutage, wo eine vierköpfige Rock-Gruppe in Schwierigkeiten gerät, wenn mal ein fünfter Mann mitspielt, und wo die Musik so kompliziert geworden ist, daß das Hauptproblem der Musiker die Frage geworden ist, wer wohl zu wem paßt, können sich junge Leute die allgemeine Session-Freudigkeit jener Jahre meist nur noch als musikalische Promiskuität vorstellen.

Zu den vielen guten Ensembles, die in München eine für damalige Verhältnisse besonders avancierte Musik machten, gehörte die Gruppe des Pianisten Christian Schmitz-Steinberg mit dem Flötisten und Geiger Rudi Richavy. Sie kultivierte das Prinzip einer gepflegten, integrierten Combo-Musik, wie es eigentlich erst ein paar Jahre später für derartige Gruppen selbstverständlich werden sollte. Schmitz-Steinbergs Version von »Schwarze Augen« etwa ist auch heute noch ein hörenswertes Vergnügen. Auch Richavy ist, ähnlich wie der bereits erwähnte Helmut Zacharias, ein Jazzgeiger, der vieles schon in den fünfziger Jahren gespielt hat, was die Jazzgemeinde im Grunde erst nach dem Erfolg Jean-Luc Pontys in der zweiten Hälfte der sechziger Jahre zu würdigen begann.

Es ist schade, daß eine Musik, wie Christian Schmitz-Steinberg und Rudi Richavy sie damals machten, in unserem Lande so schwer »ankommt«. So etwas ist für den Deutschen »Bar-Musik«, »Cocktail-Musik«, und weil dieser Begriff ein Negativum ist, deshalb ist die Musik in den deutschen Bars und Nachtclubs eben so schlecht, wie sie meist ist. Wenn automatisch angenommen wird, daß Musik in solchen Etablissements minderwertig ist, dann bekommt man sie auch so. Und wenn sie doch einmal besser wird, dann merkt es fast niemand, und deshalb lohnt es sich nicht, sie besser zu machen. Es ist das getrübte Verhältnis der Deutschen zum Nachtleben ihrer Großstädte: Geist, Kultur, »sophistication« sind da nicht gefragt.

Dieser Komplex projiziert sich auch auf das Konzertleben. Es gibt in den USA – und in den meisten anderen Ländern – eine hohe Kultur von tänzerischer Ensemblemusik. Ein Beispiel war in den fünfziger Jahren die Bob Wilber Six, wäre heute das Ruby Braff-George Barnes Quartet: Ensembles, die für den Nicht-so-genau-Hinhörenden in der

Tat die Funktion gepflegter Club-Musik erfüllen können, die aber hinter dieser Fassade eine kammermusikalische Raffinesse höchsten Anspruches besitzen. Solche Gruppen finden in der ganzen Welt ihr Publikum, nur in Deutschland nicht.
Der Schlagzeuger Freddy Brocksieper hatte während des Krieges in Berlin beim »DTU« getrommelt und Jazzaufnahmen für die Plattenmarke Brunswick gemacht, darunter die berühmte »Cymbal Parade« (erneut veröffentlicht auf Polydor 2459 032), die den kontrapunktischen Barock- und Cembalo-Jazz, lange bevor er durch das Modern Jazz Quartet und all die anderen modisch wurde, zu einem ersten und frühen Höhepunkt führte. Nach dem Kriege wurde Brocksieper in München heimisch, und er wurde der treueste aller Münchner Jazzer. Während nämlich all die anderen, die ich vorhin genannt habe, schon wenige Jahre später – als »die Kohlen nicht mehr stimmten« – dem Jazz den Rücken kehrten, leitete Brocksieper, unbekümmert um Tiefen und Höhen der Jazz-Popularität, Combos in München – mehr als zwanzig Jahre lang, und oft genug erwies sich, daß der Senior Brocksieper mehr musikalische Vitalität entwickelte als all die kühlen und superkühlen Musiker, die er da um sich geschart hatte. Eine ganze Reihe bekannter Namen des deutschen Jazz wurde zuerst von Freddy Brocksieper vorgestellt, darunter Hans Koller, als er gerade aus Wien angekommen war, und Jutta Hipp nach ihrer Flucht aus der DDR. Carlos Diernhammer war jahrelang Brocksiepers Pianist – und Fred Spannuth ein Klarinettist, der es mit den Besten auf diesem Instrument in Europa aufnehmen konnte. (Alle diese Musiker freilich kamen und gingen. Nur einer blieb immer bei Brocksieper: der ungarische Bassist Mihaly Farkas.)
Auch Margot Hielscher, die Schauspielerin und Chanson-Sängerin, hatte sich damals dem Jazz verschrieben, und auch Margot ließ sich in München gern von Freddy Brocksieper begleiten – etwa bei einem »MiM«-Konzert im Münchener Schauspielhaus 1951, wo sie mit »What Is This Thing Called Love« einen tosenden Erfolg hatte.
Schon vorher, 1946, hatte ich mit Margot Hielscher im Stuttgarter Schauspielhaus das erste Jazzkonzert meines Lebens über die Bühne gebracht, ein Unterfangen, in das wir monatelange, sorgfältige Vorbereitungen steckten, an denen auch Gerhard Prager – der spätere, inzwischen verstorbene Programmdirektor beim ZDF – beteiligt war. Man liebte es damals, solche Konzerte als eine »History of Jazz« aufzuziehen: beginnend irgendwo im alten New Orleans und dann – über Dixieland, Chicago, Kansas City, New York – immer moderner werdend, bis hin zum Bebop. So war auch unser Stuttgarter Konzert angelegt, in dessen Mittelpunkt das Orchester Gene Hammers stand – eine Big Band aus Amerikanern, Deutschen und sogenannten »expatriates« (Flüchtlingen und »Staatenlosen Ausländern«). Das Gene Ham-

mers-Orchester residierte vor allem im Heidelberger »Stardust Club«, einem »Ami-Club«, der in der dortigen Stadthalle untergebracht war. Dieses Orchester war eine der Keimzellen des deutschen Big Band Jazz der fünfziger Jahre.

Duell der Big Bands

Die andere Keimzelle für den deutschen Big Band Jazz jener Zeit war das Joe Wick-Orchester in München: eine swingende Band im Mittelfeld zwischen Glenn Miller und Les Brown, in der sich ein großer Teil der Jazzmusiker, die auch an der »Mitternacht in München« mitarbeiteten, zusammenfand. Es ist nie richtig geklärt worden, ob nun zuerst Joe Wick seine Big Band auflöste und dadurch die besten seiner Musiker frei wurden für einen jungen Folkwang-Schüler und Klarinettisten namens Kurt Edelhagen oder ob Edelhagen Joe Wick kurzerhand seine Musiker wegengagiert hat. Von Wick jedenfalls bezog Kurt Edelhagen 1948 einige der besten seiner Solisten: die Trompeter Fred Bunge und Hanne Wilfert, den Posaunisten Erich Well, den Tenorsaxophonisten Bubi Aderholt, die Altsaxophonisten Paul Biste und Delle Haensch. Die Musiker nannten das damals »Edelhagens Blechspritze«, und viele meinten, dies sei die »Injektion« gewesen, durch die »Kurt Edelhagen und sein Orchester« erst eigentlich zu leben begannen.
Kurt Edelhagen hatte bereits 1946 mit seinem langjährigen Schlagzeuger Bobby Schmidt eine Combo gebildet, die in verschiedenen »Ami-Clubs« – wie man das damals nannte – im Frankfurter und Heidelberger Raum von sich reden machte. Mit Hilfe von AFN Frankfurt und dem Hot Club Frankfurt, die gut zusammenarbeiteten (weil der Programmdirektor von AFN, Johnny Vrotsos, ein richtiger Jazz-Fan war), konnte Kurt ein Orchester zusammenstellen, das von Anfang an durch seine Disziplin verblüffte. Eine der eindrucksvollsten Edelhagen-Aufnahmen jener frühen Zeit, von 1949, war ein schmetterndes Arrangement von »Blue Skies« mit der Sängerin Ingrid Bergson, mit einer Kraft und Energie, die die Zuhörer damals völlig »aus dem Häuschen« brachte. Erst Jahre später, als man daran gewöhnt war, begannen sich die Kritiker zu melden, die die nahezu ununterbrochene Konstanz dieser Kraft und Energie als »gewaltsam« und – wie man schließlich auch sagte – als »deutsch« und »teutonisch« empfanden. Es gab ein Moment des Drills, in das die Edelhagensche Disziplin umschlug, und dieses Moment erschien der internationalen Kritik kennzeichnend für die deutsche Psyche.
Stan Kenton war damals das letzte Wort im Big Band Jazz. Und Kurt Edelhagen erschien uns von Anfang an als die deutsche Antwort auf die amerikanische Herausforderung durch Kenton, – wie sich denn

auch, als Kenton nach Deutschland kam, eine gute Beziehung zwischen den beiden Band-Leadern ergab. Es gibt Edelhagen-Aufnahmen aus jener Zeit, die ohne Stan Kenton nicht denkbar wären: etwa »Caravan« mit den typischen Kentonschen Saxophonklängen und den effektvoll verstärkten »double time«-Baß-Gängen im Stil des damaligen Stan Kenton-Bassisten Eddie Safranski.
Der Bayerische Rundfunk – noch von hinreißendem Jazz-Enthusiasmus beflügelt – holte sich das Edelhagen-Orchester als ständige Band in sein Studio Nürnberg (von 1949 bis 1952). Damit hatte Edelhagen seine erste »Heimstätte« gefunden. Der Südwestfunk in Baden-Baden wurde die zweite (1952 – 1957), der WDR in Köln die dritte (ab 1957).
Zu den »Baden-Badener« Solisten des Edelhagen-Orchesters gehörten der Trompeter Rolf Schneebiegl, der Tenorsaxophonist Paul Martin, der Posaunist Otto Bredl, der Baritonsaxophonist Johnny Feigl, der Alt- und Baritonsaxophonist Helmut Reinhardt, der Altsaxophonist Franz von Klenck und die Pianisten Werner Drexler und Klaus Ogermann; der letztere ist heute in den USA einer der erfolgreichen Arrangeure – für Stars wie Frank Sinatra, Aretha Franklin oder Antonio Carlos Jobim.
Kaum hatte sich die Edelhagen-Band in Baden-Baden etabliert, da entsandte der Südwestfunk sie als Repräsentanten des deutschen Jazz zum »Salon du Jazz« 1952 nach Paris. Und der »Salon du Jazz«: das war damals *das* führende, glanzumwobene europäische Jazz-Festival. Dort und in Nizza hatte 1948/49 die Idee der Jazz-Festivals begonnen. In Paris spielten zum erstenmal in Europa Charlie Parker, Dizzy Gillespie, Max Roach, Kenny Clarke, Thelonious Monk. Über Paris nahmen die europäischen Musiker den Bebop wahr. Vor allem die schwedischen Musiker saßen mit heißen Köpfen in den ersten Reihen der Salle Pleyel und hörten und studierten und diskutierten, was sie dann in ihren eigenen Stil des schwedischen Cool Jazz verwandeln sollten.
Über Paris nahmen aber auch die Amerikaner Kurt Edelhagen wahr. Die amerikanischen Fachleute überschlugen sich vor Begeisterung über den von Edelhagen in Paris gespielten, von Heinz Gietz für diesen Zweck kreierten »Salon du Jazz Sound«.
Nach diesem Pariser Erfolg fiel es mir, der ich das Edelhagen-Orchester am Südwestfunk jazzmäßig zu betreuen hatte, nicht schwer, innerhalb weniger Monate die Mitarbeit der damals maßgebenden amerikanischen Arrangeure zu gewinnen: Bill Russo, Bill Holman, Gerry Mulligan, Marty Paich. Sie alle schickten ihre Partituren – und zwar (das muß erwähnt werden, denn es erscheint mir auch heute noch erstaunlich) kostenlos. Es machte ihnen einfach Spaß zu hören, wie »that German big band« ihre Kompositionen spielte; denn das in der Tat war die Bedingung: Ich mußte Bänder mit den aufgenommenen Stücken

nach Amerika schicken. Mittelsmann der Transaktion war ein junger Jazz-Fan, der im äußersten Nordwesten der USA, in Oregon, lebte und inzwischen einer der bekanntesten Toningenieure der Welt geworden ist: Wally Heider mit seinem nachtwandlerischen Instinkt für großorchestrale Sounds. Stan Kenton, Woody Herman, Duke Ellington und ein Dutzend anderer: sie alle verdanken ihre technisch besten Aufnahmen Wally Heider. Und daß Heider damals ein Edelhagen-Fan war und schließlich vor lauter Begeisterung von der amerikanischen Westküste nach Baden-Baden kam, nur um ein paar Wochen die Aufnahmearbeit der Edelhagen-Band zu beobachten, schien uns damals nichts weiter als eine versponnene Marotte, war aber, da man inzwischen weiß, wie der Mann hören kann, ein hohes Kompliment.
1957 bekam Kurt ein verlockendes Angebot vom Westdeutschen Rundfunk Köln. Damit beginnt die nächste Edelhagen-Periode.
Die meisten Musiker – vor die Wahl gestellt, in Baden-Baden zu bleiben oder Kurt nach Köln zu folgen – entschieden sich für ersteres. Denn wir hatten inzwischen den durch seine Zusammenarbeit mit Benny Goodman und durch sein »Sauter-Finegan-Orchester« bekannt gewordenen amerikanischen Arrangeur Eddie Sauter als Nachfolger für Kurt Edelhagen gewonnen.
In Köln schuf Kurt eine wahrhaft internationale Band – mit einigen der besten Musiker des englischen Jazz, darunter dem Trompeter Jimmy Deuchar und dem Altsaxophonisten Derek Humble, mit dem gerade aus Jugoslawien angekommenen Trompeter Dusco Gojkovic und mit Franz von Klenck, der zu den wenigen gehörte, die aus Baden-Baden nach Köln gegangen waren . . . Es war wirklich ein ganz und gar neues Orchester, aber Kurt Edelhagen brachte das Wunder fertig: nach vier Wochen Proben klang es – nun, ich will nicht gleich sagen – »genau« wie das alte, aber es klang doch sofort unmißverständlich à la Edelhagen. Mit jener überwältigenden Kraft und Präzision, die den leichten Fluß eines gelösten swing manchmal behinderte. Das jedenfalls schrieben die Kritiker, als Kurt sein neues Orchester zum erstenmal präsentierte: auf dem Deutschen Jazz-Festival 1958 in Frankfurt. Übrigens, man kann sich heute gar nicht mehr vorstellen, mit welcher spannungsgeladenen Neugierde damals diese Dinge verfolgt wurden. Selbst Burdas biedere »Bunte« berichtete!
Vor mir liegen die »Jazz-Echos« von 1950 bis 1956. Das »Jazz-Echo« – die damals meistgelesene deutsche Jazz-Zeitschrift, Beilage der »Gondel« – schrieb alljährlich den »Deutschen Jazz-Poll« aus. Hier ist, was die Big Bands betrifft, ein typisches Poll-Ergebnis: Erster: Kurt Edelhagen (1400 Punkte), zweiter: Erwin Lehn (600), dritter: Werner Müller mit seiner Rias-Big Band (586), danach Max Greger in München (473), Franz Thon in Hamburg (143) und unter »ferner liefen« noch Kurt Henkels aus Leipzig (91), Heinz Kretschmar (79), Kurt

Widmann (47) und Willy Berking (12). Entsprechend lauteten die Schlagzeilen, wenn damals über Big Band Jazz geschrieben wurde: »Duell der Big Bands – Lehn contra Edelhagen.«

Erwin Lehn hatte in Berlin zum Kreis um das DTU gehört und war – etwa 1946 – Pianist des »Radio Berlin Tanzorchesters« geworden, in dem damals so bekannte Musiker wie Ferry Juza (Posaune), Omar Lamparter (Klarinette), Fritz Schulz-Reichel (Piano) und Ilja Glusgal (Schlagzeug) saßen. Ab 1948 hatte er sich die Leitung des RBT-Orchesters mit Horst Kuditzky geteilt, 1951 wurde er als Leiter des Südfunk-Tanzorchesters nach Stuttgart gerufen, aber erst ab etwa 1954 war sein Stuttgarter Orchester eigentlich im Gespräch. Denn Lehn war nicht, wie Kurt Edelhagen, ein Mann schneller, Schlagzeilen machender Entschlüsse. Langsam und gründlich baute er sich seine Band auf – mit dem aus Leipzig über Berlin gekommenen Werner Baumgart (der dann weiter nach Baden-Baden ging), dem verblüffenden »Höhen-Trompeter« Horst Fischer sowie Gerald Weinkopf (Tenorsaxophon und Flöte), Ernst Mosch (Posaune), Hermann Mutschler (Schlagzeug) und dem Pianisten Horst Jankowsky. Der war der »Star« des Orchesters – und wollte es sein!

Der »Power« Edelhagens stellte Erwin Lehn Gelöstheit – »relaxation« – gegenüber. Ich weiß natürlich, es ist schwer, solche Orchester in wenigen Worten gegeneinander abzugrenzen. Natürlich gab es auch »Power« bei Lehn und »Gelöstheit« bei Edelhagen. So »verkrampft«, wie die Simplifikatoren es dargestellt haben, war die Edelhagen-Band ja nun wirklich nicht. Aber jedenfalls: Es gab mehr Kraft und Disziplin, mehr überwältigendes Big Band-Fortissimo und mehr »Drill« bei Edelhagen, und es gab mehr Gelöstheit, mehr swing, mehr selbstverständlichen musikalischen Fluß bei Erwin Lehn.

Höhepunkte der Lehn-Arbeit wurden die vom Süddeutschen Rundfunk organisierten «Wochen für Leichte Musik«, die es zu ihrer Spezialität machten, das »Leichte« bis dorthin auszuweiten, wo es »schwer« wurde. Die schwedische Sängerin Alice Babs, die dann später von Duke Ellington »entdeckt« und gepriesen wurde, und der amerikanische Klarinettist und Komponist Jimmy Giuffre gehörten zu den Stars, mit denen Erwin Lehn in den »Wochen für Leichte Musik« zusammenarbeitete.

Besonderen Ruf gewannen die Schluß-Jam-Sessions (oft jedenfalls lagen sie am Schluß) der Stuttgarter »Woche«. Das waren nicht die wilden, aufregenden Sessions, wie es sie etwa auf den Frankfurter Festivals gab. In Stuttgart herrschte immer eine Aura von »Gepflegtheit«, von Raffinesse und »sophistication«. Und es war ein Vergnügen, zu beobachten, wie das Lehn-Orchester seinen besten Solisten »feierte«: wie gesagt, Horst Jankowsky. Horst – inzwischen Chef des Rias-Tanzorchesters in Berlin – spielte immer ein wenig mehr Noten als nötig wa-

Die Kurt Edelhagen Big Band in Baden-Baden 1956

ren, immer ein wenig jungenhaft, nicht ganz so »reif«, aber von frappierender Pianistik.
Unter den vielfältigen und erwähnenswerten Big Band-Aktivitäten der damaligen Zeit muß zumindest noch eine hervorgehoben werden: die Big Band-Musik, die Kurt Henkels in Leipzig machte. Sie hätte es verdient, in Westdeutschland – und überhaupt in Westeuropa – bekannter zu werden. Henkels hatte es in der DDR gewiß nicht so leicht wie seine westdeutschen Kollegen – und er hatte außerdem unter dem ständigen Aderlaß zu leiden, durch den er seine besten Solisten an den »Westen« verlor – beginnend mit Rolf Kühn 1949, bis er schließlich den Kampf aufgab und selbst in den Westen ging.

Jazz-Zentrum Frankfurt

Wenn es so etwas wie eine Vaterfigur für die Frankfurter Szene gibt, dann ist es Carlo Bohländer. Carlo war immer viel zu sehr ein Individualist und ein »Original«, als daß man ihn irgendwo hätte einstufen können: für die Musiker war er Lokalbesitzer, für die Jazztheoretiker

Die Erwin Lehn Big Band in Stuttgart 1957

war er Trompeter, für die Anhänger des modernen Jazz spielte er Swing-Trompete, und für die Swing-Leute machte er modernen Jazz. Um Carlo, Horst Lippmann (heute: Konzertbüro Lippmann + Rau), um Emil Mangelsdorff (den älteren Bruder von Albert) und um noch ein paar andere hatte sich während des Krieges, 1941, der Hot-Club Frankfurt gebildet. Zu der ersten Gruppe des Clubs gehörten der Klarinettist Charly Petri, der Bassist Hans-Otto Jung, der Geiger und Saxophonist Paul Martin, der Pianist und Gitarrist Louis Freichel und die Schlagzeuger Hans Podehl und Ata Berk. Sie schufen die Keimzelle für die Frankfurter Nachkriegsszene. Man spielte damals heimlich und in der für die Nazi-Zeit charakteristischen Camouflage Swing – etwa in der Rokoko-Diele auf der Kaiserstraße oder bei Horst Lippmann in der Münchner Straße. Carlo Bohländer erzählt, die Musik sei manchmal so »heiß« und laut gewesen, daß die Jazzfreunde Posten aufstellen mußten, die die Musiker rechtzeitig warnen sollten, wenn sich irgendwo eine SS- oder SA- oder sonstige Partei-Uniform zeigte. Immerhin landete Emil Mangelsdorff 1943 für sechs Wochen im Gefängnis. Auch Carlo Bohländer und Horst Lippmann machten ihre Erfahrungen mit der Gestapo.

Lippmanns »Mitteilung für die Freunde der modernen Tanzmusik« – heimlich vervielfältigt und bis nach Rußland an die Front verschickt – dürfte die erste Jazz-Zeitschrift sein, die es in Deutschland gegeben hat (aber Hans Blüthner in Berlin und Dietrich Schulz-Köhn in Hannover versandten ähnliche Verlautbarungen).
Jedenfalls waren die Frankfurter bereit. Neun Tage nach der Kapitulation – am 17. Mai 1945 – erhielt ihr Hot Club Sextett von den Amerikanern eine Lizenz, durch die ihm öffentliche Auftritte – von nun an risikolos – gestattet wurden. Bald darauf begannen in der Myliusstraße die wöchentlichen Club-Abende, deren Programme Horst Lippmann vervielfältigte und verschickte. Dort gab es das erste authentische Material über den Bebop. Horst erhielt es von Freunden bei AFN Frankfurt.
Carlo und Horst Lippmann wurden dic treibenden Kräfte bei der Schaffung des Frankfurter Jazz-Kellers, des späteren »Domicile« (heute wieder einfach Jazz-Keller genannt). Wenn die Frankfurter Gruppe in den fünfziger Jahren für ihre Stadt den Anspruch erhoben hat, sie sei die Hauptstadt des deutschen Jazz, dann ist an dieser Stelle zu präzisieren: Nicht Frankfurt, aber dieser Keller war das Zentrum. Der Keller liegt immer noch dort, wo er damals lag: in der Kleinen Bockenheimer Straße. 1945, als es begann, konnte man von dort über eine flache Ruinenlandschaft bis zur Hauptwache und in die Zeil (die keine »Zeile« mehr war, so zerbombt war sie) schauen: schwer vorstellbar, wenn man die Glas- und Beton-Landschaft sieht, die heute dort glitzert. Die Musiker und Jazzfreunde haben sich mit ihren eigenen Händen einen Weg durch Schutt und Trümmer geschaufelt, haben den Keller ausgebaut und ihn wirklich zu ihrem Domizil gemacht. Da der »Keller« nicht so arbeitet wie Nachtclubs oder kommerzielle Jazzlokale, ist er krisenunabhängig. Er ist noch heute, mehr als 30 Jahre später, ein Treffpunkt all derer, die sich in unserem Lande für Jazz interessieren. Nur die Rue Chaptal 14 in Paris, der Sitz des Hot Club de France, wo Charles Delaunays Zeitschrift »Jazz Hot« redigiert wird, hat in Europa eine noch längere Jazztradition.
Eine der ersten Bands, die im »Keller« spielte, waren die Frankfurter Two Beat Stompers – von dem Bluesspezialisten Günter Boas gegründet und dem Trompeter Werner Rehm geleitet (bis sie sich 1965 auflösten). Dieser Beitrag wüchse ins Uferlose, wenn ich auch auf die Geschichte des deutschen traditionellen Jazz eingehen würde; sie müßte von jemandem erzählt werden, der sie so intensiv durchlebt hat, wie ich die moderne. Aber die Two Beat Stompers lieferten gleichsam die »Sound-Kulisse«, vor der sich all die Frankfurter und in Frankfurt heimisch gewordenen Musiker profilierten. Ja, einige der »Modernisten« haben selbst in ihnen gespielt: Joki Freund saß am Klavier und blies Tuba, Horst Lippmann war am Schlagzeug, Emil Mangelsdorff

Jazz in Frankfurt 1953, von links nach rechts: Fritz Moerke (Toningenieur), Olaf Hudtwalker, Horst Lippmann, Albert Mangelsdorff, Karl Sanner, Carlo Bohländer, Harry Schell, Heinz Steffens (Hess. Rundfunk), Karl Blume, Attila Zoller, Joki Freund, Jutta Hipp.

blies Klarinette, und ich habe Nächte erlebt, in denen Albert Mangelsdorff der »Band-Gitarrist« war.
Im Bereich des modernen Jazz waren es zunächst zwei Gruppen, die auf der Frankfurter Szene von sich reden machten: die Joe Klimm Combo mit Joki Freund und Albert Mangelsdorff und das Paul Kuhn-Ensemble. Der Pianist Klimm machte eine Musik, die – wie kaum eine andere auf der damaligen deutschen Szene – am Charlie Parker Quintet orientiert war. Kuhn, von München nach Frankfurt übergewechselt, zelebrierte den typischen George Shearing Sound à la mode mit den parallelgeführten, enggesetzten Gängen von Klavier, Vibraphon und Gitarre, die damals die Jazzfreunde beeindruckten.
Berühmt wurden die Konzerte und Jam-Sessions, die Horst Lippmann im Zirkusrund des inzwischen abgerissenen Frankfurter Althoff-Baus veranstaltete. Aus ihnen entwickelte sich das Deutsche Jazz-Festival (davon wird im letzten Abschnitt dieses Kapitels über den deutschen Nachkriegsjazz die Rede sein).
1951 war eine junge Kunststudentin namens Jutta Hipp aus Leipzig nach Westdeutschland gekommen – und zwar nach München, das zu-

nächst doch die größere Faszination auf die Jazzleute ausübte. Dort – in der Gruppe von Freddie Brocksieper – traf sie Hans Koller, der sie mit nach Frankfurt nahm, als er 1952 ein Quintett gründete, das zu den klassischen Gruppen in der Geschichte des deutschen Jazz gehört: Hans Koller (Tenorsaxophon), Albert Mangelsdorff (Posaune), Jutta Hipp (Piano), Shorty Röder (Baß) und Rudi Sehring (Schlagzeug).
Jutta beeindruckte uns von Anfang an durch eine ungeheure Distanziertheit und Kühle. Sie schien die Botschaft Lennie Tristanos, der ja damals für viele Musiker der Inbegriff der »Coolness« war, vollkommener in sich aufgesogen zu haben als irgendein anderer deutscher Pianist; sie spielte mit weitgeschwungenen, endlosen Linien, die wie die Bergrücken einer am Horizont verschwindenden Landschaft wirkten: einer Landschaft, die dem Betrachter, dem Hörer, immer fern zu bleiben schien.
Eine der denkwürdigen Aufnahmen aus der Zusammenarbeit Jutta Hipps mit Hans Koller ist »Stompin' At The Savoy«. Man weiß, was das ursprünglich war: ein jumpendes und stompendes, mitreißendes Harlem-Thema, an dessen Entstehung Musiker wie Chick Webb, Edgar Sampson und Charlie Christian beteiligt waren. Die Jitterbug-Tänzer Harlems tanzten danach im alten Savoy Ballroom. Und nun – 1953 – kamen Jutta Hipp und Hans Koller und machten ein leises, zögerndes, schlürfendes Flüsterstück daraus, das eher in einen Kreuzgang als in einen Ballroom in Harlem zu passen schien.
Im selben Jahr, 1953, ging Jutta Hipp daran, ihre eigene Gruppe zu bilden – schon in der Besetzung spürbar von Lennie Tristano beeinflußt: kein Blechbläser, dafür zwei Saxophonisten – Emil Mangelsdorff und Joki Freund. Das war die Gruppe, durch die wir zuerst von Jokis Potential als Komponist und Arrangeur erfuhren – ein Potential, von dem von nun an zahlreiche deutsche Jazzensembles profitieren sollten. Joki – ein stiller, zurückhaltender Typ, der als Hobby Tauben züchtete – fabrizierte für Combos und Big Bands und alle möglichen Ensembles jeglicher Größe immer neue, überraschende Klangkombinationen – und tut das noch heute, zum Beispiel für das Orchester Erwin Lehn und das Jazzensemble des Hessischen Rundfunks unter Albert Mangelsdorff. Als Arrangeur ist er die große zuverlässige Konstante in der deutschen Jazzgeschichte.
Bis 1955 war Jutta Hipp als »First Lady of German Jazz« so bekannt geworden, daß ihr Ruf auch nach Amerika drang. Es war eine kleine Sensation, daß Leonard Feather – der bekannteste aller amerikanischen Jazzkritiker – sie in die USA einlud. Ihr Spiel wurde, kaum daß sie in New York angekommen war, härter und energiegeladener. An die Stelle von Lennie Tristano trat Horace Silver als Einfluß und Vorbild. Aber Jutta hat sich im mörderischen Existenzkampf der amerikanischen Szene nicht durchsetzen können. Die Hilfe, die sie von Leo-

nard Feather erwartete, blieb aus, konnte wohl auch auf die Dauer nicht gegeben werden, denn letztlich ist eben doch jeder auf sich selbst gestellt – auf der US-Szene noch mehr als auf der deutschen. Auch lag ihr wohl die kühle, gedankenreiche Musik à la Tristano, die sie in Deutschland gespielt hatte, mehr als der harte, federnde Stil Horace Silvers, wie er seit dem Beginn der Hard Bop-Ära immer populärer wurde.
Jutta war zu fasziniert vom amerikanischen Lebensstil, als daß sie wieder nach Deutschland hätte zurückkehren wollen. Sie wechselte in einen anderen Beruf und spielte nur noch gelegentlich, seit dem Anfang der sechziger Jahre gar nicht mehr. Man kann heute ihre Improvisationen – »Lover Man« etwa auf MGM – nur noch mit Wehmut hören angesichts des hohen Versprechens, das hier gegeben wurde.
Frankfurt entwickelte sich nicht zuletzt deshalb zu einem Zentrum, weil es hier zu einer besonders intensiven Begegnung zwischen deutschen und amerikanischen Musikern kam. Die Geschichte der amerikanischen Jazzer, meist schwarzer Hautfarbe, die als Soldaten in Deutschland waren, hier mit deutschen Musikern zusammenspielten und später in den USA bekannte Vertreter des modernen Jazz wurden, muß erst noch geschrieben werden. Der Schlagzeuger Les Humphries, der Altsaxophonist Leo Wright (der später, nach seinen Jahren mit Dizzy Gillespie, wieder nach Deutschland zurückkehrte und in Berlin Mitglied des Tanzorchesters des Senders Freies Berlin wurde), der Pianist Cedar Walton, die Tenorsaxophonisten Don Menza, Nathan Davis und Joe Henderson (der heute noch erzählt, daß er als Soldat in München Hans Koller gehört und dadurch eigentlich zum Tenorsaxophon gefunden hat!) und viele andere gehören dazu.
Eine besonders intensive Zusammenarbeit entwickelte sich zwischen der Frankfurter Musikergruppe und dem Waldhornisten und Komponisten Dave Amram. Amram, der einer der erfolgreichen amerikanischen Opern- und Konzertmusik-Komponisten geworden ist, gehört zu den ganz wenigen zeitgenössischen Musikern, die – ähnlich wie Gunter Schuller und Anthony Braxton – in beiden Bereichen zu Hause sind, sowohl im Jazz wie in der Konzertmusik. In seiner in den USA erschienenen Autobiographie »Vibrations« erzählt er, von welch entscheidender Bedeutung die Zeit in Frankfurt 1954/55 für ihn gewesen ist, vor allem die Zusammenarbeit mit Albert Mangelsdorff. Dessen Posaune und das Waldhorn Amrams mischten sich in bemerkenswerten Interpretationen von Standardthemen wie »All The Things You Are« oder »Over The Rainbow« zu einem unverwechselbaren Sound.
Um die Hans Koller Story zu erzählen, brauchte man einen eigenen Beitrag. In seiner Heimatstadt Wien hatte Koller bereits vor und während des Krieges eine eigene Gruppe geleitet. Über München kam er nach Frankfurt, von wo aus er schnell zur dominierenden Persönlich-

keit des deutschen Jazz in der ersten Hälfte der fünfziger Jahre wurde. Die amerikanischen Musiker erschienen damals den europäischen Jazzfreunden als die »Götter« des Jazz; es wurde deshalb weithin beachtet, daß gerade diejenigen Amerikaner, die damals im Mittelpunkt des Interesses standen, Hans Koller zur Mitarbeit aufforderten: 1953 wurde Hans Mitglied einer auf Europa-Tournee befindlichen Dizzy Gillespie-Gruppe; 1954 spielte er mit Lee Konitz (und Lars Gullin, der damals – in der großen Zeit des schwedischen Jazz – ein echter Star war), 1956 gar mit dem Orchester Stan Kenton, 1958 mit Benny Goodman . . . Es kam so weit, daß eine englische Zeitschrift, als sie über den Jazz in Deutschland berichtete, kurzerhand die Überschrift wählte »Jazz in Koller-Land«.
Nachdem Jutta Hipp sich selbständig gemacht hatte, holte Hans sich einen jungen Pianisten und Komponisten aus seiner Heimatstadt Wien: Dr. Roland Kovac. Mit ihm hatte er seine damals originellste Gruppe. Kovac hatte in Wien Musikwissenschaft und Musiktheorie, strengen Satz und Kontrapunkt studiert, und das alles geheimniste er nun in die Stücke, die er für das Koller-Quintett schrieb, hinein. Gewiß swingte diese Musik mit ihrer Vorliebe für Triolen-Gänge nicht so, wie man es sich gewünscht hätte, aber sie war ein ganz und gar eigener, autonomer Beitrag, wie er auf der europäischen – und zumal der deutschen – Szene selten war. Kovacs Stücke für Koller waren in ihren Titeln so originell wie in ihrem Inhalt. Sie hießen »Badewasser« oder »Goin' My Hemming-way« oder »Feuerwehr 06 013«.
Roland Kovac wurde durch die Zusammenarbeit mit Hans Koller so bekannt, daß er innerhalb kurzer Zeit der damals meistbeschäftigte deutsche Big Band-Arrangeur wurde und deshalb das Koller-Quintett wieder verließ (inzwischen steckt er, wie so viele andere, knietief in der kommerziellen Musik). An seine Stelle trat 1956 ein junger Gitarrist, der aus Ungarn über Wien nach Deutschland gekommen war und, bis Jutta Hipp nach Amerika ging, zu deren Quintett gehört hatte: Attila Zoller. So entstanden Kollers »New Jazz Stars« – mit Willi Sanner (Baritonsaxophon), Zoller (Gitarre), Johnny Fischer (Baß) und Rudi Sehring (Schlagzeug). Kein anderer Musiker hat der deutschen Szene so viel »Seele« – nicht im Sinne schwarzer, amerikanischer »soul«, sondern im Sinne europäischer Romantik – gegeben wie der Ungar Attila Zoller.
Im deutschen Jazz-Poll wurde Koller in der ersten Hälfte der fünfziger Jahre unangefochten Jahr für Jahr zum »Musiker des Jahres« gewählt. 1955 trat zum erstenmal Albert Mangelsdorff, der damals noch zur Koller-Gruppe gehörte, gleichberechtigt neben ihn. Ab 1959 war dann Mangelsdorff regelmäßig alleiniger »Musiker des Jahres«.
Die Fülle der hier verzeichneten Namen und Ereignisse (die gleichwohl nur einen begrenzten Ausschnitt aus dem Jazzleben jener Jahre ver-

mitteln können) mag den Eindruck erwecken, daß die deutschen Jazzmusiker auch finanziell in jeder Hinsicht gefestigt dastanden. Dem ist nicht so. Selbst der bekannteste – Hans Koller – brauchte Gönner und Freunde, um sich über Wasser halten zu können. Und Albert Mangelsdorff sah sich ausgerechnet in dem Jahr, in dem er zum erstenmal den begehrten Titel des »Musikers des Jahres« gewonnen hatte, gezwungen, Mitglied des Orchesters Willy Berking zu werden und dort kommerzielle Tanzmusik zu spielen. Nur gleichsam im »Nebenberuf« gründete er mit Joki Freund ein Quintett. Und erst als er vom Hessischen Rundfunk den Auftrag erhielt, das »Jazz-Ensemble« dieses Senders zu leiten – eine Funktion, die er auch heute noch innehat – konnte er sich auf eigene Füße stellen.
Die von Albert und Joki gemeinsam geleiteten »Frankfurt All Stars« waren die klanglich reichste deutsche, vielleicht europäische Jazzgruppe Ende der fünfziger Jahre. Ein amüsantes Dokument ihres Sounds war die auf Brunswick erschienene »Opa Hirchleitner Story«, die Werner Wunderlich – der langjährige Sekretär der Deutschen Jazz-Föderation – mit nimmermüdem Witz inspiriert hatte. Der sagenhafte Opa Hirchleitner soll – so wollte es Wunderlich – Anno dazumal 1907 mit dem Fahrrad aus Bollhausen in Hessen – wenn es das gibt – nach New Orleans geradelt sein. In der Neujahrsnacht dieses Jahres habe er mit all den berühmten Musikern des damaligen New Orleans gejammt und dabei einen »bleibenden Eindruck« hinterlassen. In seinem amüsanten Begleittext schrieb Wunderlich: »Dem Erstlingswerk Hirchleitners, welches er als ›Feeling Breakdown‹ bereits 1919 komponierte, fühlte sich Herr Albert Mangelsdorff besonders verbunden, und er gestaltete es unter beispielhafter Mitwirkung des verdienstvollen Arrangeurs Herrn Pepsi Auer für ein modernes Ensemble um. Im ›Bollhausen Blues‹ schließlich, welcher dem Geburts- und Sterbeort des berühmten Nestors des deutschen Jazz gewidmet ist, erlebt der Hörer die solistische Größe Herrn Albert Mangelsdorffs, dessen tiefgefühlte Sympathien dem Ahnherrn des deutschen Jazz nicht nur des gemeinsam verwendeten Instrumentes wegen gehören.«
Ihre wohl stärkste Wirkung hatten die »Frankfurt All Stars« 1957 in Polen. Auf Vermittlung von Werner Wunderlich, der als Kriegsfangener die Sprache des Landes gelernt hatte und seit dieser Zeit enge Verbindungen nach Warschau besitzt, reiste eine Delegation des deutschen Jazz zum polnischen Jazz-Festival nach Zoppot: die Frankfurt All Stars, die Berliner Spree City Stompers, der New Orleans-Klarinettist Albert Nicholas, der Präsident der Deutschen Jazz-Föderation, Olaf Hudtwalker, Wunderlich und ich.
Der kalte Krieg bestimmte damals die Atmosphäre. Niemand wollte die Reise – weder Bonn, noch Ost-Berlin, noch Warschau. DDR-Behörden verboten uns die Fahrt mit eigenen Wagen, verwiesen uns auf

Die Frankfurt All Stars auf dem polnischen Jazz-Festival in Zoppot 1957: Albert Mangelsdorff (Posaune), Emil Mangelsdorff (Altsaxophon) und Joki Freund (Tenorsaxophon)

die Bahn und versiegelten dann unsere Eisenbahnwaggons. Erst an der polnischen Grenzstation wurden die Plomben wieder entfernt, und wir hatten das Gefühl, ein freies Land zu betreten, ein relativ freieres.
Als die deutschen Musiker auf flachen Wagen in das riesige Rund des Danziger Sportstadions gefahren wurden, in einem großen Zug, der von Komeda und seiner Frau Zofia geleitet wurde, unter einem weitgespannten Transparent mit den Worten »Jazz Zyje!« – »Jazz lebt!« –, da gab es einen Begeisterungssturm, wie ich ihn nie vorher oder nachher irgendwo wieder erlebt habe. Tausende junger Polen zogen – traditionelles Zeichen höchster Zustimmung in Polen – ihre Hemden aus und warfen sie in die Luft. Und da das geschah, bevor die deutschen Musiker eine erste Note gespielt hatten, war kein Zweifel: Dieser Empfang war politisch zu verstehen.
Leopold Tyrmand – bekannter Schriftsteller im damaligen Polen: »Das Zoppoter Jazz-Festival 1957 bezeichnet das erste wahre Kulturverhältnis zwischen Deutschland und Polen seit mehr als 20 Jahren.« Leider blieb es weitere zehn Jahre lang auch das einzige – bis zu den Bucherfolgen der Übersetzungen polnischer Lyrik durch Dedecius.
Hätte man damals im Adenauer-Deutschland nicht alle Kontakte mit Polen a priori verdächtig gefunden, und hätte man einen Empfang, wie ihn die Polen der deutschen Delegation in Zoppot 1957 bereiteten, richtig verstanden, dann wäre es nicht – so konstatieren polnische Kulturkritiker – zu jener Orientierung des polnischen Kulturlebens an skandinavischen Vorbildern gekommen, die inzwischen die jahrhundertelange, so ungeheuer ergiebige deutsch-polnische Kultur-Symbiose ersetzt hat.
Es ist notwendig, daran zu erinnern, daß der polnische Jazzaufschwung nicht zuletzt durch diese Begegnung zwischen den deutschen und den jungen polnischen Jazzern ausgelöst wurde. Die deutschen Musiker haben ihren polnischen Kollegen entscheidende, noch bis in die sechziger Jahre hinein spürbare Impulse gegeben.
Wo immer die deutschen Musiker in Polen spielten – in Zoppot, Danzig, Warschau oder anderen Städten – wurde ihr Spiel von ihren polnischen Kollegen aufs sorgfältigste studiert und analysiert. Die Polen prägten den Begriff »Frankfurt Style« und verwendeten ihn gleichberechtigt neben »New Orleans« oder »Chicago« oder »West Coast Style«. Jahre später hat Krzysztof Komeda gesagt, daß der polnische Jazz durch diese Begegnung mit den Frankfurt All Stars 1957 zu dem geworden ist, was er heute ist. Und Polen wurde ja dann innerhalb weniger Jahre zum führenden Jazzland Osteuropas. Das für den Stil der Frankfurter Musiker typischste Stück hatte Joki Freund während der Tournee in Polen geschrieben. Es hieß »Lody Mleva«, zu deutsch »Möwen-Eis«, weil die polnischen Eisverkäufer nicht müde wurden, selbst während der Konzerte ihr Eis laut rufend anzubieten.

Jazztime Baden-Baden

»Jazztime Baden-Baden«: So nannten wir die öffentlichen Jazzkonzerte, die der Südwestfunk in seinem langgestreckten, »flaschenhalsartigen« Sendegebiet zwischen Trier und dem Bodensee durchführte. Das erste fand 1949 in Koblenz statt – mit Joe Klimm, Albert Mangelsdorff, Joki Freund. Die Reihe besteht – inzwischen allerdings umbenannt in SWF-Jazz-Session – noch heute, ist also die älteste und längste derartige Rundfunk-Konzertreihe.

Die ersten »Jazztimes Baden-Baden« waren meist einfache Jam Sessions, zu denen die Musiker, die gerade Zeit hatten, zusammenkamen. Erst als 1952 das Orchester Kurt Edelhagen an den Südwestfunk gebunden wurde, wurden die »Jazztimes« vorausgeplant. Im Mittelpunkt standen jeweils das Edelhagen-Orchester und die sogenannten »Edelhagen All Stars« – eine Gruppe in wechselnder Besetzung, die aus den eigentlichen »Jazzern« der Edelhagen-Band gebildet wurde. Treibende Kraft hinter dieser Gruppe war der Altsaxophonist Franz von Klenck, ein Musiker und Mensch von seltsamer Faszination, ein fremder »Jüngling«, der irgendwie aus einem fernen Land zu kommen schien, hineinversetzt in die deutsche Jazzlandschaft der fünfziger Jahre, gleichermaßen angezogen von ihr, wie der Disziplin und »Power« Edelhagens ausgeliefert, bis er das alles nicht mehr ertrug und sich – Jahre später, 1958 – aus dem Fenster seiner Kölner Wohnung stürzte, 31jährig.

Neben Franz von Klenck spielten in den »Edelhagen All Stars« unter anderem Paul Martin (Tenorsaxophon), Rolf Schneebiegl (Trompete), Otto Bredl (Posaune) und Helmut Reinhardt (Alt- und Baritonsaxophon).

Eine der ersten wirklich internationalen »Jazztimes Baden-Baden« hatten wir 1953 vor geladenen Gästen im Baden-Badener Hotel »Tannenhof«. Lionel Hampton war mit seinem Orchester auf Deutschland-Tournee. Ich hatte ihn ein paar Jahre zuvor in den USA kennengelernt, aber es war doch nur eine flüchtige Bekanntschaft. Ich war deshalb überrascht, als »Hamp« eines Nachts anrief: Er sei in Deutschland, habe einen Tag frei auf seiner Tournee; ich hätte ihm doch von unserem »Jazzwork in the Black Forest« erzählt, ob er nicht kommen könne. Und dann kam er mit seiner ganzen Band. Es war das oft erwähnte Hampton-Orchester, in dem lauter damals unbekannte Musiker saßen, die alle kurz darauf berühmt werden sollten: Quincy Jones, James Cleveland, Gigi Gryce, Art Farmer, Monk Montgomery usw. Derjenige unter ihnen, der später den größten Namen gewann, war Clifford Brown, der früh verstorbene Trompeter, der im Übergang vom Cool Jazz zum Hard Bop eine entscheidende Rolle spielen sollte.

Die Saxophonisten der Edelhagen All Stars: Paul Martin (Tenorsaxophon), Franz von Klenck (Altsaxophon) und Helmut Reinhardt (Baritonsaxophon)

Alle diese Musiker jammten cine ganze Nacht lang mit den Edelhagen-Solisten. Es gab ein unvergeßliches Zusammenspiel von Clifford Brown und Franz von Klenck. Gegen Morgen saß Hampton immer noch am Klavier und spielte reiche und vielschichtige Akkorde, fast ein wenig im Stile von Lennie Tristano. Es war ein ganz anderer Lionel Hampton, den wir da kennenlernten – nicht der laute und schreiende »Wild man of Jazz«.

In den Wochen danach schrieb ich eine Reihe begeisterter Artikel, in denen ich Clifford Brown als den neuen, kommenden Trompeter-Star ankündigte. Bald darauf war er es. (Aber noch bevor er es wurde, attackierten mich die Kollegen: wie ich es wagen könne, einen jungen, »dahergelaufenen« – wörtlich! – »Mann, den keiner kenne«, zu feiern, als ob er »schon Louis Armstrong« wäre.)

»Brownie«, wie er genannt wurde, war der erste einer ganzen Reihe von Jazzsolisten, die – noch bevor sie in den USA bekannt wurden – in der »Jazztime Baden-Baden« oder später der »SWF-Jazz-Session« und der Fernsehreihe »Jazz – gehört und gesehen« vorgestellt wurden und auf deren Bedeutung wir früher hingewiesen haben als andere. Auch Roland Kirk und Eric Dolphy sowie die Sängerin Jeanne Lee ge-

hören zu diesen Musikern. Kirk hatte ich 1960 als Straßenmusikanten auf der Southside in dem schwarzen Getto Chikagos gehört, noch bevor er seine erste Platte gemacht hatte, und sofort nach Baden-Baden geholt. Im gleichen Jahr gab auch Eric Dolphy, der große Avantgardist, das erste Konzert seines Lebens unter eigenem Namen – nicht etwa in den USA, sondern im Rahmen einer »SWF-Jam-Session« auf der Großen Deutschen Funkausstellung in Berlin – in der Stadt, in der er vier Jahre später sterben sollte.

Aber zurück zu den Anfängen unserer Baden-Badener Jazzarbeit. 1954 war das Jahr, in dem Caterina Valente in einem Südwestfunk-Studio entdeckt wurde. Monatelang war sie durch deutsche Lande gezogen, um vor Impresarios, Agenten, Aufnahmeleitern und Produzenten probezusingen. Alle hatten sie wieder fortgeschickt. Es war auch das Jahr, in dem der amerikanische Trompeter Chet Baker mit seinem kühlen Sound die Jazz-Polls der Welt beherrschte. Und also kombinierten wir ihn mit Caterina, die damals noch wirklich eine Jazzsängerin war – zum Beispiel in einer wehmütigen Version von »Every Time We Say Goodbye, We Die A Little«.

Einer der führenden Jazzkritiker Englands war damals Ernest Borneman. In Berlin geboren, während der Nazi-Zeit ausgewandert, hatte er in Kanada, den USA und England gelebt, war Chef des Kanadischen Film-Boards und später Programmdirektor von Adenauers verunglücktem »Freien Fernsehen« geworden. Borneman – inzwischen ein wichtiger, weltberühmter Autor – hat seine jazz-ethnologische Arbeit mit einer gewissen Resignation eingestellt, als er nach Deutschland zurückkehrte; 1955 schrieb er im Londoner »Melody Maker«: »Dieses Mädchen, Caterina Valente, das aus einer internationalen Varieté- und Zirkusfamilie kommt, hat eine kleine und nicht sehr volle Stimme. Aber ich habe keine andere Sängerin, abgesehen von den sechs oder sieben amerikanischen Spitzenstars, gehört, die so natürlich phrasiert, mit so viel swing und so viel instrumentaler Beweglichkeit. Sie kann in jeder beliebigen Jam Session mitmachen und wortlose Chorusse mit den besten Jazzinstrumentalisten um die Wette singen. Das ist die Art von Jazzgesang, die ich nur von Ella Fitzgerald kenne, aber Caterina ist nicht fern von ihrer Qualität.«

1954 begann, kaum daß es Fernsehen in Deutschland gab, auch unsere Fernseh-Jazzarbeit – die Reihe »Jazz – gehört und gesehen«, die – neben der Tagesschau und Werner Höfers »Frühschoppen« – die »längste« Serie in der Geschichte des deutschen Fernsehens ist. Erst Jahre später führten die anderen ARD-Anstalten eigene Jazzproduktionen durch. Die Reihe hat viele Preise und »lobende Erwähnungen« erhalten – beim »Kritikerpreis des Deutschen Fernsehens«, beim Adolf-Grimme-Preis, auf dem Fernsehfestival in Montreux (dort allerdings für eine Co-Produktion mit dem Belgischen Fernsehen, die nicht vom

Chet Baker und Caterina Valente 1956

Südwestfunk, sondern von der Radio-Télévision Belge eingereicht worden war: Duke Ellingtons Shakespeare-Suite in einer Ballett-Realisation mit Maurice Béjart). In den USA wurden Ausschnitte aus »Jazz – gehört und gesehen« als »The World's Best Jazz TV Series« vom »Educational TV«, dem sogenannten »Channel 13«, übernommen. Von Louis Armstrong bis Duke Ellington, von Thelonious Monk bis Miles Davis und Don Cherry, von Bobby Hackett bis zum Sun Ra Arkestra, von der Original Tuxedo Jazz Band und Dutzenden großer Blues-Musiker aus den diversen »American Folk Blues Festivals« bis zum Orchester Woody Herman enthält sie Höhepunkte aus 60 Jahren Jazzgeschichte, darunter ausgesprochene Raritäten wie die kurze Zusammenarbeit von John Coltrane und Eric Dolphy oder von Cannonball Adderley mit Yusef Lateef oder das große Thelonious Monk Orchestra mit Phil Woods und Johnny Griffin auf Konzert-Tournee. Ralph Gleason von der Zeitschrift »Rolling Stone« vermutete, daß der SWF das »wahrscheinlich größte Jazzarchiv der Welt« besitze. Nur wird es leider nicht genutzt.
Von 1955 an kamen die Deutschen All Stars, wie sie im Poll des Jazz-Echos ermittelt wurden, alljährlich in Baden-Baden zusammen. Besonders gelungene Aufnahmen entstanden 1956 durch die Mitarbeit des Pianisten Pepsi Auer als Arrangeur. Die Poll-Gewinner waren damals: Egon Denu (Trompete), Albert Mangelsdorff (Posaune), Emil Mangelsdorff (Altsaxophon), Hans Koller (Tenor), Helmut Brandt (Bariton), Attila Zoller (Gitarre), Johnny Fischer (Baß), Karl Sanner (Schlagzeug) und Bill Grah (Vibraphon).
Aber nicht nur die professionellen All Stars, sondern auch die Preisträger des Düsseldorfer Amateur Jazz-Festivals wurden jedes Jahr in Baden-Baden zusammengeführt – für die Fernsehreihe »Jazz – gehört und gesehen«, – wie wir überhaupt auf eine intensive Zusammenarbeit mit den Jazzamateuren in unserem Sendegebiet Wert legten.
Bereits 1956 konnten wir das Jubiläum unserer 1000. Südwestfunk-Jazzsendung feiern – in einem glanzvollen Konzert, auf dem Miles Davis, Lester Young und das Modern Jazz Quartet zusammen mit der Elite des deutschen Jazz und Ensembles aus Schweden und Frankreich spielten. Das Unikum dieses Konzertes war ein concerto-grosso-artiges Arrangement für die Edelhagen Big Band und das MJQ über John Lewis' Komposition »Django«.
1957 kam Eddie Sauter aus den USA als Nachfolger Kurt Edelhagens nach Baden-Baden. Eddie glaubte, als er in den Schwarzwald kam, ins Land seiner Väter heimzukehren, denn die Sauters stammten aus dem kleinen Dorf Kommingen, ganz in der Nähe von Donaueschingen, wo Eddie sich im Herbst dieses Jahres auf den Donaueschinger Musiktagen zum erstenmal einem deutschen Publikum vorstellte.
Es gab in Eddie Sauters Musik eine ungeheure Gelassenheit. Viele

Eddie Sauter (dahinter sein Sohn)

Stücke schienen immer ein klein wenig zu langsam genommen zu sein, und erst später zeigte sich, daß das Tempo – selbstverständlich – genau richtig war. Es waren jene »lässigen« Tempi, wie man sie auch etwa von Count Basie oder Jimmie Lunceford kennt. Fast nie verwendete Eddie die gesammelte Kraft aller Blechbläser und Saxophonisten des Orchester, wie es damals auf der deutschen Big Band-Szene üblich war, und wenn er es tat, dann steuerte er seine Höhepunkte langsam und organisch an. Er schrieb sparsam, stimmig und durchsichtig. Er hatte eine ganze »Percussion-Section« im Orchester und gebrauchte sie wie niemand sonst im Jazz. Seine Perkussions-Ideen kamen von Edgar Varese, dem großen Einzelgänger unter den Komponisten der Konzertmusik, der schon in den zwanziger und dreißiger Jahren die Probleme des »Geräuschs« und der »Dichte« angesteuert hatte, die die anderen Komponisten erst in den fünfziger Jahren zu sehen begannen.
Und vor allem: Eddie Sauter hatte Humor. Es war ein sehr amerikanischer, typisch New Yorker Humor, wie man ihn etwa aus den Cartoons und Witzen der Zeitschrift »The New Yorker« kennt. Ich habe es Dutzende Male beobachtet: die Amerikaner lachten, wenn sie Eddie Sauter hörten, aber die Deutschen blieben ernst. Sie schienen einfach nicht den »Resonanzboden« dafür zu haben, daß großorchestraler Jazz lustig sein konnte. Laut mußte er sein . . ., aber humorvoll?
Eddie kam auch nicht mit der Rigidität deutscher Rundfunkorganisation zurecht. Er sah es nicht ein, daß man vorher einen Termin vereinbaren mußte, wenn man ein Gespräch mit dem Intendanten haben wollte. Er ging einfach hin, und wenn der Herr Intendant nicht in seinem Büro war, ging er eben in dessen Wohnung und besprach seine Probleme möglicherweise sogar mit der »Frau Intendant«.
Und vor allem: Die Mentalität deutscher Musiker blieb Eddie Sauter ein Rätsel. Eddie ist einer der liebenswürdigsten und sensibelsten Menschen, die ich kenne. Die Musiker, an den rauhen Ton Kurt Edelhagens gewöhnt, machten mit ihm, was sie wollten. Immer wieder sprach er davon, daß er gedacht hätte, die USA seien das Land mit dem härtesten Existenzkampf, aber in Deutschland wirke durch den unfreundlichen Ton alles noch viel härter.
Aber 1969 – elf Jahre, nachdem Eddie Deutschland wieder verlassen hatte – sagte mir einer seiner ehemaligen Musiker: »Jetzt kann ich's dir ja sagen: Wenn wir heute anders spielen als die anderen, dann liegt das an Eddie Sauter . . . Das haben wir alles von Eddie gelernt.«
Eddie Sauter brachte eine Reihe amerikanischer Musiker mit nach Deutschland, darunter den Pianisten und Arrangeur Dave Hildinger, der später für einige Jahre das Rias-Tanzorchester übernahm. Und vor allem zog er vorzügliche deutsche Jazzmusiker nach Baden-Baden – allen voran Hans Koller.
Natürlich gab sich Koller nicht damit zufrieden, nur in der Sauter Big

Band zu spielen. Er bildete die verschiedensten Gruppen und Kombinationen. Ein derartiges Ensemble erregte 1958 die Aufmerksamkeit von Hans G. Brunner-Schwer, dem damaligen Mitbesitzer der Radio- und Fernsehgeräte-Firma Saba in Villingen im Schwarzwald. Er rief bei mir an und fragte, ob ich nicht einmal mit einer solchen Gruppe zu ihm kommen könne. Selbstverständlich kamen wir. Koller widmete dem Ereignis eine besondere Komposition, der wir den Titel »Saba« gaben – am 11. Februar 1958. Das war der Beginn der Jazzarbeit von Saba, aus der dann später, als die eigentliche Radio- und Fernsehgeräte-Fabrik Saba in amerikanische Hände überging, die Firma MPS wurde.
Hans Koller war, wie die meisten Musiker damals, an Sound-Experimenten interessiert. So bewegte uns zum Beispiel die Bildung eines bis heute wohl einzigartig gebliebenen »Baritonsaxophon-Satzes« – mit den führenden Musikern dieses Instrumentes in Deutschland: Helmut Brandt, Helmut Reinhardt, Rudi Flirl, Johnny Feigl und Koller selbst, der für diese Aufnahmen zum Baritoninstrument überwechselte.
Als Eddie Sauter 1958 nach New York zurückging, wurde Hans Koller für eine Tournee Mitglied der Benny Goodman Big Band. Es war dasselbe Orchester, in dem auch Zoot Sims spielte, und als sich die Band nach Abschluß der Konzertreise auflöste, brachte Hans – im Herbst 58 – Zoot Sims mit nach Baden-Baden. Ein paar Tage später kam der inzwischen verstorbene, von vielen New Yorker Musikern immer noch verehrte Posaunist Willie Dennis nach, der einer der ersten gewesen ist, der mit Lippen- und Zungen-Techniken das angebahnt hat, was heute Albert Mangelsdorff zur Vollendung geführt hat: das mehrstimmige Spiel auf der Posaune. Aus Berlin stieß Helmut Brandt dazu, und diese vier Musiker bildeten auf zwei Tenören, Bariton und Posaune einen besonders originellen, an dem damals beliebten »Four Brothers-Klang« orientierten Sound, in dem die Posaune die dritte Tenorstimme übernahm.
Noch origineller wurde die Verbindung von Zoot Sims und Hans Koller auf zwei Klarinetten – in einem Stil, der seine Herkunft von Lester Young nicht verleugnen konnte. Man hat ja oft gesagt: Wenn den Musikern Lester Youngs Vorbild als Klarinettist genauso gegenwärtig geblieben wäre wie sein Tenorspiel, dann hätte die Klarinette nicht eines so schmählichen Todes auf der Jazz-Szene sterben müssen. Was Hans und Zoot damals – unter anderem in einer Aufnahme, die den Titel »Minor Meeting For Two Clarinets« trug – spielten, bewies, daß die Klarinette durchaus ihren Platz auf der Klangpalette jener Jahre hätte finden können.
Ihren Höhepunkt fand diese Jazzarbeit, als 1958/59 der amerikanische Bassist Oscar Pettiford für ein Jahr in Baden-Baden heimisch wurde. Pettiford gefiel es bald so gut hier, daß er seine Freundin und seinen

Im Jazzkeller der SWF-Fernseh-Reihe »Jazz – gehört und gesehen«: Das Oscar Pettiford-Hans Koller Quintett: von links Attila Zoller (Baß), Hans Hammerschmidt (Piano), Oscar Pettiford (Cello), Hans Koller (Tenorsaxophon) und Jimmy Pratt (Schlagzeug)

vierjährigen Sohn »Cello« aus New York nachkommen ließ. Wir bildeten um »O.P.« – wie er sich gern nennen ließ – ein Quartett, zu dem Hans Koller (Tenorsaxophon), Attila Zoller (Gitarre) und wechselweise Kenny Clarke oder Jimmy Pratt (Schlagzeug) gehörten – eine Gruppe, über die in dem Pettiford-Beitrag dieses Buches mehr gesagt wird.

Durch unsere Jazzarbeit – und vor allem dadurch, daß Koller und Pettiford in Baden-Baden lebten – wurde auch Attila Zoller angezogen, der sich nach Jutta Hipps Fortgang in die USA nicht mehr recht heimisch in Frankfurt gefühlt hatte. Zoller trug in die Baden-Badener Aufnahmen jene ihm eigene Sensitivät, die so viel mit Romantik, aber auch mit der Musik seiner ungarischen Heimat zu tun hat. Aber es zog ihn immer stärker in die USA – und zu Jutta Hipp. Als Oscar 1959 nach Kopenhagen übersiedelte, eröffnete Hans Koller ein kurzlebiges Jazzlokal in München, und Attila fuhr auf einem Frachtschiff nach New York. Er kam ohne einen Cent dort an, und Jutta erwartete ihn keinesfalls. Aber es erging ihm so, wie es guten Ungarn zu ergehen pflegt: Auf dem Schiff hatte er einen Landsmann getroffen, einen Medizinstudenten, mit dem zusammen er sich während der ersten Jahre seines amerikanischen Exils schlecht und recht durchschlug.

Jazzreise durch deutsche Lande

Berlin – München – Frankfurt – Baden-Baden. Das waren die Zentren. Dazwischen war nicht etwa nichts los. Im Gegenteil. Dazwischen gab es Dutzende, ja Hunderte von Amateur-Gruppen. Und auch einige Professionals. Der deutsche Jazz sei »in die Provinz gegangen, ohne provinziell geworden zu sein«. Diese Bemerkung eines der führenden amerikanischen Kritiker jener Zeit – ich glaube, es war Gene Lees – traf den Nagel auf den Kopf. Ein Beispiel – unter vielen – war die New Jazz Group Hannover, geleitet von dem Bassisten Eberhard Pommerenke, unter Mitwirkung des Altsaxophonisten Bernd Rabe und des Gitarristen Heinz Kitschenberg, der für diese Gruppe kluge und kühle Arrangements mit einer spürbaren Vorliebe für kontrapunktische Abläufe schrieb. (Heute ist Kitschenberg beim Südwestfunk-Tanzorchester.) Sogar der Posaunist Bill Russo – damals einer der Stars des Stan Kenton-Orchesters – machte Aufnahmen mit der New Jazz Group Hannover.

Nördlich von Hannover gab es, was modernen Jazz betrifft, wenig. Denn daran hat sich nichts geändert: Hamburg war damals – und ist auch noch heute – die Metropole des traditionellen Jazz. Man hat in den letzten Jahren viel von der »Hamburg Szene« gesprochen. Es ist, was den Jazz betrifft, vorwiegend eine Dixieland-Szene – und darüber

zu schreiben, fühle ich mich nicht befugt. Im übrigen waren es vor allem Plattenfirmen, Agenten und Manager, die unter dem Stichwort »Hamburg Szene« ihr Schäfchen ins Trockene zu bringen versuchten. Wer versuchte, wirklich dahinter zu schauen, wurde enttäuscht, abgesehen allerdings von einem in der Tat bemerkenswerten gesellschaftlichen Phänomen: Die Hamburger, die hanseatisch steifen und kühlen, die immer nur »unter sich« hatten sein wollen, gingen endlich heraus aus ihren Häusern, saßen in den Lokalen zusammen und redeten miteinander, selbst dann, wenn sie sich eben noch nicht gekannt hatten. Das war neu. Das ist eigentlich die »Hamburg Szene«. Kein musikalisches, sondern ein gesellschaftliches Phänomen.
Seit den fünfziger Jahren gibt es in Deutschland ein »Jazzgefälle«, eine »Main-Linie des Jazz« (wobei man, in schöner Doppeldeutigkeit, das Wort »Main« auch klein schreiben und englisch als »main« aussprechen kann). Je weiter südwärts man kam, desto mehr modernen Jazz fand man; je mehr man nach Norden kam, desto stärker überwogen – und überwiegen noch immer – die Freunde des traditionellen Jazz. Eine Ausnahme bildeten die Jazz-Workshops, die Hans Gertberg am Norddeutschen Rundfunk einführte und die heute Michael Naura leitet, aber die bieten alles andere als Hamburger Jazz.
»Moderner« wurde es dann schon im Ruhrgebiet. In Dortmund residierte – und residiert – der Klarinettist Glenn Buschmann mit seinem Quintett und einer spürbar pädagogischen Ader, die ihren Niederschlag in Jazzkursen und Jazzseminaren fand, und mit einer Musik, die am Swing-Stil – etwa am späten Benny Goodman, aber auch an zeitgenössischer Kammermusik – orientiert war.
Noch einen Schritt moderner wird es im benachbarten Düsseldorf. Dort hatten sich George Maycock und seine »Chic-Combo« niedergelassen – die einzige schwarze Combo, die man, ob man's nun will oder nicht (und viele wollen es nicht!), zur deutschen Jazz-Szene zählen muß. Die Maycock-Combo: das sind schwarze Musiker aus dem karibischen Raum, die die Bundesrepublik als Wahlheimat erkoren haben und die, haarscharf vorbei an allem, was modisch war, den Jazz der schwarzen Gettos Amerikas spielten – etwa in einem Kurzfilm »Jazz – Rhythmus der Zeit«, den ich damals produziert habe und der das, was der Titel verhieß, eben *nicht* präsentierte, keinen »Rhythmus der Zeit«, sondern im Gegenteil zeitlose, blues-orientierte, schwarze Musik mit Boogie Sergeant (Trompete), Sammy Walker (Posaune), George Maycock (Klavier), George Gillespie (Baß) und Big Fletchit (Schlagzeug).
Und dann war Düsseldorf natürlich die Stadt, von der aus Klaus Doldinger seinen Weg machte. Klaus fing, Sidney Bechet-inspiriert, als Dixieland-Klarinettist mit den Düsseldorfer Feetwarmers an, der besten traditionellen Jazzgruppe im Deutschland der fünfziger Jahre, aus

Klaus Doldinger 1955

der unter anderem auch Lutz Nagel, der Leiter des Spiritualstudios Düsseldorf, und der spätere »Protestsänger« Dieter Süverkrüp hervorgingen.
Schon früh stieß Klaus Doldinger aus dem engeren Bereich des traditionellen Jazz in modernere Gefilde vor. Von Anfang an war er auf »Kommunikation« mit einem größeren Publikum bedacht. Als Pianist nannte er sich »Oskar« und war nicht – wie damals üblich – von den bekannten Pianisten des Cool Jazz, sondern von Oscar Peterson beeinflußt. Als Saxophonist orientierte er sich nicht an den herrschenden »kühlen« Modellen – etwa an Stan Getz oder Lee Konitz –, sondern an den schwarzen Tenorsaxophonisten des Blues und des Hard Bop. Aus diesem Grunde hat Doldinger nie eigentlich zur »ingroup« des deutschen Jazz gehört. Er wollte das auch nicht, er wollte extravertierten und expressiven Jazz machen, wollte nicht nur für sich, sondern auch für ein Publikum spielen und dieses Publikum gewinnen. Er versuchte dies zunächst bei zwei modernen Jazz-Combos, die damals einen Namen hatten, beim Roland Kovac-Quintett und in der Werner Giertz-Combo; in beiden Gruppen blies er Altsaxophon.
Als er Ende der fünfziger Jahre zum Tenorsaxophon überwechselte, war er auf einen Schlag der »schwärzeste« Saxophonist der deutschen – wenn nicht der europäischen – Szene. Als ich dem damaligen Chef-Redakteur der Zeitschrift »down beat« in den USA einen Klaus Doldinger-Mitschnitt schickte, schrieb der zurück, das könne doch wohl nicht aus Deutschland kommen, das müsse »ein schwarzer Tenorist von der Southside Chicagos« sein. Klaus' langjähriger Partner in dieser ganzen Entwicklung zu immer »schwärzerer« Musik war der Organist und Pianist Ingfried Hoffmann mit »anheizenden«, »kochenden« Hammond-Sounds und der gleichen Extravertiertheit, die auch Doldinger kennzeichnet. Hoffmann war auch jahrelang Leiter einer Big Band im Kölner Raum.
Es ist die Verwurzeltheit in der schwarzen Tradition und der unbedingte Wille zur Kommunikation, die Doldinger über mancherlei Zwischenstationen auf seinen Weg zu »Passport« geführt haben, der erfolgreichsten deutschen Jazz-Rock-Gruppe Mitte der siebziger Jahre.
In Köln machte Harald Banter eine gepflegte, vom Westcoast Jazz beeinflußte Cool-Musik oft linearer, kontrapunktischer Fraktur und mit ausgefallenen Klangkombinationen, die durch die Verwendung jazzungewöhnlicher Instrumente wie Horn und Fagott entstanden. Und dann war Köln die Stadt Gigi Campis, der damals nicht nur sein Eislokal auf der Hohen Straße besaß, sondern auch an verschiedenen (Jazz-)Nachtlokalen beteiligt war. Campi ist in den sechziger Jahren als Manager der Clarke-Boland-Big Band bekannt geworden, jenes swingenden Orchesters, in dem so viele der führenden in Europa lebenden

amerikanischen Musiker einen gesunden, zupackenden, an Count Basie und Duke Ellington orientierten großorchestralen Jazz machten. Es war eine Glanzleistung, wie Campi dieses Orchester aufwärts-gemanagt hat; freilich hat er es dann Ende der sechziger Jahre, als die Band endlich in geschäftlicher Hinsicht Erfolge hätte haben können, auch wieder abwärts-gemanagt.
In den fünfziger Jahren war Campi, durchaus im Gegensatz zu seiner Begeisterung für die aggressive, schwarze Musik der Clarke-Boland-Big Band, ein Fanatiker des Cool Jazz. Er gründete eine eigene Schallplatten-Marke – »mod« –, die all die kleinen privaten Labels, die es heute gibt, um zehn oder fünfzehn Jahre vorwegnahm. »mod« kam von »modern«, und Gigi sagte immer, zu »mod« gehöre auch »trad«, und er werde eines Tages auch traditionelle Platten herausbringen; aber Gigi war von seiner mod-Musik so fasziniert, daß er für die trad-Platten keine Zeit fand. Auf mod-Platten erschienen Roland Kovac und der Vibraphonist Bill Grah, der Schlagzeuger Rudi Sehring, der Bassist Johnny Fischer und vor allem Hans Koller, Lee Konitz und der schwedische Baritonsaxophonist Lars Gullin. Die Begegnung der drei letzteren auf einer Platte bildete den Höhepunkt der mod-Arbeit; zum Beispiel in einer »Passacaglia«, die Roland Kovac zunächst im Auftrage des Südwestfunks für das »Weltmusikfest 1956« geschrieben und dann für die kleine Gruppe mit Koller-Konitz-Gullin bearbeitet hatte.
Im Mannheimer Raum residierte der Pianist Wolfgang Lauth, der einzige deutsche Jazzmusiker, der in den fünfziger Jahren die unangefochtene Spitzenstellung der Frankfurter Gruppe um Albert Mangelsdorff, Hans Koller, Jutta Hipp etc. gefährdete. 1957/58 spielte er sich zur allgemeinen Überraschung an die Spitze der Beliebtheitsskala und wurde damals sogar zum »Musiker des Jahres« gewählt. Wolfgang Lauth hatte Erfolg, weil er genau spürte, was in der Luft lag, und weil diese in der Luft liegenden Klänge seinem Naturell entsprachen. Er machte einen barocken kontrapunktischen Cool Jazz, der in seiner Konsequenz auch noch das Modern Jazz Quartet übertraf (aber natürlich nicht die fließende rhythmische Selbstverständlichkeit dieser Gruppe erreichte).
Mit Lauth und einem Professor vom musikwissenschaftlichen Institut der Universität Heidelberg – Professor Dr. Tröller – führte ich die Tournee »Jazz und Alte Musik« durch, auf der wir die Spielpraktiken, die Ornamentierungs- und Improvisationsweisen des Jazz einerseits und der Barock- und Vorbarockmusik andererseits miteinander verglichen und ihre Gemeinsamkeiten aufzeigten. Man war damals an diesem Thema so sehr interessiert, daß die Tournee »Jazz und Alte Musik« auch heute noch als die erfolgreichste in der Geschichte des deutschen Jazz gelten darf. Jedenfalls weiß ich von keiner anderen, die einhundertfünfzig Veranstaltungen erreichte. Ich glaube, es gab wenige

Das Wolfgang Lauth Quartett mit Emmes Pöhlert (Gitarre)

Städte, in denen wir damals nicht mit »Jazz und Alte Musik« zu Gast gewesen wären.
Mit Wolfgang Lauth machte ich einen Film, an dem auch Albert Mangelsdorff, Joki Freund und andere bekannte deutsche Jazzmusiker jener Jahre beteiligt waren. Kaum war er abgedreht, verschwand der Produzent auf Nimmerwiedersehen, ohne die Gage zu bezahlen, aber einen Bundesfilmpreis gab es dann später trotzdem. Der Film wurde im Barockpark des Schwetzinger Schlosses gedreht und versuchte auch optisch, die Beziehungen zwischen Jazz und Barock-Ära aufzuzeigen.
Wenn Wolfgang Lauth nicht auf Tournee war, spielte er in dem Heidelberger Studentenkeller »Cave 54«, einem Lokal, das aus der deutschen Jazzgeschichte jener Jahre nicht fortzudenken ist. Hier trafen sich in nächtelangen Jam Sessions deutsche und amerikanische Musiker vor dem studentischen Publikum der Universitätsstadt.
Das Heidelberger »Cave« wurde übrigens von Fritz Rau gemanagt, dem heutigen Chef des Konzertbüros Lippmann + Rau. Rau, der damals noch mehr Zeit und Ohr für die Jazzmusik hatte, betreute die meisten deutschen Jazzmusiker und lernte – wie er selbst sagt – am Jazz all das, was er inzwischen auf die Rolling Stones und ähnliche

Pop-Gruppen anwendet. Fritz' Erinnerung an seine Jazzvergangenheit ähnelt der an eine Jugendliebe. »Wir alten, ehemaligen Jazzer . . .« – mit dieser Phrase kann man heute durch die halbe Welt kommen. Überall sitzen sie in den Schlüsselpositionen der Plattenfirmen und Agenturen, die ehemaligen Jazzer, und reden davon, wie's »damals« war.

Viele bekannte deutsche Jazzgruppen widmeten Fritz Rau ihre Kompositionen. Zum Beispiel gab es »Fritz In Heaven« vom Jochen Brauer-Sextett. Auch diese Gruppe, deren eine Hälfte aus der DDR gekommen war und die später zum »Schauorchester« wurde, gehört in den Heidelberg-Mannheimer Raum.

Das »Jazzgefälle« bestand nicht nur bei den professionellen Musikern. Auch unter den Amateurgruppen überwogen diejenigen, die modernen Jazz spielten, im Süden, während im Norden Dixieland und New Orleans Jazz gespielt wurden. Die Fülle dieser Amateurgruppen war eindrucksvoll; es gab praktisch in jeder Kleinstadt welche, so daß ein Beobachter der französischen Zeitschrift »Jazz Hot« zu dem böswilligen Resümee kam, es sei das »Amateurische, was den deutschen Jazz kennzeichne« – ein Urteil, das viele von uns damals tödlich beleidigt hat. Andererseits muß man zugeben: Wer als unbefangener ausländischer Beobachter in jener Zeit durch Deutschland reiste und nach fünfzig Amateurgruppen allenfalls auf eine einzige professionelle Band stieß, der konnte tatsächlich diesen Eindruck gewinnen.

Es gehörte damals zum guten Ton, den meisten dieser Amateurgruppen einen sogenannten »professionellen Standard« zu attestieren. In Wirklichkeit hatte ihn wohl nur eine einzige – die Modern Jazz Group Freiburg, die in ihrer Kernbesetzung aus dem Wagenbauer Ewald Heidepriem am Piano, dem Biologen Eberhard Stengel am Schlagzeug, dem aus der Schweiz stammenden Fliesenleger Umberto Arlatti auf der Trompete und dem inzwischen zum professionellen Musiker gewordenen Bassisten K. T. Geier bestand.

Wer kennt die Völker, zählt die Namen? Dieser Beitrag würde zu einem Buch werden, wenn ich all die vielen Musiker und Ensembles vorstellen würde, die damals Jazz gespielt haben und bei denen ich mich entschuldigen muß, daß ich sie gar nicht oder – das betrifft ja die meisten – nicht ausreichend erwähnen kann.

Besonders eindrucksvoll war die Vielfalt der Jazz-Szene in Wien, das von Anfang an als zur deutschen Jazzlandschaft dazugehörig empfunden wurde. Wenn irgendein deutscher Stamm von sich sagen darf, mehr Jazzmusiker hervorgebracht zu haben als die anderen, dann sind das nicht die Hessen, sondern die Österreicher – und vor allem die Wiener: Hans Koller, Fatty George, Friedrich Gulda, Joe Zawinul, Hans Salomon, Erich Kleinschuster, Hans Rettenbacher, Robert Politzer, Viktor Plasil, Fritz Pauer, Erich Bachträgl, Dieter Glawischnig

Die Two Sounds Band mit dem Leiter Fatty George (Klarinette), Joe Zawinul (hier auf der Trompete), Oskar Klein (Trompete), Willi Meerwald (Posaune) und Karl Drewo (Tenorsaxophon)

usw. usw. . . . Das Zentrum des österreichischen Jazz war ein Lokal in der Wiener Annagasse: das »Tabarin«, wo Fatty George und seine »Two Sounds Band« residierten. »Two Sounds« – das heißt zwei Klänge: der eine war Dixieland, der andere moderner Jazz. Es war schon ein Phänomen, wie es der dicke, stets gute Laune ausstrahlende Klarinettist Fatty George fertigbrachte, mit der gleichen Band unter Austausch von jeweils nur einem oder zwei Musikern so verschiedene Stile zu spielen. Ich weiß keine andere Musikergruppe, die dies in ähnlich perfekter Weise fertiggebracht hätte. Vielleicht liegt etwas typisch Österreichisches, typisch Wienerisches darin, daß es – in einer Zeit, in der es geradezu zur »Hygiene der Jazz-Szene« zu gehören schien, das Moderne und das Traditionelle gegeneinander auszuspielen – in Wien eine Band gab, die beides spielte – und beides gleich vorzüglich.
Rückgrat des traditionellen Sounds der Fatty George-Band war neben Fatty selbst auf der Klarinette der Südtiroler, heute in Basel lebende Trompeter Oskar Klein, ein Mann, der, wenn er damals – in der Erfolgszeit all der vielen britischen traditionellen Bands – aus England gekommen wäre, europäischen Starruhm gewonnen hätte; das musikalische Format besaß – und besitzt – er dazu.

Rückgrat von Fatty Georges modernem Sound waren der Tenorsaxophonist Karl Drewo und vor allem der Pianist Joe Zawinul.
Zawinul ist heute in den USA der mit Abstand erfolgreichste Jazzer aus dem deutschsprachigen Raum: Er ist Co-Leiter der Gruppe Weather Report, war Star-Komponist für Cannonball Adderley, Mitarbeiter von Miles Davis . . . Als ich das erstemal nach Wien kam, zeigte mir Joe das Schloß Schönbrunn, und er erzählte mir die so typisch wienerischen Geschichten um die Amouren, die sich da zur Zeit des Wiener Kongresses abgespielt hatten; Joe kannte das alles. Ich sagte ihm, daß es sicher gut für ihn wäre, eines Tages nach Amerika zu gehen. Joe Zawinul darauf: »Nein, das werde ich nie können, ich kann nicht ohne Wien leben.«
Als ich ihn drei Jahre später – 1961 – im Birdland, dem Jazzlokal am Broadway, wiedertraf, schämte er sich fast, deutsch zu sprechen. Er lebte in Harlem in derselben Wohnung wie Ben Webster, der berühmte Tenorsaxophonist, und identifizierte sich so sehr mit der schwarzen Tradition, daß er der meines Wissens einzige weiße Piano-Begleiter war, den Dinah Washington, die schwarze »Queen of Blues«, in ihrer Gruppe gehabt hat. Vielleicht war es für Joe Zawinul wirklich notwendig, seine Verwurzeltheit in der Wiener Tradition zu verdrängen, um dadurch das schwarze Erbe um so gründlicher assimilieren zu können. Erst nachdem dieser Prozeß abgeschlossen war, Anfang der siebziger Jahre, bekannte er sich auf seiner wunderbaren Atlantic-Platte »Zawinul« auch musikalisch wieder zu seiner österreichischen Herkunft.
Wer die alten Soli hört, die Joe in den fünfziger Jahren – etwa bei Fatty George oder mit Hans Koller – spielte, und wer danach eine heutige Joe Zawinul-Platte aus den USA auflegt, kann sich kaum vorstellen, daß dies derselbe Musiker ist. Nur gelegentlich, etwa in einer Aufnahme, die Koller 1954 unter dem Titel »These« machte, spürt man eine Vorahnung jener rasanten, scharf ziselierten Gänge, die man von dem heutigen, dem »amerikanischen« Zawinul kennt.

Bilanz

Das deutsche Jazz-Festival Frankfurt wurde 1953 von Horst Lippmann gegründet. Von Anfang an war es die »Börse«, die »Messe« des Deutschen Jazz. Es ist das älteste regelmäßig stattfindende professionelle Jazz-Festival der Welt – älter auch als das berühmte Newport-Festival in den USA, obwohl Newport-Gründer George Wein den Anspruch erhebt, Jazz-Festivals »erfunden« zu haben.
Jedes Frankfurter Festival hatte seinen Höhepunkt – und diese Höhepunkte waren fast immer symptomatisch für den deutschen Jazz in dem betreffenden Jahr. Eine Bilanz des deutschen Jazz zwischen 1950 und

1960 kann, einigermaßen objektiv, dadurch gezogen werden, daß man sich an dem orientiert, was die Kritik jeweils als »den« Höhepunkt und »die« Überraschung des betreffenden Festivals herausstellte. Von ein oder zwei Ausnahmen abgesehen, herrschte diesbezüglich Einigkeit.
Im Grunde begann die Serie der Deutschen Jazz-Festivals bereits 1951. Da gab es das zehnjährige Jubiläumskonzert des Hot Clubs Frankfurt. Dieses Jubiläumskonzert war das wirkliche erste Deutsche Jazz-Festival. Sein Erfolg brachte Horst Lippmann auf die Idee, regelmäßig Jazz-Festivals zu veranstalten.
In diesem Jubiläumskonzert 1951, das im inzwischen abgerissenen Frankfurter Althoff-Bau stattfand, spielte sich ein junger Altsaxophonist, der wie so viele unserer besten Jazzmusiker aus dem Osten Deutschlands stammte, mit einem Schlage in den Mittelpunkt des Interesses: Franz von Klenck – mit einem Solo über »The Man I Love«, begleitet von der Rhythmusgruppe der Paul Kuhn-Combo. Dies, würde ich denken, ist die erste bleibende Jazz-Improvisation eines deutschen Musikers, die nach dem 2. Weltkrieg entstand. Wenn man das Stück heute, mehr als 25 Jahre später, auflegt, hört man ein paar Unvollkommenheiten deutlicher, als wir es damals getan haben, aber dahinter spürt man eine ungeheure, »vogelflugartige« Zügigkeit, die nur gelegentlich aus den zeitlosen Höhen guter Jazzmusik in das herabstößt, was aus heutiger Sicht zeitgebunden erscheinen mag.
Von 1953 an gab es auf den Frankfurter Festivals fast in jedem Jahr kammermusikalische Duos – ohne Rhythmusgruppe – von Albert oder Emil Mangelsdorff einerseits und dem Gitarristen Attila Zoller andererseits. Wir haben in dem Beitrag »Die Kunst des Duos« ausführlich darüber gesprochen und die Frage gestellt, ob nicht vielleicht doch in der kammermusikalischen Stille und Kontemplativität dieser Duos ein Stück deutscher romantischer Tradition schwingt. Eines der schönsten Duos entstand, als Albert Mangelsdorff und Attila Zoller den alten Standardtitel »I Can't Get Started« spielten – wie ja überhaupt die gegenseitige Inspiration von Albert Mangelsdorff und Attila Zoller zu den interessantesten und dauerhaftesten Phänomenen des deutschen Jazz gehört und einmal einer eigenen Untersuchung wert wäre (siehe das »Gespräch mit Albert Mangelsdorff«).
Das Deutsche Jazz-Festival 1954 brachte den Durchbruch von Roland Kovac. Auch hier war es wieder ein unbegleitetes Duo, das besonderes Interesse fand – eine im strengen Satz geschriebene »Fughette« von Kovac am Piano und Hans Koller auf dem Tenorsaxophon. Ein Jahr später, 1955, war Roland Kovac der beherrschende Arrangeur der deutschen Jazz-Szene. Er wurde es vor allem durch ein Arrangement, das er für das Orchester Kurt Edelhagen geschrieben hatte. Er hatte es als unbekannter Mann eingeschickt; die Musiker gingen mit einer gewissen Skepsis daran, aber nachdem es ein einziges Mal durchgespielt

Die Deutschen All Stars 1953 auf der Bühne des Frankfurter Althoffbaus: Max Greger (Tenorsaxophon), Fred Bunge (Trompete), Franz von Klenck (Altsaxophon), Paul Kuhn (Piano), Günther Fuhlisch (Posaune), Hans »James« Last (Baß), Gerd Hühns (Gitarre) und Teddy Paris (Schlagzeug)

worden war, fand es sofort die spontane Zustimmung des ganzen Orchesters. Es war ein Arrangement über ein damals besonders beliebtes Thema: »You Go To My Head«.

Aber das Festival 1955 hatte verschiedene Höhepunkte, die von den Kritikern einigermaßen gleichrangig bewertet wurden. So brachte es den Durchbruch des Berliner Baritonsaxophonisten und Arrangeurs Helmut Brandt mit seiner Komposition »Sum«; davon war bereits im »Berliner Kapitel« die Rede. Des weiteren brachte 1955 den Einstand Caterina Valentes. Besonderen Anklang fand sie mit einem Quartett, das nach dem Vorbild des damals beliebten Gerry Mulligan-Quartetts modelliert war: Trompete und Baritonsaxophon mit Baß und Schlagzeug, ohne Piano. Rolf Schneebiegl war der Trompeter, Helmut Reinhardt der Baritonsaxophonist, »My Funny Valentine« ein mit besonderem Erfolg präsentiertes Thema in dieser Besetzung.

Alle bisher genannten Aufnahmen, von Franz von Klencks »The Man I Love« und Brandts »Sum« abgesehen, waren langsame Stücke. Sollte auch dies vielleicht ein Kennzeichen des deutschen Jazz sein, seiner inhärenten Romantik?

1956 war ein Jahr des gesungenen Jazz. Am meisten bejubelt wurde das »Spiritual-Studio Düsseldorf«, eine von Lutz Nagel geleitete Gruppe junger Sänger und Sängerinnen, die mit ihrer Musik eine ganze Welle auslösten. Schlagartig entstanden überall im Lande Spirituals singende Ensembles; einige davon gibt es noch heute.

Der andere Erfolg des Jahres 1956 kam aus Berlin – von Toby Fichelscher. Toby besaß etwas, was kaum jemand sonst damals in Deutschland hatte: echtes schwarzes Blues-Gefühl. Im »Jazz-Echo« schrieb ich, er sei »eines der wenigen Phänomene, die es auf der deutschen Jazz-Szene« gäbe. Er sei sicher kein »großer« Musiker, aber sein Blues-Gefühl sei so stark, daß er alles, was er anpacke, in Blues verwandele, ob er nun singe oder trommele, Bongo oder Klavier oder Cembalo spiele oder »Blue-Blowing« mache (also auf einem mit Papier umwickelten Kamm blase). Toby Fichelscher war auf der deutschen Szene eine ähnliche Figur, wie es damals Alexis Korner auf der englischen war: mit all dem »Amateurischen«, was ja auch bei Alexis zunächst dazugehörte – und ich meine, es ist tröstlich, zu wissen, daß es so etwas auch bei uns gegeben hat, wenn sich auch hierzulande nichts daraus entwickelt hat, während ja »der weiße Blues« in England eine kaum zu überschätzende Bedeutung gewonnen hat – in Jazz, Pop und Rock . . . Man hört diese frühen Aufnahmen von Toby Fichelscher in Berlin heute mit dem gleichen Überlegenheitsgefühl, mit dem man frühe Aufnahmen von Alexis Korner hört: damals erschienen sie uns alle als ein Inbegriff an »Schwärze«, und wir konnten nicht fassen, wie es ein weißer Musiker fertigbrachte, so authentisch »black« zu klingen. Heute ist man eine viel intensivere Form von »Schwärze« auch bei weißen Musikern gewohnt.
Toby begegnete in Frankfurt dem Pianisten Rafi Lüderitz, einem echten Zigeuner, der zunächst noch in einem Zigeunerwagen lebte. Rafi war ein Blues- und Boogie-Pianist von einer Kraft und Authentizität, die, wenn es das in einem anderen europäischen Lande gegeben hätte – etwa in England oder in Skandinavien –, Aufsehen erregt hätte. Ein paar Jahre später ging er nach Amerika – offiziell als Angestellter der Lufthansa, aber in Wirklichkeit, um in den schwarzen Gettos »Rhythm and Blues« zu spielen, von seinen schwarzen Zuhörern akzeptiert, als sei er einer der ihren. Auch Rafi Lüderitz, der nun bereits zu den Toten des deutschen Jazz gehört, war eines dieser Phänomene, die wir auf der deutschen Jazz-Szene hatten und die wir zu vergessen neigen.
Vor und nach und zwischen den Konzerten der Frankfurter Festivals gab es Sitzungen, zu denen Dr. Ingolf Wachler aus Bremen anmerkte: »Zwischen den Konzerten tagte die Deutsche Jazz-Föderation e.V. über Statuten. Es gibt Leute, die glauben, durch Statuten könne man einen Verein zu lebhafter Aktivität erwecken. Die neuen Statuten wurden widerspruchslos und einstimmig angenommen – Inhalt uninteressant. Als große Demokraten haben sich die Mitglieder nicht erwiesen. Die Mehrheit scheint in einem Anfall von Weisheit die berechtigte Überzeugung gewonnen zu haben, daß sich durch die neuen Statuten sowieso nichts ändern werde. Damit bleibt inklusive Wiederwahl des bisherigen Vorstandes alles beim alten.«

Man kann, wie man sieht, über die Deutsche Jazz-Föderation nur mit gemischten Gefühlen schreiben. Mit der lebendigen Musik hatte das, was sie tat oder – meist auch nur – tun wollte, kaum etwas zu tun. Von zwei oder drei Ausnahmen abgesehen, weiß ich kaum ein wichtiges Ereignis, an dem sie entscheidenden Anteil hatte. Horst Lippmann hätte seine Festivals und Konzerte sowieso gemacht. Und die Dutzende von kleinen Jazz-Clubs, die es landauf, landab gab, bestanden ja ebenfalls sowieso. Föderationspräsident Olaf Hudtwalker hatte durchaus den Rang einer Vaterfigur, wie überhaupt alle, die in der Föderation mitmachten – auch ich gehörte ja dazu –, von gutem Willen beseelt waren. Aber gerade dadurch wird deutlich: Der Jazz ist eine viel zu individualistische Musik, als daß Organisationen oder Vereine irgend etwas in ihm bewirken oder auslösen könnten; es sind immer einzelne, auf die es ankommt. Später, als Wolfram Röhrig Föderationspräsident wurde, wurden die Föderationssitzungen vollends zu einem Jahrmarkt der Eitelkeiten, auf dem in langen Monologen abgehandelt wurde, was in fünfminütigen Gesprächen einfacher hätte geklärt werden können. Nur dem selbstlosen Wirken von Föderationssekretär Werner Wunderlich, der sich nie in den Vordergrund drängte und gleichwohl die eigentliche Arbeit leistete, ist es zuzuschreiben, daß die Deutsche Jazzföderation überhaupt so viele Jahre lang bestand.

Deutsches Jazz-Festival 1957. Im »Jazz-Echo« finde ich folgenden Absatz: »Jedes Frankfurter Jazz-Festival bringt eine neue Entdeckung. Das diesjährige brachte zwei: den Vibraphonisten Wolfgang Schlüter und den Altsaxophonisten Klaus Marmulla. Beide gehören zum Michael Naura-Quintett, das sich damit unter die wichtigen deutschen Jazz-Combos reiht. Schlüter spielt mit stupendem Ideenreichtum, Marmulla hat den besten Ton unter allen deutschen Altsaxophonisten, rund und tragend, warm im Ausdruck und kühl in der Konzeption.«

Jazz-Festival 1958. Eddie Sauter stellt zum erstenmal auf einem Deutschen Jazz-Festival seine Band und seine Musik vor. Aber der meistgenannte Name des Jahres wurde derjenige der Sängerin Inge Brandenburg. Ihr Erfolgsstück, von Rolf Lüttgens am Piano begleitet, war »Dancing On The Ceiling«. Vor allem in langsamen Balladen – etwa in »Lover Man« – bewies Inge Brandenburg eine ungeheure Expressivität, die einige Kritiker zu dem – gewiß vorwitzigen – Vergleich mit Billie Holiday verleitete. Inge Brandenburg hat – wie so viele Jazzmusiker, zumal in den USA – immer wieder in ihrer Laufbahn emotionelle, persönliche Schwierigkeiten gehabt. In diesen Schwierigkeiten steckt ihr Dilemma: einesteils gewinnt sie aus ihnen Kraft und Expressivität, anderenteils verdankt sie ihnen den Kummer, den sie immer wieder mit ihrer Umwelt gehabt hat.

Nach 1958 begann die Erstarrung: 1959 gab es kein Jazz-Festival. Man beschloß, von nun an nur noch zweijährig zu tagen, und gewiß spiegelte

Die Deutschen All Stars 1958: Gerry Weinkopf (Flöte), Albert Mangelsdorff (Posaune), Peter Trunk (Baß), Conny Jackel (Trompete), Joki Freund (Tuba), Joe Nay (Schlagzeug), Hans Koller (Tenorsaxophon), Ingfried Hoffmann (Orgel), Emil Mangelsdorff (Altsaxophon) und Rolf Kühn (Klarinette)

sich darin das Gefühl, daß es nicht genug Neues und genug Interessantes mehr auf der deutschen Jazz-Szene gab.

1960 war das große Jahr Albert Mangelsdorffs. Aber wenn man Albert fragt, dann sagt er: Es war das große Jahr von Hartwig Bartz, eines Schlagzeugers aus der Pfalz. Heute kennt ihn kaum noch jemand; 1960 war er der meistbeschäftigte Drummer des ganzen Festivals. Albert sagt heute: »Hartwig Bartz war das größte rhythmische Talent, das der deutsche Jazz je besessen hat.« (Siehe ebenfalls das Mangelsdorff-Gespräch).

1960 war auch das Jahr, in dem der deutsche Jazz in Klausur ging, in dem die Selbstbesinnung begann, die dann – seit der Mitte der sechziger Jahre – zur Emanzipation führte, dazu also, daß sich die deutschen und überhaupt die europäischen Musiker von den dominierenden, oft auch lähmenden Vorbildern des amerikanischen Jazz lösten und zu sich selbst fanden.

Man hört die alten Aufnahmen aus den vierziger und vor allem den fünfziger Jahren mit Wehmut und Nostalgie. Gewiß, es gab viel gute Musik damals, aber die Zeiten waren nicht »golden«, nur unsere Erinnerung hat sie vergoldet, wie das ja oft so geht mit den Guten Alten Zeiten. Die führenden Musiker des deutschen Jazz können heute von ihrer Musik leben, zwar nicht sehr gut, aber sie können es. Damals konnte das kaum jemand. Klaus Doldinger mußte Toningenieur werden. Albert Mangelsdorff und Hans Koller, wie gesagt, spielten kommerzielle Tanzmusik. Wer trotzdem und unbedingt jazzspielend existieren wollte, ruinierte sich im »Untertagebau« der Nachtlokale, fronend von 8 Uhr abends bis 4 Uhr früh, im Krankenhaus endend wie Michael Naura.

Diejenigen, die den Eindruck des »Goldenen Jazz-Zeitalters« verursachten, waren die Amateure. Sie spielten zu Hunderten, zu Tausenden – und die Musik, die sie spielten, war, wie es ja selbstverständlich ist und wie man es ihnen deshalb nicht vorwerfen darf, »amateurisch«. Aus heutiger Sicht bleibt als Positivum zwar die ungeheure Musizierfreude jener Jahre, aber als Negativum die Tatsache, daß die Tausende von Amateuren den wenigen qualifizierten Professionellen die Existenzgrundlage nahmen.

Es gibt ein paar bleibende deutsche Jazzaufnahmen aus den fünfziger Jahren – vier oder fünf, für jeden mögen es andere sein. Für mich sind es Franz von Klencks »The Man I Love«, Jutta Hipps »Lover Man«, Hans Kollers, Albert Mangelsdorffs und Juttas »Stompin' At The Savoy«, Helmut Brandts »Yesterdays«, einige Stücke der Koller-Zoller-Pettiford-Gruppe (etwa »All The Things You Are« und »Blues In The Closet«), einige von Attila Zollers und Albert Mangelsdorffs unbegleiteten Duos . . .

Bilanz muß auch gezogen werden, was die Plattensituation betrifft. Ich hätte diesen Überblick nicht schreiben können, wenn ich nur auf Schallplatten angewiesen wäre. Es gab zu wenige. Die meisten Aufnahmen des deutschen Jazz der vierziger und fünfziger Jahre, die wirklich zählen, lagern vergessen in Funk- und Privatarchiven. Die erste repräsentative deutsche Jazzplatte nach dem Kriege erschien aufschlußreicherweise nicht in Deutschland, sondern in den USA: »The Cats And Jammer Kids« auf Angel Records. Auch Kurt Edelhagens erste Platte erschien – bereits 1949 – in den USA, und Hans Koller wurde nicht nur in Amerika, sondern sogar in Frankreich (auf Vogue) eher auf Platte vorgestellt als in der Bundesrepublik! Ich meine, auch das würde zu Goldenen Zeiten gehören, wenn sie »golden« gewesen wären: daß die Musik wenigstens einigermaßen auf Platten dokumentiert wäre. Aber auch das ist, ähnlich der beruflichen, der existentiellen Sicherung der Musiker, erst heute der Fall.

Wer sich durch die Berge von Aufnahmen durchhört, die der deutsche Jazz in den fünfziger Jahren produziert hat, wird gleichwohl eine Entwicklung konstatieren. Abgekürzt kann man diese Entwicklung an den nächstliegenden Beispielen, die man sich dafür vorstellen kann, verdeutlichen: an den Deutschen All Stars. Wer Aufnahmen der ersten Deutschen All Stars von 1953 (etwa Erich Bechts »Festival Riff«) mit den All Stars 1958 (etwa Joki Freunds »The Closer«) vergleicht, wird spüren, wieviel definitiver, wieviel klarer, wieviel überzeugender die Musik von 1958 ist – das ganze Stück und jedes einzelne Solo. Und das ist, wenn man bedenkt, daß zwischen den beiden Aufnahmen nur fünf Jahre liegen, doch eine gute Bilanz.

Der deutsche Jazz und die Emanzipation (1961–1973)

Die imitatorische, die – wie Michael Naura sagt – »plagiatorische« Ära des deutschen und überhaupt des europäischen Jazz ging bis zum Anfang der sechziger Jahre. Dann begann die »Emanzipation«. Wir werden sehen, daß dieser Begriff »Emanzipation« zu relativieren ist. Es kann keine Rede davon sein, daß der europäische Jazz nicht auch weiterhin vom amerikanischen abhängig wäre, ja, in diesen siebziger Jahren ist er es wieder stärker geworden, als er es in den sechziger Jahren gewesen ist. Sogar der Emanzipationsprozeß selbst wurde, wie wir sehen werden, durch amerikanische Musiker ausgelöst (wie auch Albert Mangelsdorff in meinem Gespräch mit ihm bestätigt).
Und doch hat es eine Emanzipation gegeben. In den folgenden beiden Abschnitten versuche ich, diesen Emanzipationsprozeß unter zwei Gesichtspunkten darzustellen; natürlich sind auch andere Gesichtspunkte möglich. Bewußt beschränke ich mich auf abgeschlossene Entwicklungen, also vorwiegend auf die sechziger – bis noch zum Anfang der siebziger – Jahre. Es verbietet sich in einem solchen Zusammenhang, über noch in Bewegung befindliche Prozesse zu schreiben. Dafür sind Zeitschriften da. Gesichtspunkte – das gehört zum Wesen der Jazzmusik – ändern sich. Der Kritiker muß ständig bereit sein, seine eigene Meinung zu revidieren, sich immer wieder neu an den musikalischen Tatsachen zu orientieren und umzuorientieren. Nur ein Beispiel: Als Horace Silver 1955 anfing, »funky« zu spielen, glaubte die gesamte Fachkritik, es handele sich um eine schnell vorübergehende Masche. Zwanzig Jahre später spielt die ganze Welt »funky«. So sehr kann man sich verschätzen. Es gibt Dutzende ähnlicher Beispiele.

Heartplants und die Folgen

Am 30. Januar 1965 nahm das Gunter Hampel-Quintett die Platte »Heartplants« auf (MPS 21 20603–3). Es war die erste deutsche – und überhaupt europäische – Free Jazz-Platte: die Platte, die zum ersten Mal für ein größeres Publikum offenbar machte, daß ein neuer europäischer Jazz entstanden war.
Vorher – in der ersten Hälfte der sechziger Jahre – überlappten sich

zwei Entwicklungen: eine zu Ende gehende und eine neu beginnende. Einesteils plätscherte die Musik noch ein wenig weiter so dahin, wie sie vorher gemacht worden war. Andererseits experimentierte die neue Generation des Freien Jazz mehr oder minder hinter verschlossenen Türen. Ihre Musik galt von Anfang an als »unverkäuflich« – bis dann, wie gesagt, im Januar 1965, die junge, gerade entstandene Plattenfirma Saba »Heartplants« aufnahm und damit zur allgemeinen Überraschung einen ausgesprochenen Verkaufserfolg erzielte. Dieser Erfolg war so groß, daß sich die Musiker sagten: Wenn es doch offensichtlich so viele Anhänger unserer Musik gibt und wenn andererseits die großen etablierten Plattenfirmen sich nicht um unsere Musik kümmern, dann wollen wir von jetzt an unsere Platten selber aufnehmen, selber produzieren und als Privatproduktionen verkaufen. Mit der Emanzipation der Musik begann also auch die Emanzipation vom etablierten Geschäft. Der Zusammenhang ist nicht zufällig.
Einer der an »Heartplants« beteiligten Musiker sagte damals: »Es gilt, den Schutt der Vorurteile und des ›Wissens‹ hinwegzufegen, damit wir leer werden und zu leben beginnen.«
Das Quintett, das »Heartplants« aufgenommen hatte, stellt sich aus heutiger Sicht als eine Schlüsselgruppe dar. Es bestand nämlich aus Gunter Hampel (Vibraphon und Flöte), Manfred Schoof (Trompete), Alexander von Schlippenbach (Piano), Buschi Niebergall (Baß) und Pierre Courbois (Schlagzeug). Von diesen fünf Musikern sind vier für die Entwicklung der Neuen Musik maßgebend geworden, nicht nur in Deutschland, sondern in Europa, in vier verschiedenen musikalischen Bereichen: Alexander von Schlippenbach mit seinem Globe Unity Orchester in der Herausbildung und Entwicklung integrierter Orchesterstücke aus dem Geiste des Neuen Jazz; Manfred Schoof vor allem in seinem New Jazz Trio, aber auch in anderen Gruppen und Aufnahmen, hinsichtlich des notwendigen Bezuges des neuen Freien Jazz auf die Jazztradition; der Schlagzeuger Pierre Courbois in seiner Gruppe Association P. C. im Bereiche eines völlig integrierten Rock-Jazz; und Gunter Hampel hinsichtlich der Entwicklung einer ganz und gar eigenen Musik, für die sich ein kategorisierender Begriff nicht so leicht einstellt. Der Bassist von »Heartplants« schließlich, Buschi Niebergall, stellt eine Verbindung zur Albert Mangelsdorff-Musik her. Man sieht also: Das Heartplants-Quintett war wirklich eine Schlüsselgruppe.
Fangen wir mit Alexander von Schlippenbach an. Schlippenbach ist einen Weg schwierigster musikalischer, intellektueller und psychischer Spannungen gegangen, die sich in immer wieder neuen kreativen Ausbrüchen entluden. Man vermutet gewiß nicht falsch, wenn man die Ursachen der komplexen Spannungen, die die Persönlichkeit Alexander von Schlippenbachs oft bis zum Zerreißen gefährdet haben, in seiner familiären Herkunft sieht, der Herkunft aus einer Adelsfamilie mit ei-

Alexander von Schlippenbach

nem reichen konservativen, nationalen und nationalistischen Erbe, von dem Schlippenbach sich in einem langwierigen Emanzipationsprozeß befreien mußte. Verständlich, daß ein solcher Prozeß nicht reibungslos abläuft.
Zunächst stand Alexander von Schlippenbach unter dem spürbaren Einfluß von Cecil Taylor. Er bewunderte die ungeheure physische Kraft Taylors und sprach davon, daß es kaum faßbar sei, wie ein einzelner Musiker es schon rein körperlich durchhalten könne, in derartiger schöpferischer Intensität ganze Konzertabende durchzustehen. Ein normaler Pianist sei bei einem derartigen Einsatz schon nach zehn Minuten erschöpft. Man sieht gleich an dieser Stelle, daß es gefährlich ist, das Wort von der Emanzipation des deutschen und des europäischen Jazz als undifferenziertes Schlagwort zu verwenden. Es gibt eben doch Einflüsse aus Amerika, die man – trotz allem europäischen Selbstbewußtsein – einfach nicht unter den Tisch fallen lassen kann: Einflüsse vor allem von Charles Mingus, Cecil Taylor, Ornette Coleman, Elvin Jones und John Coltrane. Ohne diese fünf ist der neue europäische Jazz nicht denkbar. Von Mingus kommt die Kollektivität, von Elvin Jones die größere Freiheit gegenüber dem Metrum, von Cecil Taylor und Ornette Coleman der Durchbruch in den freien Raum der Atonalität, von John Coltrane die Öffnung gegenüber der arabischen und asiatischen Musik und die damit verbundene Geisteshaltung.
Schlippenbach erzielte 1966 einen schlagartigen Durchbruch durch die Repräsentierung des von ihm angeregten Globe Unity Orchesters auf den Berliner Jazztagen. Es war der erste Versuch, die Erfahrungen des Freien Jazz auf die Komposition moderner Orchesterstücke anzuwenden. Auch in Amerika, zum Beispiel bei Sun Ra, hatte es vorher nichts Derartiges gegeben. Denn Schlippenbachs Musik war eben nicht nur freier, großorchestraler Jazz – wie bei Sun Ra in den USA –, seine Musik erfüllt auch die formalen Ansprüche in sich geschlossener Orchesterstücke, wie sie der Tradition eines Schönberg oder von Webern entsprechen.
»Globe Unity« (MPS 21 20630–0) war von Anfang an so etwas wie ein »Who's who« des Neuen europäischen Jazz und ist dies in den verschiedenen Metamorphosen, die das Orchester seither durchgemacht hat, geblieben. Wesentlich dabei wurde, daß der ruhige, ausgeglichene Tuba-Spieler und Bassist Peter Kowald als ein stabilisierender Faktor neben Schlippenbach trat, als Co-leader.
»Globe Unity« wurde konzipiert auf dem ersten »Baden-Baden New Jazz Meeting«, 1965. Auf den Berliner Jazztagen 1966, wo ich das Orchester zum ersten Mal öffentlich präsentierte, spielten unter anderem Manfred Schoof, Peter Brötzmann, Albert Mangelsdorff, der Holländer Willem Breuker, Karl Berger und die Bassisten Buschi Niebergall und Peter Kowald mit. Die beiden damaligen Schlagzeuger von Globe

Unity wechselten bald darauf zum sogenannten »German Rock« über – Jackie Liebezeit in die Gruppe »Can« und Mani Neumeier zu »Guru Guru«.
Schlippenbach schrieb im Plattenbegleittext: »Um der Knechtschaft des Chaos zu entgehen, mußten der neuen Freiheit Bindungen gegeben werden, die das Mögliche und Unmögliche zu gleicher Zeit bestimmen. Auf diesem Wege bin ich zu einer Musik gelangt, die sich in einem Raum freier Atonalität abspielt, wobei bestimmte Tonzentren von den Spielern umkreist werden ... Hinter allem steht die Atmung des Rhythmus als Motor aller musikalischen Bewegung. Mit einem solchen Orchester, in dem sich der Geist jedem musikalischen Untertanentum entgegenstellt, wird möglich, was Paul Klee gesagt hat: ›Man verläßt die diesseitige Gegend und baut dafür hinüber in eine jenseitige, die ganz Ja sein darf‹.«
Es ist schwer, die Entwicklung, die Globe Unity genommen hat, in wenigen Worten zu kennzeichnen. Einerseits gibt es eine Tendenz zu klareren Strukturen, zu erkennbaren »Stücken« und »Melodien«. Auch zu Humor und Persiflage (»Globe Unity 73«, FMP 0160). Aber seine Höhepunkte hat »Globe Unity« nach wie vor in freien, dichten, kollektiven Orchesterausbrüchen von elementarer Kraft (»Globe Unity Special«, FMP 0220 und 0270). Solche Ausbrüche geschehen selten. Man kann sie nicht »bestellen«. Manchmal läuft »Globe Unity« nur im kleinen Gang – oder gar im Leerlauf. Man darf sich dadurch nicht irremachen lassen – weder als Musiker (o ja, die haben auch ihre Zweifel!), noch als Zuhörer.
Der Weg, den der Pianist Alexander von Schlippenbach gegangen ist, ist dem seines Orchesters vergleichbar. Einesteils bevorzugt er inzwischen oft kurze, prägnante Stücke und liebt – auch als Solist – einen gewissen persiflierenden Zynismus. Andererseits tobt er in wilden Clusters über die ganze Tastatur, sie – weil kein Mensch mit seinen zehn Fingern so viele Noten zugleich anschlagen kann – mit einem Brett niederdrückend (zum Beispiel auf Enja 2012).
Ein weiteres Mitglied der Heartplants-Gruppe von 1965 war der Trompeter Manfred Schoof. Er bändigte – als einer der ersten – die neue Freiheit durch Tonalität und Tradition. Frankfurter Jazz-Festival 1970: Viele neue Namen und Gruppen standen im Mittelpunkt, aber eine Gruppe stach alle anderen aus: das New Jazz Trio von Manfred Schoof, dem holländischen Schlagzeuger Cees Cee und dem Bassisten Peter Trunk. Der Kritiker Ulrich Olshausen kommentierte: »Hat sich das New Jazz Trio also alle Freiheiten neuer Musik genommen, so ist es auf andere Weise aber auch wieder der Jazzgeschichte stark verbunden, und gerade diese Mischung ist eines der faszinierenden Elemente der Musik von Schoof-Trunk-Cee. Das Wort ›Free Jazz‹ ist hier keine Notbezeichnung für etwas im Grunde kaum zu Benennendes, sondern

Manfred Schoof

diese Musik ist wirklich ›Free Jazz‹ – Betonung zu gleichen Teilen auf ›Free‹ und ›Jazz‹.« (»Page One«, MPS 21 20735).
Manfred Schoof ist ein Musiker, der nicht den Boden unter den Füßen verliert, weder in musikalischer Hinsicht noch in praktischen Fragen. Einerseits spielt er bei Globe Unity, andererseits war er Mitglied im der Tradition zugewandten Clarke-Boland Orchester und arrangierte für das Orchester Kurt Edelhagen, das für die meisten seiner Kollegen auf der Seite des Freien Jazz unter der Ebene des Diskutierbaren lag. Auf diese Weise wurde er zu einem Brückenbauer zwischen Tradition und Avantgarde. Deshalb ist er auch an Verbindungen des Jazz mit der modernen Konzertmusik interessiert. Er hat eine der glücklichsten dieser Verbindungen geschaffen – diejenige seines New Jazz Trios mit einem Streichquintett, in dem Musiker spielen, die aus dem Umkreis Stockhausens kommen und deshalb gewisse Improvisationserfahrungen besitzen (»Page Two«, MPS 21–21 295-2). Für den Jazz Workshop des Norddeutschen Rundfunks schrieb er ein Stück für das Globe Unity Orchester und den Hamburger Rundfunkchor. In Freiburg/Breisgau experimentierte er mit der »Live Elektronik« des Studios für elektronische Musik des Südwestfunks.
Als Komponist hat Schoof einige der eindrucksvollsten Themen des neuen deutschen Jazz geschrieben. Stücke wie »Neum« und »Ludus Totalis«, die er 1975 auch auf einer großen Asien-Tournee des Goethe-Instituts mit seinem Sextett spielte. Auch dies gehört zum Persönlichkeitsbild Schoofs, daß es – wie verschiedene Goethe-Instituts-Leiter sagten – »die erfolgreichste Tournee« wurde, die das Goethe-Institut bis dato in Sachen Jazz unternommen hatte. Schoof liebt Form und Struktur, dadurch kommen auch die Wiederholung und das Zu-Erwartende, was so viele junge Musiker verpönen, wieder zu ihrem angestammten Recht. Der Bassist Eberhard Weber etwa, der damals zur Asien-Gruppe Schoofs gehörte, mokierte sich darüber; er habe gelernt, daß es darauf ankomme, derartige Voraussehbarkeiten zu vermeiden. Aber Manfred Schoof weiß, warum er nicht darauf verzichtet.
Leiter der Heartplants-Gruppe war Gunter Hampel. Schon vorher hatte er andere Ensembles geleitet, darunter 1940 eine Gruppe mit dem Schweizer Saxophonisten »Barbu« Lüdi, von dem, wie Eingeweihte behaupten, Peter Brötzmann Anregungen bezogen haben soll.
Die musikalische Entwicklung Gunter Hampels läßt sich wie die kaum eines anderen Musikers des neuen deutschen Jazz nahezu lückenlos belegen, weil Hampel fast alle seine Platten auf seinem eigenen Etikett (Birth, 34 Göttingen, Philipp-Reiss-Str. 10) herausgebracht hat – fast zwanzig Platten zwischen 1956 und 1977. Es wäre schön, wenn wir die Entwicklung anderer deutscher Musiker – etwa Albert Mangelsdorffs oder Hans Kollers, Manfred Schoofs oder Wolfgang Dauners – ähnlich vollständig dokumentiert hätten.

Die erfolgreichste Gunter Hampel-Platte ist »Dances« (Birth 002) – unbegleitete Soli auf Flöte, Vibraphon, Baßklarinette und Piano, in denen Hampel unter Verzicht auf die übliche Rhythmusgruppe eine ganz eigene, seltsam »verzaubert« wirkende, zarte, sensible musikalische Welt schafft. Hampel macht mit seinen Instrumenten, was er will: die Flöte spielt er perkussiv, das Vibraphon »blasend«, als wehe Wind darüber hinweg, auf der Baßklarinette Sounds gewinnend, für die man früher, zwischen Baritonsaxophon und Piccolo-Flöte, ein halbes Dutzend verschiedener Instrumente benötigte.
Gunter Hampels Großvater war »Straßenmusikant«; sechzehn verschiedene Instrumente strapazierte er zum Gaudi der Passanten. In Hampels Adern fließt böhmisches Musikanten- und – so vermutet er – Zigeunerblut, und genau das kennzeichnet sein Verhältnis zum zeitgenössischen Jazz: Er ist, ähnlich wie der Zigeuner Django Reinhardt, aus eigener musikalischer und ethnischer Tradition dazu gekommen, braucht also die schwarze Jazzüberlieferung nicht zu adaptieren, bleibt deshalb freilich Außenseiter mit aller Eigenbrötelei, die die »insider« oft abstößt, aber doch auch mit aller Faszination, die solche ihren eigenen Weg gehenden »Sonderlinge« ausstrahlen. Nicht umsonst hat er immer wieder mit Musikern »jazzfremder« musikalischer Bereiche zusammengearbeitet: mit Hans Werner Henze im Bereich der modernen Konzertmusik, mit dem Flamenco-Gitarristen Boulou Ferré, dem Synthesizer-Spieler Michel Waisfisz . . .
Überhaupt scheint Gunter Hampel besondere »Antennen« zu besitzen, um die richtigen Musiker zu finden und oft genug zu entdecken. Niemand Geringerer als John McLaughlin – der spätere Mahavishnu und Shakti – hatte, noch völlig unbekannt, seinen ersten Job in Kontinentaleuropa als Mitglied einer Hampel-Gruppe. Auch der Holländer Willem Breuker, den man wegen seines verfremdenden Rückgriffs auf bänkelsängerhafte und volksmusikartige Klänge »den Kurt Weill des neuen europäischen Jazz« nennen könnte, ging, zumindest für das internationale Publikum, aus einer Hampel-Gruppe hervor, – ähnlich der Gitarrist Toto Blanke, der Pianist Bobo Stenson und andere. Zuerst in Deutschland vorgestellt hat Hampel die Amerikaner Anthony Braxton und Perry Robinson; bekannt gemacht hat er die Sängerin Jeanne Lee, die mit ihrer gleichermaßen ausdrucksstarken wie fließend-beweglichen Gesangsweise auf den meisten Hampel-Platten präsent ist.
Gunter Hampel ist, ähnlich wie Thelonious Monk oder Miles Davis, ein Musiker, der seine Instrumente »gegen die Instrumente« spielt. Von Monk und Miles hat man gesagt, sie seien schlechte Techniker – eine unvernünftige Meinung, die daraus resultiert, daß es noch immer viele Menschen gibt, die die Spiel- und Blastechniken, die man auf den Konservatorien lehrt, für verbindlich halten. Auch Hampel handhabt

Gunter Hampel auf der Baßklarinette

seine Instrumente entgegen den Überlieferungen. Wer meint, daß »man« dieses oder jenes Instrument so und nicht anders zu bedienen habe, wird von Hampel schlecht »bedient«. Deshalb auch spielt er so viele verschiedene Instrumente. Sie sind ihm alle nur Mittel, nicht Zweck. Der Zweck ist ihm: seine Musik.
Hampel selbst sind seine Kompositionen wichtiger als seine Improvisationen. In der Tat hat er eine Fülle von Stücken und Themen völlig eigenen Zuschnitts geschrieben, für die ein Vergleich auf der heutigen Szene kaum zu finden sein dürfte. Hampel ist sich der Fragilität seiner Musik durchaus bewußt. Als ich 1971 seine Platte »Out Of New York« herausbrachte (MPS 21 20900) – eine der wenigen Hampel-Platten, die nicht auf seinem eigenen Etikett erschienen –, bat er mich in einem Brief, »mit dieser Musik sehr behutsam umzugehen, ihr nicht irgendeinen Stempel aufzudrücken, eine Kategorie oder dergleichen . . . Ich habe vormals nie derartige Musik gehört, und ich glaube, Dir wird es ebenso gehen . . . Ich komponiere die Strukturen, in denen wir uns bewegen. Um meine Musik zu erklären, müßte ich sie auf das Niveau der Sprache reduzieren, sie speziellen Analysen unterwerfen lassen, am besten von Wissenschaftlern, Theologen, Historikern, Forschern etc., so anspruchsvoll und objektiv wie möglich; und doch sind irgendwelche Erklärungen posteriori, nachdem meine Musik einmal als Phänomen existiert . . .«
Wer in solcherlei Äußerungen »Narzißmus« wittert, macht es sich einfach, sieht nur das Offensichtliche, nimmt nur den Effekt wahr (der naheliegend genug ist). Die Inkommensurabilität, die Hampel hier anrührt, ist so absurd, daß, wer ihr in die Seiten greift, sich selbst Wunden reißt. Was hier als Anspruch erscheint, sollte selbstverständlich sein: Um Musik zu erklären, muß man sie auf das Niveau der Sprache reduzieren; es wäre eine Aufgabe von Wissenschaftlern. Daß sie sie – nicht nur im Falle Gunter Hampels – nicht erfüllen, ist eine der Fallen, die die Gesellschaft für Leute wie Hampel aufgestellt hat. Es ehrt ihn, seine Aufrichtigkeit, seine Naivität, daß er prompt in die Falle tritt. Es ehrt nicht die Gesellschaft – und schon gar nicht die Kritiker, ihr Sprachrohr, wenn sie sich hohnlachend darüber die Hände reiben.
Als Gunter Hampel vor Jahren von seiner ersten Goethe-Instituts-Tournee aus Griechenland zurückkam, erzählte er von einem Eremiten, der ihm fünf kostbare, selbstgeflochtene Rosenkränze zum Geschenk gemacht hatte. Hampel sprach mit so viel Hingabe und Einfühlung von diesem Eremiten, daß man spürte: er reflektierte sich selbst in ihm. Er selbst ist ein Eremit, ein Einzelgänger des deutschen Jazz.
Gunter Hampel lebt wechselweise in Göttingen und in New York. Daneben in der Provence, in Amsterdam, in Rom, in Chicago. Jeanne Lee ist in der Musik und im Leben seine Partnerin. Für sie und mit ihr dichtete er einen Text, der auf der Platte »Out Of New York« enthalten ist

und der in seiner haiku-haften Kürze, in seiner Zen-Meditativität Hampels Wesen spiegelt:

IN A TREE	OUT OF A TREE
IN SAND	OUT OF SAND
IN AIR	OUT AIR
IN A STONE	OUT OF A STONE
IN YOU	OUT ME

Der vierte Mann der Heartplants-Gruppe war der holländische Schlagzeuger Pierre Courbois. An seinen »gläsernen«, durchsichtigen Trommeln, wie sie in den letzten Jahren durch Billy Cobham Mode geworden sind, die Courbois aber schon vor Cobham spielte, hat er sich zu einem Spezialisten des Jazz-Rock entwickelt, gibt aber gleichwohl folgendes zu bedenken: »Als ich vor ein paar Jahren angefangen habe, Rock zu machen, habe ich beobachtet, daß es eigentlich nur ganz wenige Schläge gibt, die unheimlich klischeemäßig in der ganzen Welt gespielt werden. Ich habe deshalb ziemlich die Nase voll von der ganzen Jazz-Rock-Geschichte. Ich versuche, von den üblichen Rock-Klischees wegzukommen . . . Der Ausdruck Jazz-Rock – was soll der Quatsch? Der normale Jazz hat ein 4/4 Feeling. Jazz-Rock hat ein 8/4 Feeling, also ein südamerikanisches Feeling. Der ganze Jazz-Rock ist für mich eine andere Art, lateinamerikanisch zu spielen – etwas anderes sehe ich nicht . . . Was Billy Cobham macht, ist für mich lateinamerikanische Musik. Die Schläge, die er auf dem Tom-Tom spielt, sind alles Timbales-Schläge. Er spielt wie ein ›Timbalero‹« (er stammt ja auch aus Panama!).

Man spürt: Was Pierre Courbois über Jazz-Rock sagt, ist nicht denkbar ohne seine Herkunft aus dem Free Jazz, ja, ohne seine Wurzeln in der ganzen Entwicklung der modernen Drum-Spielweise, seit Kenny Clarke und Max Roach. Es macht einen Unterschied, ob jemand Jazz-Rock aus der Kenntnis und Beherrschung dieser Entwicklung spielt oder ob er – wie so viele junge Schlagzeuger heute – nur eine Mode adaptiert. Man spürt auf den Platten von Pierre Courbois' Gruppe Association P. C. (etwa auf »Rock Around the Cock«, MPS 21 21763-9), daß diese Musik nicht denkbar ist ohne all das, was im Free Jazz der sechziger Jahre – ausgelöst nicht zuletzt durch Hampels Heartplants-Gruppe – geschehen ist.

Über Pierre Courbois' Association P. C., 1970 gegründet, haben Kritiker gesagt, die Gruppe mache dort weiter, wo die englische Soft Machine aufgehört habe. Für die kontinentaleuropäische, speziell die deutsche Jazz-Rock-Entwicklung hat Association P. C. möglicherweise eine noch größere Bedeutung als Soft Machine für die englische.

Zu Association P. C. gehörten unter anderem Sigi Busch (Baß), Toto Blanke (Gitarre) sowie die Keyboard-Musiker Jasper van t'Hof und –

Pierre Courbois

etwas später – Joachim Kühn. Jasper verließ 1972 die Association P. C. und gründete eine der vielen Gruppen, die ohne Association P. C. kaum denkbar wären: Pork Pie (z. B. »The Door Is Open«, MPS DC 22 875-4). Joachim Kühn – vorher weitgehend ein »freier« Spieler – fand nicht zuletzt durch seine Zugehörigkeit zu der Courbois-Gruppe den Durchbruch zum Jazz-Rock und entwickelte sich von hierher zu seinen internationalen Erfolgen (z. B. »Hip Elegy«, MPS DC 22 794-4 und »Spring fever«, Atlantic 50 280).
Oliver Nelson sagte mir einmal: »Du kannst nicht deine eigene Musik machen, wenn du nicht die Musik der anderen gelernt hast. Und je gründlicher du sie gelernt hast, desto besser kannst du schließlich deine eigene machen.« Das gilt für den ganzen deutschen und europäischen Jazz der sechziger und siebziger Jahre: Weil er seine Basis, seine Voraussetzungen so gründlich gelernt hat, deshalb kann er heute so souverän über diese Voraussetzungen verfügen. Unter diesen Gesichtspunkten muß die »imitatorische Ära« des europäischen Jazz während der fünfziger Jahre gewertet werden. Gerade diejenigen, die am eigenständigsten sind, haben am längsten und am gründlichsten gelernt. Peter Brötzmann hat mit Dixieland begonnen, John Surman mit Blues, John McLaughlin mit alter irischer und schottischer Volksmusik, Albert Mangelsdorff mit dem Cool Jazz von Lee Konitz – und fast alle begannen sie mit Charlie Parker.

Europe Meets The World

Entscheidende Bedeutung in der Entwicklung zur Emanzipation besitzt die Öffnung zur Weltmusik. Schon auf den ersten Blick fällt auf, daß sich seit den sechziger Jahren zahlreiche europäische Jazzmusiker zu irgendeinem Zeitpunkt mehr oder weniger intensiv mit Musikkulturen befaßt haben, die früher für die Jazzleute außerhalb des Interesses lagen, ja, auf die man noch in den fünfziger Jahren mit einem gewissen Überlegenheitsgefühl herabgesehen hat. Im deutschsprachigen Raum gehören Albert Mangelsdorff, Friedrich Gulda, Manfred Schoof, Wolfgang Dauner, George Gruntz, Volker Kriegel, Joki Freund, Gunter Hampel und andere zu diesen Musikern.
Der erste war, wie so oft, Albert Mangelsdorff. 1964 ging das Albert Mangelsdorff-Quintett drei Monate lang für das Goethe-Institut auf Asien-Tournee. Unmittelbar nach der Tournee entstand Alberts Platte »Now Jazz Ramwong« (CBS 62 398) mit Themen aus Japan, Indien, Indonesien, Malaysia, Vietnam . . .
Albert Mangelsdorffs Asien-Tournee war in vielfacher Hinsicht ein Durchbruch. Es war die erste Jazz-Tournee des Goethe-Instituts, die ich damals nach einer jahrelangen Kampagne in der Presse und über

alle möglichen Stellen, Gremien und Persönlichkeiten in enger Zusammenarbeit mit dem Leiter der Musikabteilung des Instituts, Prof. Hans-Joachim Koellreutter, durchgesetzt hatte. Heute, wo Jazz-Tourneen zum jährlichen Arbeitspensum der Goethe-Institute in aller Welt gehören, kann man sich gar nicht mehr vorstellen, auf wieviel Unverständnis und Schwierigkeiten wir damals stießen. Eckart Peterich, der damalige Leiter des Goethe-Instituts, hatte mir, als ich mit Jazzvorschlägen an ihn herantrat, in Anwesenheit seiner Mitarbeiter gesagt: »Meine Herren, vergessen Sie nicht, wessen Namen wir im Titel unseres Instituts führen!«

Für Albert Mangelsdorff und seine Musiker brachte diese erste Goethe-Instituts-Tournee 1964 die Begegnung mit den Musikkulturen Asiens. Man darf sich dabei nicht vorstellen, daß die Herzen der fünf Musiker diesen Kulturen entgegenflogen; eher das Gegenteil war der Fall. Aber gerade dadurch kam es zu einer um so intensiveren und fruchtbareren Begegnung. Nie zuvor hatte eine deutsche Jazzplatte im Ausland so viel Beachtung ausgelöst wie »Now Jazz Ramwong« (der Ramwong ist ein thailändischer Tanz); nicht nur Jazzfachleute, sondern auch Kenner der asiatischen Musik bescheinigten, mit wieviel Einfühlung und Ingenium sich die Musiker auf die asiatischen Themen eingestimmt hätten.

Aber es geht in diesem Zusammenhang nicht nur um Asien. Es geht einfach um die Öffnung gegenüber musikalischen Kulturen und musikalischen Bereichen, die früher für den Jazz nicht zu existieren schienen. In Deutschland gehört dazu auch die eigene Tradition, zu der der deutsche Jazzmusiker seit je ein gestörtes Verhältnis besaß – und besitzt.

Warum ist das Verhältnis gestört? Ich möchte drei Gründe nennen: Zunächst einmal ist da die Überlastigkeit musikalischer Traditionen im deutschsprachigen Raum. Wer da nicht Komplexe bekommen will, tut gut daran, die Tradition – in Grenzen zumindest – beiseite zu schieben. Zweitens ist dem Jazzmusiker die Idealisierung der großen deutschen Musik verdächtig – einschließlich ihrer außermusikalischen, nationalen Implikationen. Und drittens ist musikalische Tradition bei uns zu einem Alibi für die Übergehung des Zeitgenössischen geworden. (Wohl auch deshalb hat das große Musikvolk der Deutschen unter allen Kulturvölkern die schlechteste und leerste Populärmusik und praktisch keine intakte Volksmusik mehr.) Wieviel weniger gebrochen das Verhältnis in der deutschsprachigen Schweiz ist, beweist unter anderem die Verbindung der alten, aus der Landsknechtsmusik des Mittelalters entstandenen Basler Tambouren-Tradition mit den zeitgenössischen Schweizer Jazz-Schlagzeugern, die George Gruntz geschaffen hat (»From Sticksland With Love«, MPS 21-20641-6).

Albert Mangelsdorff und seine Musiker wurden 1964 immer wieder

gefragt, warum sie denn keine Stücke aus der deutschen musikalischen Vergangenheit im Programm hätten. Wir waren uns einig: Das, was üblicherweise in Deutschland als »Volksmusik« gilt, war nicht zu verwenden. Ich ging deshalb, als wir unsere Asien-Tournee vorbereiteten, in die alte, große Zeit der deutschen Volksmusik zurück, ins 12., 13. und 14. Jahrhundert, als viele unserer Lieder – ähnlich wie der zeitgenössische Jazz, ähnlich wie die asiatischen Themen, die Albert gewählt hatte – noch »modal« waren. Ich suchte eine ganze Anzahl solcher Lieder zusammen, und Albert entschied sich daraus für das alte Lied »Es sungen drei Engel«, das auch Hindemith in seiner Oper »Mathis der Maler« verwandt hatte. Zuerst sagte Albert: »Es klingt zu sehr nach Weihnachten.« Aber im Lauf der Zeit eigneten er und seine Musiker sich das Stück so sehr an, verarbeiteten es auf so eigene Weise, daß sie es schließlich mit wirklicher Begeisterung spielten – als einen in Mangelsdorff-Musik verwandelten altdeutschen Soul-Walzer.
Kein Zweifel: Wenn man erst einmal das im deutschen Kulturkreis verständliche Unbehagen an derartigen Versuchen überwindet, klingt Mangelsdorffs »Es sungen drei Engel« (ebenfalls auf der bereits erwähnten CBS-Platte »Now Jazz Ramwong«) so legitim und so überzeugend wie die Fülle entsprechender Aufnahmen aus England, Skandinavien, Polen und anderen Ländern, wo die Beschäftigung der Jazzmusiker mit der eigenen Tradition selbstverständlich geworden ist.
Auch Joki Freund hat Versuche mit alten deutschen Volksliedern gemacht, am überzeugendsten 1969 in seiner Bearbeitung eines Volksliedes aus dem 14. Jahrhundert »Ich armes Maidlein klag mich sehr« (auf der Platte »Wild Goose« – MPS 21 20697). Ein Vorläufer dieser Versuche ist der Erlanger Komponist Werner Heider, der inzwischen in den Bereich der E-Musik gehört, aber in den fünfziger Jahren der deutschen Jazz-Szene verbunden war. Damals schuf er eine vielbeachtete, an skandinavischen Cool Jazz erinnernde Jazzbearbeitung von Senfls altem Lied »Mein junges Leben hat ein End«.
Der Jazzmusiker freilich – wenn man ihn »Jazzmusiker« nennen darf –, der sich im deutschsprachigen Raum am intensivsten mit der eigenen musikalischen Tradition auseinandersetzte, ist Friedrich Gulda (siehe den ihm gewidmeten Beitrag). Gulda sagt: »Man kann die Enge der bisherigen Jazzformen nicht nur dadurch erweitern, daß man alle Formen sprengt, sondern auch damit, daß man sie durch die großen klassischen Formen bereichert. Mir als Europäer erscheint dieser letztere Weg der fruchtbarere.« Und so schrieb Gulda denn über die Jahre hinweg eine Fülle von Stücken in traditionellen europäischen Formen: Menuette, Präludien und Fugen, Ouvertüren im alten Stil, Suiten, Concerti für verschiedene Solisten und Orchester in der klassischen symphonischen beziehungsweise Sonatenform. Das wohl bekannteste dieser Stücke wurde die »Musik für vier Solisten und Band No. 1«

(MPS 21 20625-4) mit Jay Jay Johnson (Posaune), Freddie Hubbard (Trompete) und Sahib Shihab (Baritonsaxophon und Flöte): drei Sätze – der erste in der klassischen Sonatenform mit langsamer Einleitung, Exposition, Durchführung, Reprise und Coda, der zweite eine Ballade, die einem beethovenschen Adagio entspricht, der dritte ein Rondo.
Dabei ist sich Gulda über das Erstarrte der klassischen Formen durchaus im klaren: »Die Sonatenform ist nun einmal eine tote Form. Daran ist nichts zu ändern. Ich kann da nur zu meiner Entschuldigung anführen, daß ja auch etwa die strenge Form des Sonetts längst tot ist und die größten Dichter sich gleichwohl immer wieder Mühe geben, sich in dieser nicht mehr aktuellen Form auszudrücken. Ich habe eine sehr starke Beziehung zu dieser alten Form der Sonate.«
Man muß derartige Aussprüche und die zu ihnen gehörige Musik verstehen aus jenem eigentümlichen Wiener Kulturkomplex, den Gulda in besonderem Maße besitzt, wie ihn aber im Grunde fast alle zeitgenössischen Wiener Musiker und überhaupt Wiener Intellektuelle haben: hin- und hergezerrt zwischen dem Respekt vor einer großen, Ehrfurcht erheischenden, oft genug lähmenden Tradition und andererseits der Herausforderung durch eben diese Tradition, Neues zu schaffen aus heutigem Geist, dem Alten Ebenbürtiges.
Immerhin, dafür stehen sowohl die Versuche von Mangelsdorff und Joki Freund auf der einen, wie die von Friedrich Gulda auf der anderen Seite, daß das Verhältnis deutschsprachiger Musiker zu ihrer Tradition in Bewegung geraten ist. Im Zusammenhang mit dem, worum es in diesem Beitrag geht, ist aufschlußreich, daß diese Bewegung in denselben Jahren begann, in denen sich die europäischen – und damit auch die deutschen – Jazzmusiker anderen Musikkulturen öffneten. Die deutsche Musiktradition also als Exotikum!
Die Begegnung mit der indischen Musik wurde auf der deutschen Szene durch eine Produktion eingeleitet, die ich für die Donaueschinger Musiktage 1967 anregte: »Jazz Meets India«. Wir konfrontierten ein Jazz-Trio – dasjenige der Schweizer Pianistin Irene Schweizer – und ein indisches Trio – das des Sitar-Spielers Dewan Motihar – und verbanden die beiden Gruppen durch die Improvisation zweier Bläser: des Trompeters Manfred Schoof und des französischen Tenorsaxophonisten Barney Wilen. Es wurde die bis dahin intensivste Begegnung europäischer Jazzmusik mit indischer Musik und gewann für weitere derartige Bemühungen einen gewissen Modellcharakter (MPS 21 20646).
Die schönste Verarbeitung indischer Musik im Raum des deutschen Jazz freilich stammt von Wolfgang Dauner, von seiner ersten, noch in London produzierten Et Cetera-Platte, 1970: eine sechzehn Minuten lange Raga, an der neben Dauner der Bassist Eberhard Weber und der Perkussionist Fred Braceful beteiligt waren (Global 6306 901).

»Jazz Meets India« auf den Donaueschinger Musiktagen 1967: Dewan Motihar (Sitar), Keshar Sathe (Tabla), Manfred Schoof (Trompete) und Barney Wilen (Tenorsaxophon)

Als in der zweiten Hälfte der sechziger Jahre das Interesse an der indischen Musik einen ersten Höhepunkt erreichte, vertrat der Schweizer Pianist und Komponist George Gruntz die Auffassung, daß dieses Interesse, durch John Coltrane ausgelöst, auf einem Mißverständnis beruhe. Die »modes« und »Skalen«, auf die es dem heutigen Jazzmusiker ankomme, seien – so Gruntz – in den »modes« der arabischen Musik reiner ausgeprägt als in den Ragas der indischen. Aus dieser Erkenntnis entstand George Gruntz' »Noon In Tunesia«(MPS 21 20640): Einerseits mit einem Jazz-Quintett (George Gruntz, Piano, Sahib Shihab, Sopransaxophon und Flöte, Jean Luc Ponty, Violine, Eberhard Weber, Baß, Daniel Humair, Schlagzeug) und andererseits, ihm gegenüberstehend, mit einem Beduinen-Quartett, dessen Musiker ich auf einer wochenlangen Reise kreuz und quer durch Tunesien auswählte. Ihre Instrumente waren die Zoukra (die kurze, lautmächtige Oboe des mittelmeerischen Raumes, deren Klang über ganze Stadtteile hinweg tönt), das Mezoued (der aus der Haut junger Ziegen gefertigte Dudelsack, der an der Wiege der französischen Musette-Musik stand und den römische Söldner aus dem nordafrikanischen Raum zur Zeit Cäsars nach Britannien gebracht haben, wo er dann nach Schottland abgedrängt wurde), die Nai (die einfache Bambusflöte der Beduinen) und

Produktion »Noon in Tunesia« in der Nähe von Gafsa/Südtunesien: Henri Texier (Baß), George Gruntz (Piano), Daniel Humair (Schlagzeug), Jelloul Osman (Mezoued-Dudelsack), Sahib Shihab (Sopransaxophon), Hattab Jouini (Bendire, Tabla), Moktar Slama (Zoukra, Bendire), Salah El Mahdi (Nai-Flöte) und halb verdeckt Don Cherry (Flöte)

drei Perkussionsinstrumente: Bendire, Tabla (verschieden von dem indischen Instrument gleichen Namens) und die aus einem mit Haut überspannten Keramik-Behälter gebildete Darbouka. Wann immer einer der Musiker ein Melodie-Instrument bläst, schlagen die anderen auf Tabla, Darbouka und Bendire jene faszinierenden Rhythmen, die auf dieser Platte eine komplexe, vielschichtige und aufregende Verbindung mit den Rhythmen des Jazz eingehen. Denn das wurde das Wichtigste dieser Begegnung von Jazz und Beduinen: die »interaction«, die Ineinander-Verzahntheit der Rhythmen zweier musikalischer Kulturen, die nun mit einem Male in kunstvollem Geflecht ein überzeugendes Ganzes bilden.

Drei der Araber – Jelloul Osman, Moktar Slama und Hattab Jouini – sind ursprüngliche Volksmusikanten, wie man sie noch heute in der Medina von Tunis und überall im Lande hören kann und wie sie noch bis vor wenigen Jahren die Karawanen begleiteten: der Tabla-Drummer voran, mit seit Jahrhunderten feststehenden Rhythmen Halt und Rast, Aufbruch oder das Nahen des Feindes ankündigend. Ihr Leiter ist Salah El Mahdi, Directeur Général de la Musique et des Arts Populaires im Kultusministerium in Tunis, Leiter des Staatlichen Konservatoriums und Komponist der Nationalhymne des jungen tunesischen Staates. Er war – im wörtlichen und übertragenen Sinne – der »Dolmetscher«, der die Verständigung zwischen den Beduinen und den Jazzmusikern so reibungslos machte.

Höhepunkt der Platte wurde die »Fazani«, in der George Gruntz ein Motiv der Beduinen-Musik als Jazz-Riff verwendete. Die »Fazani« kommt von den arabischen Negerstämmen des Fezzans (im Südwesten des heutigen Libyens), und das ist es überhaupt, was die arabische Musik so anregend für den Jazzmusiker macht: Sie steht zwischen der »weißen« und der »schwarzen« Musik. Sie ist oft – und nicht nur im Falle der »Fazani« – eine »sophistication« der Musik Schwarz-Afrikas. Ähnlich wie der Jazz. Daher auch die Ähnlichkeit der Musizier-Praktiken. Immer wieder gibt es in der Beduinen-Musik – genau wie im Jazz – die Themenvorstellung im Unisono und die darauf folgende Improvisation über der »Skala« des Themas und dessen Rhythmen (die freilich in der Beduinen-Musik unregelmäßiger sind als im herkömmlichen Jazz). Es gibt jene »Reibungen« der Unisono-Partien, die man im Jazz aus den Aufnahmen des Charlie Parker-Quintetts kennt und die in der Beduinen-Musik so weit gehen, daß die beiden parallel zueinander liegenden Klangkörper des Mezoueds – des Dudelsacks – , die theoretisch genau im Unisono erklingen müßten, praktisch und im vollen Bewußtsein des Reizes der Reibung ungenau aufeinander gestimmt werden. Es gibt »Hot-Tonbildung«, Breaks und Riffs, die im Sinne einer Intensitätssteigerung verwandt werden. Pentatonische Leitern schaffen »zwischen den Tönen« liegende Vierteltöne, die im Sinne der blue notes des Jazz wirken. Es gibt das Dialog-Prinzip von »call and response«, »battles«, »chases« und »fours«.

Wir haben über asiatische und arabische Einflüsse und über Anstöße aus unserer eigenen deutschen musikalischen Tradition gesprochen. Bleibt – vor allem – Brasilien. Das sind die drei großen Einflüsse, denen sich der Jazz – und nicht nur der deutsche – geöffnet hat: die asiatische, vor allem die indische Musik, die arabische und die brasilianische.

Unter den deutschen Jazzmusikern war es vor allem Volker Kriegel, der sich für Brasilien interessiert hat, wobei wiederum eine Tournee des Goethe-Instituts als Katalysator gewirkt hat.

Ich glaube, es ist an dieser Stelle angebracht, darauf hinzuweisen, wie wichtig die Arbeit des Goethe-Instituts in den letzten Jahren geworden ist, nicht nur für die Völker, Länder und Kontinente, die sie mit europäischem und deutschem Jazz bekannt machen, sondern auch für die deutschen Musiker selbst. Das Goethe-Institut ist ja in den verschiedensten künstlerischen Bereichen tätig: Konzertmusik, Ballett, Theater, Jazz etc. Aber es gibt kaum einen Bereich, in dem diese Arbeit so

sehr nicht nur zu einem Geben, sondern auch zu einem Nehmen geführt hat wie im Jazz, zu einer Wechselwirkung, die die Entwicklung vieler Musiker wesentlich beeinflußt hat.
Es hat, seit das Goethe-Institut Jazzgruppen in die Welt sendet, also seit 1964, kaum eine Tournee gegeben, von der die deutschen Jazzmusiker nicht musikalisch und geistig in hohem Maße inspiriert zurückgekommen sind. Und es gab auch keine Tournee, bei der die deutschen Jazzer in den Ländern, die sie besucht haben, nicht wesentliche Impulse gegeben und Anregungen hinterlassen haben. Dr. Zimmermann, Leiter des Goethe-Instituts in Surabaya/Indonesien, ein Institutsleiter, der der deutschen Auslandsarbeit vorher auch schon an verschiedenen anderen Orten der Welt gedient hat und deshalb vielfältige Erfahrungen mit derartigen Tourneen besitzt, schrieb an seine Münchner Direktion über Manfred Schoof in Asien 1975: »Das ist in den Jahren meiner Auslandstätigkeit das erste Mal, daß aus einer entsandten Großveranstaltung ein solches Resultat hervorgeht, und ich bin recht zuversichtlich, daß sich weitere Anstrengungen lohnen werden.« Das Zusammenspiel der Schoof-Musiker mit ihren indonesischen Kollegen hatte damals dazu geführt, daß sich die letzteren in den Jahren, die der Tournee folgten, wieder intensiver mit Jazz zu befassen begannen und Anschluß an musikalisch anspruchsvollere Entwicklungen suchten.
Auch als Volker Kriegel und der Dave Pike-Set 1972 in Brasilien waren, kam es zu einem Geben und Nehmen. Auf Einladung des Goethe-Instituts in Bahia/Brasilien lebten und experimentierten die Musiker des Pike-Sets für einige Wochen zusammen mit der Grupo Baiafra, einem typisch brasilianischen Perkussionsensemble, das die Musik macht, die in seinem Namen angedeutet ist: eine Verbindung afrikanischer Musik mit den Sambas und rituellen Candomblé-Rhythmen Bahias, die ihrerseits ja ebenfalls auf afrikanische Musik zurückgehen (Plattenbeispiel: MPS 21 21541-5). Es war dies die bis dahin intensivste und längste Zusammenarbeit westlicher und brasilianischer Musiker. Erst als der brasilianische Perkussionist Airto und die Sängerin Flora Purim in den USA ständig mit amerikanischen Musikern zusammenmusizierten und für diese Zusammenarbeit weitere brasilianische Musiker hinzuzogen, kam es zu einer noch stärkeren Durchdringung und Integration der beiden musikalischen Kulturen. Man darf also mit gutem Grund sagen, daß dank der Arbeit des Goethe-Instituts die deutsche Szene in dieser Hinsicht der internationalen um ein gutes Stück voraus gewesen ist. Und auch für Volker Kriegel sind die Anregungen, die er in Bahia empfangen hat, bleibend und prägend geworden – wie vier Jahre später, 1976, durch die brasilianisch inspirierten Stücke seiner Platte »Topical Harvest« (MPS 20 22 8274) erneut deutlich wurde.
Es gibt noch weitere Beispiele für die Öffnung gegenüber anderen Mu-

Das Dave Pike Quartett: Dave Pike (Vibraphon), Volker Kriegel (Gitarre), Hans Rettenbacher (Baß), Peter Baumeister (Schlagzeug).

sikkulturen. Auf der bereits erwähnten Platte »Wild Goose« haben sich Joki Freund, Albert Mangelsdorff und das Jazz-Ensemble des Hessischen Rundfunks mit dem britischen Folklore-Duo Colin Wilkie und Shirley Hart zusammengetan im Sinne einer Integration von Free Jazz und englischer, schottischer und irischer Folklore. Gunter Hampel, immer schon ein Musiker, der sich lebhaft für andere musikalische Bereiche interessiert hat, spielte in Südfrankreich zusammen mit dem Flamenco-Gitarristen Boulou Ferré und nahm auch eine Platte mit ihm auf (Birth 006), auf der sich die traditionelle Flamenco-Musik und der moderne Freie Jazz in dichter Weise ineinander verflechten.
Trotzdem entstünde ein falsches Bild, wenn man glaubte, daß alle Musiker an diesem Öffnungsprozeß teilhatten. Die Jazz-Szene ist zu vielgestaltig, als daß dies denkbar wäre. Viele Musiker haben andere Aufgaben als dringlicher empfunden. Der Bassist Eberhard Weber beispielsweise hat sich vehement gegen die in diesem Kapitel aufgezeigte Entwicklung gewendet. Er hat die Bemühungen der deutschen Musiker des Manfred Schoof-Sextetts um asiatische Themen mit dem Versuch chinesischer Musiker, die auf einer Schottland-Tournee etwa »My Bonnie Is Over The Ocean« spielen müßten, verglichen, wozu Jan

Hammer, der durch sein Spiel im Mahavishnu-Orchester bekanntgewordene Keyboard-Mann, anmerkte: »Der Unterschied ist nur der: Wir *wollen* indisch spielen. Wir spielen indische Musik sogar zu Hause in Amerika oder wenn wir nach Deutschland kommen.«
Es ist selbstverständlich: So zahlreich auch die Musiker sein mögen, die sich heute für die großen Musikkulturen Asiens interessieren, es gibt nach wie vor andere, denen das Verständnis hierfür abgeht. Es ist möglich, daß Weber zu diesen gehört. Aus seiner Bemerkung geht auch hervor, daß er die asiatischen Musiker, mit denen Manfred Schoof auf seiner Tournee zusammengespielt hat, als »schlecht« empfand – darunter immerhin Ragunath Seti, einer der großen Flötisten Indiens, zu dem Musiker aus der ganzen Welt kommen – darunter der holländische Flötist Chris Hinze –, um Unterricht zu nehmen. Im Jazz, wie in jeder Kunst, sind die einschneidenden, die Veränderungen auslösenden Entwicklungen immer auch gleichzeitig die kontroversesten.
Das zeitliche Zusammentreffen von Öffnungs- und Emanzipationsprozeß ist gewiß kein Zufall, dazu sind beide Entwicklungen zu sehr ineinander verzahnt. Der Öffnungsprozeß ist – direkt oder indirekt – Bestandteil des Emanzipationsprozesses. Ein Musiker, der über die Musik der Welt verfügt, als sei sie seine eigene, hat es leichter, aus einer jahrzehntelangen, »imitatorischen« Periode auszubrechen, als einer, der auf die Musik seines eigenen Kulturkreises und die darin imitierte fixiert ist. Insofern haben die Musiker, die an dieser Öffnung teilhatten – die europäischen ebenso wie die amerikanischen –, stellvertretend einen Beitrag geleistet, der auch denen zugute kommt, die abseits standen. Uniforme Entwicklungen sind im Jazz unbekannt, sie würden seinem Wesen widersprechen.

Warum so viel Free Jazz?

Fragen zur gesellschaftlichen Relevanz

Ausländische Beobachter haben gelegentlich gewisse »berserkerhafte« Züge deutscher Jazzmusik als typisch »teutonisch« bezeichnet. Zum Beispiel tat dies die maßgebende englische Musikzeitschrift »Melody Maker« in bezug auf die Improvisationen des deutschen Saxophonisten Peter Brötzmann, dessen musikalischer Kahlschlag viele Zuhörer erschreckt hat. »Es ist eine Musik, die dich buchstäblich mit Haß auflädt«, sagte damals der Gitarrist Attila Zoller über Brötzmann. »Ich kann's nicht hören, ich möchte alles anstecken oder kurz und klein schlagen, wenn ich eine Weile Brötzmann gehört habe.« Aufschlußreich ist in diesem Zusammenhang, daß Brötzmann, obwohl in unserem Lande hochgeschätzt, im Ausland trotz verschiedener Festival- und Konzertauftritte vergleichsweise weniger Aufmerksamkeit gefun-

Peter Brötzmann

den hat. Die Amerikaner – und überhaupt viele Ausländer – meinen, Deutschland sei das Land des Free Jazz. In der Tat wird nirgendwo in der Welt so viel Free Jazz gemacht wie bei uns. Von den großen internationalen Jazz-Festivals waren die Berliner Jazztage die ersten, die dem Freien Jazz einen Platz einräumten und auch dafür sorgten, daß die führenden amerikanischen Free Jazzer (die in den USA nur selten auftraten) nicht nur in Berlin, sondern überall in Europa präsentiert wurden. Und auf den Frankfurter Jazz-Festivals hörte man in manchen Jahren fast ausschließlich Freien Jazz.

Free Jazz – in den meisten Ländern als »unverkäuflich« verschrien – füllt in Deutschland alljährlich ganze Festivals, etwa in Moers in Westfalen zu Pfingsten, in der Berliner Akademie der Künste jeweils im April oder Mai, aber auch an anderen Orten . . . In den Angebotslisten, die die UER – die Union der Europäischen Rundfunkanstalten – regelmäßig an die ihr angeschlossenen Sender verschickt, wird aus keinem Land so viel Free Jazz angeboten wie aus Deutschland, und man darf gewiß davon ausgehen, daß das, was diese Listen enthalten, einigermaßen repräsentativ für die Jazz-Szene der einzelnen Länder ist.

Bereits in den sechziger Jahren konnte es Jean-Louis Ginibre – damals Chefredakteur des französischen »Jazz-Magazine« – nicht fassen, daß es auf einem einzigen Festival (es handelte sich um das Frankfurter) so viel Free Jazz gab und daß alle diese Free Jazz-Ensembles so viele Menschen anzogen. »Ein oder zwei Free Jazz-Ensembles in einem Festival, das mag ja richtig sein«, sagte er, »aber ein ganzes Festival nur Free Jazz, das kann ich nicht verstehen. In Frankreich wäre die Halle leer geblieben.« Die Tendenz ist um so auffälliger, als es sie in durchaus ähnlicher Weise auch bei den wenigen Jazzgruppen der DDR gibt. Sie ist auch deshalb auffällig, weil freier Jazz heute, in der zweiten Hälfte der siebziger Jahre, nicht mehr durchaus als »das Neueste« bezeichnet werden kann. Für die Szene der sechziger Jahre war freies Spiel repräsentativ. Inzwischen ist ein neuer Jazzstil entstanden: das, was man in den USA »Fusion music« nennt, die »Musik der Großen Synthese«, und doch bleibt die deutsche Szene voller Free Jazz, stärker als irgendwo anders in der Welt.

Warum ist das so? Es gibt ein offensichtliches Verhältnis zwischen Melodie und Gesellschaft. Je intakter, je homogener eine Gesellschaft, desto intakter, desto weniger gebrochen ist das Verhältnis ihrer künstlerischen Musiker zur Melodik. (Das Wort »künstlerisch« ist in diesem Zusammenhang wichtig.) Die Beziehung ist so auffällig, daß sie sich bei einem Blick auf die Musikgeschichte allenthalben bestätigt, obwohl es gewiß auch hier – wie bei allen derartigen künstlerischen und geistigen Beziehungen – Ausnahmen geben mag.

Der Deutsche besitzt – immer schon, aber gewiß noch nie so stark wie seit dem Zweiten Weltkrieg – ein gebrochenes Verhältnis zu seiner Gesellschaft, das heißt zu sich selber. Kein Volk, von den Juden vielleicht abgesehen, hat sich so kritisch über sich selbst geäußert – nicht nur heute. Solange sich Deutsche über Deutsche artikulieren – Goethe bereits, ja noch früher, gleich als Deutschland sich als kulturelle Einheit bildete, bei Walther von der Vogelweide – ist nahezu alles, was sensible Deutsche über ihr Volk gesagt haben, negativ – von den paar bewußt forcierten Äußerungen abgesehen, die man seit den Befreiungskriegen in nationalen Kreisen gelegentlich hören kann. Es gibt ganze Anthologien dessen, was »Deutsche über Deutsche« gesagt haben, niederdrükkend und erschreckend zu lesen, Zusammenhänge über die Jahrhunderte hinweg erhellend; dort möge man nachschlagen, hier ist nicht der Ort dafür.

Ich frage: Hat Free Jazz in Deutschland damit zu tun? Die gesellschaftskritische, die protestierende Botschaft freier Musik ist ja auch von amerikanischen Musikern und Kritikern, sobald Anfang der sechziger Jahre der Freie Jazz entstanden war, immer wieder betont worden. Inzwischen wurde diese Botschaft sublimiert. Es gibt Humor, Spaß, Persiflage, Religiosität und Liebe, die ganze Skala menschlicher Emotionen im Free Jazz, aber unterschwellig schwelt der Protest weiter, schon deshalb, weil er es war, der die ganze Entwicklung in den sechziger Jahren ausgelöst hat. Empfinden deutsche Jazzmusiker diese Tendenz besonders intensiv (auch wenn ihnen dies nicht rational bewußt wird)? Empfinden sie die Notwendigkeit zu Protest und Kritik als besonders dringlich? Empfindet auch das Jazzpublikum so? Spiegelt sich im freien deutschen Jazz das gebrochene Verhältnis des Deutschen zu seiner Umwelt, zu seiner Gesellschaft, zu sich selber? Ist der Freie Jazz, stärker vielleicht als andere Kunstbereiche, die notwendige Reflexion dieser Situation? Ist sich gerade der Jazzmusiker seines nationalen Dilemmas besonders bewußt? Bietet nicht auch die Tatsache einen Hinweis, daß deutsche Jazzmusiker so ungern und so selten über Themen der deutschen Tradition improvisieren, obwohl dies in den meisten anderen Ländern längst gang und gäbe geworden ist? Ist der Jazzmusiker möglicherweise nur ein besonders exponierter Indikator dessen, was auch andere deutsche Künstler und Intellektuelle über ihr Land, ihre Gesellschaft empfinden – exponiert schon deshalb, weil die Jazzmusiker *noch* weniger geborgen in dieser Gesellschaft sind als andere Künstler? Ist es nicht auch sonst so, auch in anderen Ländern – Martin Luther King hat darauf hingewiesen in einem Ausspruch, auf den ich an anderer Stelle in diesem Buch eingehe –, daß die Jazzmusiker die gesellschaftliche Situation ihres Landes wacher reflektieren als andere Menschen?

Ich frage ja nur.

Exkurs über deutsche Populärmusik

Ich kenne kein Volk, in dessen populärer Musik es so wenig Sensibilität gibt wie in der deutschen. Sensibilität existiert da, wenn überhaupt, dann nur als Sentimentalität.

Das Problem berührt den Jazz nur am Rande, ist aber wichtig für den Bodensatz, aus dem die meisten Jazzmusiker in Deutschland hervorgewachsen sind. Dieser Bodensatz ist es ja, der das getrübte Verhältnis deutscher Jazzer zu ihrer Tradition nährt. Jazzmusiker haben, schon ihrer Herkunft nach, mit populärer Musik meist mehr zu tun als mit klassischer. Deshalb enden sie auch, wenn sie sich im Jazz nicht durchsetzen können, meist in der Populärmusik.

Musik in einem Volk: das ist ja zunächst nicht die Kunstmusik der Akademiker; es ist die Musik, die »die Leute« singen. Singen, jedenfalls gemeinschaftliches Singen, steht in Deutschland unter komplexhaftem Druck. Meist singt man erst, wenn man getrunken hat, wenn Hemmungen fallen. Man singt weniger in der Gemeinschaft, in der man lebt, als in Gemeinschaften, die sich zufällig ergeben, abgesondert, getrennt von dem normalen Lebensumkreis, als wage man nur dort gewisse Dinge herauszusingen, die normalerweise unter Verschluß gehalten werden.

Man kennt dieses Bild: die grölenden Reisenden aus Deutschland, die irgendwo »in der Fremde« angetrunken zu singen anfangen – »O du schöner Westerwald« oder »Erika« und »Das kann doch einen Seemann nicht erschüttern« – in spanischen Kneipen auf Mallorca, bei internationalen Fußballmeisterschaften irgendwo im Ausland, in den Bars und Hotels in Bangkok, auf jugoslawischen Ferienschiffen und wo sonst noch. Überall rieselt es ausländischen Zuhörern, Miturlaubern aus Frankreich oder England, Einheimischen aus Jugoslawien oder Spanien, den gewiß nicht zart besaiteten Fußballfans anderer Länder, den Barmädchen Bangkoks, die doch immerhin die harten amerikanischen Vietnam-Soldaten gewohnt waren, eiskalt den Rücken herunter. Als werde ein Ritual eingesungen, drohend und unheimlich, furchterweckend für ausländische Ohren, gleich welcher Herkunft und gleich welcher Kultur. Als werde ein Angriff signalisiert, wie Trommeln, die durch den Dschungel dröhnen, von überall her dröhnt es, droht es, man fühlt sich umzingelt, empfindet seine Unterlegenheit, wahrhaftig »Ur-

waldmusik« für die Nerven der Welt. »Denn heute gehört uns Deutschland und morgen die ganze Welt«, das steht immer dahinter, auch wenn der Text anders lautet – und wenn die Stimmung fortschreitet, dann wird auch das noch gesungen! Der Geist ist ohnehin der alte geblieben, wie man gerade an neueren Liedern hören kann! »So ein Tag, so wunderschön wie heute!« Da müssen andere Tage dahinterstecken, sonst klänge das Lied nicht so drohend, und man weiß ja, wie schön die Tage waren, als Deutsche in Europa die Herren waren. So schön, daß es noch heute, eine Generation später, weite Kreise deutscher Männer gibt, wo immer die richtigen Jahrgänge zusammentreffen, die sich über den Krieg erzählen: über Krieg und Krieg und nichts als dies, und immer in diesem Ton der schönen, unvergeßlichen, wunderbaren Tage! Als sei dies das Beste, was sie erlebt hätten, das einzige offenbar, wo sie ganz und gar *sie selbst* gewesen sind!
»So ein Tag, so wunderschön wie heute, so ein Tag, der dürfte nie vergeh'n!« Das liegt in dem Lied: Man möchte den Tag zurückholen. So hören es ausländische Ohren. Deshalb alle Jahre wieder die skeptischen und oft genug entsetzten Glossen und Kommentare, wenn irgendwo in einem fernen Fußball-Stadion die globetrottenden deutschen Sportfans wieder einmal der Rausch überkommen hat. (Und dann höre man zum Vergleich, wie es ist, wenn dieser gleiche – und doch ein ganz anderer – Rausch über die Brasilianer kommt, bei denen die Fußball-Begeisterung ja ebenso groß oder noch größer ist! Samba-Rhythmen! Überhaupt: *Rhythmen,* einander überkreuzend, keine gleichmäßigen *Metren*, nichts Militärisches, nichts Drohendes, statt dessen: Freude!)
Ein kennzeichnender Teil der deutschen Schlagermusik – ohnehin die derbste, unzivilisierteste, unentwickeltste, die ein Kulturvolk besitzt – wird, wo sie volkstümlich ist – camoufliert oder nicht –, genährt von den rohen, drohenden, gewaltsamen Klängen singender deutscher Männer.
Die deutsche Faschings- und Karnevalsmusik ist – alle Jahre wieder – die Musik der Weltkriege, des Ersten und Zweiten, die gebrüllten und gewaltsamen Lieder marschierender oder feiernder betrunkener Soldaten und Nazi-Horden, lediglich mit anderen Texten, und oft nicht einmal das.
Was bleibt einem Musiker, der diese Musik nicht meint, also auch einem Jazzmusiker – ja überhaupt einem sensiblen Menschen – da anderes übrig als ein gestörtes Verhältnis zur eigenen »Tradition«?
Das ist ja doch nicht alles urplötzlich im Ersten oder Zweiten Weltkrieg oder meinetwegen auch schon im Krieg 1870/71 und in der Kaiserzeit entstanden. Was da gesungen wird, ist das Ergebnis einer Entwicklung, die – so jedenfalls pflegt es zu sein bei derartigen Phänomenen – durch die Jahrhunderte rückwärts weist. Es ist gewachsen aus der

Geschichte dieses Volkes, nicht nur der musikalischen, auch der politischen, zivilisatorischen, der geistigen und charakterlichen, diese pervertierend, verrohend.
Deshalb läßt sich dieser Gesang nicht einfach auf die politische Tagesgesinnung, auf die Partei reduzieren, nicht jedenfalls gar zu direkt. Er ist unabhängig vom politischen Standort – und das macht es schlimmer. Wenn deutsche Männer singen, auch die linkesten, klingt es, als seien sie die rechtesten. Wir haben es gehört bei den Zusammenkünften der protestierenden Studenten in der Revolte der sechziger Jahre. Auch die linkesten Lieder hatten den »rechten« Klang. Sie haben in Ausdruck und Haltung mehr mit Franz Josef Strauß oder Hitler, mit Derbheit oder Rohheit und Gewalt gemeinsam, als mit den besten ihrer eigenen Leute, die doch sensible Menschen waren und sind.
Gleich im ersten Jahr, in dem deutsche Urlaubsreisen nach Polen wieder möglich wurden, 1973, entsetzten sich Tausende von Polen: Das stimme ja wohl nicht, daß sich die Deutschen gewandelt hätten, sie sängen immer noch so wie vor vierunddreißig Jahren, als sie das Land erobert, oder vor neunundzwanzig Jahren, als sie es – gar nicht so kleinlaut – wieder verlassen hätten. Und in einem Land wie Polen weiß man: Wie einer singt, so ist er.
Wie ist es nur möglich, daß in einem Kulturvolk im 20. Jahrhundert so gesungen wird? Man vergleiche das nur einmal mit entsprechenden Liedern anderer Völker. Man höre, wie Italiener singen. Oder Iren in ihren Pubs. Oder Amerikaner auf den Colleges. Oder Franzosen auf einer »Kermesse«. Kein Volk singt so martialisch und drohend.
Wie gesagt, das ist der »Background«. Das hat zur Situation des deutschen Jazzmusikers gegenüber seiner Tradition geführt.
Es mag sein, daß Volkskundler, Musik-Ethnologen, Soziologen die Lage deutscher Populärmusik präziser und differenzierter analysieren könnten. Daß sie es bisher kaum taten, gehört mit zum Befund.

I Wanna Make It

Zum Problem des Erfolges im Jazz

Es muß etwa Mitte der fünfziger Jahre gewesen sein, in der Adenauer-Ära, als der Erfolg und die Möglichkeit, endlich wieder Erfolg haben zu können, die Deutschen faszinierte, als ein bekannter Düsseldorfer Künstler eine Neujahrskarte mit den Worten verschickte: »Hab' Glück, aber keinen Erfolg!«

Setzen wir zunächst die selbstverständliche Prämisse: Jeder Mensch strebt nach Erfolg. Erfolg ist legitim und notwendig. Aus zweierlei Gründen: um der Sache willen, die es gilt durchzusetzen, und um des Menschen willen, der mit der Sache sich selbst durchsetzt. Dieser letztere Punkt hat für den Jazz größere Bedeutung als für andere künstlerische Bereiche. In keiner zeitgenössischen Kunst gibt es so viele Menschen, die aus sozial diskriminierten Kreisen – jedenfalls aus Kreisen unterhalb der bürgerlichen Mittelschicht – stammen wie im Jazz. Das gilt schon für die europäischen Jazzmusiker, gilt aber noch viel mehr für die aus den Südstaaten und aus den Gettos der großen amerikanischen Städte stammenden schwarzen Musiker. Für Menschen mit solcher Herkunft ist Erfolg eine Frage der Selbstidentifikation, ja des psychischen Überlebens. Man kennt James Baldwins Befund: Angesichts dessen, was sie bereits in ihrer Kindheit erlebten, sei es ein Wunder, daß es überhaupt noch schwarze Menschen in den USA ohne schwerwiegende seelische Schäden gebe.

Das also ist das Problem: Einesteils ist Erfolg für den Jazzmusiker, der aus einer diskriminierten Rasse oder Klasse stammt und dessen Musik von der bürgerlichen Welt nach wie vor weniger hoch geschätzt wird als etwa die klassische Konzertmusik, in erhöhtem Maße psychisch und wirtschaftlich notwendig. Andererseits ist zu fragen: Wie wird Erfolg erkauft? Wie hoch ist sein Preis? Zwischen diesem »Einerseits« und »Andererseits« liegt unser Thema. Wenn wir diese Prämisse auf die Musik – auf die es ja ankommt – beziehen, bestehen dreierlei Möglichkeiten:

1. Die Musik wird »schlechter« durch den Erfolg.
2. Musikalische Qualität und Erfolg sind unabhängig voneinander.
3. Die Musik wird »besser« durch den Erfolg.

I.

Der erfolgreichste Musiker, den es bis jetzt auf der internationalen Jazz-Szene gibt, ist Herbie Hancock. Die Frage liegt nahe: Wie hat sich Hancocks »Head Hunter«-Erfolg (CBS S 65 298) auf seine Musik und auf seine Persönlichkeit ausgewirkt? Ich glaube, es gibt wenige Kritiker, die nicht davon überzeugt sind: die Auswirkung ist negativ. »Head Hunter« mag noch hingehen, obwohl diese Platte schon weniger sensibel ist, weniger musikalischen Reichtum besitzt als all die wunderbaren Plattenwerke, die Hancock vorher geschaffen hat – von »Empyrean Isles« (Blue Note 84175) und »Maiden Voyage« (Blue Note 84511) bis zu »Crossings« (Warner Brothers WB 66034) und »Sextant« (CBS 65582), Platten, die zu den schönsten und bewegendsten gehören, die die Jazz-Szene seit dem Tode Coltranes hervorgebracht hat.
Hancock hat gelegentlich erzählt, wie er mit der Sextant-Gruppe in einem Club gespielt habe, in dem auch die Pointer Sisters aufgetreten seien. Da habe es bei ihm »gezündet«, er habe den Erfolg der Pointers gesehen und sich gesagt, er müsse, koste es, was es wolle, den gleichen Erfolg haben. Er hat die Sextant-Gruppe aufgelöst, seine Musik neu durchdacht und neu geformt; das Ergebnis wurde »Head Hunter«, eine Platte, der man in jedem Takt, ich möchte fast sagen, in jeder Note den Willen zum Erfolg anmerkt. All die Nuancen und Subtilitäten, an denen die Hancock-Musik früher so reich war, wurden einer vergleichsweisen Direktheit und Unmittelbarkeit geopfert.
Der eigentliche künstlerische Abstieg begann freilich erst nach »Head Hunter«, deutlich unter dem Eindruck dieses Erfolges. Auf den Berliner Jazztagen 1974 benahm sich Herbie Hancock wie ein »Schlangenbeschwörer«, der sein Publikum mit den Sounds, die da aus seinen diversen elektrischen Apparaten ohne sein Zutun zu kommen scheinen, verblüffen will, als sei er ein Zirkus-Zauberer. Ein Berliner Kritiker meinte, das passe doch wohl eher in einen zweitklassigen Nachtclub als in ein Jazzkonzert.
Die nach dem Millionenerfolg von »Head Hunter« aufgenommene Platte »Thrust« (CBS 80193) ist kaum mehr einer kritischen Betrachtung wert. Es ist schwer verständlich, daß ein Mann vom Niveau und musikalischen Reichtum eines Herbie Hancock eine solche Routine-Musik macht. Wer danach noch eines außermusikalischen Hinweises bedarf, findet ihn in der Tatsache, daß Hancock sich nicht zu schade war, die Musik zu dem Film »Death Wish« (»Ein Mann sieht rot«) (CBS 80485) mit Charles Bronson zu machen: »Faschismus auf der Leinwand«, wie die Kritik schrieb. Ich weiß, wie Herbie Hancock noch vor wenigen Jahren gedacht hat; man braucht nur seine diesbezüglichen Äußerungen in Artikeln und Interviews zu lesen. Als Künstler, als Schwarzer und als Mensch – gerade auch als religiöser Mensch, der er

Herbie Hancock

ja ist – hätte er noch vor kurzem die gewalttätige, inhumane und unliberale Botschaft und den brandstiftenden Zynismus dieses Films aufs schärfste verurteilt. Jetzt aber griff er ohne Bedenken zu, denn eine Filmmusik in Hollywood ist für viele amerikanische Musiker leider immer noch die höchste Erfolgsbestätigung, die sie erträumen können. Es ist eine Bestätigung, die so verführerisch lockt, daß alle moralischen und künstlerischen Bedenken zum Fenster herausfliegen. Wer da einmal Blut geleckt hat, der vergißt – selber zynisch geworden – alle Prinzipien.

Ich schreibe dies nicht deshalb, weil ich Herbie Hancock, den ich nach wie vor potentiell für einen der großen Keyboard-Meister der zeitgenössischen Szene halte, schlechtmachen möchte; ich schreibe es, weil sein Fall symptomatisch ist. Hunderte, ja Tausende von Musikern sind einen ähnlichen Weg gegangen. In weniger auffälliger Weise geht ihn fast jeder, der am Anfang seiner Karriere – als junger Musikstudent etwa – mit der Hoffnung beginnt, anspruchsvolle, gute Musik machen zu wollen, aber schon nach wenigen Jahren begreift, daß das große Publikum differenzierte Musik nicht hören will und im Grunde nur an all den Primitivitäten und Banalitäten interessiert ist, die uns das internationale Musik-Business tagtäglich beschert. Die Orchester, die diese Banalitäten und Primitivitäten spielen, sitzen voller Musiker, die alle einmal den Traum von der guten Musik geträumt haben.

Der Satz »I wanna make it« (»Ich will es schaffen«) ist eine Standardphrase in den Gesprächen mit Jazzmusikern. Wer diesen Satz schon so oft gehört hat wie ich, der spürt, wie schon diese Worte, oft genug wiederholt, zu innerer Verkrampfung führen. Der Erfolgswille wird dann so übermächtig, daß er das Denken und Fühlen eines Musikers total in Anspruch nimmt. Für schöpferische Musik bleibt in dieser inneren Anspannung oft genug kein Platz mehr. »Mittelmäßig und kriechend, das ist der Weg zum Erfolg.« So Beaumarchais in der »Hochzeit des Figaro« vor 300 Jahren.

Was Herbie Hancock in diesen siebziger Jahren erlebt hat, hat Louis Armstrong in den dreißiger Jahren in ähnlicher Weise erfahren, als er die schlechtesten und simpelsten Tagesschlager aufnahm. Fats Waller hat es erfahren, der auch heute noch einer der größten Pianisten der Jazzgeschichte ist und trotzdem sein ganzes Leben darunter litt, daß die Plattenfirmen ihn nur als besseren musikalischen Clown beschäftigten. Mitte der sechziger Jahre war der Tenorsaxophonist Eddie Harris einer der erfolgreichsten Jazzmusiker. Harris' Musik wirkte damals oberflächlich und allzu offensichtlich, und doch hat derselbe Eddie Harris Anfang der sechziger Jahre in Chicago einen der interessantesten Tenorsaxophon-Stile geformt, die es damals gab: Kein anderer konnte ihm seine Verbindung des lyrischen Stan Getz-Tones mit der Phrasierungsweise John Coltranes nachmachen. Auch Eddie Harris hat erfah-

Miles Davis

ren, daß er den Anspruch seiner Musik aufgeben mußte, weil er Erfolg haben wollte.
Aber – und das gilt genauso für Louis Armstrong, Fats Waller, Herbie Hancock und all die anderen: Selbst dort, wo sie sich musikalisch prostituieren, bleiben Reste ihrer ursprünglichen künstlerischen Überlegenheit spürbar. Auch die schlechteste Musik wird von guten – ja, leider oft genug von grandiosen – Musikern immer noch besser gemacht als von schlechten. Das ist der Grund, warum die amerikanische populäre Musik so viel besser ist als populäre Musik in den meisten anderen Ländern. Sie wird von frustrierten potentiellen Jazzmusikern gespielt.

II.

Nicht immer macht Erfolg eine Musik zwangsläufig schlechter. Es gibt auch die Möglichkeit, daß Erfolg und musikalisches Niveau kaum etwas miteinander zu tun zu haben scheinen. Musiker wie Horace Silver und Art Blakey haben mit ihren Gruppen in den fünfziger Jahren eine Formel gefunden, mit der sie schnell zu Erfolg kamen, deshalb sind sie bei dieser Formel geblieben. Im Falle Horace Silvers hat das zu einer gewissen Sterilität geführt. Aber Art Blakey hat es fertiggebracht, innerhalb der einmal gefundenen Grenzen das Niveau zu halten, ja in gewissen Glücksmomenten es sogar zu übertreffen. Es handelt sich hier um Nuancen. Für beide, für Art Blakey wie für Horace Silver, gilt, daß ihr Erfolg sie »festgenagelt« hat. Sie werden von ihrem Publikum so zwangsläufig mit einer gewissen musikalischen »Masche« in Verbindung gebracht, daß sich die Alternative, aus dieser Masche auszubrechen, nicht mehr stellt, jedenfalls für sie nicht mehr stellt; für den Hörer stellt sie sich durchaus. Deshalb habe ich Blakey, um nur ein Beispiel zu geben, für das Jazz-Festival auf den Olympischen Spielen 1972 aus seinen »Messengers« herausgelöst und in einen neuen Rahmen – mit Tony Williams, Jeremy Steig, Stanley Clarke u. a. – gestellt; es wurde einer der Triumphe seiner Laufbahn, angesichts dessen der eigentliche »Kassenmagnet« dieses Konzerts – Ginger Baker – zur Überraschung der meisten auf den zweiten Platz verwiesen wurde.
Auch dies ist eine Erfahrung, die Hunderte von Musikern gemacht haben: wenn sie einmal mit einem Stück – oder auch nur mit einem Solo – einen besonderen Erfolg hatten, dann müssen sie dieses Stück oder dieses Solo Nacht für Nacht in Clubs und Konzerten in der gleichen Weise weiterspielen, ein halbes Leben lang. Das Publikum würde es ihnen übelnehmen, wenn sie Stück oder Solo weiterentwickeln, verändern oder ganz fortlassen würden.
Oft sind Musik und Erfolg nur scheinbar unabhängig voneinander.

Sonny Rollins

Selbst dort, wo der Erfolg eine Musik nicht zwangsläufig schlechter macht, kann er doch dazu führen, daß die Musik sich festfährt, steril wird, in tausendmal wiederholten Klischees erstarrt. Es ist ja Dutzende Male geschehen, daß sich ein Musiker mühsam ein Erfolgsimage geschaffen hatte und dann plötzlich begriff, daß er diesem Image – unfrei geworden – nur noch hinterherlaufen konnte. Erfolg und Freiheit scheinen oft schlecht zusammenzupassen.

III.

Es gibt auch die dritte Möglichkeit: die Musik wird besser durch den Erfolg. Musiker wie Miles Davis, Eric Dolphy, John Coltrane, Duke Ellington sind an ihrem Erfolg gewachsen. Sie sind die Könige; sie haben nicht nur das musikalische Genie, sondern auch die menschliche Standfestigkeit, den Erfolg hinzunehmen als einen ihnen zustehenden Tribut und sich unter den Forderungen dieses Erfolges zu immer noch größeren Leistungen zu steigern. Ellington ist dafür das Musterbeispiel. Doch man mißverstehe mich nicht: Es sind nur die ganz Großen, die dies zu leisten vermögen. Und in jedem Fall: Es sind nur wenige.
Einen verblüffenden Ausweg hat Sonny Rollins gefunden, einen Weg, der der musikalischen und menschlichen Originalität dieses großen Tenorsaxophonisten so sehr entspricht, daß ihn gewiß nur wenige nachgehen können. Als er 1959 auf dem Höhepunkt seines Ruhmes war und spürte, daß dieser Ruhm seiner Musik nicht guttun würde, zog er sich zwei Jahre lang zurück. Er lebte in völliger Abgeschiedenheit und Einsamkeit und spielte und probte für sich allein auf dem Gehsteig der Williamsburghbrücke, hoch zwischen Himmel und Erde über dem New Yorker East River. Ende 1961 kehrte er dann in die Öffentlichkeit zurück. Aber von nun an wählte er immer wieder diesen Ausweg kürzerer oder längerer Perioden der Zurückgezogenheit. Immer dann, wenn die Forderungen des »Geschäftes« gar zu übermächtig geworden waren, verschwand er von der Szene, um nach einiger Zeit frisch gestärkt und mit neuen Ideen zurückzukehren. Rollins hat deutlich gesagt, daß er sich deshalb zurückgezogen habe, weil jeder, der sich der Mühle des Jazz-Business jahrein, jahraus, Monat für Monat und Nacht für Nacht aussetze, an seiner Musik – und an seiner Seele – Schaden nehme: »I would have destroyed myself . . .« (»Ich hätte mich selbst zerstört . . .«)
Noch radikaler war die Konsequenz, die die englische Sängerin Julie Driscoll zog. Mitte der sechziger Jahre galt sie als »die Stimme der neuen jungen Generation«, wie Françoise Sagan damals schrieb. Aber Julie war nicht gewillt, das zu singen, was Schallplattenmanager und Produzenten ihr vorschrieben. Sie verschwand von der Szene, lebte in

völliger Isoliertheit, und als sie Jahre später wieder begann, geschah dies – unter sorgfältiger Vermeidung jeglicher Erinnerung an ihren alten Namen und ihren alten Erfolg – unter dem Namen ihres Mannes, als Julie Tippetts, in einem Bereich kompromißloser Avantgardemusik, in dem die Gefahr eines Massenerfolges von vornherein ausgeschlossen ist.
Und auch Julie Tippetts läßt keinen Zweifel daran, daß sie sich nur dadurch, daß sie sich dem Erfolg verweigerte, ihre menschliche und künstlerische Integrität bewahren konnte.

IV.

In einem Text, den mir Martin Luther King für das Programmheft der Berliner Jazztage schrieb, heißt es: »Jazz handelt vom Leben. Die Blues erzählen die Geschichten von den Schwierigkeiten des Lebens. Und wenn du ein wenig nachdenkst, wirst du begreifen, daß sie die grausamsten Realitäten nehmen und in Musik verwandeln und dadurch neue Hoffnung und ein Gefühl des Triumphes gewinnen. Jazz ist triumphierende Musik. Der moderne Jazz hat diese Tradition weitergeführt, indem er die Lieder einer komplizierter gewordenen, großstädtischen Existenz singt. Wenn das Leben keine Ordnung und keinen Sinn mehr bietet, dann schafft der Musiker Ordnung und Sinn mit den Klängen der Erde, die durch sein Instrument fließen . . . Wenn Jazz heute in der ganzen Welt gespielt wird, dann deshalb, weil der besondere Kampf des amerikanischen Negers dem universalen Ringen des modernen Menschen um Selbstfindung unmittelbar verwandt ist . . .«
Genau das meinen die Jazzmusiker auf ihre Weise. Es gibt Hunderte von Musiker-Interviews, in denen dieser Satz vorkommt: »You got to pay the dues«, was besagt: Du hast mit deinem Leben, deinem Herzen, deiner Seele zu bezahlen, wenn du wirklich Jazz spielen willst. Du mußt gelitten haben, um Jazz spielen zu können.
»You got to pay the dues«, das ist ein Lieblingssatz der jungen, modernen Musiker. Die alten Blues-Leute sagten es anders, aber meinten das gleiche: »Niemand kann den Blues singen, der ihn nicht erfahren hat.«
»Way down deep from the depths of sorrow, music came«, sagte der New Orleans-Klarinettist Alvin Battiste: Unsere Musik kommt aus den Tiefen und Abgründen der Sorge. »Dort unten im Süden kannst du gar nichts anderes haben als den Blues«, sang der Bluessänger Otis Rush. Und eine klassische Blues-Zeile lautet: »If it wasn't for bad luck, / I wouldn't have no luck at all.« Wenn ich kein »Un-Glück« hätte, / Dann hätte ich überhaupt kein Glück.

Zum Jazz gehört – oft gerade auch in seinen fröhlichsten und übermütigsten Formen – der »Sound of the cry«, der Klang dessen, der zu weinen gelernt hat. Ja, darin besteht gerade der Jazz, daß er die fröhlichsten Dinge eben mit diesem »Sound of the cry« sagen kann – und die traurigsten mit dem »Sound of joy«. Der Klarinettist Mezz Mezzrow spricht in seiner Autobiographie davon, daß diese Doppeldeutigkeit – die Gleichzeitigkeit von Weinen und Freude, von Trauer und Überschwang – viel mehr zum Wesen des schwarzen als zu dem des weißen Menschen gehöre. »Himmelhoch jauchzend, zu Tode betrübt« – für den Afro-Amerikaner ist das so selbstverständlich, daß gar nicht erst darüber gesprochen werden muß; es ist normale Alltagserfahrung. Mezzrow zeigt, daß diese Erfahrung nicht nur in schwarzer Musik, sondern auch in der Art des Schwarzen, zu sprechen, deutlich wird – im »Double Talk« des Getto-Negers. (Aber es gibt natürlich auch Weiße, die den »Sound of the cry« haben. In Europa haben ihn vor allem die polnischen Jazzmusiker, stärker wohl als die Musiker irgendeines anderen europäischen Landes.)
Es fehlt einem Musiker etwas, wenn er den »Sound of the cry« nicht besitzt. Seit zwanzig Jahren sprechen Musiker, Kritiker und Jazzfreunde davon, daß Dave Brubeck etwas fehlt. Vielleicht sollte man einmal darüber nachdenken, ob nicht das, was ihm fehlt, eben dieser »Klang der Klage« ist.
Den »Sound of the cry« aber haben nur diejenigen, die den »cry« auch erlebt haben, die ihn ausgelotet haben in all seinen Tiefen. »Man muß Jazz gelebt haben, um ihn spielen zu können«, sagt der Bassist Milt Hinton. Was Milt da mit »Leben« meint, daß ist gewiß kein leichtes, vom strahlenden Glanz des Erfolges getragenes.
Ich erinnere mich an ein Gespräch, das sich ergab, als wir eine Gruppe europäischer Jazzmusiker um Hans Koller und Albert Mangelsdorff mit dem Bläser-Quintett des Südwestfunks, bestehend aus den festangestellten Musikern des SWF-Symphonieorchesters, zusammenführten. Hans Lemser, der Soloklarinettist des Bläser-Quintetts, sprach davon, wie sehr die symphonischen Musiker die Jazzmusiker bewunderten und sogar beneideten, weil sie wirklich *ihre* Musik spielten und nicht ein Leben lang abzuspielen hätten, was ihnen jemand anderes auf die Notenpulte legte. Ich darauf: »Aber dafür haben Sie den Vorteil, daß Sie regelmäßig Gehalt und Urlaub bekommen und später Ihre Altersversorgung und nichts von den Existenzängsten der Jazzmusiker wissen.« An dieser Stelle unterbrach Hans Koller, der unser Gespräch verfolgt hatte: »Ich glaube, das ist sehr wichtig und Sie sollten das nicht übersehen: Wenn heute ein Jazzmusiker so mit Anstellungsvertrag, Pensionsberechtigung und Urlaubsansprüchen abgesichert wäre wie Sie im Symphonieorchester, ich bin sicher, er könnte bald nicht mehr Jazz spielen.«

V.

»You gotta pay ya' dues«: Das gilt für alle Bereiche künstlerischen Schaffens. Die spezifische Form der Unterdrückung, in der sich der Jazzmusiker – zumal der schwarze – befindet, mag als zusätzliches verschärfendes und erschwerendes Element hinzukommen. Aber letztlich befindet sich der Jazzmusiker im gleichen Boot mit den Künstlern aller Bereiche. Was Gottfried Benn über den lyrischen Dichter gesagt hat, gilt auch für den Jazzmusiker, gilt für alle Künstler: daß »fast alles . . . von Gefesselten zu stammen« scheint, »von Angeschmiedeten, nur von Felsen die Schreie klingen tief . . .« Gottfried Benn, der in den fünfzehn Jahren seiner größten schöpferischen Kreativität, zwischen seinem fünfundzwanzigsten und seinem vierzigsten Lebensjahr, für alles, was er in dieser Zeit geschrieben hat, »summa summarum« neunhundertfünfundsiebzig Mark verdient hat, eingeschlossen die Übersetzungen in alle Kultursprachen, die Beiträge in Anthologien der ganzen Welt, ein weltberühmter Schriftsteller, nicht nur von deutschen, auch von französischen, amerikanischen Kritikern »zu den fünf größten Lyrikern nicht nur Deutschlands, sondern Europas« gerechnet: Vier Mark fünfzig pro Monat! . . . Und nun denke man an Albert Ayler, Booker Little, Bud Powell, Billie Holiday, Coleman Hawkins, Lester Young – all diese schweren, dunklen Lebensläufe, in den Jazzpublikationen oft erzählt, Musiker zu Dutzenden, die sich buchstäblich zu Tode gespielt haben, ähnlich wie Benn mit seinen Büchern auf Schallplatten in der ganzen Welt vertreten, überall nachgepreßt, und doch hatten sie oft nicht die wenigen Cents, die man braucht, um die elementarsten Bedürfnisse zu decken . . . Gewiß, die monetären Summen haben sich verändert, geringfügig, aber was bedeutet selbst eine tausendfache Steigerung angesichts der nie zu schließenden Kluft, dem nie zu überbrückenden Mißverhältnis zwischen dem Werk und dem Wohlstand? Lassen Sie mich weiter Gottfried Benn zitieren, der die Situation des Künstlers im 20. Jahrhundert gnadenloser und genauer dargestellt hat als irgendein anderer. Benn unterscheidet zwischen »Kulturträgern« (» . . . er verarbeitet, pflegt, baut aus, wird hinweisen auf Kunst . . . ist Positivist«) und »Kunstträgern«: »Der Kunstträger ist statistisch asozial . . . lebt nur seinem inneren Material . . . Unendlich klar ist daher die Linie der Ablehnung, die von Plato bis ins zwanzigste Jahrhundert in der Öffentlichkeit gegen den Kunstträger besteht: in einen geordneten Staat, der auf eine untadelige Verfassung hält, gehört er nicht hinein, in die Religion gehört er auch nicht . . . Es ergibt sich, der Kunstträger ist aus seinem Wesen heraus eine gesonderte Erscheinung . . . Unter den hundertfünfzig Genies des Abendlandes finden wir allein fünfzig Homoeroten und Triebvarianten, Rauschsüchtige in Scharen, Ehelose und Kinderlose als Regel, Krüppel und Entartete zu

Albert Ayler

hohen Prozenten, das Produktive, wo immer man es berührt, ist durchsetzt von Anomalien, Stigmatisierungen, Paroxysmen . . . der größte Teil der Kunst des vergangenen Halbjahrtausends ist Steigerungskunst von Psychopathen, von Alkoholikern, Abnormen, Vagabunden, Armenhäuslern, Neurotikern, Degenerierten, Henkelohren, Hustern –: das war ihr Leben . . .« Und weiter Benn: » . . . einerseits verkünden, wir wollen Kunst, aber andererseits wollen wir auch im Wohlstand leben, denn nur wer im Wohlstand lebt, lebt angenehm – das ist nicht ehrlich und nicht auf lange Sicht gedacht.« Und auch noch Schiller: »Der Gedanke ist immer der Abkömmling der Not.« Benn zitiert James Joyce, der einen Talmudspruch variiert habe: »Wir Juden sind wie die Olive, wir geben unser Bestes, wenn wir zermalmt werden, wenn wir unter der Last unserer Fronen zusammenbrechen –«; das gelte – so habe es Joyce gesehen – auch für die Künstler, für alle Künstler. McCoy Tyner: »Ein Freund meinte, Diamanten entstehen nur unter Druck. Da ist was dran.«

Ich brauche nicht zu sagen, wer das gesagt hat: »Wer spricht von Siegen, überstehn ist alles.« Aber zu sagen ist, daß in der Jazzmusik immer noch zu viel von Siegen gesprochen und zu viel auf Siege, gar auf endgültige, gesetzt wird. Albert Ayler, der sich im Harlem River ertränkte: »America makes it a point to keep her creative jazz musicians – like the blues singer said – ›low down‹. All we want is not just to die, and somebody, just somebody, please, listen.«

Der Typ und der Anti-Typ: Asterix und Ajax

Zum Phänomen von Hip und Square

I.

Auf einer Party traf ein Schwarzer ein weißes Mädchen. Sie: eine hochintellektuelle angehende Wissenschaftlerin; der Neger nahm nie ein Buch zur Hand. Und doch entwickelte sich ein gutes Gespräch. Das Mädchen sprach über Psychologie, Philosophie, Soziologie – alles Dinge, von denen der Schwarze noch nie etwas gehört hatte. Trotzdem antwortete er ihr ständig, und das Mädchen empfand seine Antworten als treffend und zu weiteren Gedanken inspirierend.
Der Neger verstand nichts von dem, was das Mädchen sagte. Aber er war an der Art interessiert, in der es zu ihm sprach. Deshalb »verstand« er am Ende des Gesprächs einen guten Teil mehr als mancher, der den Wortsinn ihrer Probleme verstanden hätte. Norman Mailer, der die Geschichte erzählt, sagt: »Er fühlte ihren Charakter, indem er mit den Nuancen ihrer Stimme mitschwang.« Und im amerikanischen Original entspricht das Wort »schwingen« bewußt dem Jazzausdruck »swing«. Denn im nächsten Satz sagt Mailer: »Das heißt also: zu swingen bedeutet die Fähigkeit zu lernen, und indem man lernt, einen Schritt vorwärts zu tun, um etwas zu erreichen . . .«
Der Schwarze auf Mailers Party war hip: „Hip heißt, in Kontrolle einer Situation sein – und auch in Kontrolle seiner selbst.« Hip ist unbewußtes, intuitives Erfahren. Dadurch erlangte der Schwarze die Kontrolle der Situation, will sagen: des Mädchens.
»Hip« – so Mailer – »ist die Kultur des weisen Primitiven in einem gigantischen Dschungel. Deshalb entzieht sich das Verständnis des Hip dem zivilisierten Bürger . . . Die Bürger würden ihre Republik lieber an die Russen als an die Hipsters fallen lassen, denn der sowjetische Sinn für Wissenschaft und rationale Prozeduren muß ihnen doch viel attraktiver erscheinen als die ungenauen und geheimnisvollen Mysterien des Hip . . .«
Hip ist das Gegenteil von square. Trotzdem braucht man fast nur über Hip zu reden, um beides transparent zu machen; square ist alles übrige.

Straßenszene in Harlem

II.

Ich skizziere diesen Beitrag während einer Eisenbahnfahrt. Auf einer kleinen österreichischen Station ruft der Stationsvorsteher: »Fertig!« Ein im gleichen Abteil sitzender Herr sagt zu der ihm gegenüber sitzenden Dame, dieses Wort »fertig« sei doch eigentlich ein sehr deutsches Wort. Das ist – ob der Herr im Schnellzug das nun so will oder nicht – eine »hippe« Bemerkung. Der Square tut nichts, womit er nicht schnell fertig werden will, um dann sofort mit etwas Weiterem anfangen zu können, womit er wiederum fertig werden möchte. Sein Leben ist eine ununterbrochene Folge des Fertigwerdens. Am Ende schwelt immer die Potentialität des Fertig-Machens und des Fertig-Gemacht-Werdens. Deshalb ist das Wort »fertig« ein Lieblingswort der Militärs. In den Kasernen war es während des Zweiten Weltkrieges – in Dutzenden von Schattierungen und Bedeutungen – eines der meistgehörten. Vielleicht ist das auch heute noch so.

Der Square lebt ständig auf den Punkt hin, an dem er mit der Tätigkeit, die er gerade ausübt, fertig sein wird, das heißt, er lebt in der Zukunft – und deshalb gleichzeitig in der Vergangenheit. Der Hipster lebt jetzt. Keith Jarrett sagte in einem Interview, wie sehr ihm die historische Betrachtung von Kritikern der westlichen Welt zuwider sei, weil sie alles auf irgend etwas zurückführten, was vorher gewesen sei, und nichts hören könnten so, wie es jetzt im Augenblick – und nur in diesem – sei: »Die Gegenwart ist die einzige Antwort, die es gibt . . . Es ist so leicht zu existieren, ohne gegenwärtig zu sein . . .«

III.

Norman Mailers Buch »The White Negro«, aus dem ich in diesem Beitrag zitiere, enthielt – bereits 1957 – in nuce das ganze Programm der sechziger Jahre: den Aufstand der Hipsters gegen die Squares. Es war dieser Aufstand, der das Jahrzehnt zum aufregendsten und wichtigsten des Jahrhunderts gemacht hat, zu einer Dekade, in der das ganze Jahrhundert noch einmal kondensiert drin steckt: das Ende seines Anfanges und der Beginn des Neuen. Viele der Großen, die das Jahrhundert geprägt haben, starben in den sechziger Jahren und kurz vorher oder nachher – Strawinsky, C. G. Jung, Niehls Bohr, Picasso, Duke Ellington, Louis Armstrong, Hindemith, Einstein . . . In spürbarer Distanzierung bezeichneten die zornigen jungen Männer der »sixties« alle diese großen Leute, die eben noch Inbegriff der Avantgarde waren, als »Klassiker«, was für sie bedeutete: als Repräsentanten einer zu Ende gegangenen Ära.

Seit dem Beginn der sechziger Jahre ist die amerikanische – im Grun-

Harlem Step Festival auf den Berliner Jazztagen 1966 mit Baby Lawrence (3. von links); Jo Jones (Schlagzeug), Roy Eldridge (Trompete) und Jimmy Woode (Baß).

de: die westliche – Gesellschaft durch den Aufstand der Hipsters gegen die Squares gekennzeichnet. Der »Hippie« ist eine Schlüsselfigur geworden. Im »Hippie« haben die Squares den Hipster verniedlicht, damit er ihnen nicht gar so gefährlich vorkommt.
Für die Soziologen, die Politiker, für gesellschaftlich interessierte Menschen begann dies alles in den sechziger Jahren. Aber der Hipster war lange vorher da – vierzig Jahre lang: als Phänomen der Jazzwelt. Duke Ellington hat viele der großen Hipster-Figuren der zwanziger und dreißiger Jahre in seinen Kompositionen verherrlicht. Willie ›The Lion‹ Smith, James P. Johnson, überhaupt die Pianisten im Harlem jener Zeit, dann auch die bekannten Stepptänzer, fast alle Musiker, die damals zum Ellington-Orchester gehörten, die Tänzerinnen, die Barmädchen, die Bedienungen im Cotton-Club und in den anderen Harlem-Clubs: Sie waren die ersten Verkörperungen des Hip. Die weißen Schriftsteller, Künstler, Intellektuellen, die damals ihre Nächte in Harlem verbrachten – Leute wie Scott Fitzgerald und seine Frau Zelda –, waren die ersten, die in ihren Zirkeln über die seltsamen Riten des Hip berichteten. Die weiße Welt hat es schnell wieder vergessen. Nur im Jazz, nur unter den Schwarzen bildete sich – falls dieser Ausdruck nicht

allem widerspricht, was hip bedeutet – so etwas wie eine »Tradition« des Hip. Entsprechend waren die Jazzleute die einzigen, die nicht überrascht waren, als das Hip-Phänomen in den fünfziger Jahren über die Ufer schwappte: als die Beatniks kamen und dann die Hippies.
Mailer erzählt, daß sein Interesse am Hip damit begann, daß er anfing, sich für Jazz zu interessieren. So begann unser aller Interesse daran. Die Welt des Hip kann man nicht verstehen, wenn man Jazz nicht versteht. Jazz – in körperliche, geistige, intuitive, psychische Bewegung verwandelt: das ist Hip. Deshalb brauchten die Außenstehenden, die Nicht-Musiker, so lange, um »hip« zu werden, während es die Musiker von Anfang an waren. Wie Jazzphrasen gespielt werden – und zwar jeweils die dominierenden Phrasen –, dies in Bewegungsabläufe, in die Art zu reden, zu denken, zu fühlen und zu reagieren übersetzt: das kennzeichnet den »Hip-Menschen«. Heute zum Beispiel: Wie der Schlagzeuger Alphonse Mouzon geht und redet und sich gibt.
Die Jazz-Hipsters der zwanziger Jahre waren Schwarze. Aber es gibt keine Hipsters in Afrika. Der Hipster entstand in Amerika, denn erst dort wurde es für den Schwarzen notwendig, es in der weißen Welt zu »machen« und trotzdem er selbst zu bleiben. »Jeder Neger nämlich«, so Mailer, »der leben will, lebt von seinem ersten Tage an mit der Gefahr. Kein Neger kann eine Straße herunterschlendern, ohne damit rechnen zu müssen, daß ihm irgendwo Gewalt begegnet. Die Chamäleons der Sicherheit für den durchschnittlichen weißen Bürger – die Mutter, das Heim, der Job, die Familie – sind für Millionen von Negern nicht einmal eine Illusion. Sie sind unmöglich.«
Woran sich der weiße Mensch erst seit den fünfziger oder sechziger Jahren langsam gewöhnt – in der Gefahr des Ausgelöschtwerdens zu leben und überhaupt in Gefahr zu leben, nicht mehr sicher die Straße heruntergehen zu können –, das ist für den Schwarzen Alltagserfahrung, solange Schwarze in einer weißen Welt leben: »Zu leben mit dem Tod als ständige Gegenwärtigkeit, von der Gesellschaft getrennt zu sein, ohne Wurzeln zu existieren, ständig auf der ziellosen Reise in die rebellischen Forderungen des eigenen Ichs unterwegs zu sein . . . jenes Land zu erforschen, wo Sicherheit Langeweile und Krankheit bedeutet . . .«
Vierzig Jahre lang, wie gesagt, dachte die weiße Welt zuerst an Schwarze, wenn sie von Hipsters sprach (sofern sie das Wort überhaupt gebrauchte). Deshalb wirkte Norman Mailers »The White Negro« so beunruhigend. Da kündigte sich an, was man selbst noch gar nicht bemerkt hatte: Der Hipster hatte seine schwarze Hautfarbe verloren.
Es geschah innerhalb weniger Jahre: eine Machtergreifung, die das Straßen- und Menschenbild der Städte der westlichen Welt veränderte. Aber es war eine geräuschlose Machtergreifung, bei der von Macht nicht die Rede war. Der Hipster kam aus allen nur möglichen Richtun-

gen: aus der Musik – von dort vor allem –, aber auch aus der Kommunalpolitik, aus den Universitäten, den High Schools – und, *last not least,* schlich er sich auf dem Umweg über die Beatniks in die weiße Welt. Als in den sechziger Jahren aus den Beatniks die Hippies geworden waren, brauchte er nicht mehr zu schleichen.
Inzwischen ist Hip allenfalls noch insofern ein rassisches Phänomen, als es in der schwarzen Welt begonnen hat und der Prozentsatz der »Hip-Typen« unter den Schwarzen größer ist als unter den Weißen. Jenseits davon gibt es »Hip-Typen« in allen Rassen der Welt.
Es war öfter schon so, seit dem Beginn dieses Jahrhunderts: Was schwarze Menschen für sich selbst geschaffen hatten, was auf sie und ihre Situation bezogen war – ihre Musik, ihre Art miteinander zu reden, zu tanzen, in der weißen Welt zu leben und doch ihr distanziert gegenüberzustehen – wurde von den Weißen des Nur-Rassischen entkleidet und in ihre eigene Welt übernommen, wenn auch oft in Form einer unfreiwilligen Karikatur.
Eben noch war die musikalische Intensivierung nur ein schwarzes Bedürfnis, entstanden aus afrikanischer Tradition, aber sofort darauf wurde sie ein universales Bedürfnis, entstanden aus der Notwendigkeit realerer Bezüge zwischen der Lebensintensität des modernen Menschen und der Musik, die ihn täglich umgibt.
Eben noch war die persiflierende Veränderung der europäischen musikalischen Tradition nur ein schwarzes Bedürfnis, entstanden aus der Notwendigkeit, die Musik, die den schwarzen Menschen umgab, den eigenen musikalischen Vorstellungen anzupassen, aber sofort wurde sie ein universales Bedürfnis, entstanden aus der Notwendigkeit, sich von dem lähmenden Ballast der abendländischen Tradition zu lösen – selbst dort und gerade dort, wo dieses Bedürfnis unbewußt blieb.
Eben noch projizierte Musik die Sehnsucht nach Befreiung von rassischer Ausbeutung, aber sofort spürte die weiße Welt – und vor allem die junge weiße Welt – intuitiv, daß es nicht nur um rassische, sondern überhaupt um Ausbeutung ging und daß die Musik auch dieses Bedürfnis »transportierte«.
So auch beim Hipster. Eben noch war die Notwendigkeit, in der weißen Gesellschaft zu überleben, ein schwarzes Problem. Jetzt wurde sie ein Problem junger Menschen in der ganzen Welt.

IV.

Früh schon erkannte der Schwarze: Um in der weißen Welt zu überleben, ist Maskerade notwendig. Die Maskerade war in den zwanziger Jahren modisch anders als in den sechzigern und siebzigern. Damals wurde die Eleganz betont, heute ihr Gegenteil. Das Entscheidende ist nicht so sehr die Form der Maskerade wie diese selbst.

Maskerade kommt aus Afrika. Dort ist sie eine große Sache, das ganze Leben durchwirkend, ja prägend, von einer Bedeutung, die von Weißen kaum nachempfunden werden kann.
Hip zu sein, in welcher Maskerade auch immer, das war in dieser ganzen Zeit von den zwanziger Jahren bis heute das höchste Ideal der Jazzmusiker und ihrer Fans. Sogar das Wort, der Begriff »hip« hielt stand, bereits fünfzig Jahre lang, während all die anderen Begriffe – Swing, Bebop, Cool, Soul, Funky, Fusion – kamen und gingen.
Der Hipster der zwanziger Jahre hatte noch Grund, zu glauben, er könne mit der Square-Welt auf ironische Weise fertig werden; er nahm die Squares auf die Schippe – meist ohne daß die Squares es merkten –, ein subtiler, delikater, sensibler Prozeß. Dem Hipster von heute erscheinen solcherlei Adjektiva als Anachronismen. Mit Ironie geht es nicht mehr. Der Hipster der zwanziger Jahre hielt der Square-Welt ein Spiegelbild vor, sie bis ins Groteske übertreibend, alles immer ein wenig deutlicher zeichnend, als es in Wirklichkeit war, in der Hoffnung, die Squares würden dadurch schon ganz von allein sehen, was bei ihnen falsch ist. Der Hip-Typ von heute weiß, daß das Vorhalten des Spiegelbildes eine zu anspruchsvolle Methode ist, die vielleicht ihm, aber gewiß nicht dem Square entspricht. Er hat erfahren: Der Square schaut doch nicht in den Spiegel.
Beatniks und Hippies sind Kinder der Hipsters. Die einen meinen: verwahrloste, die anderen: klüger gewordene. Viele Hipster meinen, die Beatniks seien im Protest steckengeblieben und dies sei zu negativ. Mailer: »Das harte Wissen des Hipsters, daß man für das, was man bekommt, zu bezahlen hat, ist normalerweise zu bitter für den Beatnik.« Der Hippie der sechziger Jahre schlägt die Brücke zwischen beiden. Und wenn auch alle drei – Hipster, Beatnik, Hippie – die Musik der Subkultur hören, Marihuana rauchen, kein Geld haben und die Gesellschaft schockieren: Beatnik und Hippie tun es bärtig und ungepflegt, der Hipster aber ist nach der neuesten Mode gekleidet, die Mode ironisierend, indem er sie übertreibt, gepflegt bis zum Geht-nicht-mehr. Miles Davis beispielsweise stand vor Jahren auf der Liste der bestgekleideten Männer Amerikas. Miles macht Mode. Wie er sich heute kleidet, kleiden sich morgen die Hip-Typen.
Wie man sich kleidet, verhält man sich zur Gesellschaft. Sowohl die Kleidung des Hippies wie die des Hipsters signalisiert Distanz. Aber indem der Hipster die Mode übertreibt, drückt er die Distanz auf geistvollere und lebendigere Art aus als der Hippie, indem er sie verkommen läßt. Beides aber bleibt Maskerade.
Maskerade waren auch die Rede-Orgien der Beatniks. Man erinnert sich an die Romane Kerouacs: Da wurde geredet, nächte-, tage-, wochenlang. Eine Flut von Worten. Weil alles gesagt wurde, war am Ende nichts gesagt. Der Beatnik blieb einsam hinter seinen Wortmassen und Wortmasken.

Man kann es auf Kurzformeln bringen: Der Hipster tanzt – der Beatnik redet – der Hippie liebt. Oder: Der Hipster ironisiert – der Beatnik grübelt – der Hippie umarmt. Oder: Der Hipster als Musiker – der Beatnik als Dichter – der Hippie als Weltverbesserer.

V.

Längst schon fragen meine Leser nach einer »exakten Definition« von »hip« und »square«. Ich werde diese Definition nicht geben. Das Verlangen nach ihr ist ein Square-Verlangen. Die Squares haben die Welt in ein System von Definitionen gezwängt. Alle diese Definitionen sind nur Gerüste. Keine einzige sagt aus, was ein Ding wirklich ist.
Ich werde also weder hip noch square definieren – und doch wird am Ende dieses Beitrages deutlich sein, was beide sind.
Hip und square lassen sich so wenig definieren wie Menschen. Aber Menschen können helfen, hip und square »einzukreisen«. Nicht Deduktion und Definition, sondern »Einkreisung« ist unser Verfahren (wie auch in einigen anderen Beiträgen dieses Buches).
Man mag sich der Existenz von Hip-Typen erst seit einigen Jahren bewußt geworden sein, aber Hipsters und Squares gibt es – zumindest ansatzweise –, solange die Welt besteht. Es macht Spaß, die Männer und Frauen der Weltgeschichte in Hipsters und Squares einzuteilen. Die Schwarzen machen das, unbewußt, schon lange. Deshalb sieht ihre Welt- und Geistesgeschichte so anders aus als die unsere. Goethe war eine Art Ur-Hipster, Schiller ein Ur-Square. Michelangelo war vielleicht das größte Square-Genie, das es gegeben hat; im übrigen müssen sich die Squares sagen lassen, daß die Genies auf der Seite der Hipsters zahlreicher sind als auf der ihren. Auch das wird deutlich werden; wie gesagt, »Einkreisung« ist unser Verfahren. Wo immer in diesem Beitrag die Worte Hipster und Square fallen, sind Typen gemeint, in denen jeweils das eine Element überwiegend und prägend wirkt. Den reinen Square und den reinen Hipster gibt es selten – wie überhaupt das Phänomen der Reinheit im zwanzigsten Jahrhundert auf die Waschmittelindustrie reduziert ist. Ajax, der Riese: das ist der reinste Square, den ich kenne. Asterix, der Gallier: das ist der reine Hipster. Charakteristisch, daß das Square-Modell aus Industrie und Wirtschaft, das Hipster-Modell aus den Comic Strips, der modernen Fabel, stammt! Menschen sind – hier wie in anderer Hinsicht – Mischlinge. Wer sie als dieses oder jenes kennzeichnet, meint nicht, daß dieses Kennzeichen sie ganz und gar charakterisierte; er meint nur, daß das Kennzeichen überwiegt. Duke Ellington zum Beispiel, für viele der Inbegriff des Hipsters der zwanziger Jahre, war in Wirklichkeit ein Hipster mit dem politischen Verstand eines Squares. Umgekehrt: Die meisten Kritiker sind Squares mit einem Spürsinn für das »Hippe«.

VI.

Die Herauskristallisierung des Hipsters, nach all den vorausgegangenen Rudimenten und Ansätzen, die Möglichkeit, zwischen hip und square unterscheiden zu können: es könnte eines Tages deutlich werden, daß dies einer der interessantesten Anstöße war, die vom Jazz ausgegangen sind – und zwischen dem Jazz Age der zwanziger und dem Rock Age der sechziger Jahre ist viel von ihm ausgegangen, Wellen von Bewußtseinsschüben, die auch diejenigen erreicht haben, die vom Jazz nichts zu wissen meinen. Das ist mir wichtig: Selbstverständlich ist nicht jeder Hipster ein Jazzmann. Ich kenne Jazzfans, die entsetzliche Squares sind. In den sechziger Jahren waren die Rock-Leute hip – oft genug in spürbarem Gegensatz zu den Jazzleuten. Heute ist es umgekehrt: Im Gegensatz zu denen, die heutigen Jazz verstehen, wirken die meisten Rock-Typen schon wieder als Squares. All das fluktuiert. Die entscheidenden Bewußtseinsschübe geschehen unbewußt – in allen derartigen Bewegungen, immer schon. Gewiß, die ersten Hipster waren – in den zwanziger Jahren – Jazzleute. Aber nichts wäre falscher, vereinfachender als die Gleichsetzung von Hip und Jazz, wie gewiß auch die Negierung des Zusammenhangs zwischen Hip und Square falsch wäre. Der Zusammenhang liegt nicht nur in der Entstehung des Hip-Phänomens, sondern auch darin, daß es keine exakt definierbare Berufsgruppe gibt, in der man mehr Hip-Typen findet als unter den Jazzmusikern. Andererseits: Die Universitäten sind voller Studenten, die nichts oder fast nichts vom Jazz wissen und gleichwohl hip sind. Die meisten von ihnen hören auf, hip zu sein, wenn sie älter werden und einen bürgerlichen Beruf haben. Die Jazzmusiker bleiben hip.

Die Welt des Hip ist klein, die der Squares groß. Lyndon Johnsons und Nixons »schweigende Mehrheit«: das sind alles Squares. Der Hipster ist nicht an Macht interessiert, das heißt, letztlich auch nicht daran, seine Welt auszuweiten. Hip ist nicht denkbar ohne die Atmosphäre des kleinsten, engsten, innersten Zirkels von Eingeweihten (der freilich ständig größer wird). Deshalb auch ist das Vokabular der Hip-Sprache so begrenzt. Es kommt auf die Schattierungen und Untertöne an, mit denen man die Worte gebraucht. Dasselbe Wort kann das Verschiedenste bedeuten. Es *muß* das Verschiedenste bedeuten, denn wenn es nur *eine* Sache bedeutete, wäre es ein Begriff, gehörte also in die Welt der Squares.

Weil Begriffe »square« sind, ist es so schwer, über den Hipster zu schreiben. Hip ist im Protest gegen die rationale Begriffswelt entstanden. Was also über hip geschrieben wird, ist automatisch square. Vielleicht sogar bei Mailer? Das »Hippeste« an Mailers Gedanken ist eine Liste von Worten, die jeweils stellvertretend für hip und square stehen.

Hipster	*Square*
Instinkt	Logik
romantisch	klassisch
gefühlsmäßig	programmatisch
spontan	ordentlich
der Heilige	der Klerus
der Körper	der Verstand
Mitternacht	Mittag
nihilistisch	autoritär
eine Frage	eine Antwort
der Form einer Kurve folgen	in einem viereckigen Kasten leben (square = quadratisch)
das Selbst	die Gesellschaft
der Rebell	der Regulator
Thelonious Monk	Dave Brubeck
Trotzki	Lenin
das Kind	der Richter
die Gegenwart	die Vergangenheit und/ oder die eingeplante Zukunft
Zweifel	Glaube
Gnade	Gewalt
psychopathisch	schizophren
Marihuana	Alkohol
zu verführen durch Berührung	zu verführen durch vernünftiges Argument, zu überreden
Nuance	Tatsache
Callgirl	Psychoanalytiker

Ich überlege mir, wie die politischen Parteien in Mailers Liste einzuordnen wären. Aber beide – Konservative und Sozialisten – gehören auf die Square-Seite. Ich sehe keine Partei – allenfalls bei den Sozialisten einzelne Personen –, die auf der Hip-Seite genannt werden könnten. Der Hipster weiß zwar, daß die Konfrontation zwischen Sozialisten und Konservativen die politische Szene prägt, aber für ihn ist diese Konfrontation ein Scheinproblem; entsprechend kann sie nicht dazu beitragen, die wirklichen Probleme zu lösen. Ein wirkliches Problem – das ist für den Hipster das Überleben der Menschheit. Die erfolgreichen Politiker der Welt reden nicht oft darüber; täten sie es, würden sie nicht gewählt werden. Das wären Namen, die auf die Hip-Seite gehörten, gleichermaßen Konservativen wie Sozialisten gegenüberstehend: die wenigen unpopulären Stimmen, die mahnen, der Mensch werde seine eigene Erde verwüsten und bald nicht mehr auf ihr leben können.

Eine der interessantesten Gegenüberstellungen auf Mailers Liste ist Verführung durch Argument und Berührung. Wirkliche Verführung ist immer nur das letztere. Gestehen wir es uns ruhig ein: Selbst der Square verachtet letztlich denjenigen (und noch mehr (!) diejenige), der sich durch Argumente verführen läßt. Sich in der Verführung dem Argument beugen, das läuft allemal darauf hinaus: Ich tue es, weil es vorteilhaft für mich ist. Das wird verachtet. Da sitzt ein Quentchen Hip selbst in der squaresten Gesellschaft. Da, in diesem entscheidenden Punkt, mißtraut die Gesellschaft dem Element, das sonst für sie alles ist: dem Verstand, der Rationalität. Da dämmert ihr, daß die Ratio nur die eine Hälfte der Welt beherrscht und daß, wenn es darauf ankommt, die andere die interessantere ist: diejenige, in der wirklich Verführung geschieht – kraftvoller, elementarer, leidenschaftlicher, »wirklicher« als das Nachgeben angesichts der Schlüssigkeit von Argumenten. Deshalb die Party am Anfang dieses Beitrages.

VII.

Bei einer Konzerttournee durch Japan müssen wir eine Platte abhören, um ein Stück kennenzulernen, das die Musiker an dem betreffenden Abend in ihrem Konzert spielen wollen. In einem Geschäft borgen wir uns einen Plattenspieler. Die Verkäufer sind mißtrauisch. Wir wollen das Gerät mit ins Hotel nehmen, um die Platte in Ruhe anhören zu können. Man gibt uns nur ein schlechtes Modell. Als wir im Hotel die Platte auflegen, ertönen Geräusche, die mit Musik, wie wir sie uns vorstellen, wenig zu tun haben, verzerrt, ohne hohe und tiefe Frequenzen. Einer der Musiker sagt: »This is no record player at all«: Dies ist überhaupt kein Plattenspieler.

Es ist mir wichtig, daß ohne Einschränkung verstanden wird: Dieser Ausspruch ist wörtlich zu nehmen. Unser geborgter Plattenspieler besaß zwar alle Charakteristika, die üblicherweise einen Plattenspieler kennzeichnen. Wenn man sich eine wissenschaftliche Definition des technischen Gerätes »Plattenspieler« vornähme, würde man sehen, daß alles, was die Definition beinhaltet, an dem schlechten Gerät, das wir uns geborgt hatten, vorhanden war. Und trotzdem hatte der Musiker recht: Dies war überhaupt kein Plattenspieler. Warum? Weil ihm Qualität fehlte.

Das ist das Wort, auf das ich hinaus will: Qualität als Antithese des Begriffes. Qualität auf der Hip-Seite, Begriff auf der Square-Seite.

Versuchen Sie einmal, Qualität zu definieren. Sie werden sehen: Es geht nicht. Es wird unbefriedigend, ja lächerlich. Das ist der eigentliche Grund, aus dem Definitionen unsinnig sind.

Mir fiel dies zuerst Ende der fünfziger Jahre auf, als ich versuchte, Jazz

zu definieren. Ich habe das sehr ungern getan und eigentlich nur deshalb, weil die Definitionen, die sich damals in den wissenschaftlichen Lexika und Nachschlagewerken fanden (». . . synkopierte Negermusik . . .«), jeglichen wissenschaftlichen Anspruchs spotteten. Ich sagte mir, wenn es schon eine Definition geben muß, dann ist es besser, sie kommt aus Kreisen der Jazzwelt. Die Definition, die ich damals erarbeitet habe, ist, begrifflich gesehen, nach wie vor stichhaltig (»Das Jazzbuch, von Rag bis Rock«, Wolfgang Krüger Verlag, Seite 172, und Fischer-Bücherei, Seite 170). Trotzdem schien sie mir unbefriedigend; ich schrieb deshalb: »Bei all diesen Differenzierungen ist das Qualitätsmoment entscheidend, das Format . . . Qualität und Format lassen sich nicht in Definitionen erfassen . . .« Ich führte aus, daß dies nicht nur auf die Jazzmusik zuträfe, sondern in ähnlicher Weise durchaus auch auf die europäische Konzertmusik: »Selbst wenn man beispielsweise präzise definieren könnte, was ›klassische Musik‹ ist, so wäre eine Musik, die alle Elemente dieser Definition besitzt, aber nicht das Format der großen klassischen Kompositionen, gleichwohl nicht ›klassisch‹.« Wie gesagt, das war 1957.
Inzwischen hat Robert M. Pirsig (»Zen und die Kunst ein Motorrad zu warten«, S. Fischer-Verlag, 1976) gezeigt, daß das, was ich damals nur auf die Musik bezog, das entscheidende Element ist, wichtiger als Form und Substanz und all die objektiven und subjektiven Charakteristika, von denen wir reden, wenn wir eine Sache definieren, und von denen wir glauben, daß sie die betreffende Sache kennzeichnen: »Qualität . . . man weiß, was es ist, und weiß es doch nicht . . . Aber manche Dinge *sind* nun mal besser als andere, das heißt, sie haben mehr Qualität. Will man aber definieren, was Qualität an und für sich ist, abgesehen von den Dingen, die sie besitzen, dann löst sich alles in Wohlgefallen auf . . . Wenn man aber nicht zu sagen weiß, was Qualität ist, woher weiß man dann, was sie ist, oder auch nur, ob es sie überhaupt gibt? Wenn keiner weiß, was sie ist, dann sagt einem der gesunde Menschenverstand, daß es sie gar nicht gibt. Aber der gesunde Menschenverstand sagt einem auch, *daß* es sie gibt . . .
Qualität ist ein Merkmal von Gedanke und Ausdruck, das durch einen dem Denken entzogenen Prozeß erkannt wird. Da Definitionen ein Ergebnis streng formaler Denkakte sind, kann man Qualität nicht definieren.« Was besagen will: mit Qualität dringt das Irrationale dort in unsere materielle technische Welt ein, wo sie *scheinbar* am rationalsten ist. Wenn keine Sache das, was sie ist, sein kann ohne Qualität und man gleichwohl nicht befriedigend sagen kann, was Qualität ist, dann bedeutet dies einen Einbruch einer irrationalen Dimension in die rationale Welt. Diese Dimension läßt sich nur intuitiv, also nicht verstandesgemäß, erfassen. Qualitätsurteile sind intuitive Urteile. Eine Gruppe sachverständiger Menschen ähnlichen Backgrounds ist im all-

gemeinen mehrheitlich einer Meinung, ob ein Musikstück gut oder schlecht, ein Roman geglückt oder mißglückt, ein Bild durchschnittlich oder überdurchschnittlich ist. Zum Beispiel herrscht weitgehend Einigkeit darüber, daß Bach oder Mozart »die Größten« sind und daß Hugo Wolf zwar immer noch gute Musik komponiert hat, aber doch eigentlich erst ins dritte oder vierte Glied gehört. Die künstlerische Diskussion beginnt im allgemeinen erst diesseits davon. Ähnlich ist es in anderen Bereichen. Obwohl also Qualität objektiv erfaßbar ist, ist sie irrational.

Pirsig: »Unsere gegenwärtigen rationalen Denkweisen bringen die Gesellschaft nicht weiter, einer besseren Welt entgegen. Sie entfernen sie immer mehr von dieser besseren Welt.« Pirsig – und vor ihm schon Jean Gebser – hat gezeigt, daß diese mentalen Denk- und Erfahrungsweisen seit der Renaissance dominierend sind, daß sie zwar einerseits viel leisten, aber andererseits auch einen großen Teil der Schwierigkeiten, in denen wir heute stecken, ausgelöst haben und daß man deshalb in wachsendem Maße erkenne, daß »die ganze Struktur der Rationalität . . . nicht mehr angemessen« sei. »Man beginnt sie so zu sehen, wie sie wirklich ist – emotional hohl, ästhetisch bedeutungslos und geistig leer . . . Hauptverursacher des sozialen Chaos . . . ist niemand anderer als die Wissenschaft selbst . . .«

All dies betrifft unser Thema: Was Subjekt und Objekt für den Square sind, das ist Qualität für den Hipster. Sein Mittel der Objektivierung ist Qualität. Deshalb interessiert ihn das ganze rationale Beiwerk der Begriffe nicht. Deshalb weiß er, daß dies eben »Beiwerk« ist: weil es Qualität nicht erfaßt.

Deshalb sind gerade in einem Bereich, der so sehr mit der Welt des Hipsters verbunden ist wie der Jazz, Definitionsversuche mit Skepsis zu genießen. Sie stimmen begrifflich (wenn sie das tun), aber musikalisch, geistig, künstlerisch stimmen sie nicht und *können* sie nicht stimmen. Es ist nicht denkbar, daß sie stimmen. Die Wissenschaftler, die – in diesen und in anderen Bereichen – Definitionen nachjagen, jagen einem Fetisch nach. Deshalb haben die Musiker mehr recht als die Wissenschaftler, wenn sie sagen: »Jazz ist, wenn du spielst, wie du fühlst.« Oder: »Jazz ist, wie wenn du jemandem einen ordentlichen Händedruck gibst.« Goethe, der größte Hipster: »Wenn ihr's nicht fühlt, ihr werdet's nicht erjagen.« Goethe läßt dies seinen Faust sagen. Aber der Schüler, der Square, meint: »Was man schwarz auf weiß besitzt, kann man getrost nach Hause tragen.« Wenn der Square dann zu Hause ist und seinen geistigen Schulranzen öffnet, sieht er, daß nichts drin ist außer Definitionen, Begriffen, Gerüsten, keine Qualität.

Der Square weiß für jedes Problem eine Lösung. Und meist ist es, verstandesgemäß, die richtige. Aber obwohl es zu unserer Welt gehört, daß die Lösungen des Squares ständig realisiert werden – und oft richtig realisiert –, wird die Welt immer unbewohnbarer, werden Städte und Länder immer unregierbarer, können elementare Bedürfnisse immer weniger befriedigt werden, erscheint nach jeder bezwungenen Gefahr eine eben durch ihre Bewältigung ausgelöste neue, noch schlimmere Bedrohung wieder – in einem endlosen, ständig eskalierenden Zirkel.

Amerikanische Entwicklungshelfer haben die Probleme der Länder, in denen sie arbeiteten, in einen Computer gespeist, um zu erfahren, wie den Menschen am besten geholfen werden könnte. Der Computer hat die Antworten gegeben, die vorher auch Wissenschaftler, Soziologen, Politiker in der gleichen Weise erarbeitet hatten. Die Antworten wurden realisiert. Aber am Ende zeigte sich, daß die Probleme der betreffenden Länder dadurch nur noch verschlimmert worden waren.

Seit der Mitte der fünfziger Jahre erweist sich immer häufiger: Rationale Antworten können falsche Antworten sein. In dem gleichen Maße, in dem sich dies erweist, ist der Hipster aus einem schwarzen zu einem universalen Phänomen geworden. Der Hipster ist Mystiker. Der Hipster weiß, daß die rationale Welt nur die halbe Welt ist. Mailer: »Das letzte Ziel des Hip ist es, den Menschen zum Zentrum des Universums zu bringen.« Man könnte Mailers Liste dadurch erweitern, daß man in die linke Spalte »Zen« und in die rechte »Christentum« schreibt . . . Aber Jesus Christus selbst würde in die linke Spalte gehören. Oder: Immanuel Kant auf die Square- und Jean Gebser auf die Hip-Seite. Oder C. G. Jung (Hip) und Freud (Square). Oder Carlos Castaneda (Hip) und Virchow (Square).

Davon ist der Hipster überzeugt: Daß der Square nur die halbe Welt sieht. Was die Hippies »Bewußtseinserweiterung« und Jean Gebser »Bewußtseinsintensivierung« nennen, das betrifft den Hipster, ja, er hat entscheidenden Anteil daran, daß so vielen Menschen in der ganzen Welt deutlich geworden ist, an einer Bewußtseinsschwelle zu stehen. Es ist möglich, daß viele Hipster diese Schwelle bereits überschritten haben.

Und deshalb meine ich, daß die Herauskristallisierung des Hipsters einer der interessantesten Anstöße war, die vom Jazz ausgegangen sind. Noch vor wenigen Jahrzehnten war das Hip-Phänomen eine *insider*-Angelegenheit der Jazzwelt. Heute zeigt sich, daß in den verschiedensten Bereichen – nicht nur im Jazz, sondern auch in der Psychologie und Psychoanalyse, im Bereich der Religiosität, in den modernen Künsten – eine neue Erfahrensweise angebahnt wird, die totaler, umfassender, souveräner ist als die nur-rationale, und daß junge Menschen in der ganzen Welt diese Erfahrensweise zu ihrer eigenen gemacht haben. Man beachte etwa die Entsprechung zwischen dem, was Norman Mailer über die intuitive Kraft des Hipsters sagt, und C. G. Jungs »Leben aus dem Unbewußten«, *seiner* Einbeziehung der Intuition, die gewiß eine andere ist als die des Hip, aber ihr doch eben verwandt: Der Fühltypus, der das Denken verdrängt, im Unterschied zu dem Denktypus, der das Fühlen verdrängt (C. G. Jung, »Typologie«, Walter-Verlag 1972).

VIII.

Einen der hübschesten Aussprüche über hip und square habe ich von einem Musikstudenten gehört, einem Saxophonisten, den Stan Kenton bei den Jazz-Seminaren und Workshops – seinen sogenannten »clinics« – entdeckt hatte, die er ständig an den Colleges und Universitäten Amerikas durchführt. Er hatte den jungen Musiker als Aushilfe für sein vorwiegend aus Studenten gebildetes Orchester herangezogen. In Memphis bot sich mir die Möglichkeit, mit einem Teil der Band im Bus mitzufahren, eine lange Fahrt durch eintönige Landschaften, zuerst mississippiaufwärts nach St. Louis und dann durch die unendlichen Felder des Mittelwestens nach Kansas City, Hunderte von Meilen. Mit einem Male fing jemand an, über »highways« zu reden, über Autobahnen. Da sagte der Saxophonist – und ich muß das jetzt englisch zitieren, weil es dann so viel besser klingt: »I hate highways. Highways are for squares. I like rivers. To flow in a river, that's hip . . .« Und nach einer Pause: »But highways are necessary.« (Ich hasse Autobahnen. Autobahnen sind für Squares. Ich mag Flüsse. In einem Fluß zu fließen, das ist hip . . . Und nach einer Weile als Nachgedanke: Aber Autobahnen sind notwendig.)
Der Fluß und die Autobahn für hipness und squareness: Das ist hip.
»Die Hochzeit des Callgirls mit dem Psychoanalytiker« wünschte sich Mailer, und er tat alles nur Menschenmögliche, um das paradoxe Paar zu verkuppeln. In gewisser Hinsicht ist es ihm und denen, die seither kamen, gelungen. Immer mehr Squares vereinigen sich mit Hipsters – übrigens auch im biologischen Sinne, wenngleich hier in erster Linie der übertragene gemeint ist; eines signalisiert ohnehin das andere. Die Welt wird darüber »hipper«. Ich weiß, sie bleibt square. Aber verglichen mit früher ist sie wirklich »hipper« geworden.

Die neue Faschistoidität in Jazz, Rock und überall

I.

Immer häufiger wird bei der Betrachtung von Kunst in diesen siebziger Jahren die Frage nach dem Überleben und Wiedererwachen faschistoider Inhalte gestellt. Sie stellt sich quer durch die verschiedenen Bereiche künstlerischen Schaffens, in bezug auf bildende Kunst und moderne Konzertmusik, auf Literatur und Film, wo zeitgenössische Spielfilme die ganze Ideologie des Faschismus im wörtlichen und übertragenen Sinne »auf Breitwand« projizieren und wo die Wiederentdeckung Leni Riefenstahls, der Nazi-Regisseurin, zum Paradebeispiel für die Renaissance faschistoider Kunst geworden ist. Susan Sontag, die amerikanische Essayistin, hat das in einer »der wichtigsten Untersuchungen des Verhältnisses von Ästhetik und Ideologie, die in den letzten Jahren unternommen wurden« (Hilton Cramer) brillant aufgezeigt. Verschiedenen italienischen Filmregisseuren – Fellini, Visconti, Bertolucci u. a. – ist die Frage, ob nicht »ein übersteigerter bürgerlicher Ästhetizismus geradewegs und unweigerlich dem Faschismus anheimfällt« (v. Nussbaum), zu einer wesentlichen Motivation ihres Schaffens geworden. Diese Frage stellt sich auch im zeitgenössischen Jazz.

Kunst in den siebziger Jahren hat eine neue und überraschend direkte Relation zur Schönheit gewonnen. Wer Schönes schafft – einfache, simple Schönheit –, der ist nicht mehr, wie in den fünfziger und noch in den sechziger Jahren, jemand, der es sich gar zu einfach macht und in den Ruf geraten kann, Ideale zu verraten, nach denen die moderne Kunst bei Schönberg und Strawinsky, bei Picasso und Kandinsky, bei Proust, Kafka und James Joyce, im Ragtime und im New Orleans Jazz angetreten ist. Schönheit, das war bisher in der Kunst dieses Jahrhunderts immer nur *eine* Komponente neben anderen. Die anderen waren: Vielschichtigkeit, Expression, Vitalität, Wirklichkeitsbezogenheit, gesellschaftliche und politische Relevanz, Humanität, Tiefe, Mehrdeutigkeit, Zeit als vierte Dimension, »Rhythmus als geistige Kategorie«, Perspektive.

Was geschieht, wenn das komplexe Konzert dieser Komponenten immer stärker auf nur ganz wenige – vor allem eben auf Schönheit und Harmonie – reduziert wird, wenn es aufgehört hat, wie man heute sagt, »pluralistisch« zu sein?

Susan Sontag zitiert in ihrem Essay »Faszinierender Faschismus« Leni Riefenstahl: »Mich fasziniert, was schön ist, stark, gesund, lebendig. Ich suche Harmonie. Wenn Harmonie hervorgebracht wird, bin ich glücklich.« Was die Riefenstahl glücklich macht, macht nun auch wieder viele andere glücklich.

Die Riefenstahl, das ist ja nicht irgendeine Nazi-Künstlerin. Ihr Werk: das ist nicht jene servile, unerträgliche Blut- und Bodenkunst, die in den alljährlich von Hitler eröffneten Ausstellungen der Deutschen Kunst in München befehlsgemäß bewundert werden mußte (und die heute freilich ebenfalls wieder hoch gehandelt wird). Die Riefenstahl: das ist vielleicht die einzige, die zwar nach dem Gesetz faschistischer Kunstideologie angetreten ist, aber daraus wirkliche Kunst gemacht hat, deren Filme – etwa vom Reichsparteitag in Nürnberg oder der Berliner Olympiade 1936 – »vermutlich einmal die Liste der ›Zwanzig Größten Filme Aller Zeiten‹ zieren« werden. Kein Name also ist besser geeignet, faschistische Kunst zu rehabilitieren. Entsprechend häufig wird er verwendet.

Mit einem Male sind Begriffe wie Schönheit, Kraft, Freude und Gesundheit wieder modern geworden. Ich hätte nichts dagegen, wenn es nur die »Be-griffe« wären. Aber es geht nicht um Schönheit als solche. Wer wollte schon etwas gegen Schönheit haben? Gemeint ist die Schönheit vor dem Hintergrund einer ideologischen Landschaft, die für zahllose Menschen, die im 20. Jahrhundert leben, zum Trauma geworden ist: »die Schönheit, die ich meine« (so hätte man ja damals fast singen können), wie es ja auch die »Freiheit, die ich meine« – und, wohlgemerkt, *nur* diese – war. Es ist die Schönheit jener »utopistischen Ästhetik der physischen Vollkommenheit« (Susan Sontag), der das physisch Unvollkommene so verhaßt war, daß sie es ausmerzte.

Die Situation, die in bezug auf die Riefenstahl, auf zeitgenössische Filme und bildende Kunst oft genug aufgezeigt wurde, besteht auch in der Musik – und zwar in erstaunlicher Übereinstimmung aller Bereiche: in der »E-Musik«, im Jazz und im Rock. Was Jazz und E-Musik betrifft, so ist dies eine Übereinstimmung, die es in vielfacher Hinsicht gibt, von Anfang an; nicht zufällig entstanden Jazz und moderne Konzertmusik um die gleiche Zeit, in jenen Aufbruchsjahren zu Anfang unseres Jahrhunderts, in denen das gesamte Phänomen »Moderne Kunst« entstand; beide – Jazz und moderne Konzertmusik – entwikkelten sich parallel zueinander – wenn dies auch von den Wortführern der Konzertmusik nur selten bemerkt wurde; gar zu limitiert waren sie immer nur auf ihr eigenes Objekt fixiert, dies als die einzige schöpferische und künstlerische »Neue Musik« unseres Jahrhunderts ausgebend.

Denken wir zurück an die fünfziger Jahre, an die große Zeit der »Seriellen Musik«, der internationalen Webern-Nachfolge. Ein Komponist, der damals einen wohlklingenden Dreiklang schrieb, einen nachvollziehbaren melodischen Ablauf, war »unten durch«, wurde auf der Börse der internationalen Festivals nicht mehr gehandelt. Zehn Jahre später, in den sechziger Jahren, war es ähnlich im Jazz: Ein Musiker, Schwarzer oder Weißer, Europäer, Amerikaner oder Japaner, der in der protestgesättigten Atmosphäre des Free Jazz singbare melodische Linien spielte, über funktionierenden harmonischen Strukturen improvisierte, der galt als »zickig«, machte sich fast des Verrats schuldig an allem, was der Jazzwelt – und gewiß auch dem Schreiber dieses Beitrags – damals lieb und teuer war.

Das hat sich geändert – in beiden Bereichen. Inzwischen gibt es wohlklingende melodische Abläufe sogar bei Stockhausen und Kagel. Und im Jazz gibt es sie bei nahezu allen, die heute erfolgreich sind: Keith Jarrett, Chick Corea, John McLaughlin, McCoy Tyner, Weather Report und all den anderen. Der Wandel wirkt umso abrupter, als die Musik, die er schuf, alles andere als abrupt und beunruhigend ist. Ich höre Romantik in Stockhausens »Trans« und »Inori«. Und in der Jazzmusik ist das Wort von der »Neuen Romantik« fast schon zu einem Code-Wort geworden. Der Wandel ist auch deshalb abrupt, als er vor fünfzehn Jahren selbst von den weitsichtigsten Beobachtern nicht für möglich gehalten wurde.

Im Jazz waren die sechziger Jahre durch einen ungeheuren Befreiungsprozeß gekennzeichnet. Jahrzehntelang – im Grunde solange es Jazz gab – hatten die Jazzmusiker strengen metrischen, harmonischen und formalen Abläufen gehorcht, Abläufen, die in der Konzertmusik längst als hemmend und lähmend erkannt worden waren. Seit der zweiten Hälfte der vierziger Jahre gab es vereinzelt und gelegentlich auch Jazzmusiker (Charlie Parker, George Russell, Lennie Tristano, Lee Konitz), die dieses Lähmende der konventionellen Schemata empfanden, aber der Jazz unterliegt den Gesetzen des »Marktes«, des »Music Business«, das – zumal in den USA – in erster Linie ein Unterhaltungsgeschäft ist. Es bedurfte eines ungeheuren Kraft- und – nicht zuletzt auch – Protestaktes, um daraus auszubrechen. Und weil die Wahrer des Geschäftes in erster Linie Weiße, die schöpferischen Musiker aber in erster Linie Schwarze sind (wenn sie Weiße sind, kommen sie zu 90 % aus einem Proletariat, dessen Lebensbedingungen sich von denen der Schwarzen kaum unterscheiden), besaß der Ausbruch, der – endlich! – in den sechziger Jahren geschah, nicht nur musikalische, sondern auch rassische, gesellschaftliche, politische Implikationen. Alle die seit sechzig oder siebzig Jahren für unantastbar gehaltenen Strukturen und Kanalisationen, in denen Jazz geschah, wurden gesprengt: die Harmonik wurde atonal, das Metrum »frei«, die Form konnte nicht mehr nach Takten abgezählt werden, das Geschäft nahmen die Musiker selbst in die Hand, und wo man Anregungen brauchte, suchte man sie nicht mehr in der oft genug verhaßten, zumindest aber verdächtig gewordenen europäischen, weißen Tradition, sondern in der Dritten Welt, bei den »Brüdern« in Afrika, Indien, im arabischen Raum, in Brasilien.

In den siebziger Jahren ist nur weniges von diesem Befreiungsprozeß geblieben; es blieb vor allem die Öffnung zur Musik der Dritten Welt. Insgesamt währte der Aufbruch nicht einmal zehn Jahre. Er ist heute zurückgenommen – fast auf der ganzen Breite – rhythmisch, harmonisch, formal, samt allen außermusikalischen Implikationen: rassisch, gesellschaftlich, politisch. Und man weiß, was da vom Jazz gesagt wird, gilt weit über ihn hinaus. Nur wird es – wie ja öfter in diesem Jahrhundert – am Jazz besonders deutlich.

Der Aufbruch war so kurz – wie gesagt: kaum zehn Jahre –, daß er aus heutiger Sicht nur wie ein Aufflackern wirkt. Was trat an seine Stelle? Man kann es – bei aller Ironie der Situation – nicht besser sagen als in den Worten der Riefenstahl: Schönheit, Gesundheit, Harmonie, Glück . . . Das Wort »Schönheit« spielte praktisch, solange es Jazz gibt, bei Musikern und Kritikern, von drei, vier Ausnahmen abgesehen, keine Rolle; es war kein Terminus, auf den man sich hätte einigen können. Seit dem Anfang der siebziger Jahre kommt niemand mehr ohne dieses Wort aus. Volker Kriegel über John McLaughlin, Ray Townley über Herbie Hancock, zahlreiche Kritiker der Berliner Jazztage über Jasper van t'Hof, ich selbst – wenn ich mich einschließen darf – über Keith Jarrett, Shoichi Yui über Chick Corea . . ., was sie auch konstatieren mögen, immer wieder wird das Wort »Schönheit« notwendig.

Was mich da hellhörig macht, sind nicht einfach Worte und Attribute. Wie gesagt, wer möchte schon etwas gegen Einfachheit, Natürlichkeit, Stärke, Schönheit haben? Was ich aber nicht übersehen kann, ist die Bedeutung, die diese Worte im Deutschland der dreißiger Jahre gewonnen haben, ist das, was sie damals assoziierten. Und natürlich auch das, was sie ausschlossen: Weltoffenheit, Toleranz, Urbanität, Bewußtheit, Humanität. »Ich suche Harmonie«, sagt die Riefenstahl. Fein. Aber sie hat sie doch auf Kosten der Humanität gesucht. Und sie war »glücklich« dabei. Das ist es, was mich beunruhigt. Und ich meine, es muß jeden beunruhigen, der doch auch noch in diesen siebziger Jahren in der geistigen, der künstlerischen, der politischen, der gesellschaftlichen Entwicklung des 20. Jahrhunderts steht.

Natürlich gehört das alles in jenen Allerweltszusammenhang, der sich auf die Phrase reimt, die Welt sei »wieder konservativer geworden«. Man kann das ja kaum mehr hören. Gerade, weil es richtig ist, versteckt und verhüllt es den eigentlichen Zusammenhang – und soll ihn wohl auch verhüllen. Ich kann gegen Konservativität so wenig haben wie gegen Schönheit, Harmonie, Gesundheit und Stärke. Die Frage ist, was ist der Hintergrund, vor dem sich die Konservativität abspielt? Wer heute sagt, die Welt wird wieder konservativer, der verhüllt diesen Hintergrund.

Ich meine, die marxistische Kunsttheorie müßte gerade hierauf ihre Finger legen. Aber deren Schreiber sehen wieder einmal den Wald vor lauter Bäumen nicht. Sie haben sich in so weltabgelegenen Bezirken eingeigelt, daß das, was sie schreiben, nur noch selten eine Relation zur Wirklichkeit – zu heute, hier und jetzt gelebter künstlerischer und gesellschaftlicher Wirklichkeit – besitzt. Wenn marxistische Kunsttheorie einen Sinn hätte, einen uns in diesem Europa betreffenden Sinn, dann müßte er zuallererst hier liegen.

Susan Sontag zitiert Goebbels, den nazistischen Propagandaminister, der 1934 gesagt hat, daß »für die moderne deutsche Politik die Aufgabe der Kunst und des Künstlers darin besteht . . ., das Kranke auszumerzen und Freiheit für das Gesunde zu schaffen.« Will sagen: *nur* für das Gesunde. Kunst für die Hälfte der Menschen, nicht einmal für die Hälfte, für die Auserwählten, die Bevorzugten, die »Übermenschen«, denen allein Kunst zukommt und die sie auch allein machen dürfen.

Die Kraft, die Schönheit, die Freude, die Gesundheit, die Robustheit, die Natürlichkeit, auf die es – um nun wieder auf den Jazz zurückzukommen – so vielen Sprechern dieser Musik und überhaupt des neuen schwarzen Denkens, auch der schwarzen Filme mit ihren dunkelhäutigen Über-James-Bonds ankommt: das alles ist latent faschistisch. Man lasse sich nicht davon täuschen, daß sich die Schwarzen prononciert auf ihre eigene Tradition beziehen. Sie tun genau das, was die Nazis taten mit ihrem Bezug auf deutsche Kunst und deutsches Denken. Die Schwarzen – und überhaupt die Jazzleute, auch die weißen, die ja im gleichen Boot sitzen – sprechen von »roots«, von Wurzeln. Die Nazis sprachen von »Blut und Boden«. Man kann bis in Einzelheiten zeigen, wie beides einander entspricht – die »roots« und der »Blut und Boden«.

Nach »roots« wird in der ganzen »Dritten Welt« geschrien. Der neue Faschismus gewinnt bisweilen exotische Züge. Er strahlt aus fernen, fremden Welten auf die unsere zurück und wird dadurch um so faszinierender. Er besitzt nicht mehr die Anrüchigkeit des Nur-Deutschen, Germanischen, Arischen. Er ist nur noch in seinen jeweiligen Motivationen nationalistisch; jenseits davon ist er universal.

Längst gibt es mindestens ein Dutzend Länder der Dritten Welt, in denen die »roots« in genau dem gleichen Sinne propagiert werden, in dem dies die Nazis taten: zur Unterdrückung, ja zur Ausmerzung »fremdrassigen Wesens«. Die latente Faschistoidität gewisser geistiger, politischer, kultureller Tendenzen in der Dritten Welt – Tendenzen, mit denen sich Hunderte von Jazzmusikern identifiziert, ja solidarisiert

haben –, die Internationalisierung des Faschismus, seine Ausweitung vom ehemals Ethnisch-Germanischen auf das Universale: das alles scheint mir offensichtlich; man lese nur einmal ein paar x-beliebige Reden, die in den letzten Jahren vor der UN gehalten wurden!
Wer es an der Jazzmusik nicht spürt, die das alles ja überhöht und sensibilisiert und gewiß auch weiterhin die Musik einer anspruchsvollen Minderheit bleibt, der spürt es auf Anhieb an der populären Rock-Musik. Die Gruppe Emerson, Lake & Palmer, immerhin eine der erfolgreichsten, projiziert das Image dinosaurischer »Über-Musiker«, deren nietzschesche Herkunft nur deshalb nicht auf Anhieb erkennbar ist, weil Zarathustra hier eben auf den Dinosaurier heruntergekommen ist. Ginger Baker, der erfolgreiche Rock-Schlagzeuger, nannte seine Gruppe die Baker-Gurvitz-Army, und die vier Rock-Leute fühlen sich – wie man auf dem Platten-Cover sehen kann – in der Rolle einer vorzeitlichen »Über-Armee«, die die Suche nach dem Gral mit derjenigen nach irgendeinem schnell vergessenen Hit verwechselt, sich auf dieser Suche die ganze Welt unterwerfend, in alten keltischen Rüstungen, mit Speeren und in Bärenfellen, vor dem Horizont einer brennenden, versengten Landschaft. Was den »Jesus Christus Superstar« von dem wirklichen, dem urchristlichen Jesus unterscheidet, ist eben die Faschistoidität des »Über-Jesus«. Die Rock-Musiker sagen es ja auch selber. David Bowie empfindet Hitler als »einen der ersten Rock-Stars«. Voller Begeisterung schwärmt er: »Die Welt wird so etwas nicht wiedersehen. Er machte ein ganzes Land zu einer Bühnenschau!« Eric Burdon fühlt in der »Punk«-Musik der »Sex Pistols« und anderer britischer Rockgruppen den »quasi-Nazi spin off«: »Hitler hätte sich gefreut über sie« – und auch, so findet Burdon, über Filme wie »Clockwork Orange« oder über Künstler wie Andy Warhol. Und Mick Jagger von den Rolling Stones und seine Frau Bianca haben sich Leni Riefenstahls Reichsparteitag-Film nicht weniger als fünfzehnmal angesehen! Wer Musiker kennt, kann sich vorstellen, wie die beiden den Film buchstäblich »auswendig« lernten, vorwärts und rückwärts, wie sie sich voller Begeisterung »fantastic« und »great« und »terrific« zuriefen, sich bestimmte Stellen schon im voraus signalisierten: Wie Hitler redete, wie sich der Reichsbauernführer bewegte, wie Goebbels biblische Worte gebrauchte und Göring allen die Schau stahl . . . und wie Jagger sich dies alles einprägte als beispielhaft für sein Auftreten *seinem* »Jungvolk« gegenüber, der Rock- statt der Hitler-Jugend, den potentiellen Groupies unter den weiblichen Fans statt den »Mädeln« (so sagte man ja) des »BdM«. Wahrhaftig, Hitler, seine ordenbehängten Kumpane und seine schulterriemen-gegürteten Vasallen als Lehrmeister, bei denen zeitgenössische Rockmusiker voll verehrender Bewunderung in die Schule gehen!
Am frappantesten hat der viveste, klügste Musiker der Rock-Welt,

Frank Zappa, die latente Faschistoidität der »Szene« eingefangen: in seinem musikalisch großartigen »Grand Wazoo« von 1972. Die Platte handelt von einer Schlacht des »Kaisers Funky« gegen den »Herrscher des Mittelmaßes«. Die Armee des »Kaisers« besteht aus »fünftausend Blechbläsern, die die Luftwaffe darstellen, fünftausend assortierten Drummern, die die Artillerie bedeuten, fünftausend Spielern diverser elektrischer Instrumente, welches die biologisch-psychologisch-chemische Kampftruppe ist ...« Diese Armee kämpft gegen die »Mediocrates of Pedestrium«, zu der auch eine »versüßende« Streichergruppe gehört, sowie »fünftausend dynamische männliche Vokalisten in Smokings ... fünftausend weitere noch dynamischere Mitwirkende unbestimmten Geschlechtes, die nicht singen, aber gut tanzen können und anzügliche Bewegungen am Mikrofondraht machen ... hunderttausend weibliche Background-Stimmen ... und für den, dem das immer noch nicht genug ist, fünftausend weibliche Leitstimmen, von denen viele so sensibel sind, daß man sie nicht sehen kann ...« Bevor der Kampf beginnt, entledigt sich der Herrscher Funky »voller Bedauern derer, die sich weigern, ihre unmusikalischen Wege zu verlassen«. »Es gurgelt und raucht ein paar Momente lang, dann sind sie alle verschluckt.« (!!)

Das eben unterscheidet den schwarzen Blues, die Musik der schwarzen Gettos Amerikas, von der der erfolgreiche zeitgenössische Rock herkommt, von eben dieser Rock-Musik: die Humanität, die Toleranz, die Bereitschaft zum Mitleiden; die auf den Einzelfall bezogene Singularität der schwarzen Blues-Musik wird autoritär pervertiert zur totalitären Geste, die schon wegen ihres Klangvolumens Widerspruch ausschließt, zu maschineller Funktionalität, zu Kraft und Gewalt und oft genug zu Brutalität.

Wer es an der Musik nicht hört, sieht auf Dutzenden von Platten-Covers, was die Musiker und ihre Produzenten mit Sorgfalt als optische Projektion ihrer musikalischen Inhalte auswählen: kämpfende Übermenschen, rockende Ritter wider Tod und Teufel, Landschaften, durch die die Rock-Musiker ziehen wie durch eine paläolithische Urlandschaft, die zu erobern sie angetreten sind und in die sie Licht und Zivilisation und Herrschaft bringen – oder eben ganz einfach Brutalität, ledergerüstete Schlägertypen mit Schlagringen und schwarzen Masken, archetypische SS-Schergen in Kosmonautenkluft.

Und wer es auf den Platten-Covers nicht sieht, der, wie gesagt, sieht es im Film. Inzwischen wirkt die James Bondsche Faschistoidität – wenngleich damals bereits mit Unruhe und Besorgnis verzeichnet – zahm, wenn man sie mit derjenigen heutiger Filme vergleicht – und nicht nur jener der schwarzen Über-James-Bonds. »Ein Mann sieht rot« war nicht Einzelfall, sondern Symptom. Der Weltuntergang, die Götterdämmerung, das Überleben-trotz-allem, die Berge von Toten zu Füßen des einen Sieghaften: das alles ist besetzt mit faschistoiden Vorzeichen. Es ist faschistisch besetztes Land, und wer es betritt, muß wissen, was er hinter sich läßt.

II. (Zur Diskussion des vorstehenden Beitrages)

Ich meine nicht, daß die Diskussion mit einer Definition des Begriffes »Faschismus« zu beginnen habe. Definition als Alibi: das ist ein längst durchschauter Mechanismus. Wir haben erlebt, wie zwanzig Jahre Faschismus-Diskussionen diesen Begriff nicht etwa geklärt, sondern vernebelt haben. Wenn ein Mann meiner Generation – 1922 geboren, aus einer Familie stammend, die aktiv im antifaschistischen Widerstandskampf stand, Vater im KZ ermordet – von Faschismus redet, dann weiß er, was er meint, und ich denke, ich habe das hinreichend deutlich gemacht: die nationalsozialistische Spielart. Sie ist es, die auch im umgangssprachlichen Kontext vorwiegend gemeint ist.
Die Konsequenz und Notwendigkeit der Jazzentwicklung – wie jeder künstlerischen Entwicklung – ist eine meiner Grundüberzeugungen. Ich war in den vierziger Jahren der erste deutsche Kritiker, der sich für Charlie Parker, Dizzy Gillespie und den modernen Jazz einsetzte, als all die anderen dies noch als einen Verrat an der guten Sache brandmarkten. Ich empfand bereits damals, was heute ein Gemeinplatz geworden ist: die Zwangsläufigkeit, mit der jedes neue Jazzstadium dem vorhergehenden folgte. Nicht zuletzt deshalb – wenn auch nicht allein aus diesem Grunde – bin ich dem, was sich seither entwickelt hat, treu gefolgt – so treu, daß der eine oder andere schon mal geschrieben hat, ich sei ja mehr ein Propagandist des Jazz als ein Kritiker. In diesen ganzen dreißig Jahren hatte ich nur einmal, auf dem Höhepunkt des Westcoast Jazz, Mitte der fünfziger Jahre, grundsätzliche Zweifel an der Richtung und Richtigkeit der Entwicklung. Nicht, daß ich dem Westcoast Jazz nicht gehuldigt hätte! Ich habe es mit Begeisterung getan. Aber dann wurden einem doch gewisse Domestizierungstendenzen, Momente der Resignation, der Zähmung, der Aufweichung deutlich. Nur – in diesem Moment kam bereits der Hard Bop und schuf wieder reine Luft.
Ich muß auf all dies zurückgreifen, weil ich Mitte der siebziger Jahre eine vergleichbare Situation zu sehen meine. Jedenfalls ist die Musik der Corea, Jarrett, McLaughlin etc. die Musik, die mich heute eigentlich interessiert. Sie läuft ständig in meinem Hause und wird mit Freunden, Musikern, Kritikern, Fans in jener kein Ende findenden Weise diskutiert, die wir Jazzleute nun einmal an uns haben. Es kann sich also nicht um eine Denunzierung der in dem vorstehenden Beitrag genannten Musiker handeln. Es ist absurd, dies zu denken. Nichts läge

mir ferner. Wer so wenig differenziert zu lesen versteht, daß er annehmen kann, ich hätte einige der genannten Musiker als latente Faschisten diffamiert, der mag mich – als einen, der die betreffenden Musiker vorzugsweise hört – als das gleiche gleich mitdiffamieren. Ich habe zu niemandem gesagt: »Du bist jetzt Faschist«! (Liefland)

Zum Gebot der Differenzierung gehört auch Wilhelm Lieflands mir eben doch ein wenig unterstellte »Gleichsetzung von Dreiklängen mit ästhetischen Aggregatzuständen der faschistischen Diktatur«. Aber ich bin Liefland dankbar, wenn er immerhin zugesteht, »daß zu bestimmten Zeiten künstlerische Produktivität und gesellschaftliche Realität miteinander korrespondieren«. Nur die drei Worte »zu bestimmten Zeiten« müssen gestrichen werden. Künstlerische Produktivität und gesellschaftliche Realität korrespondieren *immer* miteinander. Auch bei Caspar David Friedrich (deshalb seine Wiederentdeckung!). Auch beim Modern Jazz Quartet. Nicht nur bei Coltrane. Oder Peter Brötzmann. Auch die Idylle korrespondiert, auch das Stilleben. Gerade sie.

In den Diskussionen über den vorstehenden Beitrag fiel der Verdacht, daß es nicht die Musiker seien, die die faschistoiden Tendenzen verschuldet hätten, sondern diejenigen, »die hierzulande oder in den USA im Jazzgeschäft das Sagen haben«. Auch dies ist ein absurder Gedanke. Es ist einfach nicht vorstellbar, daß Leute, die Jazzplatten produzieren oder Jazzplattenfirmen besitzen – Leute wie Orrin Keepnews, Manfred Eicher, Bob Thiele, George Avakian – »mit Absicht« faschistoide Platten produzieren, »weil die Herrschenden ein harmonisches Verhältnis vorgaukeln lassen wollen«. Solche Gedanken stammen aus der Mottenkiste marxistischer Kunsttheorie und werden auch dadurch nicht besser, daß sie seit achtzig Jahren auf jeden sich bietenden Anlaß neu appliziert werden, immer wieder mit der gleichen Vergeblichkeit.

Wir alle, die Musiker, die Produzenten, die Geschäftsleute, die Fans, unterliegen einer Entwicklung, die mit uns geschieht, ob wir es wollen oder nicht – ja, was noch schwerer wiegt: ob wir es wissen oder nicht. Der Gedanke der latenten Faschistoidität, den ich nach wie vor mit Vehemenz zur Diskussion stelle, kam mir denn auch nicht bei der Musik, die ich, wie gesagt, für die hörenswerteste der zeitgenössischen Szene halte. Er kam mir deshalb, weil mir in wachsendem Maße deutlich wurde, wie genau diese Klänge in eine kulturelle Landschaft passen, die in immer auffälligerem Maße konservativ wird. Beispiele für diese Entwicklung liegen auf der Hand, man findet sie in Dutzenden von Feuilletons – vom Film bis zur Literatur, von der E-Musik bis zur bildenden Kunst; einige davon habe ich zitiert.

Ich meine, das ist doch etwas Auffälliges: daß die heutigen Jazz-Sounds in dem kulturellen Gesamtkontext einer ständig wachsenden Konservativität so absolut stimmig wirken . . ., wobei selbstverständlich zwischen Konservativität und Faschistoidität immer noch ein Unterschied ist. Aber genau das ist es: der Unterschied ist geringer geworden, als es die unendlich große, praktisch unüberbrückbare Kluft zwischen der Progressivität der modernen Kunst aller Bereiche einerseits und der Faschistoidität andererseits gewesen ist. Nochmals, ganz deutlich: Ich weiß, es gibt nach wie vor einen Unterschied, aber das Gefälle ist geringer geworden. Das beunruhigt mich.

Es beunruhigt mich um so mehr, wenn gerade junge Künstler in wachsendem Maße begonnen haben, diejenigen zu diffamieren, die nicht nur in künstlerischer, sondern auch in gesellschaftlicher und politischer Hinsicht das Fundament für die Kunst und die Gedankenwelt dieses 20. Jahrhunderts gelegt haben. Wir verstehen heute, daß die Nazis – von ihrem Gesichtspunkt aus – folgerichtig gehandelt haben, als sie Picasso und Louis Armstrong, Strawinsky und Duke Ellington, Schönberg und Kandinsky verboten oder unterdrückt haben. Und wenn ich heute auf den Berliner Jazztagen oder schon Ende der sechziger Jahre auf der Kasseler Dokumenta oder auf den Donaueschinger Musiktagen erlebe, daß junge Menschen, die den Anspruch erheben, »progressiv« zu sein, Picasso als einen »alten Hut« oder Duke Ellington als »alten Opa« oder Schönberg als »senilen Tattergreis« verhöhnen, dann vermeldet mein ganzes Sensorium, das alle diese Dinge schon einmal miterlebt hat und weiß, wohin sie führen, höchste Gefahr. Die Gefahr heißt: Faschistoidität. Ich habe verstanden, viele Kritiker meinen, ich sei in diesem Punkt überempfindlich. Aber es ist gut, überempfindlich zu sein.

Ohne Zweifel stimmt, was in Dutzenden von Beiträgen aufgezeigt worden ist: Ästhetische und ästhetisierende Tendenzen überwiegen in allen Formen faschistischen – und überhaupt totalitären – Kunstverständnisses. Hubert Fichte geht in einem glänzenden »Spiegel«-Essay so weit, vom »faschistischen, ahumanen Charakter eines großen Teils der abendländischen Ästhetik« zu sprechen. Es gilt – beispielsweise – zu erkennen, in wie genauer Entsprechung das große symphonische Orchester mit seinen hierarchischen Strukturen und seiner jegliche Einzelinitiative auslöschenden Unterordnung aller unter den Willen eines einzelnen das getreue künstlerische Abbild und – gleichzeitig – ein Symbol jener absolutistischen Gesellschaftsordnung des 18. Jahrhunderts ist, aus der heraus es entstand. Das Symphonieorchester aber ist der zentrale »Apparat« unserer ganzen klassischen, romantischen und spätromantischen Musikpflege, die damit einer überlebten, undemokratischen Gesellschaftsstruktur unlösbar zugeordnet ist. (Adorno: »Die Formen der Kunst verzeichnen die Geschichte der Menschheit gerechter als die Dokumente.«) Nicht nur der Jazz, sondern auch andere Musikkulturen – die balinesische, javanische, die diversen afrikanischen und arabischen – haben Ensemble-Spielweisen entwickelt, in denen die musikalischen Entscheidungen ganz oder teilweise kollektiv oder auf dem Wege wechselnder Delegierungen vorgenommen werden – ohne jene der großen europäischen »Klassik« (im weitesten Sinne dieses Begriffes) eigene »diktatorische« Verfügungsgewalt des einen, letztlich allein maßgebenden Dirigenten. Kennzeichnenderweise ist ja oft nicht nur die musikalische Position, sondern – denkt man an Menschen wie Karajan, Furtwängler, Toscanini – auch das Persönlichkeitsbild der dirigierenden Musiker in einem Maße »absolutistisch«, wie es das heute in Politik und Wirtschaft in der westlichen Welt nur noch selten, dafür aber um so häufiger in der europäisch geprägten Kunst gibt, vor allem in der Musik, aber ähnlich auch in Theater, Oper, Ballett, alles etablierte künstlerische Formen, die die gleiche historische Herkunft in der Zeit des Absolutismus besitzen wie die musikalische Klassik.

Vorhin war vom Westcoast Jazz die Rede. Wie gesagt, damals schuf der Hard Bop innerhalb weniger Monate reine Luft. Vielleicht wird auch jetzt wieder etwas entstehen, was »reine Luft« schafft. Es gibt ja bereits einschlägige Spekulationen über den Jazz in den achtziger Jahren. Wenn sich diese Spekulationen als richtig erweisen sollten, gut, dann bin ich widerlegt (und das in erster Linie kann mich widerlegen!). Erst dann kann behauptet werden, daß die Kultivierung der Ästhetik in der kulturellen Landschaft dieser siebziger Jahre nur eine vorübergehende Eskapade war. Fast so wie das Modern Jazz Quartet, nur eben ein wenig umfassender. Ich muß sagen, es wäre mir recht, wenn ich widerlegt würde, wenn es sich also wirklich nur um eine Eskapade handelte.

Ich meine aber, das muß deutlich geworden sein, nicht nur aus meinem Beitrag, sondern überhaupt aus den Faschismus-Diskussionen dieser Jahre: Es besteht durchaus die entgegengesetzte Möglichkeit.

Als ich 1964 Martin Luther King um ein Geleitwort für die ersten Berliner Jazztage bat, schickte er mir einen Zettel aus Atlanta in das Hotel in New York, aus dem ich ihn angerufen hatte: Es seien immer die Jazzmusiker gewesen, die heute schon die Tendenzen deutlich gemacht hätten, die die Wissenschaftler und Politiker erst morgen erkannt hätten. Die Jazzgeschichte bietet zahlreiche Beispiele dafür, daß diese Erkenntnis richtig ist. Der vorstehende Beitrag stellt die Frage, was die heutigen Sounds bedeuten könnten, wenn man Martin Luther King in bezug auf die offensichtliche derzeitige Ästhetisierung und die wachsende Konservativität beim Wort nimmt.

Ich glaube nicht, daß dies intellektuelle Spielereien sind. Man liebt eine Kunst ganz und gar. Man liebt also nicht nur das, was sie ist, sondern auch das, was sie bedeutet. Keine Kunst ist nur Kunst, keine Musik nur Musik, alles, was schöpferische Menschen tun, hat Bedeutung und Ausstrahlung weit über ihren unmittelbaren Bereich hinaus.

Wenn Musik – und überhaupt Kunst – vorausnimmt, was morgen geschieht, dann hat Musikkritik – unter anderem – die Aufgabe, auch diese Funktion der Kunst transparent zu machen. Wir sollten uns nicht darum drücken. Denn – Karl Dietrich Bracher: »Die Geschichte des Nationalsozialismus ist die Geschichte seiner Unterschätzung. Dieser Erfahrung der zwanziger und dreißiger Jahre kommt auch heute, im Zeichen einer fast hektisch aktualisierten Faschismus-Diskussion, wieder Bedeutung zu.«

Von Frobenius bis Janheinz Jahn haben alle, die etwas von Afrika verstehen, immer wieder darauf hingewiesen, daß schwarzer Kunst Ästhetik als künstlerische Dimension fremd ist. Das ist ein Hauptunterschied zwischen europäischer und afrikanischer Kunstauffassung: Europäische Kunst ist in erster Linie ästhetisch und historisch, afrikanische aber zunächst einmal unhistorisch. Eine ästhetisierte, in einer langen Tradition stehende Kunst ist Kunst in erster Linie für die Gebildeten, die Besser-Gestellten, die Reichen: ist elitäre Kunst. In dem gleichen Sinne, in dem elitäre, ausbeuterische Gesellschaftssysteme zu faschistoiden und schließlich zu faschistischen Herrschaftsformen entarten können, so – in präziser Entsprechung – wohnt aller vorwiegend ästhetisierten Kunst die faschistoide Tendenz latent inne.

Deshalb ist nicht etwa das Vorhandensein von Schönheit, Kraft, Gesundheit in einer Kunst, sondern ihre Dominanz verdächtig. Erst sie signalisiert die Dekadenz: die faschistoide Kunstlandschaft. Deshalb bilden – von einigen meiner Kritiker zitiert – das Modern Jazz Quartet oder Stan Getz, Paul Desmond oder gar der liebe alte Nat King Cole keine Gegenbeispiele. Ihre Musik war eingebettet in eine »pluralistische« musikalische Landschaft. Das Überwiegen ästhetischer und ästhetisierender Tendenzen gibt es erst im heutigen Jazz. Das Wort »Schönheit« ist erst heute in der Jazzkritik ein ständiger Terminus geworden.

Der Mangel an Ästhetik als künstlerische Dimension in schwarzer Kunst läßt den Einbruch des Ästhetischen in den aus schwarzer Musik entstandenen Jazz um so schwerwiegender erscheinen. Der Unterschied ist wichtig: In der heutigen westlichen Kunst ist das Überwiegen des Ästhetischen kein »Einbruch«, sondern die Dominanz einer Dimension, die von Anfang an in der europäischen Kultur bedeutend gewesen ist. Erst im Jazz gibt es dieses Phänomen des »Einbruchs« der Ästhetik als einer Dimension, die historisch nicht in ihm angelegt ist. Wenn deshalb Kritiker europäischer Kunst schon vom »Überwiegen« der Ästhetik beunruhigt sind, dann ist deren »Einbruch« in den Jazz als um so beunruhigender zu werten.

Jazz als Indiz

Beiträge zu einer Geschichte des Jazz am deutschen Rundfunk (1924–1975)

Zuvor einige Fragen: Was hat es für einen Sinn, aufzuzeigen, daß dann und wann zum ersten Mal Jazz in der historischen Berliner Funkstunde 1924 gesendet wurde oder daß in den zwanziger Jahren die Sender Frankfurt und Elberfeld (den es damals noch gab) viel und etwa die »Stuttgarter Rundfunkgesellschaft« wenig Jazz gespielt haben? Wer will so etwas wissen? Wer braucht das?
Und eine Prämisse: Das Studium der Funkzeitschriften und Programm-Unterlagen der deutschen Sender von 1924 an legt die Vermutung nahe, daß gerade der Jazz, pointiert und beispielhaft, ein Indiz für Entwicklungen und Tendenzen ist, die sich in Wirklichkeit in ganz anderen Bereichen in der Geschichte des deutschen Rundfunks abgespielt haben.
Wer sich mit der Geschichte des Jazz im deutschen Rundfunk befaßt, macht Beobachtungen, die im Grunde über den Jazz hinausweisen: kulturkritische, gesellschaftliche, politische – Beobachtungen zur Phänomenologie des Rundfunks . . . Und deshalb – nur deshalb – lohnt es sich doch, ganz von vorn anzufangen.
Die erste Sendung in der Geschichte des deutschen Rundfunks, die man – mit einiger Mühe – als Sendung von Jazz oder jazzähnlicher Musik bezeichnen kann, gab es am 24. Mai 1924 aus München. Im Programm ist zu lesen: »Jazzbandmusik aus dem Regina-Palasthotel«. Das war also gleich zu Beginn des deutschen Rundfunks, denn die »Berliner Funkstunde« im berühmten Foxhaus (mit der der deutsche Rundfunk begann) hatte erst wenige Monate zuvor, nämlich am 29. Oktober 1923, zu senden begonnen.
Jazz und Radio entwickelten sich überhaupt in auffälliger Weise parallel zueinander. Beide entstanden in jenen aufregenden Jahren zu Beginn unseres Jahrhunderts, als Picasso, Strawinsky und Schönberg die Kunst revolutionierten, als sich die Erfindung des Grammophons durch Edison und Berliner durchsetzte und weiterentwickelt wurde und als überhaupt in so besonderer Konzentration all die Ideen entstanden – Relativitätstheorie, Quantentheorie, Psychoanalyse –, die dieses 20. Jahrhundert geprägt haben.
In diesem ungeheuren Aufbruch um die Jahrhundertwende, der zu Recht verglichen wurde mit dem Aufbruch der Renaissance zur Zeit

Leonardos und Copernicus' oder mit dem des perikleischen Athens, ist der Jazz die einzige ganz und gar neu entstandene Kunstform, eine Kunstform, die nicht – wie etwa die neue Konzertmusik oder die moderne Malerei – logisch und zwangsläufig aus ihrer bisherigen Tradition, vor allem derjenigen des 19. Jahrhunderts, weiterentwickelt wurde.
Immer wieder und von Anfang an ist der Jazz als die eigentliche Radiomusik par excellence bezeichnet worden, und zwar nicht nur aus künstlerischen, sondern auch aus technischen Gründen. Der Jazz braucht wie keine andere bis dato bekannte Musik das Mikrophon. Er benötigt für seine akustische Differenzierung technische Hilfe. Der Solist in der massierten Lautstärke einer Big Band, noch offensichtlicher die Sängerinnen und Sänger des Jazz sind undenkbar ohne die elektrische Verstärkung. Ja, die Jazzvokalisten haben eine ganz neue, eigene Gesangstechnik entwickelt, die ohne das Mikrophon nicht denkbar ist, eine Vokaltechnik, die vom Jazz her in unsere ganze heutige Populärmusik gedrungen ist, weshalb es ja auch immer wieder Kritiker gab – und vielleicht auch noch gibt –, die sagen, diese Leute könnten ja überhaupt nicht singen; wenn man ihnen das Mikrophon fortnähme, würde man sofort merken, daß sie keinerlei Stimme besitzen – was ungefähr so erheblich ist, als kritisierte man einen Pianisten mit dem Argument: wenn man ihm das Klavier fortnähme, würde man sofort merken, daß er nicht Klavier spielen kann.
In genau diesem Sinne: Das Mikrophon ist für die Sänger und Sängerinnen des Jazz Instrument. Durch das Mikrophon haben sie Sensibilitäten und Subtilitäten der Phrasierung und Tonbildung, ja selbst des tonlosen Ausdrucks, der Expression zum Beispiel durch den Atem, gewonnen, die im herkömmlichen Gesang unbekannt waren – und auch unnötig, weil man sie ja doch nicht hätte hörbar machen können.
Bereits 1924 findet sich in der damals maßgebenden Zeitschrift »Der deutsche Rundfunk« die Frage: »Wo ist wohl der geometrische Punkt des Zusammentreffens zwischen der Technik der drahtlosen Fernübertragung und derjenigen des zeitgenössischen musikalischen Schaffens?« Und es wird dann nach langen Überlegungen die Vermutung ausgesprochen, daß er in der »besonderen Stimmung diskreter Tollheit« liege, die der Jazz schaffe.
Es paßt hierzu, daß die ersten Kompositionsaufträge, die in der Geschichte des deutschen Rundfunks vergeben wurden, sich sämtlich auf Jazz bezogen. So instrumentierte Paul Hindemith 1924 für den Frankfurter Sender zwei »Jazzbandmusiken«, die damals nicht etwa in einem Konzert moderner Konzertmusik gesendet wurden, sondern in einer Sendung von »Tanzmusik«. Im gleichen Jahr komponierte Ernst Krenek, ebenfalls für Frankfurt, seinen damals vieldiskutierten »Radio-

Blues«. Dies war nicht nur die erste Uraufführung eines Jazzkompositionsauftrages in der Geschichte des deutschen Rundfunks, sondern, wie die Zeitschrift »Der deutsche Rundfunk« feststellt, »überhaupt die erste zeitgenössische Rundfunkkomposition«.

Weitere Komponisten der »E-Musik«, bei denen damals Jazzwerke bestellt wurden, waren Erwin Schulhoff, der für die Sender Frankfurt und Stuttgart 1931 sein Jazz-Oratorium »H. M. S. Royal Oak« schrieb, oder Matyas Seiber, dessen Jazzklasse am Hoch'schen Konservatorium in Frankfurt von 1929 an einigermaßen regelmäßig mit Jazzbeiträgen über die Sender Frankfurt und Berlin hervortrat.

Rundfunk und Jazz gehören auch wegen der Internationalisierung zusammen, die der Rundfunk mit sich gebracht hat. Mit einem Mal drangen – für jeden gleichsam »greifbar« – Radio Budapest, Radio Stockholm, Rom, Paris, London in die Heime deutscher Bürger, und wir wissen aus den zwanziger Jahren, daß diese Möglichkeit mit einem ungeheuren Enthusiasmus, mit einem Gefühl der Befreiung, des Ausbrechens aus den eigenen engen Grenzen wahrgenommen und diskutiert wurde. Es war, wie Stefan Zweig 1925 schrieb, »eine Trunkenheit, ein Stimulans für die Masse . . .«

Wenn ich an Thesen von McLuhan anknüpfen darf: Die Sprache hörte auf, Medium, Träger der Botschaft, zu sein, und wurde – in einem Sinn, der im Grunde noch über die Thesen McLuhans hinausgeht – selber »message«, wurde selbst Botschaft. Jazz wird in der ganzen Welt, also nicht nur im englischen Sprachraum, englisch gesungen. Es waren gewiß nicht alle Zuhörer (gerade das sprachliche Problem löste spürbare nationale Ressentiments aus), aber doch weite Kreise, die durch das Radio bewußt oder unbewußt realisierten, daß zwischen bestimmten Sprachen und bestimmten musikalischen Gattungen über nationale Grenzen hinweg Zusammenhänge bestehen: daß es einen Unterschied macht, ob man ein Jazzstück in englisch oder in deutsch singt, wie es auch einen Unterschied macht, ob man ein Schubert-Lied deutsch oder französisch singt oder eine italienische Opernarie italienisch oder englisch . . . Pointiert ausgedrückt: Selbst dann, wenn man all diese Sprachen nicht versteht, *versteht* man – in einem künstlerischen Sinne – die italienische Arie in italienisch, das Schubert-Lied in deutsch, den Jazz-Song in englisch besser, als wenn man diese Musiken in der eigenen Sprache des Zuhörers gesungen hörte. Es sind dies Zusammenhänge, die im Grunde erst der Rundfunk offensichtlich gemacht hat. Im 19. Jahrhundert waren sie nicht offensichtlich, da übersetzte man noch.

Rundfunk und Jazz also entstanden und entwickelten sich parallel zueinander. Von Anfang an finden sich in den Programmen des deutschen Rundfunks ständig und regelmäßig Sendungen von Jazz und jazzähnlicher Musik, am meisten, wie gesagt, in Frankfurt und Elber-

feld, wobei insgesamt die Anzahl der monatlichen Jazzsendungen zwischen 5 und 26 lag.
Viele ausländische Stationen, vor allem Prag, Paris, Rom, ab 1926 auch Barcelona, Budapest und Warschau, brachten häufiger Jazz als die deutschen Sender. Insgesamt war es ein Jazz, welcher der damaligen Populärmusik unmittelbar benachbart war.
Die Verwandtschaft von Jazz und Populärmusik liegt in der Natur der beiden Bereiche. Nur ist sie heute differenzierter, komplexer, weniger offensichtlich geworden. Die gesamte Populärmusik dieses Jahrhunderts – vom Ragtime noch vor der Jahrhundertwende an bis zum Rock und Soul von heute – ist nicht denkbar ohne den Jazz, ohne sein Instrumentarium und ohne seine Sounds, seine Klänge, ohne das Metronomische seines Rhythmus und ohne seine Bluesharmonik, wie es ja auch keinen einzigen Tanz gibt in diesem Jahrhundert – von den aus dem vergangenen Jahrhundert übernommenen und weitergeführten Marsch- und Walzertänzen abgesehen –, der nicht von der schwarzen Bevölkerung Amerikas herkäme. Und zwar entweder – wie im Falle von Foxtrott, Charleston, Boogie, Twist oder den modernen Rocktänzen – von den Schwarzen Nordamerikas her oder – wie im Falle von Samba, Tango, Rumba, Cha-Cha-Cha usw. – von den Schwarzen Lateinamerikas. In beiden Fällen gehen die rhythmischen Modelle und die Bewegungsmuster auf die gleichen Urbilder in Westafrika zurück, vor allem bei den Yorubas und Dahomeys.
Dieser afrikanische Modellcharakter von Musik und Tanz ist – selbstverständlich unwissenschaftlich – sofort vom deutschen Publikum empfunden worden und hat zu scharfer Kritik gereizt, und zwar war die Kritik in Deutschland schärfer als in anderen europäischen Ländern. Beispiele finden sich schon 1924 in der Zeitschrift »Funk«: »Warum diese amerikanische Musik – Foxtrott, Jimmy usw.? Ich finde unsere deutsche Musik und Lieder viel schöner.« Aber dann gleich darunter im gleichen Zusammenhang: »Warum aber auch dieses nationalistische Deutschlandlied und nicht zum Beispiel die große Internationale?« Oder in derselben Zeitschrift zwei Jahre später: »Die seelenlose Seele der Gegenwart, der Gleichklang zum Tempostampfen der Maschine, das ist Jazz, das tönende Lachkabinett des Heute.« Oder eine Hörerzuschrift aus dem Banat, 1925: »Wenn die ganze Welt schon an der Jimmy-Tollheit leidet, so sehen wir Auslandsdeutschen dennoch nicht ein, warum Deutschland an dieser Tollheit teilhaben muß. Das ist im Versailler Friedensvertrag denn sicher doch nicht enthalten. Mit treudeutschem Gruß.«
Aber dann gibt es doch auch immer wieder ebenso glühende Verteidigungen sowohl seitens der Hörer wie seitens der Rundfunkfachleute. So 1926 in der Zeitschrift »Der Deutsche Rundfunk«: »Die Negermusik, die den Ursprung der Jazzband bildet, ist von einer Kompliziertheit

des Rhythmus, von einer harmonischen Sorgfalt, von einem klanglichen und modulatorischen Reichtum, wie ihn die meisten unserer Tanzkapellen einfach nicht aufbringen können.« Oder Anfang der dreißiger Jahre auf einer Königsberger Intendantentagung: »Der Funkschaffende findet fast täglich in seiner Post Zuschriften, die vom Rundfunk noch mehr moderne Tanzmusik fordern, und solche, die sie entschieden ablehnen. Der Funkschaffende sieht sich deshalb immer wieder vor die Frage gestellt, soll er moderne Tanzmusik senden oder nicht. Die Antwort sei gleich vorweggenommen. Sie muß auf jeden Fall lauten: ja, er soll sie senden.« Um dieses Urteil zu begründen, hatten die Intendanten sogar den Hauptmann Bölke(!) bemüht, den berühmten deutschen Jagdflieger aus dem Ersten Weltkrieg, der sich bereits 1913 in einem Brief an seine Eltern auf dem damals in Baden-Baden stattfindenden »Deutschen Tanzturnier« als begeisterter Freund des Jazz gezeigt und »das merkwürdige Verbot des Kaisers, die modernen Tänze zu tanzen« abgelehnt habe.
Ich habe Hunderte derartiger Äußerungen gefunden, und in fast allen schwingen politische Töne mit: in den ablehnenden nationalistische, ressentimentgeladene, in den positiven internationale, tolerante, liberale . . . Mindestens seit 1925 oder 1926 ist das Thema Jazz im deutschen Rundfunk eindeutig politisiert. Und es ist ganz offensichtlich – gewiß nicht ausnahmslos, aber doch mit einem statistischen Übergewicht, das nicht falsch interpretiert werden kann: rechts stehende Intendanten – in Stuttgart etwa oder im Mitteldeutschen Rundfunk oder in Königsberg – gaben dem Jazz im Programm ihrer Sender einen spürbar geringeren Anteil als Intendanten des Zentrums etwa oder der Sozialdemokraten – in Frankfurt, Elberfeld, Breslau.
Es ist deshalb falsch, was oft gesagt wird: daß die Machtergreifung Hitlers 1933, was den Jazz betrifft, einen plötzlichen Einschnitt gebracht hat. Die Kampagne gegen den Jazz war keine Erfindung der Nazis. Goebbels, Hitler und Konsorten bedienten sich, wie ja auch in anderen Bereichen – etwa Juden und Negern gegenüber –, unterschwellig einer Stimmung, die sich im Laufe der zwanziger Jahre mit bemerkenswerter Stetigkeit aufgeschaukelt hatte: jener Stimmung der Überlegenheit der eigenen Art und des eigenen deutschen Blutes, des deutschen Wesens, an dem die Welt genesen soll, und der deutschen Kultur, die ja bekanntlich allen anderen Kulturen überlegen sei. All das also, was ab 1933 folgte, wurde, gerade auch kulturell, vorbereitet in den Jahren der Demokratie, vor allem – in diesem, wie in anderen Bereichen – von den Deutsch-Nationalen. Der sogenannte »Kulturkampf« tobte mit einer Heftigkeit, von der man sich heute kaum eine Vorstellung machen kann. Jene rührende Selbstkastration moderner linker Politologen, die gesagt haben, es sei schließlich gleichgültig für die Politik und die Gesellschaft eines Volkes, welche Musik die Leute hörten, welche Bilder

sie anschauten, welche Schriftsteller sie läsen, welche Tänze sie tanzten: diese Auffassung gab es damals in keinem politischen Lager von ganz rechts über die Mitte bis ganz links. Und kein Zweifel, der Kulturkampf spielte sich nicht im Wolkenkuckucksheim versponnener Ideologen ab. Seine Notwendigkeit, seine Fundiertheit bestätigte sich schon wenige Jahre später, als die Diktatoren der dreißiger und vierziger Jahre von Hitler bis Stalin ihre Völker durch die Kultur, die Kunst, die Musik, die sie ihnen verordneten, politisch konditionierten. Ja, gewisse Kreise begannen schon in den zwanziger Jahren mit der »Vor-Konditionierung«.
Bereits drei Jahre vor 1933 hatte – und zwar kennzeichnenderweise, ohne daß dies einen Proteststurm ausgelöst hätte – die regionale nationalsozialistische Regierung in Thüringen auf Veranlassung des späteren Reichsministers Frick, der damals thüringischer Volksbildungsminister war, ein erstes Jazzverbot ausgesprochen. 1933 veröffentlichte die Zeitschrift »Deutsche Kulturwacht« eine sogenannte »Deutsche Kurzgeschichte des Jazz«, die zu rekapitulieren interessant und vergnüglich ist:

»Es ist erschütternd, wenn wir einmal nur in Stichworten die wichtigsten Schandtaten des Jazz aufzeichnen.

1927: In deutschen Ostseebädern wird die deutsche Nationalhymne verjazzt. Wagners Pilgerchor aus ›Tannhäuser‹ wird in Berlin als Charleston getanzt. Das Hoch'sche Konservatorium in Frankfurt am Main richtet eine Jazzklasse ein.

1928: Einführung der Jazzmusik in Kinderhorten der Berliner Arbeiterviertel.

1929: Der Berliner Kritiker Hanns H. Stuckenschmidt schreibt in der ›Vossischen Zeitung‹, man solle die Kirchenorgeln doch besser ihres Heilsarmeegeruches entkleiden und statt dessen Jazzorgeln einführen.

1930: In verschiedenen Schulen Preußens werden aus(!) den Kindern Jazzorchester gebildet.

1931: Der Berliner Generalmusikdirektor Erich Kleiber sagt, daß ... jeder seiner Musiker, der ... Bedeutung erstrebe, den Weg des Jazz gehen müsse.

1932: In der Berliner Karl-Marx-Schule wird der Jazz dem Lehrplan eingegliedert.

1933: Die Berliner ›Funkstunde‹ verbietet den Negerjazz.«

Dieses letztere Verbot übrigens wurde ausgerechnet von Theodor W. Adorno in der »Europäischen Revue« unter dem Titel »Abschied vom Jazz« mit Begeisterung begrüßt. Adorno schrieb – und ich halte das für decouvrierend –, mit dem Jazz sei »ein Stück schlechtes Kunstgewerbe ausgemerzt« – dieses Wort: ausgemerzt! – worden.
Es paßt zum Bild, daß sich zuerst die Musikindustrie beschwerte. Für sie standen immerhin Umsätze auf dem Spiel. Um das Saxophon zu »rechtfertigen«, behauptete sie, der Erfinder dieses Instrumentes – bekanntlich der Belgier Adolphe Sax – sei deutscher Abstammung gewesen, schon deshalb könne man dieses Instrument nicht »verbieten«.
Es wurde 1935, bis der »Reichssendeleiter« Hadamowsky sein generelles Jazzverbot erließ. Im Text der Anordnung heißt es: »Nachdem wir zwei Jahre lang mit dem Kulturbolschewismus aufgeräumt haben . . ., wollen wir auch mit den noch in unserer Unterhaltungs- und Tanzmusik verbliebenen zersetzenden Elementen Schluß machen. Mit dem heutigen Tag spreche ich ein endgültiges Verbot des Niggerjazz für den gesamten deutschen Rundfunk aus. Was zersetzend ist und die Grundlage unserer Kultur zerstört, das werden wir ablehnen. Wir werden dabei ganze Arbeit leisten.«
In den Ausführungsbestimmungen zu der Verordnung heißt es: »Zwischen dem Präsidenten der Reichsmusikkammer und dem Leiter des Berufsstandes deutscher Komponisten, der Hitlerjugend, dem Reichsverband deutscher Rundfunkteilnehmer, der Rundfunkfachpresse, der Parteipresse und der Reichssendeleitung wurde die Schaffung eines Prüfungsausschusses für deutsche Tanzmusik . . . vereinbart. Dieser Ausschuß entscheidet für den Rundfunk endgültig über die Aufführung und Genehmigung oder das Aufführungsverbot eines Werkes.«
Dr. Schulz-Köhn, mein Kollege vom WDR, hat in seiner Sammlung zwei Bilder, die damals in der »BZ am Mittag« einander gegenübergestellt wurden: »Das eine war unterschrieben ›So war es früher . . .‹. Es zeigte den berühmten amerikanischen Bandleader Sam Wooding, der in den zwanziger Jahren in Berlin Jazzmusik gespielt hatte . . . Unter dem anderen Bild stand: ›So ist es heute: echte deutsche Lebensfreude überall!‹ Dieses Foto zeigte eine Trachtengruppe beim Tanz.«
Der Jazzhistoriker Horst H. Lange, dessen Veröffentlichungen ich einen Teil dieses Materials dankbar entnehmen darf, erzählt die amüsante Geschichte, daß sofort nach Hadamowskys Erlaß unter dem Titel »Vom Cakewalk zum Hot« eine Antijazzsendung produziert wurde mit vermeintlich besonders abschreckenden Musikbeispielen. Zur allgemeinen Überraschung wurde diese Sendung ein ungeheurer Erfolg, konnte man doch wenigstens dort authentischen Jazz hören. Zum Goebbelsschen Propaganda-Stil gehörte es, daß selbstverständlich auch ein Film mit »Beispielen der vernigggerten und verjudeten amerikanischen Unkultur die deutsche Bevölkerung aufklären« sollte. Die-

ser Film wurde mit solcher Begeisterung aufgenommen, daß er in einem Kino in der Gegend des Berliner Kurfürstendamms drei Jahre ohne Unterbrechung lief – und die Nazis merkten nicht einmal, daß die Leute, die ihn sich ansahen, sich gewiß nicht in ihrem Sinne »aufklären« lassen wollten.

Es mag heutzutage hübsch sein, all diese Absurditäten zu belächeln. Aber es ist doch wichtig, sich bewußt zu machen, daß es ja nicht nur die Nazis waren, die den Jazz verketzerten – oder doch jedenfalls verketzern wollten. (Denn, wie noch gezeigt werden wird, waren sie auf keinem Feld ihrer sogenannten Kulturpolitik so wenig erfolgreich wie gerade auf diesem.) Es ist auffällig, daß es dieses Mißtrauen gegenüber dem Jazz in allen Diktaturen linker wie rechter Prägung gab und – wenngleich inzwischen diplomatisch camoufliert – weiterhin gibt: von Stalin bis Mussolini, von Hitler bis Franco, von Perón bis zu den Generälen des japanischen Militarismus – und darüber hinaus. Ihnen allen war und ist Jazz suspekt als musikalischer Ausdruck von Liberalität und Individualismus. Es ist inzwischen gezeigt worden, worin – ausdrucksmäßig, musikwissenschaftlich – dieses Freiheitsmoment liegt: in der Betonung der Improvisation, in der Unabhängigkeit gegenüber Partituren, in der personalisierten und individualisierten Tonbildung des einzelnen Jazzspielers, in der Ablehnung klanglicher Standards, in der Auflösung und Ausweitung des Grundrhythmus, der nur deshalb so stark postuliert wird, damit man um so eigenwilliger von ihm abweichen kann. Alle eigentlichen Jazz-Charakteristika enthalten Individualitäts- und Freiheitsmomente. Und nochmals: dies ist keine historische Replik in bezug auf die Nazi-Zeit. Es gilt genauso für die heutige Zeit, ja, nach dem Ausklingen der Rock-Ära – des schöpferischen Teiles der Rock-Ära Ende der sechziger Jahre – gilt es heute noch stärker als in den dreißiger Jahren.

Alle eigentlichen Jazz-Charakteristika enthalten auch Spontaneitätsmomente. Noch in der neuesten Ausgabe des in der DDR herausgegebenen marxistisch-leninistischen Wörterbuches der Philosophie wird darauf hingewiesen, daß »Spontaneität von konterrevolutionären Kräften ausgenutzt werden« kann. Sie hänge zusammen mit der »Borniertheit der gesellschaftlichen Zustände in früheren Perioden«. Und kein Zweifel: *diese* Einschätzung von Spontaneität muß durchaus genauso für faschistoide Gesellschaftssysteme gelten wie für kommunistische: Spontaneität birgt und begünstigt konterrevolutionäre Tendenzen.

Es ist deshalb nicht verwunderlich, daß man in der DDR 20 Jahre nach Hitler fast in der gleichen Weise auf Jazz reagiert, wie das die Nazis getan haben. Der Musik-Journalist Reginald Rudorf hat das überzeugend zusammengestellt: Man merkt ja kaum den Unterschied, wenn es in der Nazi-Zeit etwa hieß, »die amerikanische Juden- und Niggermusik

zerstört die Substanz unseres Volkes«, und wenn heute das Zentralkomitee der SED veröffentlicht: »Die amerikanische Unterhaltungsindustrie will mit ihrer Dekadenzmusik die Substanz unseres Klassenstandpunktes aufweichen.« Oder wenn der »Angriff«, die Zeitung der SA, fragt: »Wir als Affen des Juden?«, und wenn Ulbricht vom Jazz als von einer »Affenmusik« sprach. Oder wenn das »Neue Deutschland« sich über die »spätimperialistischen Giftanschläge der amerikanischen Wallstreet-Gangster mit Tönen« ergeht und Goebbels den Jazz als »systematischen Versuch des internationalen Judentums« bezeichnete, »unsere deutsche Kultur zu zerstören«.
Man merkt freilich auch kaum den Unterschied, wenn es – und nun, wohlgemerkt, in Westdeutschland – im Münchener »Manifest der deutschen Musikerunion« von 1971 (!) heißt: »Der Anteil deutscher Musik wird von Jahr zu Jahr geringer. Wenn dieser Entwicklung nicht unverzüglich Einhalt geboten wird, führt das in absehbarer Zeit zur Zerstörung der musikalischen Substanz unseres Volkes.« Auch in diesem Zusammenhang also sollte uns der beliebte Blick nach links nicht den noch notwendigeren und doch so viel weniger beliebten nach rechts verstellen.
Gewiß gibt es längst auch Jazz in den Ländern Osteuropas. Aber er wird dort nur widerstrebend geduldet. Als beispielsweise im Mai 1975 endlich – nach Jahren – auch wieder in Moskau ein Jazz-Festival erlaubt wurde, geschah dies nur unter der Bedingung, daß es nirgendwo plakatiert und nicht in der Presse angekündigt werden dürfe.
Die anerkanntesten sowjetischen Jazz-Festivals hat es von Anfang an in denjenigen Sowjetrepubliken gegeben, in denen es auch die stärksten Unabhängigkeitsbewegungen gab – im früheren Estland und Lettland sowie in verschiedenen südrussischen und asiatischen Sowjetrepubliken. Wann immer das Zentralkomitee wieder einmal eine Zerschlagung dieser Unabhängigkeitsbewegungen anordnete, wurden zuerst die Jazz-Festivals und Jazzbewegungen in den betreffenden Sowjetrepubliken unterbunden. Interessant war auch die Entwicklung im Polen der fünfziger Jahre. Mehrfach haben ja polnische Politologen darauf hingewiesen, daß das eigentliche Signal zu Gomulkas »Entstalinisierung« nicht – wie es seinerzeit die westliche Presse behauptete – der Aufstand in Lodz gewesen sei, sondern 1956 und 1957 die ersten polnischen Jazz-Festivals in Zoppot.
Goebbels also und der Reichssendeleiter Hadamowsky hatten den Jazz verboten. Goebbels präzisierte in einer Verordnung seines Ministeriums: »Verboten sind erstens Musik mit verzerrten Rhythmen, zweitens Musik mit atonaler Melodieführung, drittens die Verwendung von gestopften Hörnern.« Diese Regelung, so Goebbels, sei »von nun an bindend«.
Nun, bindend war sie nicht. Es geht mit der Jazzmusik wie mit vielen

derartigen Kulturphänomenen: man kann sie unterdrücken, aber man kann sie nicht ausrotten. Ja, oft genug gedeihen sie in der Unterdrükkung und im geheimen besonders gut. Bereits 1937, also zwei Jahre nach dem Verbot, stellte Otto Frickhöffer, ein besonders berüchtigter nazistischer Kulturapostel, fest, daß das, was inzwischen gespielt werde, »allenfalls der Beweis einer großen Geschicklichkeit sei, sich der jeweiligen Lage anzupassen, keinesfalls aber der Beweis für eine echte weltanschauliche Wandlung«.

Im selben Jahr schrieb eine amerikanische Zeitung, in Deutschland als »Judenblatt« apostrophiert: »Wenn man die Aufmärsche in Nürnberg sieht, dann kommt man zu der Überzeugung, daß Deutschland für die Demokratie endgültig verloren ist. Aber ein Trost bleibt noch: Die deutsche Jugend tanzt nach wie vor Jazz.« Oder 1939 die »Zeitschrift für Musik«: »Wer da meint, Jazzmusik wäre im Deutschen Reich nicht mehr vorhanden, irrt sich.« Und – nun schon während des Krieges, 1942 – wieder die »Zeitschrift für Musik«: »Es ist mein voller Ernst, ich behaupte, der Jazz lebt noch . . . Alles, was bei uns tanzt, hat eine ausgesprochene Vorliebe für den Jazzrhythmus, ist dabei aber selbst so unrhythmisch, daß der Takt des Tanzes geradezu mit Pauken und Blechdeckeln vorgehämmert werden muß . . .«

Ich habe vor Jahren in einer ARD-Fernsehdokumentation zu zeigen versucht, welch raffinierter Methoden sich Musiker und Jazzfreunde bedienten, um weiterhin Jazz spielen zu können. Zunächst gehörte es zum Banausentum derer, die das Jazzverbot von Goebbels und Hadamowsky zu überwachen hatten, daß es sich um unsensible, unkünstlerische Menschen handelte; diese Leute – wir nannten sie damals »Musikwächter« – fahndeten mangels eigener Ohren zunächst einmal nach Gedrucktem, also nach Jazztiteln und Jazzkomponisten auf den Notenblättern. Folglich schnitten die Musiker einfach die Köpfe ihrer Noten ab und setzten eigene deutsche Titel darüber. Da wurde dann aus Benny Goodmans »Christopher Columbus« »Auf Entdeckungsfahrt«, Goodman selbst wurde wirklich zu einem »guten Mann« namens Gutmann; »Black Bottom«, das berühmte Stück von Fletcher Henderson, erlebte seine nationalsozialistische Wiederauferstehung als »Schwarzer Boden« und klang unter diesem Titel womöglich noch besonders nazistisch, deutschem Blut und Boden verhaftet. Aus »Big Noise From Winetka« wurde »Der Große Lärm vom Ku'damm«. Aus Artie Shaws Welterfolg »Begin The Beguine« wurde »Im Takt des Spitzentanzes«, komponiert nun nicht mehr von Artie Shaw, der es sowieso nicht komponiert hatte, sondern von einem Mann namens Arthur Schau. Der »St. Louis-Blues« war das »Lied vom Blauen Ludwig«. Besonders beliebt war ein Stück unter dem Titel »Josef, Josef«, das wir alle damals auf Josef Goebbels bezogen, obwohl es längst vorher komponiert worden war, und das angesagt wurde als »Sie will nicht Blumen, will nicht

Schokolade«. Der größte Erfolg wurde der als »Schwarzer Panther« camouflierte »Tiger Rag«.
Wichtig war es natürlich auch, sich bei den Nazi-Funktionären »lieb Kind« zu machen. So spielte Teddy Stauffer mit seinem berühmten Schweizer Swing-Orchester jahrelang immer wieder die gleiche Nummer, und wir wunderten uns damals oft, warum er das tat. Das Stück entsprach nämlich keinesfalls dem Niveau seiner Programme. Erst nach dem Kriege erfuhr man: Es war die Komposition eines hohen Beamten der Reichsmusikkammer. Der sorgte dafür, daß Teddy Stauffer verhältnismäßig lange unbehelligt blieb, bis Stauffer schließlich das »Horst Wessel-Lied«, die zweite deutsche Nationalhymne während der Nazi-Zeit, verjazzte; da mußte er Deutschland verlassen.
Einen ausgesprochenen Höhepunkt – wie gerade auch Horst H. Lange überzeugend darlegt – fanden die Jazzaktivitäten im Jahre 1936, als Goebbels und Hitler wegen der Olympiade und der zahlreichen ausländischen Gäste den Eindruck eines besonders internationalen, kosmopolitischen Kulturlebens in Deutschland, vor allem in Berlin, erwecken wollten. Berlin wurde damals zu einem Mekka ausländischer Musiker – aus Skandinavien, aus Belgien und Holland, aus den Ländern des Balkans.
Wirklich schlecht hatte es der Jazz im Grunde nur in den drei Jahren von 1937 bis 1939. Denn dann kam der Krieg, und wie man 1936 den Jazz bei der Olympiade für die ausländischen Gäste »gebraucht« hatte, so »brauchte« man ihn nun für die Truppenbetreuung, zur Aufheiterung der Stimmung der Soldaten. Die Soldatensender, die rings um Deutschland in den besetzten Gebieten entstanden, in Polen, Rußland, in den Ländern des Balkans (besonders berühmt und erfolgreich, auch heute noch vielen bekannt, war der Soldatensender Belgrad, an dem damals Friedrich Meier wirkte), ferner Sender in Süditalien und Nordafrika, in Frankreich und Skandinavien, bis hinauf zum Nordkap – diese Sender füllten den europäischen Äther mit Jazz und Swing, wie er – ich glaube, man darf das sagen – nie vorher oder nachher damit gefüllt war. (Ich selbst lag – wenn ich eine persönliche Erinnerung einflechten darf – damals am Nordabschnitt der russischen Front, am Wolchow- und am Ladogasee. Der für uns zuständige Sender war der Soldatensender Pleskau. Dort wurde gelegentlich erwähnt, daß man aus Berlin nicht die richtigen Platten bekäme, wir Soldaten wurden aufgefordert, doch Schallplatten, falls wir welche hätten, leihweise vorbeizubringen oder einzusenden. So brachte ich denn von einem Heimaturlaub aus Berlin einen ganzen Stoß von Platten mit Musik von Benny Goodman und Louis Armstrong, Fletcher Henderson und Count Basie mit, und all das war von nun an im nordrussischen Äther zu hören; dies war, wenn ich das so bezeichnen darf, der Beginn meiner »Rundfunkarbeit«.)
Man muß sich die Doppelzüngigkeit, um nicht zu sagen, die Verlogen-

heit der Situation vor Augen führen: An den Heimat-Sendern war Jazz »verboten«, wurde er je nach Laune als Musik der bolschewistischen Untermenschen oder der kapitalistischen Plutokraten (oft genug beides in einem Atemzug) verketzert; in den Programmen der Soldatensender aber wurde er zur moralischen Stärkung eben der Soldaten gespielt, die diese Bolschewisten und Plutokraten bekämpfen sollten.
Die Nazis hatten 1939, in den Monaten des Kriegsausbruches, ein Tanzverbot erlassen, das aber bereits 1940 gelockert, schließlich ganz aufgehoben und nur in besonderen Katastrophensituationen – etwa in den Monaten der Schlacht bei Stalingrad – wieder erlassen wurde. Goebbels, der ja sein Fach verstand, wußte genau: Je schlechter es den Leuten ging, desto ausgelassener – und das hieß für den damaligen Geschmack: desto jazz- und swingmäßiger – mußte die Musik sein.
Immer deutlicher, wie gesagt, wurde die Zweischneidigkeit, die Unaufrichtigkeit der Situation. So schrieb die Reichsleitung der NSDAP 1944 an Reichsminister Alfred Rosenberg: »Wenn manchmal gesagt wird, wir dürften gerade jetzt im Krieg auf den Jazz nicht verzichten, weil bestimmte Volkskreise auf ihn Wert legen, so kann man nach meiner Überzeugung darauf nur antworten, daß diese Volkskreise kaum die Stützen unserer Weltanschauung und unseres Staates sein dürften.«
Man sollte es sich deshalb nicht zu einfach machen. Immer wieder zeigte sich, daß mit dem Jazzverbot der Nazis nicht zu spaßen war. Hier zum Beispiel eine Weisung von Goebbels nach dem Protokoll vom 7. Juli 1940: »Herr Gutterer soll die Polizei beauftragen, in ein oder zwei Razzien auf dem Wannsee und den anliegenden Secn alle englischen Grammophonplatten zuzüglich Grammophonapparaten beschlagnahmen zu lassen. Bei den Besitzern soll nachgeprüft werden, ob sie etwa als unabkömmlich geführt werden, und nach Möglichkeit sollen sie in Arbeitskolonnen beschäftigt werden. Der Minister bezeichnete es als einen Skandal, daß während des Krieges Jazzmusik mit englischem Text in englischer Sprache öffentlich verbreitet wird. Eine ein- bis zweimalige Aktion, so der Minister, dürfte ausreichen, da sich in den betreffenden Kreisen die Tatsache eines derartigen Vorgehens schnell herumsprechen wird.«
Wir alle haben damals erfahren, daß Musiker und Jazzfreunde plötzlich verschwanden, manchmal nur für ein paar Tage, oft für einige Wochen, aber gelegentlich auch für längere Zeit, daß sie in Arbeitslagern untergebracht wurden oder daß ihre Papiere den Hinweis erhielten, sie seien an besonders gefährlichen Frontabschnitten auf sogenannte »Frontbewährung« einzusetzen. Überdurchschnittlich viele von ihnen sind nicht aus dem Krieg zurückgekehrt.
Aber die Zweischneidigkeit der Situation geht noch weiter. Bereits 1941 hatte Goebbels das sogenannte »Deutsche Tanz- und Unterhal-

tungsorchester« – allgemein abgekürzt als DTU – gründen lassen, vorwiegend unter Leitung von Georg Haentzschel und Willi Stech. Dieses Orchester hatte zwar offiziell den Auftrag, für den deutschen Rundfunk eine eigene, sogenannte »artgemäße Tanz- und Unterhaltungsmusik« zu kreieren. Aber in Wirklichkeit, gleichsam unter der Hand, wurde es immer mehr zu einer Swingband, zumal ab etwa 1943, als immer mehr deutsche Musiker eingezogen und durch Holländer und Belgier, schließlich auch durch Tschechen ersetzt wurden. 1943 wurde das DTU wegen der ständigen Bombenangriffe auf Berlin nach Prag »ausgelagert«.

Fachleute haben die Qualität dieses Orchesters durchaus vorteilhaft – und allerdings auch wohlwollend – mit der von Glenn Miller, der damals erfolgreichsten amerikanischen Big Band, verglichen. Was sofort auffällt, ist das ungeheuer präzise, disziplinierte Zusammenspiel der DTU-Musiker: aber es gab wenig Soli, und wo es sie gab, klangen sie, als seien sie vorher aufgeschrieben und sorgfältig eingeübt worden. Und darin spiegelt sich ja etwas vom Geist jener Jahre: Disziplin – die hatte man. Aber was zuallererst als Jazz empfunden wurde, das war das Jazzsolo, denn dies war der individualisierte, personalisierte Ausdruck des einzelnen, des freien, unabhängigen Individuums. Deshalb waren ja auch Dämpfer so besonders verschrien. Sie personalisierten den Ausdruck noch zusätzlich.

Ein weiteres Problem kam hinzu: Nun, da die Fronten immer näher an Deutschland heranrückten, wurde auch die Gefahr, daß die deutsche Bevölkerung ausländische Sender abhörte, immer größer. Bereits 1934, also lange vor dem Krieg, war auf einer Intendantentagung in Berlin festgestellt worden: »Die Hörer der Grenzgebiete, die Gelegenheit haben, ausländische Sendestationen zu empfangen, müssen daran gehindert werden, daß sie die Unterhaltungsprogramme dieser Sender, vor allem ihre zum Teil ausgezeichneten Tanzmusiken abhören. Sie können aber nur dadurch daran gehindert werden, daß wir ihnen eine *noch* bessere Tanzmusik bieten.« Genau das geschah im Kriege in wachsendem Maße. Jazz wurde zu einem ausgesprochenen Propagandamedium – und zwar auf beiden Seiten.

Die BBC, der alliierte »Soldatensender Calais« sowie zahlreiche andere Propagandasender und natürlich auch die mit den alliierten Truppen immer näher an Deutschland heranrückenden AFN- und BFN-Stationen brachten ständig Jazz und Swing. »Selbst Glenn Miller«, so Horst H. Lange, »hatte deutschsprachige Spezialprogramme – Propagandasendungen für die deutschen Landser –, bei denen eine gewisse Ilsa die neuesten Hits sogar in deutsch sang. Glenn Millers Swing-Musik in der sogenannten ›Wehrmacht-Hour‹ der alliierten Propagandastationen wurde für viele spätere Jazzfreunde . . . zu einer ersten Begegnung mit jazzartiger Musik.«

Diesen Jazzprogrammen der Alliierten wurde eigener Jazz entgegengesetzt. Die hervorragenden Musiker, die durch das DTU nach Berlin beziehungsweise Prag gezogen worden waren, wurden hierfür in den verschiedensten Besetzungen und Umgruppierungen, in kleineren und größeren Swing- und Jazzcombos eingesetzt. Eine bekannte deutsche Radiopropagandaband hieß »Charly and his Orchestra«. Charly war nicht nur im Rundfunk zu hören, es wurden auch Schallplatten von seiner Musik »mit den üblichen Churchill-, Stalin- und Roosevelt-Beschimpfungen und anderen Verhöhnungen« (Horst H. Lange) hergestellt; die Luftwaffe warf die Platten hinter der Front für die alliierten Soldaten ab.

Das DTU ist das eigentliche Modell geworden für all die Tanzorchester, die die deutschen Sender nach dem Krieg gründeten. Seine Dirigenten, Arrangeure und Solisten stellten die erste Generation der Tanzorchesterleiter in Deutschland nach 1945 – von Adalbert Luczkowsky in Köln bis zu Franz Thon in Hamburg, von Erwin Lehn in Stuttgart bis zu Willy Stech, zunächst in Baden-Baden, später in Freiburg.

Wir betreten damit den letzten der drei zeitlichen Abschnitte, in die unser Thema sich gliedert: Zunächst waren es die zwanziger Jahre, dann die Nazi-Zeit, nun noch die Zeit nach 1945, die dann sehr bald zur Periode der ARD wurde.

An die Stelle des bisherigen Reichsrundfunks trat nach 1945 ein rundes Dutzend Sender in öffentlich-rechtlichen Organisationsformen, um die uns in den fünfziger und auch noch in den sechziger Jahren die ganze Welt beneidete. Diese Struktur nämlich vermied gleichermaßen die Kommerzialisierung nach amerikanischem Muster wie (das jedenfalls war die ursprüngliche, heute leider unterlaufene Absicht) die Politisierung von Rundfunk und Fernsehen.

Es ist in diesem Rahmen unmöglich, aufzuschlüsseln, was die Sender der ARD an dezidierter Jazzarbeit geleistet haben. (Ein Teil der folgenden Ausführungen überlappt sich mit denen der »Kleinen Nachkriegsgeschichte des Deutschen Jazz«.) Am Anfang stand – wie ja übrigens auch 1924 im ersten Abschnitt der Jazzgeschichte des deutschen Rundfunks – der Sender München. »Midnight in Munich« hatte eine amerikanische Sendung von AFN München geheißen, aus der Jimmy Jungermann, Werner Götze und Hanns-Ger Huber 1945 die »Mitternacht in München« machten. Kein anderes Rundfunkprogramm hatte einen ähnlich starken Anteil daran, die deutschen Rundfunkhörer in den ersten Jahren nach dem Kriege jazzbewußt gemacht zu haben.

Es ist schade, daß der Bayerische Rundfunk diese höchst intensive Jazzarbeit spürbar zurückschraubte – im Grunde bereits ab 1952, als das Orchester Kurt Edelhagen, das damals zum Studio Nürnberg des

Bayerischen Rundfunks gehörte, vom Südwestfunk nach Baden-Baden abgeworben wurde.
Ähnlich wie der Bayerische Rundfunk haben auch die beiden Berliner Sender, vor allem der Rias, in den ersten Jahren nach dem Krieg eine große Jazzaktivität entwickelt, die leider nach einiger Zeit – ich will nicht sagen, einschlief – aber doch spürbar zurückgedrängt wurde. Das Tanzorchester des Rias war eine Art Sammelbecken und Filter für eine ganze Generation von Jazzmusikern aus der damaligen Sowjetzone, von Musikern, die heute zur westdeutschen Jazzprominenz gehören, allen voran der Klarinettist Rolf Kühn. Diese Musiker, von denen die meisten aus Leipzig, Dresden und Ostberlin stammten, hatten nicht zuletzt durch die Programme des Rias Jazzmusik – und überhaupt amerikanische Musik – kennengelernt und wählten folgerichtig diesen Sender als eine Station auf ihrem Wege in die Freiheit, die für sie auch und gerade eine musikalische Freiheit war – und die für alle immer *auch* eine musikalische Freiheit ist; das, denke ich, dürfte in diesem Beitrag deutlich geworden sein.
Über eine besonders lebendige Jazztradition – die zeitlich ausgedehnteste unter den deutschen Sendern – verfügt der Hessische Rundfunk. Ich habe schon darauf hingewiesen, daß der Sender Frankfurt, der ja in den zwanziger Jahren den Namen »Südwestfunk« trug, damals besonders viel Jazz und Jazz-Ähnliches gesendet hat. Während des Krieges gab es in Frankfurt einen im Untergrund höchst aktiven Jazz-Club. Basierend auf dessen Arbeit haben Horst Lippmann und Olaf Hudtwalker nach dem Kriege kenntnisreiche und weithin beachtete Jazzsendungen im Hessischen Rundfunk gebracht, eine Tradition, die heute von Dr. Ulrich Olshausen weitergeführt wird.
Der Hessische Rundfunk ist auch eine treibende Kraft hinter dem seit 1953 stattfindenden deutschen Jazz-Festival in Frankfurt, dem eigentlichen »Schaukasten« des Jazz in unserem Lande.
Auch war der Hessische Rundfunk der erste, der ein eigenes ständiges Jazz-Ensemble einrichtete, 1958 das von Albert Mangelsdorff geleitete Jazz-Ensemble des Hessischen Rundfunks.
In Hamburg gab es erst verhältnismäßig spät, 1952, die erste Jazzsendung. Aber 1957 haben dann Rolf Liebermann und mein verstorbener Kollege Hans Gertberg die Jazz-Workshops des NDR gegründet, die nach Gertbergs Tod – ab 1971 – von Michael Naura weitergeführt wurden und die heute die eindrucksvollsten Rundfunk-Jazzkonzerte sind, die es nicht nur in der Bundesrepublik, sondern – ich glaube, das darf man sagen – in der ganzen Welt gibt. Schon aus finanziellen Gründen können die kleineren Sender da nicht mithalten. Bis 1975 waren über 500 Mitwirkende aus 18 Ländern Gäste des NDR-Workshops, der seit 1961 – damals zum ersten Mal anläßlich der Recklinghauser Ruhrfestspiele – oft auch für das Fernsehen aufgezeichnet wird.

Welche Möglichkeiten trotzdem ein kleiner Sender bei entsprechenden Ideen und entsprechender Aktivität haben kann, dafür ist im Bereich des Jazz – wie in so vielen anderen – Radio Bremen ein Beispiel. Hier leitete zunächst Manfred Miller, heute Peter Schulze eine vor allem den modernen Strömungen des Jazz und des Rock-Jazz aufgeschlossene Redaktion, in deren Arbeit – dies die besondere Note von Radio Bremen – soziologische und gesellschaftskritische Gesichtspunkte und überhaupt politisches Bewußtsein eine besondere Rolle spielen – nicht nur was die Lage der Schwarzen in den USA betrifft, sondern gerade auch deren Projektion auf gesellschaftliche Situationen in der ganzen Welt, wie sie sich in populärer Musik spiegeln.
Der Süddeutsche Rundfunk führte 1947 eine regelmäßige Jazzsendung ein, zunächst unter dem für die damalige Atmosphäre kennzeichnenden Titel »Keine Angst vor Jazz«. Interessant die Häufigkeit der Jazzprogramme beim Süddeutschen Rundfunk – durchaus in etwa repräsentativ für die allgemeine Entwicklung an den ARD-Stationen: von 1947 bis 1949 gab es in Stuttgart einmal wöchentlich Jazz, in den fünfziger Jahren dreimal wöchentlich, in den sechzigern fünfmal und seit dem Anfang der siebziger sechsmal.
1951 holte der SDR Erwin Lehn – auch er ein Mann, der mit dem alten DTU verbunden war – nach Stuttgart, um dort ein Tanz- und Jazzorchester aufzubauen. Und das Orchester Erwin Lehn wurde dann zum Hauptkonkurrenten Kurt Edelhagens um den führenden Platz unter den deutschen Radio Big Bands (Näheres hierzu in dem Abschnitt »Duell der Big Bands«).
Nachdem sich der Jazz und die Big Band-Musik, wie sie am deutschen Rundfunk gemacht wird, seit dem Anfang der sechziger Jahre immer weitergehend voneinander gelöst hatten, gründete 1969 auch der Süddeutsche Rundfunk eine eigene Jazzgruppe, die von Wolfgang Dauner geleitete Radio Jazz-Group Stuttgart. Dauner arbeitet nach dem vernünftigen Prinzip, für nahezu jede Produktion eine andere Besetzung zusammenzustellen – was einen ständigen Wechsel an Klangfarben garantiert.
Seit 1964 schneidet der Süddeutsche Rundfunk einen Teil seiner Programme in den Jazz-Clubs seines Sendegebiets mit, um diese oft in wirtschaftlicher Notlage stehenden Clubs und deren Musiker zu unterstützen. Es versteht sich, daß dies auch andere ARD-Anstalten tun, aber der Süddeutsche Rundfunk, so scheint mir, tut es mit besonderer Aufmerksamkeit. Es gibt bereits Hunderte derartiger Clubmitschnitte. Und natürlich gibt es beim Süddeutschen Rundfunk auch eine ständige Jazzkonzertreihe, bereits seit 1954, den sogenannten »Treffpunkt Jazz«.
Einem Papier des Süddeutschen Rundfunks entnehme ich den Satz: »Gemeinsam mit den Jazzaktivitäten des Südwestfunks hat der Süd-

funk dafür Sorge getragen, daß im Südwesten der Bundesrepublik eine besonders lebendige Jazz-Szene besteht, die eine internationale Ausstrahlung besitzt.«
Es mag mir in den Zusammenhängen dieses Beitrages schlecht anstehen, auch über die Jazzarbeit des Südwestfunks, mit der ich so unmittelbar verbunden bin, zu sprechen. Aber es fehlte gewiß etwas, wenn in diesem Versuch einer »Geschichte des Jazz am Deutschen Rundfunk« darüber hinweggegangen würde.
Seit der Südwestfunk, gleich an seinem ersten Sendetage, eine Jazzsendung gebracht hatte, die wir damals durchaus programmatisch verstanden wissen wollten, hat dieser Sender in Sachen Jazz immer – oder fast immer – ein wenig mehr getan als die anderen . . .
So war der SWF der erste, der in seinem Sendegebiet eine ständige Jazzkonzertreihe einführte, bereits 1949 – eine Konzertreihe von der Art, wie sie heute die meisten deutschen Sender haben: die Jazz-Workshops des NDR, die Jugend-Jazzkonzerte des WDR, der »Treffpunkt Jazz« beim Süddeutschen Rundfunk, »Jazz auf Reisen« beim Bayerischen Rundfunk . . .
Auch war der SWF der erste, der den Jazz aus dem Getto seiner zunächst ausschließlich nächtlichen und mitternächtlichen Sendezeiten befreite. Seit der Mitte der fünfziger Jahre ist zu fast allen Zeiten an der SWF-Programmstruktur das Bestreben zu erkennen, Jazz zu möglichst vielen verschiedenen Stunden des Tages anzubieten: vormittags, nachmittags, am frühen Abend . . . eben zu Zeiten, die von jungen Menschen bevorzugt werden.
1965 schuf der SWF sein New Jazz-Meeting Baden-Baden, das alljährlich Ende November/Anfang Dezember Musiker aus der ganzen Welt vereint – Amerikaner und Polen, Afrikaner und Australier, Japaner und Neuseeländer und natürlich Musiker aus allen westeuropäischen Ländern. Das New Jazz-Meeting soll wichtigen Musikern des Neuen Jazz die Möglichkeit bieten, ohne den Druck des kommerziellen Musikgeschäftes neue Ideen und Klänge, neue Kompositionen und neue Gruppierungen auszuprobieren. Inzwischen haben andere ARD-Stationen – Frankfurt, Bremen, Stuttgart – ähnliche Meetings eingerichtet, wenn auch wohl nicht in vergleichbarem Umfang und mit vergleichbarer Regelmäßigkeit.
1954, praktisch also bei Einführung des Fernsehens in Deutschland, begann auch sofort die Jazzarbeit des Südwestfunks im Fernsehen: die SWF-Reihe »Jazz gehört und gesehen« (deren Aktivitäten seit 1972 leider ein wenig eingeschlafen sind).
Ich habe den SDR Stuttgart zitiert: Es gäbe im Südwesten der Bundesrepublik »eine besonders lebendige Jazz-Szene«. Wie fruchtbar Rundfunk-Jazzarbeit sein kann, dafür gibt es einen annähernd präzisen Maßstab. Wenn man die Biographien und die Interviews liest, die Plat-

tenfirmen und Agenten zum Lebensweg deutscher Jazzmusiker von Zeit zu Zeit verschicken, dann fragt da immer wieder jemand: »Wodurch sind Sie zum Jazz gekommen? Was war Ihr erster Kontakt mit dem Jazz?« Es ist auffällig, wie viele deutsche Musiker da an erster Stelle die Jazzsendungen des Südwestfunks nennen – darunter auch solche Musiker, die aus weit entfernten Hörzonen stammen – etwa aus München, Göttingen oder dem Ruhrgebiet... (Bis in die sechziger Jahre hinein war Jazz ja auch in den Programmen der Mittelwelle zu hören). Ich glaube, gerade diese Bilanz ist für einen Rundfunkmann besonders befriedigend, bedeutet sie doch und bestätigt sie (und nur deshalb ist hier davon die Rede), daß durch Radio-Sendungen genau das möglich ist, was heute so oft bestritten wird: nämlich junge Menschen von dem Gedudel der Schlagermusik, das so viele von ihnen von Anfang an für jede Form anspruchsvollerer Musik verdirbt, fortzuziehen und ihnen eine höhere musikalische Sensibilität zu vermitteln, möglicherweise – wie die vorgetragenen Beispiele beweisen – ihren ganzen Lebensweg dadurch zu beeinflussen.

Ich weiß aus Gesprächen mit Kollegen – den älteren unter ihnen, die dieses Geschäft schon lange betreiben –, daß fast jeder von ihnen eine Reihe bekannter Musiker nennen kann, die darauf hinweisen: »Ohne die Jazzprogramme dieses oder jenes Senders wären wir nicht das geworden, was wir heute sind.« Und ich meine, man kann diesen Punkt nicht stark genug betonen in einer Zeit, in der es zur Bequemlichkeit und zum geistigen Alibi vieler Programm-Macher gehört, daß sie – mehr oder minder entschuldigend – sagen: man könne durch die musikalischen Programme des Rundfunks ja doch niemanden erziehen, folglich sei es das Beste, den Leuten zu geben, was sie wollen, und die sich mit diesem Argument auf den niedrigsten Geschmacksstandard einpegeln; in einer solchen Zeit bedeutet die eben geschilderte Erfahrung, daß dieses Argument einfach nicht stimmt. Man kann erziehen, auch und gerade im musikalischen Bereich. Und *weil* man es kann, *muß* man es auch.

Im »Jazz-Podium«, der deutschen Jazz-Zeitschrift, gibt es in jeder Nummer Aufstellungen, aus denen die Anzahl der Jazzsendungen hervorgeht, die die deutschen Sender monatlich ausstrahlen. Danach steht der Südwestfunk mit 51 Sendungen – in einem beliebigen Monat des Jahres 1976 – an der Spitze, gefolgt vom Norddeutschen Rundfunk mit 44 Programmen, dem Südfunk mit 31, dem Hessischen Rundfunk mit 28 (mehr als die Hälfte davon allerdings nach 22.00 Uhr!), Radio Bremen 26, WDR 19, Rias Berlin 16 (davon allerdings nur 4 vor 22.00 Uhr!) und dem Bayerischen Rundfunk mit 12 Sendungen pro Monat, diese 12 allerdings – wie auch die der anderen Sender, bei denen ich nicht ausdrücklich darauf hinwies – über die wichtigsten Hör-Perioden des Tages verteilt.

Wenn man bedenkt, daß die Jazzfreunde nur eine, wenn auch geistig und musikalisch besonders aktive Minderheit bilden, dann spricht die große Anzahl dieser Sendungen dafür, daß sich bei den Programmdirektoren im Laufe der sechziger Jahre in wachsendem Maße die Meinung durchgesetzt hat, daß die Pflege von Minoritäten eine der vornehmsten Aufgaben des Radios ist. Immer hoffnungsloser ist ja die Situation derer geworden, die Rundfunk für alle machen wollen und dann plötzlich feststellen müssen, daß sie Rundfunk für niemanden mehr machen. Immer erfolgreicher wurden diejenigen, die sich an dezidierte Minoritäten wenden. Immer offensichtlicher wurde, seit es das Fernsehen gibt, daß der Rundfunk in erster Linie auf dem Felde der Minoritäten echte Entwicklungen auslösen oder doch wenigstens beeinflussen kann. Immer deutlicher wurde den Programm-Machern, daß selbst Einschaltquoten, die auf den ersten Blick beängstigend niedrig erscheinen, eine ungeheuer große Anzahl von Menschen erfassen. Um ein Beispiel aus der Arbeit des Südwestfunks, die ich besonders gut überblicke, zu geben: Selbst dann, wenn die meist anfechtbaren Untersuchungen des Infra-Testes eine Einschaltquote von nur zwei Prozent ausweisen, dann sind diese zwei Prozent, gemessen an der Gesamtzahl der erfaßbaren Hörer, immerhin 54000 Menschen, eine Menge, wie sie kein Festival und kein Konzert, keine politische Kundgebung und überhaupt kein anderes Ereignis in auch nur annähernd vergleichbarer Konzentration und Regelmäßigkeit Woche für Woche, Tag für Tag erreichen kann.

Mindestens seit der zweiten Hälfte der fünfziger Jahre fällt der Jazz für die Intendanten, für die Programmdirektoren, gelegentlich sogar für die Gremien in einen Bereich, den man als den »kultureller Verantwortlichkeit« abstecken darf. Ähnlich wie ja auch die Entwicklung der modernen Konzertmusik nach dem Krieg in Deutschland nicht denkbar ist ohne die Arbeit der Rundfunkanstalten, so ist auch der Jazz nach dem Kriege in Deutschland nicht vorstellbar ohne Radio. Dieses Verantwortungsgefühl, so nebelhaft es sein mag, wurde mehrfach deutlich, am eindrucksvollsten wohl 1964, als sich bei der Gründung der Berliner Jazztage auf Initiative des Intendanten von Bismarck vom Westdeutschen Rundfunk und des Programmdirektors Lothar Hartmann vom Südwestfunk alle ARD-Anstalten verbanden, um dieses Festival zu übernehmen und dadurch zu ermöglichen.

Nur infolge dieser Unterstützung durch die ARD konnten die Berliner Jazztage – damals allein, heute neben Montreux – zum einflußreichsten europäischen Jazz-Festival werden. Erst wenn man sich vergegenwärtigt, daß derartige Gemeinschaftsunternehmen der deutschen Sendeanstalten relativ selten sind, daß sie beschränkt blieben etwa auf die Olympischen Spiele oder die Fußballweltmeisterschaften, im kulturellen Bereich vielleicht auf Salzburg und Bayreuth, erst dann kann man

diese Unterstützung der Berliner Jazztage durch die Gesamt-ARD recht würdigen.
Ich habe versucht, Jazz zu sehen, wie Walter Jens in seiner vielzitierten Festrede zum 75. Jubiläum des Deutschen Fußballbundes den Sport sieht. Jens fordert den Widerruf der These: »Sport ist ein Element, das fern der Politik im Wolkenkuckucksheim angesiedelt ist . . .« Er sagt, wir alle müßten den Ideologiecharakter einer Sentenz durchschauen, die da behauptet: »Sport ist eines, Politik ein anderes. Auch der Sport hat, konkret wie er ist, seine Geschichte und seinen Gesellschaftsbezug . . .« So auch der Jazz.
Im Zusammenhang mit den Ausführungen über die Situation des Jazz in der Nazi-Zeit und in autoritären und illiberalen Gesellschaftssystemen habe ich zu zeigen versucht, was Jazz ausdrucksmäßig in der Geschichte des deutschen Rundfunks bedeutet hat und – nur deshalb wurde hier davon geredet – auch weiter bedeutet.
Die Reichhaltigkeit der Jazzlandschaft am deutschen Rundfunk ist freilich nur ein Ausschnitt aus der Reichhaltigkeit des gesamten kulturellen Angebots der deutschen Sender. Das Angebot ist zwangsläufig ein Resultat der Organisationsform und deshalb, recht besehen, gar nicht so sehr das Verdienst einzelner Persönlichkeiten. Diese Struktur, zu deren innerstem Gesetz es geradezu gehört, Reichhaltigkeit zu produzieren, ist seit einigen Jahren in wachsendem Maße in Gefahr, weil sie – außerhalb und innerhalb der Funkhäuser – in die Hände von Politikern geriet und weil Politiker in immer stärkerem Maße über das, was im Rundfunk geschieht, entscheiden, obwohl ja die Staatsverträge, die der Arbeit der Anstalten zugrunde liegen, dies ausdrücklich verbieten. Eine Bilanz etwa der Geschichte des Hörspiels am deutschen Rundfunk oder der klassischen Musik oder der modernen Konzertmusik würde einen ähnlichen Reichtum zeigen. Kein derartiger Überblick darf deshalb ausklingen ohne die Mahnung, den Boden, auf dem all diese Künste in so erstaunlicher Fruchtbarkeit gedeihen, weiterhin fruchtbar zu halten. Und das kann nur bedeuten, ihn denen zu entziehen, die bereits angefangen haben und – wie mir scheint – weit darin fortgeschritten sind, ihn für Hörer und Zuschauer – und auch für uns, die Programm-Macher – unfruchtbar zu machen. Der Jazz, seine Geschichte, seine Entwicklung am deutschen Rundfunk ist dafür im Grunde nur *ein* Indiz unter anderen, wenn auch, wie mir scheint, ein besonders charakteristisches.

Jazz und Fernsehen

I.

Wir alle, die wir diskutieren, ob Musik ins Fernsehen gehöre, unterliegen einer Bewußtseinsspaltung: der Spaltung zwischen Akustischem und Optischem. In den sechzig Jahren, die verflossen sind, seit Rundfunk und Schallplatte beherrschende Faktoren unseres Musiklebens geworden sind, ist es zu einer Abstraktion des Optischen vom Akustischen gekommen, die Gespaltenheitsmomente in sich trägt. Vorher – vor diesen sechzig Jahren – war jahrhunderte-, jahrtausendelang, so weit man sehen und zurückdenken kann, Musik gar nicht denkbar, ohne daß man sah, wie sie gemacht wird.
Ob die Soldaten durch die Stadt marschieren und die Mädchen die Fenster und die Türen öffnen, weil sie, sobald sie Musik hören, auch sehen wollen, woher sie kommt, ob ein Neger in seinem Urwalddorf zu trommeln anfängt und sofort das ganze Dorf zusammenströmt, um nicht nur zu hören, sondern auch zu sehen, wie da getrommelt wird, ob – in einer ganz anderen Welt – selbst bei den anerkanntesten Kritikern, die etwa über Tartini oder über Paganini berichteten, das Erscheinungsbild dieser Musiker breiten Raum einnimmt und bei der Deutung ihrer Musik eine Rolle spielt, ob es sich überhaupt und solange wir von Konzerten wissen, von selbst versteht, daß Musik nicht nur gehört, sondern die Musiker auch gesehen werden müssen . . . oder ob in heutiger Zeit fast so etwas wie ein kleiner musikalischer Auszug von Deutschland nach Holland einsetzte, als es möglich wurde, einen Pianisten wie Rubinstein seit langer Zeit zum ersten Mal wieder nicht nur zu hören, sondern auch zu sehen, obwohl seine Platten in jedem Plattenladen gekauft werden können: immer ist das echte musikalische Erlebnis ein totales Erlebnis gewesen, von dem das Sehen nicht ausgeschlossen werden kann.
Von Strawinsky stammt das Wort, daß niemand eine Musik richtig verstehen könne, der nicht sähe, wie sie gemacht wird. Strawinsky hat das nicht im Hinblick auf das Fernsehen gesagt, aber er sagte es in einer Zeit, in der Rundfunk und Schallplatte »weltumspannende Mächte« wurden. In dieser Zeit, in den knapp sechzig Jahren, seit das geschehen ist, haben wir die Optik so sehr von der Akustik abstrahiert, daß heute kaum noch jemand in der Lage ist, das Kuriosum zu empfinden, das in

Diskussionen darüber liegt, ob Musik ins Fernsehen gehöre oder nicht. Läge doch nach allem, was Musik in unserer Kultur bedeutet, die Frage näher, warum denn Musik beileibe nicht ins Fernsehprogramm gehören solle und wie es denn unter dem Einfluß von Rundfunk und Schallplatte zu einer so gründlichen Spaltung des Akustischen vom Optischen kommen konnte, daß wir kaum mehr zu wissen scheinen, wie es vorher gewesen ist.
Musik also gehört ins Fernsehen. Sie gehört zumal ins Fernsehprogramm eines Volkes, das einige seiner größten Leistungen gerade in der Musik geschaffen hat. Einer Statistik, die in Amerika veröffentlicht wurde, entnehme ich, daß der Prozentanteil musikalischer Fernsehprogramme in keinem Lande der zivilisierten Welt niedriger ist als in Deutschland. An dieser Stelle beginnt eine mögliche Musikfeindlichkeit des Fernsehens oder des Fernsehpublikums einen banausischen Beigeschmack zu gewinnen.
Gewiß, der Prozentanteil musikalischer Programme brauchte nicht durchaus die Höhe des japanischen Fernsehens zu erreichen, wo Beethoven-Konzerte nicht nur beim Staatlichen Fernsehen NHK, sondern auch bei privaten Gesellschaften wie TBS oder NTV Massenereignisse sind, zu besten Sendezeiten gesendet, mit hohen Einschalt- und Testquoten, aber er sollte doch zumindest französischen oder italienischen Verhältnissen entsprechen, wo repräsentative Sinfoniekonzerte im Fernsehen längst nicht so große Wagnisse bedeuten wie bei uns und wo Aufführungen anspruchsvoller Opern bei Popularitätsumfragen auch dann einen akzeptablen Bewertungsindex erzielen, wenn die Opernsänger nicht von Schauspielern »gedoubelt« werden.
H. H. Stuckenschmidt wies vor Jahren bei einer Münchner »Intertel«-Tagung über das Thema »Musik im Fernsehen« darauf hin, welche ungeheuren Möglichkeiten das Fernsehen habe, ein Publikum zu erreichen, das sonst nahezu nichts von guter und von großer Musik erfahren würde. Er sagte, selbst wenn es vielleicht nur fünf Prozent Fernseher gäbe, die eine anspruchsvolle Musikdarbietung erwarteten, dann habe das Fernsehen diesen fünf gegenüber genau die gleiche Verpflichtung wie gegenüber den fünfundneunzig Prozent, die etwas anderes wollten. Minoritäten sind keine »quantités négligeables«, denn die Masse ist eine Summe aus Minoritäten. Der »Durchschnittsfernseher« ist eine Fiktion, und für Fiktionen macht man keine Programme.
Also nochmals: Musik gehört ins Fernsehen. Das Problem beginnt dort – und erst dort –, wo gefragt wird: welche Musik?

II.

Wer einmal versucht, über fünf, sechs Jahre hinweg die wenigen starken und bleibenden Fernseheindrücke »zusammenzukratzen«, bemerkt schnell, daß diese Eindrücke stets – in welchem Bereich auch immer – von interessanten Persönlichkeiten, von einzelnen Menschen ausgegangen sind. In der Anonymität des technischen Apparates gelingt es zuerst einmal der Persönlichkeit – das Wort kommt ja von »per-sona« (= durch den Sound) – »durchzutönen« und durchzudringen.
Immer wieder hat sich gezeigt: Wenn der Mensch, der da auf dem Bildschirm erscheint, wesentlich und interessant ist, wenn er etwas tut, das ihm wichtig ist – wichtig in dem Sinne, daß er tut, was er tun muß, um seinem Leben Sinn zu geben –, dann fallen alle technischen Mätzchen ab, und nichts bleibt als das, was den Menschen nach allem immer noch am meisten interessiert: der Mensch.
Diese Grundtatsache des Fernsehens gilt für alle Bereiche. Also auch für die Musik. Deshalb wird es nicht unbedingt einen bleibenden Eindruck hinterlassen, wenn auf dem Bildschirm zwei Dutzend Geiger eines Orchesters erscheinen, von denen jeder »homogen und präzise« das gleiche wie sein Vorder- oder Nebenmann spielt. Hier verdoppelt sich die Anonymität des Orchestermitgliedes durch die Anonymität des Apparates »Fernsehen«. Wo immer wir hervorragende Sendungen mit großer symphonischer Musik gesehen haben, war es die Einzelpersönlichkeit des Dirigenten, die uns über den Bildschirm erreichte. Musterbeispiel: Ferenc Fricsays Probenarbeit. Oder Karajans Verdi-Requiem. Oder in den USA: die Faszination Leonard Bernsteins und Boulez'.
Als die Callas vor Jahren im NDR-Fernsehen sang, gelang etwas, was keiner Langspielplatte und keiner Rundfunksendung gelungen war, und dabei entsprach sie in dieser Sendung bei weitem nicht ihren früheren Standards: All die Geschichten von Onassis und den Yachten im Mittelmeer, von Skandalen und Skandälchen, all das, was Illustrierten und Magazine meinen, wenn sie »Callas« sagen, fiel ab und übrig blieb: eine Frau im Dienst ihrer Kunst, jede Faser ihres Körpers, jede Linie ihres Gesichtes, jede Bewegung ihrer Hände geprägt von dieser Kunst.
Von dieser Art sind die bleibenden musikalischen Eindrücke des Fernsehens. Bei Mahalia Jackson konnte der Norddeutsche Rundfunk es wagen, während der ganzen Sendung fast nichts zu zeigen als das Gesicht der großen, inzwischen verstorbenen Spiritual- und Gospel-Sängerin. Es war eine Sendung, die allen Spielregeln des Fernsehens widersprach, und gleichwohl war sie wirksamer als manch großangelegtes Programm mit »blue box« und aufwendigen Dekorationen. Die Ex-

pressivität, die geistige und geistliche Ausdrucksgewalt der Jackson kam so ungebrochen über den Bildschirm, daß selbst der Pop-Fan sie gespürt haben muß.
Gerade bei Mahalia Jackson wurde deutlich: Je weniger ein Musiker die Musik eines anderen interpretiert, je unmittelbarer er seine eigene Musik gestaltet, je stärker das, was er tut, Ausdruck seiner eigenen und nicht einer anderen Persönlichkeit ist, um so großartiger ist die Wirkung. Das ist der Grund, aus dem der Jazz, mehr als andere Musik, ins Fernsehen gehört.
Der Jazzmusiker improvisiert. Er spielt seine eigene Musik. Die Strecke zwischen seiner Persönlichkeit und seiner Musik – die eigentliche »Durststrecke« aller musikalischen Fernsehprogramme – ist kürzer als bei der meisten anderen Musik. Wer das Gesicht des improvisierenden Jazzmusikers sieht, erfährt, wie Musik entsteht – nicht die Musik eines anderen, sondern die Musik dessen, den er sieht: Der etwas tut, was ihm in diesem Augenblick wichtiger ist als alle Dinge der Welt, mit dem ganzen Einsatz all seiner Mittel. Das, wie gesagt, *ist* Fernsehen, das interessiert das Fernsehpublikum: Der totale Einsatz eines Menschen, seine völlige Identifikation mit dem, was er tut. Fast alle erfolgreichen Fernsehprogramme weisen dieses Charakteristikum auf.
Deshalb braucht Jazz keine oder kaum Dekorationen. Weil sie ablenken von dem Menschen, der da spielt. Deshalb brauchen die Sendungen mit den Schlager-Stars und -Sternchen der deutschen Pop-Musik so viel Dekoration, so viel Aufwand an Blenden, Farben und »blue box«: Weil deren Persönlichkeit nicht stark genug ist, weil der Fernsehzuschauer etwas braucht, das ihn ablenkt von der Mediokrität der Persönlichkeit dessen, der sich da strapaziert.
Deshalb war es solch ein Skandal – von Hunderten musikverständiger Menschen so empfunden, von ihr selber mit Tränenausbrüchen quittiert –, als das Fernsehen vor Jahren die große brasilianische Sängerin Elis Regina präsentierte: mit all den Mätzchen und billigen Tricks, mit denen schnulzensingende Mädchen auf unseren Bildschirmen erscheinen, die aber einer wirklichen Persönlichkeit unangemessen sind.
Etwas Weiteres kommt hinzu – und ist andeutungsweise bereits deutlich geworden: Jazzmusik wird aus einem viel stärkeren Körpergefühl heraus musiziert als »Klassik«. André Hodeir, der bedeutende französische Jazzkritiker, hat darauf hingewiesen, daß die Leistungen des amerikanischen Negers in zwei Bereichen überragend sind: in der Musik und im Sport. Und er vermutet, daß zwischen beiden ein Zusammenhang besteht. Weil der Einsatz so stark ist, so bedingungslos, deshalb sind Jazzmusiker im allgemeinen um Jahrzehnte früher verbraucht als Musiker der klassischen oder der Unterhaltungsmusik. Von Buddy Bolden in der Entstehungszeit des Jazz über Bix Beiderbecke in den zwanziger und Fats Navarro in den vierziger Jahren bis Booker Little in

den sechzigern ist die Geschichte der großen Jazztrompeter eine Geschichte von Musikern, die sich – im buchstäblichen Sinne – zu Tode geblasen haben.
Jazzfreunde und jazzgeneigte Zuhörer haben den Zusammenhang zwischen dem Körperlichen und dem Musikalischen schon immer empfunden. Deshalb das große Interesse an Jazzbildbänden, Bildkalendern und Bildbeilagen in Jazzbüchern und Jazz-Zeitschriften. Wer Jazzfotos betrachtet, empfindet sofort, daß die Faszination durch sie von gänzlich anderer Art ist als das Interesse der Schlager-Fans an Starfotos. Jazzfotos sind intensiver fotografiert als Starfotos. Sie haben den Moment einzufangen, in dem aus der gespannten Beziehung zwischen Instrument und Körper Musik entsteht. Das Interesse der Jazzfreunde daran, ihre Musiker spielen zu sehen, ist so legitim, wie nur irgendein mit einem künstlerischen Vorgang verbundenes Interesse legitim sein kann: es dient dem Verständnis.

III.

Auf der oben erwähnten Münchner »Intertel«-Tagung tauchte der Verdacht auf, daß der Regisseur den Fernsehzuschauer und Fernsehzuhörer »vergewaltigen« könne: Er lenke das Interesse auf Dinge, die nicht unbedingt die sein müßten, die der Zuschauer gerade zu sehen wünsche. Er zeige beispielsweise die Melodie-Instrumente, während dieser oder jener Zuschauer daran interessiert sein mag zu sehen, wie die Pizzicato-Figuren des begleitenden Basses entstehen. Oder er zeige den Dirigenten, während der Solist sich gerade auf die Solokadenz vorbereite, was zu sehen oft mindestens genauso interessant sei wie das Spielen dieser Kadenz. Kein Zweifel: Das ist ein bedenkenswerter Einwand, aber er betrifft nicht bloß die Musik im Fernsehen, sondern das Fernsehen selbst. Bei jedem Fernsehspiel, bei jeder Dokumentation und jeder Fernsehreportage setzt der Regisseur oder Kameramann Akzente, die nicht unbedingt diejenigen sein müssen, die »der« Zuschauer setzen würde. Der Vorgang ist kein vergewaltigender, sondern ein interpretierender. In mancher Hinsicht liegt er auf der gleichen Ebene wie die anderen Interpretationsvorgänge, die es in der Musik gibt: des Dirigenten, des Solisten . . .
Musikregie im Fernsehen ist interpretatorisch auch in dem Sinne, in dem Tonregie bei der Aufnahme einer Schallplatte oder eines Rundfunk-Orchesters interpretatorisch ist. Man weiß: Ein Toningenieur kann eine ganze Sinfonie verändern, wenn er nicht versteht – oder verstehen will–, was der Dirigent will. Er kann einer Furtwängler-Interpretation Glanzlichter à la Toscanini aufsetzen, und es bleibt wenig übrig von dem, was Furtwängler gewollt hat. Trotzdem ist das kein

Grund, Plattenaufnahmen oder Rundfunkkonzerte abzulehnen. Es ist ein Grund, nach musikverständigen Technikern zu verlangen. In demselben Sinne braucht das Fernsehen musikverständige Regisseure. Unter denen, die wir haben, gibt es einige wenige, die durchaus ihren eigenen Stil und ihre eigene »Interpretation« entwickelt haben, mit jedem Bild, mit jeder Einstellung, jedem Lichtakzent der Musik dienend, aber doch auf eine Weise, die deutlich getragen wird von ihrem persönlichen Verhältnis zu dem betreffenden Stück, dem betreffenden Stil, dem betreffenden Ensemble oder Solisten – genau wie das bei jedem anderen Interpreten der Fall ist.
Häufiger freilich gibt es das Gegenteil: Die völlige musikalische Verständnislosigkeit des Fernsehregisseurs und überhaupt der Fernsehleute. Die wenigen, die ich erwähnte, gibt es fast nur in der »Klassik«. Dort ist es relativ einfach. Man hat seine Partitur, arbeitet sie zu Hause durch, zeichnet sich Kamerawechsel und -positionen, Schnitte und Blenden ein und arbeitet danach. Allerdings: Unser Fernsehen ist so geartet, daß es sich keinesfalls von selbst versteht, daß ein musikaufzeichnender Regisseur Partituren lesen können muß.
Schwieriger ist es bei improvisierter Musik – vor allem beim Jazz. Denn hier, wo es keine Partituren gibt, wird es notwendig, daß der Regisseur »mitempfindet«, als sei er selber ein Musiker. Die improvisierenden Musiker spüren das: wann ein Solo zu Ende geht, wer zweckmäßigerweise mit dem nächsten Solo folgen sollte, wann ein arrangierter Teil folgen wird, wo sich möglicherweise eine Kollektivimprovisation entwickelt und wo am Schluß dann wieder – dem Anfang entsprechend – das Thema einsetzt. Es ist nicht schwer, dies zu erspüren. Und doch kenne ich in Deutschland kaum einen Regisseur, der es könnte und seine Kameraleute ein paar Takte voraus jeweils »vorprogrammiert«.
Die Regisseure – und überhaupt die Fernsehleute – scheinen auch gar keinen Wert darauf zu legen. Sie sind, ihrem Medium entsprechend, in erster Linie sehende Menschen und können sich deshalb nur schwer in die Wünsche des hörenden Zuschauers hineinversetzen. Man muß einmal in den Regieräumen dabei sein: die Regisseure nehmen in erster Linie die Bilder ab, die ihnen »gut« oder effektvoll erscheinen, und erst in zweiter Linie – und oft genug gar nicht – diejenigen, die musikalisch notwendig und sinnvoll sind. Wenn sie aber nicht einmal unter dem, was ihre Kameraleute ihnen anbieten, die richtige Auswahl treffen können, wie sollen sie dann ihrerseits die Kameraleute musikalisch-logisch lenken können?
Nur selten beobachtet man – was sich doch bei Jazzaufzeichnungen in den USA, in Japan, Skandinavien längst von selbst versteht–, daß sich die Fernsehleute vorher bei den Musikern informieren und sich den Ablauf eines Stückes doch wenigstens graphisch skizzieren.

Bei den Berliner Jazztagen entstehen in jedem Jahr rund fünfzehn Fernsehprogramme; insgesamt gibt es über die Jahre hinweg bereits fast zweihundert Jazztage-Sendungen, und doch stimmen die Kenner überein: Allenfalls zwanzig davon sind geglückt. Die anderen werden lieblos, schnell und unvorbereitet aufgezeichnet, ohne das geringste Jazzfeeling.
Das Schlimme ist: Mit diesen Sendungen deckt die ARD neunzig Prozent ihres Jazzbedarfs, ja, sie hat sich in manchen Jahren damit das geschaffen, was sie ihre »Jazzhalde« nennt: einen Überhang an Jazzproduktionen, der dazu geführt hat, daß sorgfältig vorbereitete und gearbeitete Sendungen schon deshalb nicht mehr gemacht werden können, weil erst einmal die Berliner »Halde« abgetragen, das heißt gesendet werden muß, wie gut oder schlecht diese Sendungen immer sein mögen; beurteilen kann das von denen, die das Sagen haben, ohnehin keiner; wie gesagt, man hält es nicht für wichtig.
Als dieser Beitrag, wenige Monate vor Erscheinen des Buches, vom »epd« vorabgedruckt wurde, entwickelte sich eine engagierte Diskussion, in deren Verlauf Dieter Finnern – der beim SFB für die Aufzeichnung der Jazztage zuständige Hauptabteilungsleiter – die unbefriedigenden Verhältnisse, unter denen in Berlin gearbeitet werden muß, anschaulich schilderte. Diese Verhältnisse bestehen bei den Jazztagen seit 12 Jahren. Ich frage mich, wie lange es noch weitergehen soll, daß der größte und finanzstärkste europäische Fernsehverband den größten Teil seines Jazzbedarfes unter Bedingungen deckt, die zwangsläufig zu unbefriedigenden Sendungen führen müssen?
Ein Fernsehspiel- oder Unterhaltungsregisseur, der in einer derartigen Situation arbeiten müßte, würde dies allenfalls zwei- oder dreimal versuchen und dann entweder auf radikale Änderung der gegebenen Verhältnisse drängen oder die weitere Mitarbeit ablehnen. Daß dies beim Jazz nicht geschieht, beweist einmal mehr, wie stiefmütterlich diese Musik von der ARD behandelt wird.
Wenn die Aufzeichnungsbedingungen in Berlin – und ähnlich übrigens auch beim Frankfurter Festival – noch lange weiterakzeptiert werden, dann wird sich die ARD – und neuerdings leider auch das ZDF – den Verdacht gefallen lassen müssen, daß ihr die Verhältnisse gar nicht so unlieb sind. Sie gestatten ihr nämlich, das ohnehin ungeliebte Kind Jazz mit einem Minimum an Zeit- und Geldaufwand zu »erledigen« (im wörtlichen und im übertragenen Sinn)! Man bedenke doch: da werden etwa fünfzehn meist 45- bis 60-minütige Sendungen in fünf Tagen (!) produziert: also in einer Zeit, in der die bis dato renommierteste Fernseh-Jazz-Crew – die CBS-Leute vom »Sound of Jazz« in New York – nicht einmal eine einzige Sendung schaffen würde! Wer gar zu billig arbeiten will, bekommt am Ende eben auch billige Ergebnisse.
Ich habe Regisseure erlebt – gerade auch bei den Berliner Jazztagen –,

die von den Musikern, die sie da aufzeichneten, noch nie etwas gehört hatten. Schließlich verlangt man auch in anderen Bereichen, daß ein Regisseur sich auf einen Autor, einen Schriftsteller etc. entsprechend vorbereitet, und man wählt die Regisseure unter dem Gesichtspunkt aus, daß sie ein »feeling« für den betreffenden Autor besitzen.
Wie unpersönlich und auswechselbar, mit wie wenig Vorbereitung und Kenntnis der aufzuzeichnenden Musik bei derartigen Festivals gearbeitet wird, dafür ist Christian Goes – einer der Kameraleute, die bei den Aufzeichnungen der Berliner Jazztage mitwirken – ein Kronzeuge. In der oben erwähnten epd-Diskussion schrieb er wörtlich über die dort arbeitenden Fernseh-Regisseure: »Kenner konnten keinerlei Unterschiede feststellen, ob Herr ›Schnurzel‹ oder Fräulein ›Purzel‹ da auf die ›Knöppe‹ drücken ließ.«
Ich kenne einen Jazzmacher am Deutschen Fernsehen, der es doch – wenn sein Bild einmal nicht den musikalisch gegebenen Voraussetzungen entspricht – tatsächlich für legitim hält, hinterher den Ton zu manipulieren, damit das Bild dann eben trotzdem stimmt! Die Selbstherrlichkeit der Fernsehleute wird gerade an diesem Beispiel ernüchternd deutlich!
Wenn Karajan eine Beethoven-Symphonie dirigiert und das Fernsehen etwa einen Oboisten oder Waldhornbläser im Bild hat, würde kein Fernsehregisseur es wagen, den Ton der Oboe oder des Waldhorns »hochzuziehen«, um auf diese Weise – dies der einschlägige Ausdruck – »das Bild zu unterstützen«. Beim Jazz aber glaubt man, dies tun zu dürfen. Denn kaum einer der Fernsehleute, die da arbeiten, ist von dem Wunsch durchdrungen, der Musik zu dienen; sie meinen im Gegenteil: der Ton diene »ihren« (!) Bildern.
Es klang bereits an: Jazz ist nicht nur ergiebiger für das Fernsehen – weil er ein totaleres Engagement des spielenden Musikers involviert –, er ist auch sehr viel schwieriger aufzuzeichnen als etwa klassische Musik. Wieviel schwieriger, das wird gerade am Beispiel Klaus Lindemanns, eines der renommiertesten deutschen Musikregisseure, deutlich. Viele seiner Klassik-Produktionen sind glänzend. Aber im Jazz verfährt er – wie viele seiner Kollegen – nach dem Prinzip, in möglichst kurzer Zeit möglichst viele Einstellungen zu zeigen, in der Hoffnung, daß unter den Dutzenden von Bildern, die den Zuschauer da oft geradezu erschlagen, möglicherweise auch das eine sein mag, das in diesem Augenblick allein richtig ist (und das, wenn überhaupt, allenfalls für Sekunden erscheint).
Als Ali Akbar Khan und John Handy auf den Berliner Jazztagen 1972 ihre meditative, gedankenreiche, ruhige Musik spielten, da hätte man doch wohl erwarten können, daß auch die Bildregie des Fernsehens bemüht gewesen wäre, durch die Bilderfolge Ruhe und Meditativität zu vermitteln. Das Gegenteil war der Fall: eine sich überstürzende Bil-

derflut, die den Zuschauer buchstäblich »sehkrank« werden ließ. Als die fünfundvierzig Minuten vorbei waren, hatte man nicht einmal genauer erkennen können, wie denn Instrumente, die für unsere Breiten immerhin so selten sind wie das indische Sarod oder die Tabla-Trommeln, aussehen, gespielt werden, funktionieren.

Und als auf dem Frankfurter Jazz-Festival 1974 der Keyboard-Spieler Kristian Schultze in der Klaus Doldinger-Gruppe ein Solo spielte, verwechselte Lindemann ihn minutenlang mit dem ebenfalls an einem Keyboard sitzenden Klaus Doldinger, weil er nicht zu erkennen wußte, wer in diesem Augenblick der begleitende und wer der solistisch hervortretende Musiker war.

All dies sind keine mühsam zusammengesuchten Beispiele. Sie sind die Regel. Der englische Kritiker Richard Williams im »Melody Maker«: »In keiner Kunst, mit der sich das Fernsehen beschäftigt, gibt es so viel Gedankenlosigkeit wie beim Jazz im Fernsehen.«

Man mißverstehe mich nicht: Es ist möglich, auch bei Life-Konzerten befriedigende Fernseh-Sendungen zu produzieren. Nur eben: *produziert* werden müssen sie – und das geht nicht am laufenden Band, ein Dutzend Sendungen in ein paar Tagen. Wenn ein einzelnes Konzert unter sorgfältigen Vorbereitungen life aufgezeichnet wird, dann kann das durchaus zu bemerkenswerten Ergebnissen führen. Im übrigen aber gilt für den Life-Mitschnitt des Fernsehens das gleiche, was für den Life-Mitschnitt von Schallplatten gilt: Es ist Glückssache, und man fordert das Glück gar zu sehr heraus, wenn man glaubt, es würde einem gleich massenhaft – in vier Sendungen pro Tag! – beispringen.

Die oft postulierte Gleichung »Spontaneität des Jazz = Spontaneität der Fernseharbeit« kann nur einem naiven Gemüt entspringen. Sie ist längst durch vergleichbare Erfahrungen des Spielfilms widerlegt. Diese Gleichung bewirkt das Gegenteil dessen, was sie unterstellt. Je größer die »Spontaneität« – will sagen: die Unvorbereitetheit – der Fernsehleute ist, desto weniger kann die Spontaneität, auf die es allein ankommt – die nämlich der Musik –, eingefangen werden.

IV.

Das Problem endet nicht etwa damit, daß man sich fragt, ob man nun den Solisten zeigen soll, wenn er ein Solo spielt, oder ob es nicht gerade während dieses Solos interessant ist, zu sehen, wie die Gegen-Melodien und Harmonien des begleitenden Ensembles entstehen; im Gegenteil: dort beginnt es. Es gibt eine Dramaturgie der Musikregie, die genauso komplex ist wie die der Film- oder Fernsehspiel-Regie. Ja, sie ist komplexer, weil ihr das Wort als Brücke fehlt.

Was die Musik-Dramaturgie des Fernsehbildes – wenn sie je systema-

tisch geschaffen würde – begründen könnte, muß vorerst der musikverständige Regisseur unbewußt erfühlen. Die dienende, das Verständnis erleichternde Aufgabe der Fernseh-Musikregie muß sich auf alle musikalischen Dimensionen erstrecken. Zum Beispiel auf die Form.
Wenn ein Fernsehregisseur eine Blues-Improvisation über zwölf Chorusse hinweg im Rhythmus der dreimal vier Takte umfassenden Blues-Einheit schneidet und wenn ihm dafür die »richtigen« Bilder einfallen, dann kann dadurch die Blues-Struktur im buchstäblichen Sinne »sichtbar« werden. Aber das ist ein bewußt vereinfachtes Beispiel. Die Praxis ist komplexer. Denn niemand wünscht sich jeden Blues in viertaktige Wechsel »zerhackt«. Oft ist die emotionelle Form wichtiger als die strukturelle. Das Gesetz steigender und fallender Intensität – ein Form-Gesetz, das nicht minder wichtig ist als Blues- oder Lied-, sinfonische oder Rondoform – kann durch die Kamera auf so unmittelbare Weise sichtbar gemacht werden, daß es dem Zuhörer »wie Schuppen von den Augen fällt«. Nur muß man eben auch und gerade dann, wenn man die emotionelle Form sichtbar machen will, erst einmal die strukturelle verstehen. Ich habe noch nie gesehen, daß ein deutscher Fernsehregisseur Jazzformen nachempfindet, ja, daß er dem überhaupt irgendwelche Wichtigkeit beimißt.
Speziell im Jazz gibt es Musiker, deren Spiel man nirgendwo unter idealeren Umständen hören und sehen kann als im Fernsehen. Ein Beispiel – es gibt Dutzende ähnlicher: Wenn Max Roach, der Meister von Form und Struktur unter den Jazz-Drummern, ein Solo spielt, dann kann das Fernsehen diese Struktur »sichtbar« machen, indem es auch den Bildablauf strukturiert. Nur muß dazu der Regisseur wissen, wann er etwa die Toms und wann die Cymbals, wann Hi-Hat und wann Bass Drums zu zeigen hat. Versteht sich, er weiß es nicht. Statt dessen zeigt er ein wildes Wirrwarr, weil er in seiner Einfalt denkt, »Wildheit« sei das Charakteristikum eines Jazz-Drummers; wer Max Roach ist, weiß er ohnehin nicht, und die Forderung, daß er sich ein paar Roach-Platten mit nach Hause nehme und einpräge, grenzt bei der Arbeitsweise dieser Regisseure ans Vermessene.
Immerhin – um ein Gegenbeispiel zu geben: Wie Charles Mingus baßspielend seine Musiker »dirigiert«, wie er mit jedem von ihnen in Kommunikation steht – eine Beziehung, die kein Konzertbesucher je wirklich erfassen kann: das habe ich durchs Fernsehen verstehen gelernt (wenn auch nicht in einer deutschen Aufzeichnung). Darin liegt die Faszination, ja ein Sinn von Jazz im Fernsehen: eine solche intensive menschliche Beziehung, die andernfalls schlechterdings unverständlich bliebe, ohne Worte, ohne Theorie und Erklärung transparent werden zu lassen. Es sind solcherlei menschliche Dinge, die gerade das Publikum, das nicht zu den Jazz-Fans gehört, die Majorität also, interessieren. Mit ihnen ließe sich eine Zuschauerschicht gewinnen, von de-

ren Größe man sich kaum eine Vorstellung macht, und ich meine, das müßte doch für die Fernsehleute wichtig sein.
Jazz ist – ich denke, das ist deutlich geworden – »die« Fernsehmusik par excellence. Wenn diese Musik richtig und voller Verständnis im Fernsehen präsentiert wird, dann gibt es kein anderes technisches Medium, die Langspielplatte eingeschlossen, das stärker zu einem unmittelbaren und elementaren Verständnis beitragen kann als eben das Fernsehen. Jazz ist »optische Musik«. Es obliegt den Fernsehleuten, hier wie andernorts auch, diese optische Qualität zu erkennen und für ihre Zuschauer präzise und der Sache dienend, aus genauestem Musikverständnis, ohne das Was-kostet-die-Welt-Selbstbewußtsein dieser Branche sichtbar zu machen.

Jazz und moderne Konzertmusik

I.

Für viele von uns haftet der Geschichte der Beziehungen zwischen dem Jazz und der »E-Musik« eine Aura von Vergeblichkeit an: als seien die Partner, die hier miteinander verkuppelt werden sollen, gar zu verschieden voneinander. Ich meine, das ist doch ein paradoxer Befund: Einesteils hat sich fast jeder wichtige Komponist in der Geschichte der Neuen Musik mit dem Jazz auseinandergesetzt, aber andererseits sind die wirklich bedeutenden Werke der modernen Konzertmusik frei von jeglichen Jazzbezügen. Nichts am Schaffen Hindemiths, Ravels, Strawinskys, Kreneks und all der anderen ist heute so vergessen und überlebt wie ihre Bemühungen um den Jazz.
Es gibt an den Versuchen der E-Musiker, Jazz zu verwenden, und umgekehrt an denen der Jazzmusiker, E-Musik zu verarbeiten, etwas, was an Schönbergs – übrigens in einem genau entsprechenden Zusammenhang gefallenes – hübsches Wort erinnert: »Man lege hundert Hühnereier unter ein Adlerweibchen, und es wird unfähig sein, einen einzigen Adler auskriechen zu lassen.« Ja, man kann noch darüber hinausgehen und sagen: Sollte wenigstens ein lebensfähiges Küken ausschlüpfen, wird der Adler es wahrscheinlich fressen . . .
Und doch: der Flirt – nennen wir es ruhig einmal so – zwischen dem Jazz und der modernen Konzertmusik geht weiter; manchmal – leider nur selten – wird er zu einer erfreulichen, wenigstens eine Seite befriedigenden Liebesbeziehung, ohne aber je auch nur entfernt einer dauerhaften Vereinigung, gar – wenn ich im Bild bleiben darf – einer Ehe nahezukommen.
Dabei hatte es eigentlich – ganz zu Anfang – so ausgesehen, als ob es eine Ehe werden würde. Der Jazz und die moderne Konzertmusik sind ja etwa um die gleiche Zeit entstanden: in den Anfangsjahren dieses Jahrhunderts, als auch all die anderen Ideen geboren wurden, die unserem Jahrhundert ihren Stempel aufgedrückt haben. Die Komponisten dessen, was man heute E-Musik nennt, stürzten sich damals mit spürbarer Begeisterung auf den Jazz – oder allgemein: auf die schwarze Musik, Dvořák als erster in seiner »Symphonie aus der Neuen Welt«, Debussy in seiner »Childrens Corner« und in diversen Préludes, später dann Strawinsky in seinen Ragtimes und der »Histoire du Soldat«,

Hindemith in der »Klaviersuite 1922«, in »Neues vom Tage« und der Ersten Kammermusik, Kurt Weill in der »Dreigroschenoper«, Milhaud in der »Création du Monde«, Krenek in »Jonny spielt auf«, und so fort. Ansermet, der Schweizer Dirigent, hatte 1919 in der »Revue Romande«, nachdem er in Chicago Sidney Bechet gehört hatte, die Vision, daß dessen Musik – also nicht die moderne Konzertmusik – »vielleicht den Hauptstrom« bilden werde, der die »Musik dieses Jahrhunderts forttragen« werde.

Die Faszination, die aus alledem spricht, mag später ein wenig abgekühlt sein; latent ist sie – trotz aller Ablehnung durch die Kritiker – bis auf den heutigen Tag erhalten geblieben. Bedeutet sie doch – und darin liegt ihr eigentlicher Grund: Die Freiheit, die Vitalität, die Spontaneität des Jazz in die Ordnung, die Strukturiertheit und Geschichtsbezogenheit der Konzertmusik tragen – und umgekehrt: der Spontaneität des Jazz Form und Struktur im Sinne der europäischen Musiktradition geben. Dieses Problem der Freiheit in der Ordnung – und der Ordnung in der Freiheit – ist ja für einen schöpferischen Musiker eine unendliche, unerschöpfliche Aufgabe, ja, es ist überhaupt ein Grundanliegen jeglicher Kunst, so elementar, daß es – der »Aura der Vergeblichkeit« zum Trotz – die Musiker beider Bereiche seit nunmehr fast 80 Jahren immer neu motiviert hat, es doch noch einmal – und immer wieder *noch* einmal – miteinander zu versuchen. Wie gesagt: Sobald der Jazz nach Europa drang, im ersten Jahrzehnt unseres Jahrhunderts, begann dieser Prozeß auf der Seite der E-Musik. Und genauso umgekehrt: Schon der Musiker, den man als einzigen mit einiger historischer Berechtigung als den ersten aller Jazzmusiker bezeichnen darf, schon Scott Joplin, der »Vater des Ragtime«, versuchte sich an einer großen Oper: »Treemonisha«, 1908 vollendet und endlich 1975, fast 60 Jahre nach Joplins Tod, von Gunther Schuller aufgeführt.

Nur einmal in der ganzen Entwicklung von Ragtime bis heute setzte die Beziehung aus – und gerade das bestätigt die Motivation, von der ich gesprochen habe. Sie setzte nämlich aus in den fünfziger Jahren auf der Seite der seriellen Komponisten. Deren Musik war gar zu eng und genau determiniert, als daß für den Jazz – für das, was Jazz wirklich ausmacht – auch nur der geringste »Freiheitsspielraum« geblieben wäre.

II.

Ich habe von der »Aura der Vergeblichkeit« gesprochen. Ich möchte das verdeutlichen – und ich überspringe bewußt die frühe Geschichte der Beziehungen zwischen dem Jazz – oder allgemein: der schwarzen Musik – und der E-Musik.

Wolfgang Fortner sprach 1953 im Hinblick auf den Jazz von »einem

ungeheuren Aufbruch von Freiheit«, von einem »Die-Hand-Ausstrekken nach einem anderen Ufer«. Fortner schrieb damals für die Donaueschinger Musiktage seine »Mouvements« für Klavier und Orchester – mit einem Boogie-Woogie, der mir um so unvergeßlicher geblieben ist, weil der Komponist die Liebenswürdigkeit hatte, darauf hinzuweisen, daß dieser Boogie von einem Kapitel in der ersten Ausgabe meines »Jazzbuches« angeregt war. Für die zahlreich zusammengeströmten Jazzhörer klang, was der Solist Karl Seemann in Donaueschingen spielte, wie eine Karikatur – man sprach respektlos von »einem schülerhaften Versuch, Boogie zu spielen« –, aber aus umgekehrter Blickrichtung war es der intensivste, erregendste Boogie-Woogie, den bis dato ein Musiker der Konzertmusik geschrieben hatte.
Solcherart entgegengesetzte, ja diametral einander gegenüberstehende Blickrichtungen und Bewertungen ergeben sich ständig, wo Jazz und moderne Konzertmusik zusammengeführt werden, auch etwa in dem Stück für Saxophon und Kammerorchester »Dschen – das Erregende ist wie eine offene Schale«, das Hans Joachim Hespos 1968 unter dem Eindruck der Improvisationen des deutschen Free Jazz-Saxophonisten Peter Brötzmann komponiert hat. Obwohl Hespos die Free Jazz-Phrasen Brötzmanns gleichsam orchestral »spiegelt«, ergibt sich nirgendwo der Eindruck eines »Concertos«, eines konzertierenden Dialogs, weil die Kluft ziwschen den Intensitätslevels des Jazz-Saxophonisten einerseits und der Kammermusiker andererseits einfach unüberbrückbar erscheint.
Das, glaube ich, ist eine allgemeine Situation: Immer wieder sind E-Musik-Komponisten von der Intensität des Jazz beeindruckt, immer wieder ist es gerade diese Intensität, auf die es ihnen ankommt, aber was dann entsteht, ist zuerst einmal dadurch gekennzeichnet, daß keine nachvollziehbare Beziehung hergestellt werden konnte zwischen der Art von Intensität, die die Jazzmusiker mühelos erreichen, und jener so viel niedrigeren Intensitätsschwelle, die es in der E-Musik gibt.

III.

Bekanntlich sind es drei Elemente, durch die sich Jazz von europäischer Konzertmusik unterscheidet: Jazztonbildung, Improvisation und swing. Kein einziges dieser Elemente spielt in den Jazzbemühungen der modernen Konzertmusik eine spürbare Rolle. Die Tonbildung wird allenfalls imitiert und hört dadurch auf, das zu sein, was ihr allein Sinn gibt; sie ist nicht mehr persönlicher und letztlich unnachahmlicher Ausdruck des jeweils spielenden Musikers. Für Improvisation war zunächst überhaupt kein, später allenfalls ansatzweise Raum. Und die Fähigkeit, im Sinne des Jazz zu swingen, haben symphonische Musiker nun einmal nicht. Obwohl die Bemühung, ständig neue musikalische Spannungsmöglichkeiten zu finden, ein Grundzug der modernen Konzertmusik ist, findet sich in der ganzen Geschichte der neuen E-Musik kein Komponist, der bemerkt hätte, daß swing eine der elementarsten und kraftvollsten Spannungsmöglichkeiten ist, die es in der Musik – in jeglicher Musik – gibt. Ich gebrauche das Wort »bemerkt« mit Absicht, denn auch in dem, was auf der Seite der Konzertmusik über den Jazz *gesagt* worden ist, ist kein einziges Mal hiervon die Rede. Das aber wäre geschehen, hätte man es bemerkt, denn das Reden und Theoretisieren über Musik war und ist in allen Phasen der Entwicklung der modernen Konzertmusik bemerkenswert heftig. Was man gesehen hat, war entweder das Grundmetrum oder die rhythmische Vielschichtigkeit, nie aber deren Beziehung zueinander. Wo man ersteres sah und nachzugestalten versuchte, mißverstand man den Jazz als »Maschinenmusik«, wie in manchen Ragtimes der Konzertmusik in den zwanziger Jahren. Wo man letzteres sah, glaubte man, Jazz sei ein wildes, rhythmisches Chaos.

Was also die überwiegende Mehrheit der E-Musik-Komponisten am Jazz faszinierte, ist nicht das, was Jazz eigentlich ausmacht: Jazztonbildung, Improvisation, swing. Es muß etwas sein, was im Grunde gar nicht so kennzeichnend für den Jazz ist und was es offenbar ebenso gut in der populären Tanz- und Schlagermusik gibt. Immer wieder ist deshalb die Frage gestellt worden, ob die Komponisten der Konzertmusik den Jazz nicht für etwas ganz anderes gehalten haben, als er wirklich ist: ob sie ihn nicht mißverstanden. Ernst Krenek hat das – 1956 bei einer Kontroverse, die ich in der Zeitschrift »Melos« mit ihm hatte – selbst eingeräumt: »Es scheint, daß wir anno dazumal etwas zitierten, was wir in unserer Unschuld für Jazz hielten . . .«

So erklärt sich, daß man die Worte »Rag«, »Foxtrott«, »Boogie-Woogie« als Titel über zahlreiche Werke der Konzertmusik geschrieben hatte, während nur die kommerziellen, schlagerhaften Elemente des Ragtimes, des Fox und des Boogie verwendet wurden; die übrigen wurden nicht etwa »destilliert« und »verfremdet«, wie so oft gesagt wird, sie wurden gar nicht gesehen. So auch erklärt sich, worauf Leonard Bernstein hingewiesen hat: Jeder Durchschnitts-Amerikaner würde Strawinskys Ragtime aus der »Geschichte vom Soldaten« als »corny« empfinden; das entsprechende Wort der deutschen Musikersprache ist »zickig«: veraltet, unoriginell, schlagerhaft, kommerziell . . . So auch erklärt sich, warum die meisten Jazzverarbeitungen der Komponisten der E-Musik schnell wieder vergessen wurden, während das andere, was die betreffenden Komponisten geschrieben haben, nach wie vor auf den Konzertprogrammen steht.

Der bekannte Swing-Schlagzeuger Gene Krupa hat Anfang der vierziger Jahre in einer Ansprache an Stokowsky und Koussevitzky gesagt:

»Gentlemen, wenn Sie in Ihren Konzerten jemals ein Stück ansetzen sollten, das Jazz verarbeitet und Jazz-Passagen enthält . . . überlassen Sie die Ausführung nicht ganz und gar den regulären Mitgliedern Ihrer Orchester. Sie mögen höchst befähigte Musiker sein – aber *das* ist nichts für sie . . . Es gibt Musiker, meine Herren, die Jazz *fühlen* . . . Versuchen Sie es mit ihnen. Das ist der einzige Weg, Maestros, auf dem Sie herausfinden können, was Jazz Ihnen und der Welt zu bieten hat . . .«
Man darf bezweifeln, ob die Musiker der E-Musik so bombastische Worte beachtet haben – und doch geschah genau dies: Immer mehr Komponisten der E-Musik entschlossen sich, wenn sie schon Jazzklänge und Jazzrhythmen in ihren Werken haben wollten, diese auch von Jazzmusikern spielen zu lassen. Der erste, der diesen Schritt tat – mit sensationellem Erfolg –, war Igor Strawinsky in seinem für das Jazz-Orchester Woody Herman geschriebenen »Ebony Concerto«, 1946. Ihm folgte ein Jahr später Paul Hindemith mit seinem Klarinettenkonzert für Benny Goodman . . .

IV.

Ebenso zwangsläufig schien der nächste Schritt. Er basiert auf der Überlegung, daß, wenn man schon Jazz und moderne Konzertmusik zusammenführen wolle, es zweckmäßig sei, nicht nur die Jazz-Parts von Jazzmusikern, sondern – mit der gleichen Folgerichtigkeit – die symphonischen Parts von symphonischen Musikern spielen zu lassen. Das Werk, das diese Entwicklung auslöste, geht auf eine Idee zurück, die wir am Südwestfunk in Baden-Baden hatten. Es war das »Concerto für Jazzband und Symphonie-Orchester«, das Rolf Liebermann 1954 für das Orchester Kurt Edelhagen und das Südwestfunk-Orchester schrieb und das auf den Donaueschinger Musiktagen uraufgeführt wurde. Das Stück fand in Europa wie in den USA so zahlreiche Nachahmer und Nachfolger, daß diese Idee des »concerto-grosso-artigen« Konzertierens zwischen einem Jazz-Ensemble und einem Symphonieorchester inzwischen ein »alter Hut« auf den Abfallhalden der Unterhaltungsmusik geworden ist. Aber es fand auch Kritik – und zwar heftige. So professionell Rolf Liebermann für das Symphonie-Orchester zu schreiben verstand, so »dilletantisch« – so meinten die Jazzmusiker und Jazzkritiker – sei seine Schreibweise für die Big Band. Schon bei der Einstudierung des Concertos hatten die Edelhagen-Musiker gesagt, »der Mann« könne ja »nicht einmal eine ordentliche Baß-Linie schreiben«; er verwende »Saxophone, als ob es Klarinetten sind«.
Von nun an – und auch dieser Schritt erscheint wieder zwangsläufig – wurden es immer mehr Jazzmusiker und Jazzkomponisten, die die Ge-

schichte der Beziehungen zwischen dem Jazz und der Konzertmusik in die Hände nahmen. Denn jetzt, in den fünfziger Jahren, gab es eine neue Generation von Jazzmusikern. Sie waren nicht mehr Autodidakten, sondern hatten an den großen Musikhochschulen Amerikas studiert – was besagen will: von ihrem Gefühl her, ihrer Herkunft nach waren sie »Jazzmen«, viele von ihnen kamen aus den schwarzen Gettos, waren mit Blues, Rhythm and Blues und Gospel-Musik aufgewachsen, verstanden also zu swingen, Jazz-Sounds zu produzieren und jazzmäßig zu phrasieren und zu improvisieren, aber ihren Kenntnissen nach beherrschten sie nun auch die Geheimnisse der Konzertmusik, strengen Satz und Kontrapunkt, symphonische Form, schließlich auch Zwölftonmusik und serielle Techniken. Musiker wie Bill Russo, J. J. Johnson, John Lewis, Jimmy Giuffre, Bill Smith, George Russell, Dick Twardzik und zahlreiche andere gehören in diese Gruppe.

V.

Mitte der fünfziger Jahre wurde möglich, was vorher undenkbar war: ein Musiker, der so sehr in beiden Bereichen beheimatet ist, daß man ihn weder dem einen noch dem anderen allein zuordnen kann. Dieser Mann ist der amerikanische Komponist Gunther Schuller. Um die gleiche Zeit, um die er seine symphonische Schulung bei Dimitri Mitropoulos erhielt, erwarb er seine Jazzkenntnisse im Miles Davis Capitol-Orchester, bei John Lewis und den Musikern des Bebop und frühen Cool-Jazz. Schuller prägte den Begriff der »Third Stream Music«, der Musik des Dritten Stromes, in dem Konzertmusik und Jazz zusammenfließen. Und er schrieb die einschlägigen Werke dafür, etwa seine berühmt gewordene »Symphony For Brass And Percussion«, seine »Conversation« für Streichquartett und das Modern Jazz Quartet, seine »Night Music« und seine »Contrasts«.

Man sollte annehmen, daß, nachdem es nun endlich einen Mann gab, der in beiden Bereichen völlig zu Hause war, die Problematik, die all den diversen Liaisons zwischen dem Jazz und der E-Musik bis dahin innegewohnt hatte, zu einem »Happy-End« geführt werden konnte: daß aus den Flirts vielleicht doch noch eine dauerhafte Ehe würde. Leider war eher das Gegenteil der Fall, ja, jetzt zeigte sich um so deutlicher: je intensiver und fachkundiger, je systematischer und genauer man die beiden Partner zusammenführte, desto unverträglicher erwiesen sie sich.

Gunther Schullers »Contrasts« wurden 1961 auf den Donaueschinger Musiktagen aufgeführt. Schuller reagierte auf die für europäische Ohren vorbildliche Einstudierung durch Hans Rosbaud mit deutlichem Widerwillen. Er hat später erzählt, wie er überall in Europa beobachtet

habe, daß die europäischen Bläser einfach nicht in der Lage seien, die Blechbläser-Parts derartiger Werke mit einer dem Jazz auch nur von ferne angenäherten Intensität zu blasen. Es sei doch eigentlich schlimm – meinte er –, daß selbst ein so vorzüglicher Klangkörper wie das Südwestfunk-Orchester nicht zustande brächte, was in Amerika jedes provinzielle Symphonieorchester längst könne.
Kein Zweifel, Schullers Kritik war berechtigt. Die Kraft und das Feuer, die amerikanische Blechbläser in derartige Werke tragen, waren damals und sind auch heute noch in Europa unerreicht. Koussevitzky hatte schon vor Gunther Schuller darauf hingewiesen: In den USA hat fast jeder Trompeter, jeder Posaunist, jeder Blechbläser in seiner Studienzeit einmal Jazz gespielt, ist Jazzklängen und Jazz-Verwandtem viel stärker ausgesetzt als in Europa. Das schafft – und zwar in wachsendem Maße – ein anderes musikalisches Klima. Dieser Unterschied der Klimata hat dazu geführt, daß, beginnend etwa Ende der fünfziger Jahre, die Beziehungen zwischen dem Jazz und der Konzertmusik in den Werken amerikanischer Komponisten in dem gleichen Maße dichter wurden, in dem sie sich in denen der Europäer lockerten.
Im Mittelpunkt dieser Entwicklung steht das von Mike Mantler und Carla Bley in New York gegründete Jazz Composers Orchestra, das nicht nur Werke des – übrigens in Wien geborenen – Mantler und Carla Bleys präsentiert, sondern zum wichtigsten »Instrument«, ja geradezu zum Prüfstein für die vom Jazz kommenden amerikanischen Musiker geworden ist, die im Mittelfeld zwischen dem Jazz und der E-Musik angesiedelt sind, darunter Roswell Rudd, Leo Smith, Don Cherry, Cecil Taylor, Ron McLure . . . Als wichtigstes der im Umkreis des Jazz Composers Orchestra entstandenen Werke gilt Carla Bleys Oper »Escalator Over The Hill«.
Bemerkenswert viele der genannten Musiker haben, wenngleich Amerikaner, ihre diesbezüglichen Werke zuerst in Europa entwickelt und vorgestellt, unterstützt nicht zuletzt von europäischen Rundfunkgesellschaften vor allem in Deutschland und Skandinavien. So hat der Trompeter Don Cherry, bevor er mit dem Jazz Composers Orchestra in New York arbeiten konnte, zuerst auf den alljährlichen New Jazz Meetings Baden-Baden des Südwestfunks und in Donaueschingen die Möglichkeit erhalten, mit größeren Klangkörpern zu experimentieren. So konnte George Russell, der 1964 durch die ersten Berliner Jazztage nach Europa geholt wurde, seine Werke für elektronische Instrumente und Jazzbläser zuerst in Oslo produzieren.
Es ist ja offensichtlich: Um fruchtbare, wechselseitige Beziehungen zwischen dem Jazz und der E-Musik herzustellen, bedarf es einer gewissen Unbefangenheit, die vielen in Tradition und Stilkritik befangenen europäischen Komponisten und vor allem Kritikern und Musikwissenschaftlern »naiv« erscheinen mag. Naivität ist in den USA eine an-

Carla Bley

Mike Mantler, Dirigent des Jazz Composers Orchestra New York

dere Kategorie als in Europa, wo die Schillersche Bedeutung dieses Begriffes so weitgehend verdrängt wurde, daß an seine Stelle Assoziationen wie Kindlichkeit, Unbedarftheit, Voraussetzungslosigkeit, mangelndes historisches und stilkritisches Wissen getreten sind. Die entsprechenden Naivitäts-Assoziationen in den USA würden lauten: Offenheit, Unmittelbarkeit, Unbelastetheit durch Stil und Historie. Deshalb gedeiht nicht nur der Jazz, der ja vergleichsweise »naiver« ist als die moderne Konzertmusik, deshalb gedeihen auch die Bezüge zwischen Jazz und moderner Konzertmusik in den USA besser als in Europa; man braucht nun einmal eine gewisse Unbefangenheit und Freiheit von stilistischen Kategorien, um zwei so völlig verschiedene Künste in Beziehung zueinander zu setzen. Es ist schon bedenkenswert: Wenn man den Jazz als Teil der amerikanischen Volksmusik sieht, dann hat es gleich im Werk des ersten bedeutenden zeitgenössischen amerikanischen Komponisten – nämlich bei Charles Ives – Jazzbezüge gegeben: Anklänge an den damals zeitgenössischen Ragtime und an New Orleans mit seinen Dixieland- und Marching-Bands.

VI.

Ohne Zweifel ist der Zug zur europäischen Musik vom Jazz her stärker und ursprünglicher als umgekehrt die Tendenz von der E-Musik zum Jazz. Man hat gesagt, Jazz sei »ein weißes Lied schwarz«, sei die Bemühung schwarzer Musiker, aus ihrem schwarzen Musikgefühl heraus weiße Musik zu spielen. Ich habe Scott Joplins Oper erwähnt. Gleich die ersten schwarzen und kreolischen Musiker in New Orleans haben versucht, französische Musik – vor allem die Musik der französischen Oper – nachzuspielen, und man hat mit einer gewissen Vereinfachung, aber auch mit Berechtigung gesagt: dadurch, daß sie europäische Musik nachzuspielen versuchten, seien sie zum Jazz gekommen. Indem sie europäische Musik swingten, jazzmäßig phrasierten, über sie – zunächst noch schüchtern – improvisierten, sie mit ihrer eigenen Tonbildung spielten: dadurch entstand Jazz. Jelly Roll Morton – der berühmte New Orleans Pianist, der behauptet hat: »I invented Jazz in 1902« – hat immer wieder darauf hingewiesen: »Ich spiele französische Musik.«

Entsprechend ging es weiter: James P. Johnson – der Meister des Harlem-Pianos in den zwanziger Jahren – schrieb ein großes Werk für symphonisches Orchester, und unter all seinen Stücken lag ihm nichts mehr am Herzen als dies. Auch die anderen Musiker des frühen Harlem-Jazz – Willie the Lion Smith etwa – fühlten sich europäischer Musik, vor allem der romantischen Klaviermusik, viel stärker verpflichtet als schwarzer, die sie intuitiv empfanden, von der sie aber

nichts wußten. Fats Waller hat sein ganzes Leben hindurch den Traum von den großen Orgeln in den Kathedralen Europas geträumt. Und fast alle großen Arrangeure, Komponisten – von Duke Ellington an – haben, sobald sie sich einmal durchgesetzt hatten, darauf Wert gelegt, mehrsätzige Suiten, symphonische und konzertante Werke, oft nicht nur für Jazz-, sondern auch für Symphonieorchester zu schreiben.
Natürlich steckt in dieser Tendenz auch ein Moment des rassistischen Ressentiments. All diese schwarzen Musiker lebten in einer weißen Welt; sie sahen den Glanz der Konzerte in der Carnegie Hall, der Opernaufführungen in der Met – und sie wollten von dieser Welt akzeptiert werden: von einer Welt, die ihnen so viel reicher und verlokkender schien als die schäbigen Cabarets, Clubs und Dance Halls in den schwarzen Gettos. Doch das ist eine zusätzliche Motivation. Dem Jazz ist von Anfang an die Bemühung um die große weiße Musik einprogrammiert. Jahrzehntelang hat ihn diese Bemühung vorangetrieben – und es ist deshalb nur ein logischer und zwangsläufiger Schritt für die Jazzmusiker, sich schließlich auch um die moderne und avantgardistische E-Musik zu bemühen: logischer und zwangsläufiger jedenfalls als die umgekehrte Bemühung der E-Musiker. Das war der eigentliche Grund, warum Charlie Parker sein ganzes Leben lang danach gierte, Aufnahmen mit einem Streichorchester zu machen – ebenso wie es eine Jazzgeneration später auch der »Charlie Parker des Freien Jazz«, Ornette Coleman, tat – in Versuchen mit Streichern in den USA und mit dem London Symphony Orchestra. Ich werde nie vergessen, wie mir Dick Twardzik, der Pianist der Chet Baker-Gruppe in den fünfziger Jahren, auf meine Frage nach Musikern, die ihn beeinflußt hätten, antwortete: »Schönberg ist mein Gott.« Dabei hatte ich Namen wie Bud Powell, Art Tatum, Earl Hines und andere der bekannten Jazz-Pianisten erwartet. Später gewöhnte man sich daran. Roland Kirk schrieb mir, als Stockhausen noch lange kein Weltstar war, ich solle ihm doch ja Platten oder Bänder von dessen Musik schicken. Und Eric Dolphy, einer der wichtigsten Jazz-Saxophonisten der sechziger Jahre, rief jedesmal, wenn er in Deutschland war, an: Ob er nicht nach Baden-Baden kommen und »new stuff from that Danubian city« (er meinte Donaueschingen) hören könne.
Das also gilt es zu sehen: Gewiß, der Strom fließt in beide Richtungen, aber der Sog ist in der einen Richtung – derjenigen vom Jazz her – stärker.

VII.

Aus dem Thema »Jazz und moderne Konzertmusik« strahlt eine doppelte Utopie. Die eine liegt in dem Bezug der Freiheit des Jazz auf die formale Meisterschaft der großen europäischen Musik. Versteht sich: das ist utopisch und – eben deshalb – von unendlicher Verführungskraft, zumal für den schöpferischen Menschen, für den das Utopische seit je eine besondere Verlockung darstellt.
Die andere Utopie liegt in unserer Vermutung, daß es den Musikern, die vom Jazz herkommen, eher als den E-Musik-Komponisten gelingen könnte, befriedigende und wirkliche Integrationen von Jazz und moderner Konzertmusik zu schaffen. Kein Zweifel –, auch diese Utopie ist begründet: einesteils dadurch, daß der Sog vom Jazz zur E-Musik stärker ist als der umgekehrte, zum anderen durch die auf der Hand liegende Tatsache, daß die Elemente des Jazz – jedenfalls die Fähigkeit zu swingen und die Expressivität der Tonbildung – aller Erfahrung nach stärker aus einer sozio-kulturellen Umwelt, in der ein Musiker aufwächst, adaptiert werden können als die Elemente der E-Musik; die ersteren sind – und das gilt, mit aller Vorsicht, nur in einem verhältnismäßigen Sinne – mehr erfahrbar, die letzteren mehr erlernbar.
Eine Utopie muß begründbar sein, muß zumindest eine Möglichkeit der Wahrscheinlichkeit auf ihrer Seite haben, um wirken zu können. Nur dann ist es eine echte Utopie. Nur dann lohnt sich der immer wieder neue Versuch ihrer Verwirklichung. In diesem Sinne ist es gemeint, wenn ich gesagt habe, daß in all den immer wieder neu begonnenen Versuchen einer Integration von Jazz und moderner Konzertmusik etwas Utopisches steckt. Was sie eigentlich vorantreibt, ist die Hoffnung – wie gesagt: die begründbare Hoffnung –, daß es doch irgendwann einmal zu schaffen sein muß. Es wird noch deutlich werden, wo es geschafft werden kann.

VIII.

Längst gibt es auch in Europa Komponisten, die – ähnlich wie Gunther Schuller – in beiden Bereichen beheimatet sind: André Hodeir etwa in Frankreich, Barry Guy in England, Elias Gistelink in Belgien, Gunnar Lindqvist in Schweden, Andrzej Kurylewicz in Polen, Alexander von Schlippenbach, Manfred Schoof und Wolfgang Dauner in Deutschland und Pavel Blatny, Alexej Fried, Jaromir Hnilicka, Marek Kopelent und andere in der Tschechoslowakei (die übrigens das Land mit der reichsten Tradition hinsichtlich der Verbindung von Jazz und moderner Konzertmusik ist, – einer Tradition, die bis in die zwanziger Jahre zurückgeht). Die meisten der genannten Musiker kommen vom Jazz her,

Wolfgang Dauner und sein Synthesizer

ja, ich glaube, das darf man inzwischen fast als Regel aufstellen (obwohl es, wie ja bei all solchen Regeln, stets die bestätigenden Ausnahmen gibt): Immer deutlicher ist geworden, daß sich die Jazzmusik demjenigen, der nicht von Natur und Geblüt als Jazzmusiker empfindet, nicht öffnet. Am deutlichsten wurde es, als Krzysztof Penderecki, inspiriert vom deutschen Globe Unity Orchester, seine »Actions« für Free Jazz-Musiker auf den Donaueschinger Musiktagen 1971 uraufführte. Da gab es keinen, der nicht enttäuscht gewesen wäre – das Jazzpublikum und das Konzertmusik-Publikum, die Jazz- und die E-Musiker – und am Ende sogar Penderecki selbst.

Die Entwicklung, die mit Rolf Liebermanns »Concerto für Jazzband und Symphonieorchester« begann, hat zu einem wirklichen »Konzertieren« zwischen Jazz und E-Musik geführt – nicht nur, was große Klangkörper betrifft, sondern über die kleine Combo herab bis zum Duo beider Partner. So hat der Jazz-Altsaxophonist Marion Brown eine Platte mit dem E-Musiker Elliott Schwartz aufgenommen, der Jazz-Trompeter Don Cherry mit dem E-Musik-Mann Jon Appleton, der Jazzmann Gunter Hampel mit Michel Waisfisz. So hat der deutsche Jazz-Trompeter Manfred Schoof mit der elektronischen Gruppe »Feedback« gearbeitet und sein New Jazz Trio mit einem Streichquintett konfrontiert, dessen Musiker – darunter der E-Musik-Komponist Johannes Fritsch – aus dem Umkreis der Kölner Musikhochschule und der Mitarbeiter Stockhausens kommen. So hat der Düsseldorfer Organist Oskar Gottlieb Blarr in Konzerten und Gottesdiensten mit Free Jazz-Musikern konzertiert und improvisiert . . ., wie ja überhaupt das »Duettieren« zwischen verschiedenen Stilen, ja zwischen den Kulturen kennzeichnend geworden ist für die heutige Szene: zwischen indischen Musikern und Jazzleuten etwa oder zwischen einem Geiger der Konzertmusik und einem computergesteuerten Synthesizer, zwischen Rockmusikern und einem balinesischen Ensemble, zwischen einem japanischen Koto- und einem südindischen Veena-Spieler und so fort . . .

Dieses Miteinander-*Spielen* von Jazz- und E-Musikern – wobei ich das Wort »Spielen« bewußt in seinem Doppelsinn verstehe – hat die Beziehungen zwischen dem Jazz und der E-Musik in einer erfreulichen Weise entkrampft. Es ist etwas »Spielerisches« in sie gekommen – und vor allem: Es kam das Moment des Dialoges hinein, so daß es nun nicht mehr nur immer ein einzelner Musiker ist, der in einem spezifischen Werk sowohl für den Jazz wie für die E-Musik spricht.

Es klang schon an, daß immer mehr E-Musik-Komponisten dort, wo sie Jazzbezüge brauchen, dazu übergehen, die Jazz-Parts nicht von symphonischen Musikern nachspielen, sondern von wirklichen Jazzmusikern kreieren zu lassen – so Bernd Alois Zimmermann in seiner Oper »Die Soldaten«, für die er das Jazz-Quintett von Manfred Schoof heranzog. So Gunther Schuller in seiner Oper »Visitation«, für die er eine Gruppe führender europäischer Jazzmusiker nach Hamburg holte. So Hans Werner Henze in »Der langwierige Weg in die Wohnung der Natascha Ungeheuer«, für die er die Gunter Hampel Galaxie Dream Band verpflichtete. So Johannes Fritsch in seinem Trompeten-Konzert für Manfred Schoof oder der amerikanische Komponist Fred Tompkins in Stücken für das New York Philharmonic Woodwind Quintet und Jazzmusiker wie Elvin Jones und Steve Grossman . . ., um aus einer Fülle möglicher Beispiele nur wenige zu geben.

Die charakteristische Überheblichkeit, die früher so viele E-Musiker den Jazzleuten gegenüber gezeigt haben und die immer wieder dazu geführt hat, daß Jazzmusiker, kaum daß sie einmal mit E-Musikleuten zusammenarbeiteten, einfach um ihrer Selbstachtung willen die Beziehung wieder abbrachen, gibt es heute nicht mehr, zumindest nicht bei den Komponisten und Musikern; bei Kritikern und Theoretikern mag es anders sein. Auch das gehört zur Entkrampfung. Es gibt auf beiden Seiten freundschaftlichen Respekt und oft genug Verehrung und Bewunderung – so etwa, wenn der holländische Jazz-Pianist Leo Cuypers und die norwegische Jazz-Sängerin Karin Krog auf einem unserer New Jazz Meetings Baden-Baden ein Stück aufnahmen, das sie Alban Berg widmeten und »Dear Uncle Alban« nannten. So andererseits, wenn Komponisten wie Penderecki und Hespos sich unter dem Eindruck einer Jazzdarbietung in offensichtlicher Begeisterung anbieten, für die betreffenden Musiker ein Stück zu schreiben.

In dem Dialog, von dem ich gesprochen habe, können beide Seiten gewinnen. Beispielsweise ist die Verwendung und Beherrschung der elektronischen Klangerzeugung im zeitgenössischen Jazz und Jazz-Rock längst eine Angelegenheit der alltäglichen Praxis geworden, während sie in der E-Musik immer noch in den Bereich des Experimentellen – oder doch zumindest: des Exzeptionellen – gehört. Rund 60 % – also mehr als die Hälfte – aller Gruppen, die modernen Jazz spielen, verwenden elektronische Instrumente – meist ein ganzes Arsenal von ihnen, Keyboards, Steuergeräte, die verschiedensten Synthesizer, auch polyphone – 6, 8, 10 verschiedene elektronische Instrumente in einer Gruppe, die aus 4 oder 5 Musikern besteht. Auch in der Humanisierung der elektronisch erzeugten Klänge, die ja doch oft noch etwas Abstrakt-Kaltes, Unpersönliches, Technisches, A-Humanes haben, ist der Jazz weiter als die E-Musik – nicht zuletzt durch die Einführung des Lyrikons, eines Synthesizer-steuernden Rohrblatt-Instrumentes.

Steve Reich (2. von links) und sein Ensemble auf dem Berliner Meta-Musikfestival

IX.

Wichtiger allerdings als all die diversen Amalgamationen, die es in der Vergangenheit gegeben hat, ist dies: Im Laufe der sechziger Jahre sind im Zueinander von Jazz und Neuer Musik zwei *neue* »Neue Musiken« entstanden, die beide sowohl ohne den Jazz wie ohne die E-Musik nicht denkbar sind und die doch ihre Jazz- sowohl wie ihre E-Musik-Elemente so sublimiert und verfremdet haben, daß die Bestandteile im Grunde nur noch intellektuell – und das heißt gerade bei dieser Art von Musik: nur noch unangemessen – realisiert werden können. Es sind diese *neuen* »Neuen Musiken«, in denen die Beziehung zwischen Jazz und E-Musik eigentlich kulminiert.
Das eine ist die sogenannte »Periodische Musik« von Musikern wie LaMonte Young, Steve Reich, Frédéric Rzewski, Philip Glass, Terry Riley, in Deutschland auch von Peter Michael Hamel: ganz gewiß Musik, die ohne den Jazz nicht denkbar ist; Terry Riley hat ausführlich darüber gesprochen und immer wieder auf den prägenden Einfluß von John Coltrane und Miles Davis, LaMonte Young auf Eric Dolphy, Steve Reich auf die großen Schlagzeuger des Jazz – Max Roach vor al-

Terry Riley

lem – hingewiesen. Es ist eine Musik, die den Eindruck unendlicher Wiederholungen erweckt; es »erscheint etwas verändert, was im Grunde unverändert bleibt« (Steve Reich) oder umgekehrt: man meint ständig, das gleiche zu hören, und hört doch jeweils Neues, in minimalen Progressionen, dabei von einer Zielstrebigkeit, die am Ende des Stückes – in einem gleichsam »ewigen« Kreisen – etwas zielgerichtet anderes entstehen läßt. Die musikalischen Phrasen Terry Rileys – und auch darin, auch in ihrer Modalität übrigens, liegt wieder ein Bezug zu John Coltrane – entsprechen den »Mantras« asiatischer Meditationstechniken, die sich, kaum spürbar für den Meditierenden, weiterentwickeln und nach ihren eigenen Gesetzen in einer spirituellen Weise zu wirken beginnen.

X.

Ich habe am Südwestfunk mit einer gewissen Kontinuität versucht, die Beziehungen zwischen dem Jazz und der E-Musik in ihren Vielschichtigkeiten und ihren Verzweigungen zu spiegeln und zu dokumentieren:

Willem Breuker und Evan Parker (von links nach rechts)

Barry Guy, Dirigent des Jazz Composers Orchestra London

in den Jazzkonzerten auf den Donaueschinger Musiktagen, in den alljährlichen New Jazz Meetings Baden-Baden und auch in anderen Produktionen und Veranstaltungen – von Rolf Liebermann 1954 an über André Hodeir und Gunther Schuller bis zu Globe Unity, Alexander von Schlippenbach, Wolfgang Dauner und Willem Breuker, oder auch bis zu dem englischen Jazz-Bassisten und Komponisten Barry Guy. Guy präsentierte 1972 in der »London Music Now« – einer für Donaueschingen produzierten, auch von den Berliner Jazztagen übernommenen Dokumentation der Londoner Jazz-Szene – seine »Statements«, gespielt vom London Jazz Composers Orchestra. Das Werk hinterließ einen so starken Eindruck, daß es zu einem weiteren Kompositionsauftrag für Guy anregte, diesmal nicht für ein Jazz-, sondern für das Symphonie-Orchester des Südwestfunks; das Werk ist für die Donaueschinger Musiktage 1977 vorgesehen – mit Barry Guy selbst als Bass-Solisten.

Guy gehört zur Gruppe um das London Jazz Composers Orchestra und die British Musicians Cooperative – und hier besonders (aber gewiß auch anderswo) gibt es eine Reihe von Musikern, die die andere Art von *neuer* »Neuer Musik«, deren Bestehen ich angedeutet habe, beispielhaft repräsentieren: etwa der Gitarrist Derek Bailey, der Schlagzeuger Tony Oxley, das Duo des Tenorsaxophonisten Evan Parker und des Perkussionisten Paul Lytton oder die Gruppe »Iskra 1903« des Posaunisten Paul Rutherford; in Holland gibt es Willem Breuker und Micha Mengelberg, in Belgien Fred van Hove, in Norwegen Terje Rypdal, in Deutschland Wolfgang Dauner, in Japan Masahiko Sato, in den USA Musiker wie Tom van der Geld, David Friedman, Mike Mantler, Carla Bley, Frédéric Rzewski – eine Liste, die für jedes einzelne Land mühelos verlängert werden kann. Diese Musiker, Komponisten, Improvisatoren machen einfach »ihre Musik«, und sie fragen nicht danach, ob es Jazz oder Neue Musik oder was immer sei. Sie reagieren allergisch, wenn sie einer der Kategorien – dem Jazz oder der Konzertmusik – oder überhaupt einer Kategorie zugerechnet werden. Das ist ein Hauptgedanke von Musikern heute überall in der Welt, der mehrfach in diesem Buch anklang: Sie wollen keine »labels«, keine Etiketten, kein musikalisches Schubladen-Denken mehr.

Es ist deutlich geworden: Die Themenstellung »Jazz und Neue Musik« ist altmodisch, sie gehört in die vierziger oder fünfziger Jahre. Das Thema ist heute dabei, sich selbst zu erledigen. Man betrügt sich, man tut der in immer gleitenderen Übergängen befindlichen Musik Gewalt an, wenn man glaubt, man könnte das Thema wissenschaftlich – in einem Vortrag oder einer Abhandlung – behandeln oder abhandeln. Was man kann, ist allenfalls: dem natürlichen Erledigungsprozeß noch einen zusätzlichen Schubs versetzen.

Je mehr selbständige Musikarten zwischen den Jazz und die moderne

Paul Lytton und seine elektronischen Percussions

Konzertmusik und neben sie treten – und es sind bereits mehr als die beiden neu entstandenen, die ich als beispielhaft erwähnt habe, viele längst schon bestehende kamen hinzu –, je weniger auch die Begriffe »Jazz« und »Neue Musik«, wie noch vor zwanzig Jahren, als erratische Blöcke verwendet werden können, als gäbe es immer nur *eine* Art von Jazz und *eine* Art von Neuer Musik (und als sei nur die letztere »neu«!), desto geringer wird die Berechtigung, *nur* den Jazz und die moderne Konzertmusik nebeneinanderzustellen. Sie standen nebeneinander bis etwa zum Anfang der sechziger Jahre, als sie beide – und letztlich *nur* sie – den Raum künstlerischer, zeitgenössischer, lebendiger Musik im 20. Jahrhundert absteckten. Aus heutiger Sicht steht viel mehr nebeneinander: Jazz und indische Musik und Periodische Musik und neue Improvisations-Musik und Collage-Musik und Elektronische Musik und Musique Concrète und Rock und Blues und Folklore vieler Völker und Erdteile und Klassische Musik und Romantik und dann eben auch die moderne Konzertmusik. Das ist das Thema aus der Sicht der siebziger Jahre: nicht mehr die Polarität, sondern die Pluralität.
Pierre Boulez hat davon gesprochen, daß es gelte, neue Bezugspunkte zu gewinnen, und daß man diese Aufgabe nicht durch das Weiterschleppen einer lediglich übernommenen Problematik blockieren dürfe. Das gilt – beispielsweise und unter anderem, versteht sich – auch für dieses Thema »Jazz und moderne Konzertmusik«: man sollte es nicht weiter so polar sehen wie in den letzten zwanzig oder dreißig Jahren.
Am treffendsten hat der englische Pianist Howard Riley in Donaueschingen 1972 die Situation gekennzeichnet. Er sagte damals: »Es wird uns oft vorgeworfen, daß wir den Jazz verlassen hätten, ja, überhaupt keinen Jazz mehr spielten. Okay. Aber moderne Konzertmusik spielen wir auch nicht, denn unser Feeling basiert auf dem Jazz und der Akzent in unserer Musik liegt auf der Improvisation. Ich glaube, es ist einfach eine Tatsache, daß hier eine neue Musik mit eigener Identität entstanden ist. Bisher ist noch niemand darauf präpariert, diese Musik zu präsentieren. Das Rock- und Pop-Establishment kann nicht schnell genug Geld mit ihr verdienen. Das Jazz-Establishment hat genug Probleme, sich selber über Wasser zu halten. Und das Konzert-Establishment gibt immer noch nicht zu, daß irgend etwas außerhalb seiner akademischen Tradition als seriöse Musik anerkannt werden kann.«
Wichtiger als die weitere Produktion von Amalgamationen im alten Sinne ist es, diesen *neuen* Neuen Musiken, die da ständig in Gefahr sind, sich zwischen alle verfügbaren Stühle zu setzen, Aufmerksamkeit und Förderung zuzuwenden.
Denn jetzt zum ersten Mal haben wir vielleicht doch eine Chance, daß der Flirt oder – wenn man es nun doch so nennen darf – die Liebesaffäre zwischen dem Jazz und der E-Musik zwar immer noch nicht in einer Ehe endet – und dann wirklich »enden« würde –, aber daß sie eine

Generation von Nachkommen zeugt, die – wie ja oft illegitime Nachkommen – einerseits in ihrem Erbe und ihrer Veranlagung besonders interessant, schillernd und anregend sind, aber doch andererseits des besonderen Schutzes und der Vorurteilslosigkeit der Gesellschaft bedürfen.

Plattenbeispiele:

Igor Strawinsky: »Histoire du Soldat«, Columbia Symphonic Orchestra, Ltg. I. Strawinsky (CBS 72007)

Darius Milhaud: »Création du Monde«, Utah Symph. Orch., Ltg. Maurice Abravanel (Amadeo 905014/15 AAL)

Scott Joplin: »Treemonisha«, The Houston Grand Opera Production, Ltg. Gunther Schuller (Deutsche Grammophon 2530 620/1)

Wolfgang Fortner: »Mouvement für Klavier und Orchester«, Karl Seemann, Sinf. Orchester NDR, Ltg. Hans Schmidt-Isserstedt (DGG 18405 B)

Rolf Liebermann: »Concerto For Jazz Band And Symphonic Orchestra«, Chicago Symphony Orchestra, Ltg. Fritz Reiner und Sauter-Finegan Orch. (RCA Victor LM-1888)

Gunther Schuller: »Symphony For Brass And Percussion«, The Brass Ensemble of the Jazz and Classical Music Society (Columbia CL 941)

Gunther Schuller: »Abstraction«, John Lewis, Jim Hall u. a. (Atlantic 1365)

»Third Stream Music«, Modern Jazz Quartet, Jimmy Giuffre Three & Beaux Arts String Quartet (Atlantic 1345)

»Mobiles, Piece For Clarinet And String Orchestra«, Jimmy Giuffre u. a. (Verve V-8395)

Michael Mantler: »The Jazz Composers Orchestra« (JCOA LP 1001/2)

Carla Bley: »Tropic Appetites«, Carla Bley Group (WATT/1)

Carla Bley/Paul Haines: »Escalator Over The Hill«, The Jazz Composers Orchestra u. a. (JCOA 3LP-EOTH)

Krzysztof Penderecki: »Actions For Free Jazz Orchestra«, Don Cherry: »Humus – The Life Exploring Force«, The New Eternal Rhythm Orchestra (Philips 6305 153)

George Russell: »Electronic Sonata For Souls Loved By Nature«, George Russell Sextet (Flying Dutchman FD 10124)

Ornette Coleman: »Skies Of America«, London Symphony Orchestra, Ltg. David Measham (Columbia KC 31562)

André Hodeir: »Essais d'André Hodeir«, American Jazzmen play André Hodeir (Vogue/Swing M 33353)

Barry Guy: »Ode«, London Jazz Composers Orchestra (Incus 6,7)

Pavel Blatny: »Skladby Tretiho Proudu – Third Stream Compositions«, Tschechoslowakisches Radio Jazz Orchester (Supraphon 1150528)

Gunnar Lindqvist: »Orangutang!«, G. L. Unit (EMI Odeon 4E 062-34163)

Alexander von Schlippenbach: »Globe Unity«, Globe Unity Orchester (Saba SB 15109)

Marion Brown: »Duets«, Marion Brown, Elliott Schwartz & Leo Smith (Arista AL 1904)

Gunter Hampel: »Symphony Nr. 5 & 6«, Gunter Hampel, Michel Waisfisz (Birth 003)
Manfred Schoof: »Page Two«, New Jazz Trio + Streichquintett (MPS 2121295-2)
Bernd Alois Zimmermann: »Improvisationen über die Jazz-Episoden der Oper ›Die Soldaten‹«, Manfred Schoof Quintett (Wergo WER 60031)
Oskar Gottlieb Blarr: »Free Music & Orgel«, Oskar Gottlieb Blarr Gruppe (Schwann ams studio 505)
Terry Riley: »Poppy Nogood & The Phantom Band – A Rainbow In Curved Air«, Terry Riley (CBS S 34 61180)
Terry Riley: »Persian Surgery Dervishes«, Terry Riley (Shanti [Shandar] 83502)
LaMonte Young: »The Theatre Of Eternal Music«, LaMonte Young, Marian Zazeela (Shandar 83510)
Steve Reich: »Drumming«, Steve Reich Group (DGG 2563 303)
Peter Michael Hamel: »Dharana«, Between und SWF-Orchester, Ltg. Ernest Bour (Vertigo 63 60619)
Peter Michael Hamel: »The Voice Of Silence« (Vertigo 63 60613)
Fred van Hove – Wolfgang Dauner: »Requiem For Che Guevara – Psalmus Spei« (MPS 15 205 ST)
David Friedman: »Futures Passed«, David Friedman feat. Rimana Francis (Enja 2068)
Instant Composers Pool mit Han Bennink, Derek Bailey (I.C.P. 004)
Tony Oxley (Incus 8)
Evan Parker/Paul Lytton: »Collective Calls« (Incus 5)
Paul Rutherford: »Iskra 1903« (Incus 3/4)
»Willem Breuker Kollektief Live In Berlin« (BVHAAST 008)
Willem Breuker: »Live At The Donaueschingen Music Festival«, Willem Breuker Kollektief (MPS DC 229866)
Howard Riley: »Synopsis«, Howard Riley (Incus 13)

Zur Situation der brasilianischen Musik

Aus dem Ende des 18. Jahrhunderts besitzen wir die Schilderung eines nordamerikanischen Missionars, der die großen Farmhäuser in Minas Gerais im Innern Brasiliens besuchte: Um seinen frommen Gast zu unterhalten, schlug der Plantagenbesitzer, ein Baron de Berthioga, ein »kleines Konzert« vor. Der Missionar, gewohnt an das, was man damals im amerikanischen Mittelwesten als »Musik« empfinden mochte, erwartete »eine krächzende Bauernfidel, eine Pfeife und eine Trommel«. Um so größer war seine Überraschung, als sich hinter ihm ein Vorhang öffnete und ein vollbesetztes Symphonie-Orchester erschien – Streichinstrumente, Holzbläser, Blechbläser. Sämtliche Musiker waren Schwarze.

Brasilien wurde im Jahr 1500 von dem portugiesischen Seefahrer Pedro Alvares Cabral entdeckt. Schon gegen Ende desselben Jahrhunderts verfügte Mangue-Labote, Besitzer einer Zucker-Plantage in Bahia, über ein Kammerorchester mit ausgebildeten schwarzen Musikern. Um die gleiche Zeit entstanden in Minas Gerais und in Salvador de Bahia zahlreiche herrliche Kirchen, deren Architektur und Kunstschätze von internationalen Wissenschaftlern als »in jeder Hinsicht gleichwertig der damaligen europäischen Kunst« (Dom Clemente M. da Silva-Nigra) eingestuft werden.

Das Minas Gerais ist die klassische Barocklandschaft Brasiliens. Dort wirkte auch Aleijadinho, der ohne Einschränkung als »einer der großen Barock-Bildhauer der Welt« bezeichnet werden darf. Sein Material war der grau-grüne Seifenstein des brasilianischen Binnenlandes. Aleijadinho ist der Schöpfer der berühmten zwölf Propheten auf der Doppeltreppe, die zur Kirche »Bom Jesus de Mabosinhos« in Congonhas in Minas Gerais emporführt. Der Künstler, dessen Name »Krüppelchen« bedeutet, mußte sich zu den Kirchen, die er baute, und zu den Kunstwerken, die er formte, auf einem auf Rollen laufenden Brett schieben. Er war leprakrank und konnte am Ende nur noch mit Griffeln, die er sich an den Gelenken befestigen ließ, arbeiten.

Aleijadinho war schwarz – wie auch Valentim da Fonseca Silva, der andere große Künstler des brasilianischen Barock, und wie auch die meisten Architekten, Dichter und Musiker der reichen künstlerischen Tradition Brasiliens.

Im Minas des 18. Jahrhunderts gab es eine ganze Schule von Barock-Komponisten, deren Werke der Musikforscher Kurt Lange erforscht hat. José Joaquim Emerico Lobo de Mesquita, José Mauricio, Marcos Goelho Netto, Francisco Gomes da Rocha und andere schrieben zu lateinischen Texten vielstimmige Messen, Kantaten, Requiems, Werke für Orchester, Orgel, Chor und Solisten, die in Klangbild und Anlage der Sakral-Musik des ausgehenden europäischen Barock und der beginnenden Klassik entsprechen. Auch diese Komponisten waren Neger und Mulatten, – und auch der ein Jahrhundert später lebende Opernkomponist Carlos Gomes – der erste Komponist beider Amerikas, der in Europa Anerkennung fand – war Farbiger. Seine Oper »O Guaranni« wurde 1870 mit spektakulärem Erfolg in der Mailänder Scala uraufgeführt. Dieses Werk markiert den Beginn einer sentimentalen Indianerverehrung, die unter den gebildeten Brasilianern beliebt war und als komplexhafte Abreaktion des Schuldgefühls gegenüber den Indianern gedeutet worden ist. »O Guaranni« ist ein Hohes Lied auf die indianisch-weiße Rassenmischung. Die Guarannis sind Indios vom Stamme der Tupis.
Eurico Nogueira Franca schreibt: »Unsere großen Komponisten in der Kolonisationszeit waren Mulatten. Sie haben ihrer Nation gedient, indem sie die Möglichkeiten der europäischen Musikkultur nach Brasilien verpflanzten.«
Seit dem 16. Jahrhundert haben die Jesuiten ganze Generationen schwarzer und halbschwarzer Künstler in Brasilien ausgebildet. Diesen Künstlern verdankt es Brasilien, daß es sich kulturell so gänzlich anders entwickelte als die anderen Staaten Nord-, Mittel- und Südamerikas. Während die meisten Länder der Neuen Welt erst Ende des 19. Jahrhunderts begannen, Kunst und Kultur von sowohl originärem wie internationalem Rang auszuprägen, ist Brasilien – im europäischen Sinne – »altes Kulturland«.
Weil die brasilianische Kultur zu einem so wesentlichen Teil von Negern und Negermischlingen getragen wurde, durchdrang sie von Anfang an die unteren Schichten der Bevölkerung. Malerei, Plastik, Architektur, Poesie und Musik blieben nicht nur eine Sache der Gebildeten. Sie fanden das Interesse des ganzen Volkes – zunächst, im 16. Jahrhundert, die Bildhauerei, dann im 18. und 19. Jahrhundert die Poesie, heute Architektur und Musik.
Jeder Brasilianer ist zutiefst davon überzeugt: Brasilien hat die besten Fußballspieler, die besten Architekten und die beste populäre Musik der Welt. Man kann sich mit jedem Taxi-Fahrer in Rio oder Sao Paulo über die Bauwerke von Oscar Niemeyer oder die Musik von Gilberto Gil unterhalten und wird Kenntnis und ausgeprägte eigene Meinungen finden.
Wie gesagt: dieses allgemeine Interesse an kulturellen Dingen geht –

unter anderem – darauf zurück, daß die Jesuiten-Missionare die künstlerischen Fähigkeiten der Schwarzen, die sich in den meisten anderen Ländern Amerikas nur in schmerzhaften und protestreichen Entwicklungsprozessen Bahn brechen konnten, von Anfang an gefördert haben. Sie haben das in so großzügiger Weise getan, daß eine schwarze Bildungselite entstand, die den mächtigen weißen Landbesitzern intellektuell und geschmacklich überlegen war. Deshalb wurden die Jesuiten Ende des 18. Jahrhunderts des Landes verwiesen. Die für die Indianer und Neger eingerichteten Schulen und Bildungsstätten wurden geschlossen oder fielen auf das Kolonialniveau der weißen Herren zurück. Erst dadurch entstanden die Rassenprobleme, die freilich auch heute noch in Brasilien immer nur »unter der Oberfläche« existieren und nirgendwo die vehementen Formen annehmen, die man aus anderen Ländern kennt.

Nirgendwo in Brasilien wird der Schwarze seiner Schwärze wegen diskriminiert. Der US-amerikanische Gesichtspunkt »Ich kann meine Schwester doch keinen Neger heiraten lassen« ist dem Durchschnitts-Brasilianer unverständlich. Selbst viele Reichen und gerade die Gebildeten sind stolz auf ihre »kaffeebraune« Haut – wie überhaupt diese Farbe »kaffeebraun« allenthalben idealisiert wird. Wo der Schwarze geringgeschätzt wird, geschieht das nicht aus rassischen, sondern aus sozialen Gründen. Denn darin stimmt Brasilien durchaus mit den anderen Ländern der amerikanischen Welt überein: die Neger sind die Ärmsten.

In der Musik haben die Neger die europäische Tonsprache des 18. Jahrhunderts vollkommen assimiliert. Sie verstanden sie besser als die nur an Geld und Land interessierten weißen Kolonisatoren. Das führte dazu, daß sich die Neger auf das, was ihre eigene musikalische Tradition dem neuen Lande zu bieten hatte, verhältnismäßig spät besannen. Und doch sind von dem Augenblick an, in dem wir von typisch brasilianischen Melodien, Rhythmen und Klängen sprechen können, Elemente der schwarzen Tradition unverkennbar. In dem gleichen Maße, in dem der kulturelle Einfluß Europas schwächer wird, wird der schwarz-afrikanische Einfluß stärker. So ist es kennzeichnend, daß sich in der brasilianischen Volksmusik nahezu nichts vom Fado findet, dem schwermütigen Volkslied der portugiesischen Heimat – vor allem Lissabons –, obwohl doch die Fado-Tradition nicht denkbar ist ohne den maurischen – »mohrischen« –, also letztlich schwarzen Einfluß. Statt dessen ist die brasilianische Folklore voller negroider Elemente. Fast alle brasilianischen Tänze waren zuerst einmal schwarze Tänze – Batugue, Bambelô, Caxambú, Lundú, Maxixe und allen voran die Samba mit ihren zahllosen Arten und Abarten.

Interessant ist die Geschichte des Capoeira-Tanzes in Bahia. Capoeira war eine Verteidigungsart fortgelaufener Sklaven. Man schlug sich virtuos mit Beinen und Füßen und schuf dadurch einen so weiten Kampfradius, daß der geschulte Capoeira-Kämpfer selbst den Spezialisten des japanischen Judo überlegen war. Der Judokämpfer kam einfach nicht nahe genug heran.

Banden fortgelaufener Sklaven meisterten im 18. Jahrhundert ihre Capoeira-Tricks und -Finten so raffiniert, daß sie – etwa in Pernambuco oder Bahia – die Polizei mühelos in Schach hielten. Deshalb wurde Capoeira verboten. Die Schwarzen pflegten es weiter, indem sie den Kampf in einen Tanz verwandelten. Das konnte ihnen nicht verboten werden. Unter dem Deckmantel tänzerischen Vergnügens entwickelten sie ihre Capoeira-Techniken zu immer größerer Meisterschaft. Im 19. Jahrhundert setzte die brasilianische Armee Capoeira-Kämpfer aus Bahia im Krieg gegen Uruguay ein, und in Bahia berichtet man stolz, daß die »Capoeiros« ausschlaggebenden Anteil daran hatten, daß der fast schon verlorene Krieg doch noch gewonnen wurde.

Heute gibt es in Salvador verblüffende Capoeira-Vorführungen für die Touristen, aber auch eine staatlich geförderte Capoeira-Schule, die sich unter den jungen Leuten der Stadt regen Interesses erfreut. Ein Polizist sagte mir: »Wenn jemand mit ›Capoeira-Beinen‹ ankommt, ist es am besten, man läßt die Hände von ihm.«

Die Musik, dic zum Capoeira gehört, wird auf dem »Berimbão« gespielt. Das Instrument und der Stock, mit dem man es schlägt, sehen aus wie Pfeil und Bogen eines Steppenjägers. Eine einzige über einen Bogen gespannte Stahl- oder Drahtsaite läuft über einer zwischen den Fingern zu haltenden Münze in eine Kokosnuß aus, die als Resonanzkörper wirkt. Der scharfe, schneidende Blechton der Saite verstärkt sich im hohlen Rund der Coco. Durch Verschiebung der Münze kann die Tonhöhe beeinflußt werden. Das Klangbild ist rein afrikanisch. Es ist gegenwärtig in Dutzenden von Songs der brasilianischen Populärmusik, am bekanntesten in Baden Powells »Berimbão«.

Afrikanisch sind auch die religiösen Rituale des Candomblés und Macumbas mit ihren vielfältigen Rhythmen und Klängen. Brasilien ist nur an der Oberfläche ein katholisches Land. Arthur Ramos, der berühmte Erforscher der »Negerkulturen in der Neuen Welt«, hält die Candomblé-Priester für »mächtiger als die Behörden«. Selbst am eleganten, großstädtischen Copacabana-Strand sieht man abends unmittelbar am Meer Kerzen stehen, in Sandlöchern vor dem Winde geschützt: dunkle Gestalten hocken davor und beten zu Yemanja, der alten Yoruba-Göttin des Meeres. Als es während meines Aufenthaltes in Rio einen »Freitag, den Dreizehnten« gab, waren die Strände der Stadt – Flamengo, Copacabana, Ipanema, Leblon – von Macumba-Kerzen übersät.

Gewiß sind nicht nur Menschen schwarzer Hautfarbe Macumba-gläubig (wie man in Rio sagt) oder Candomblé-gläubig (wie es in Bahia

Macumba-Ritual in Bahia

heißt). Aber die wirklich ekstatischen Riten werden vorwiegend von Schwarzen gepflegt, weil sie, in stärkerem Maße als die Weißen, die Fähigkeit besitzen, in Trance zu fallen.

In Bahia nahm mich Carybé – der bedeutende brasilianische Maler argentinischer Herkunft, selbst ein »O Ba«, ein verehrter »König« der Candomblé-Riten – zu einem Fest der Yansa mit, der Göttin des Windes und des Regens. Es fand in einem Vorort in einem einfachen, geräumigen Holzhaus der »Mutter Irma« statt. Zehn oder zwölf Frauen gingen, tanzten und sprangen unter rhythmischen Körperbewegungen im Kreise. Sie waren prunkvoll gekleidet, die Gewänder stammten zum Teil noch aus der Sklavenzeit oder waren im Stil der schwarzen Ammen und Dienerinnen reicher Plantagenbesitzer des vergangenen Jahrhunderts gehalten. Die Frauen trugen prächtigen Schmuck – Ketten, Armbänder, Ringe, das meiste aus echtem Gold, besetzt mit den Edel- und Halbedelsteinen des brasilianischen »Interiors«. Dieser Schmuck bildet oft den einzigen Reichtum der Menschen, aber er darf auch bei größter Not nicht verkauft werden, weil er letztlich nicht dem Menschen, sondern »dem Gott gehört«.

Zu den Rundtänzen spielte eine Gruppe von vier oder fünf Schlagzeu-

gern auf Pandeiro, Agogó, Cuica, Atabaque, Reco-Reco und was sonst noch zum Arsenal brasilianisch-afrikanischer Perkussionsinstrumente gehört. Die Frauen sangen dazu in einem monotonen, gleichmäßigen Singsang, und zwar in der Yoruba-Sprache des alten Afrikas, obwohl keine von ihnen diese Sprache verstand. Das Yoruba, das sie gebrauchten, gleicht der Sprache, die ihre Vorväter vor zweihundert oder dreihundert Jahren gesprochen haben, als sie aus Afrika als Sklaven verschleppt wurden. Die modernen Yorubas des heutigen Westafrika empfinden es als »altmodischen Dialekt«.
Nach einer Stunde fingen die ersten Frauen an, in Trance zu fallen. Ihre Körper zuckten orgiastisch, auf Stirn, Hals und Armen bildeten sich Schweißperlen, schnelle spitze Schreie wurden hervorgestoßen. Yansa hatte von ihren »Töchtern im Heiligen Geist« Besitz ergriffen – oder, wie man in schöner Bildhaftigkeit sagt: »Der Geist fand sein Pferd, auf dem er reitet«.
In den Ecken standen – ähnlich wie in den Gospel-Kirchen der USA – jüngere Helferinnen bereit, die »die Besessenen« halten und stützen und vor Stürzen bewahren, sie notfalls auch in den Nachbarraum führen und mit kaltem Wasser besprengen. Aber – so wurden wir belehrt – auch wer nicht bewacht wird, kann sich kaum ernsthaft verletzen, wenn er in Trance stürzt. Der besessene Körper schützt sich instinktiv besser als der bewußte.
Im Candomblé Bahias werden sechzehn Götter und Göttinnen angebetet. Jeder von ihnen besitzt zahlreiche Unter-Götter und Dämonen. Um die Kontrolle nicht zu verlieren, hat die katholische Kirche jeden der Götter zu einem Heiligen eigener Provenienz gemacht – wie das ja auch bei der Christianisierung Europas mit keltischen, germanischen und slawischen Göttern geschah. So entspricht Yansa, bei deren Fest wir anwesend waren, der Heiligen Barbara. Xangó, der schreckenerregende Gott des Donners und des Blitzes, ist der Ritter Georg. Oxossi, der alte Yoruba-Gott der Jäger, ist St. Michael. Und Exú – so liebenswürdig und leicht zähmbar sich der »böse Geist vom Kongo« geben mag (wenn man ihm seine Lieblingsspeise hinstellt, eine weiße Maispaste in Bananenblätter gewickelt, tut er Gutes) – wurde dem Teufel des Neuen Testamentes gleichgestellt. Wie unbekümmert die Kirche bei der Herstellung derartiger Beziehungen vorging, wird deutlich, wenn man sich vergegenwärtigt, daß ausgerechnet die lebenslustige Meer-Göttin Yemanja der Heiligen Mutter Maria assoziiert ist; Yemanja nämlich lebt in blutschänderischem Inzest mit ihrem eigenen Vater, dem Gott Orougan. (In Wirklichkeit sind die Beziehungen zwischen Orougan–Yemanja und dem inzestuösen Vater-Tochter-Paar Amon und Mout des alten Ägyptens offensichtlich: einer der zahllosen Hinweise auf die schwarzafrikanische Wurzel der großen ägyptischen Kultur und Mythologie, wie sie Cheikh Anta Diop in seinem wichtigen

Werk »The African Origin of Civilisation« gesammelt hat. Es gehört zu den reizvollsten, verblüffendsten Erfahrungen religionswissenschaftlicher Forschung, wenn einem Götter aus dem ägyptischen Pantheon des dritten oder vierten Jahrtausends vor Christi auf dem Wege über die Yorubas Westafrikas nun mit einem Male im modernen Rio und Bahia wieder begegnen!)

Indessen schlugen die fünf Schlagzeuger unseres Yansa-Festes in aufregender Gleichförmigkeit den »Wind- und Regen-Rhythmus«. Versteht sich, daß die Göttin ihre eigenen Rhythmen hat. Jeder Gott besitzt die seinen. Die Kenntnis dieser Rhythmen und ihrer Zuhörigkeit ist in der modernen populären Musik Brasiliens erhalten geblieben. Als ich ein paar Tage später in Rio war, hörte ich Georginho, einen erfahrenen virtuosen Schlagzeuger, der in den Schallplatten- und Fernsehstudios der Hauptstadt zu Hause ist und den ich für die Plattenproduktion und Europa-Tournee meiner Dokumentation der brasilianischen Musik »Folklore e Bossa Nova do Brasil« verpflichtete. Er kam mit einem ganzen Volkswagen-Bus voll Instrumenten, um vorzutrommeln. Zu Beginn eines jeden Rhythmus' schrie er einen Namen. Später fragte ich ihn, was er denn da geschrien habe: »Den Namen des Gottes, dem der Rhythmus gehört.«

Die afrikanischen Rhythmen sind in den Samba-Tänzen bewahrt. Im modernen Rio spricht man vom »Samba der Tradition«. Es gibt Tausende von Samba-Schlagern und Samba-Liedern, aber wie die Samba-Rhythmen ursprünglich gemeint sind, erfährt man am unmittelbarsten in den Tagen des Karnevals, wenn die »Escolas de Samba« – die »Sambaschulen« – aus den »Favellas«, den Slums, auf Rios prächtige Avenida Rio Branco ziehen.

Es ist ja oft geschildert worden, wie diese Sambaschulen – bis zu vierzig Mann stark – während des ganzen Jahres proben, um für den Karneval gerüstet zu sein. Untereinander stehen sie in scharfer, oft mörderischer Konkurrenz. Immer wieder kommt es, wenn musikalisch keine Entscheidung darüber gefunden werden kann, welche »Escola« die bessere ist, zu wütenden Bandenkämpfen. Die »Samba-Schulen« erheben mit Recht den Anspruch, die wirkliche, die authentische Samba-Musik zu machen, der Musik Afrikas näher, als es sich der an die verwässerten Samba-Schlager Europas gewöhnte Hörer vorstellen mag.

Der Mann, der als erster aus der Musik der »Escolas de Samba« eine Art Kunst gemacht hat, ist Pixinguinha. Die Brasilianer nennen ihn den »Louis Armstrong ihrer Musik« – und das ist er. Wie Armstrong aus der Volksmusik von New Orleans Kunst machte und doch dieser Volksmusik ganz nahe blieb, so tat es Pixinguinha mit der Samba – um etwa die gleiche Zeit. Die beiden verehrten einander – und sahen einander zum Verwechseln ähnlich. Auf einem Plattenalbum der Pixinguinha-Musik aus den zwanziger Jahren sind beide abgebildet, Satchmo

Escola de Samba beim Carneval in Rio

und Pixinguinha, und man kann auf Anhieb kaum sagen, wer wer ist! Die frühe Pixinguinha-Musik klingt wie ein brasilianisches Gegenstück zur Armstrong Hot Five und Hot Seven. Einer der ersten, der damals das Potential der Samba und vor allem Pixinguinhas in der westlichen Welt pries, war Stokowski – wie er es auch mit dem Jazz getan hat.
Für den modernen Brasilianer sind die »Escolas de Samba« letztlich eine Angelegenheit des schwarzen Proletariats. Zur Karnevalszeit vergnügt er sich daran, aber in der übrigen Zeit des Jahres schaut er mit Geringschätzung darauf herab. Für ihn beginnt die eigentliche brasilianische Musik erst Ende der fünfziger, Anfang der sechziger Jahre mit der »Revolution«, die »Tom« einleitete. Sie nennen es wirklich eine »Revolution«, obwohl die Musik, die dabei entstand, die liebenswürdigste und poetischste ist, die wohl je mit einer »Revolution« verbunden war. Aber es war eben doch eine neue Musik – so neu, daß man zunächst durchaus Schwierigkeiten hatte, sich einzuhören. Nicht umsonst hieß der erste große Schlager der Bossa Nova »Desafinado«, das heißt: verstimmt. Man konnte einfach in den neuen Klängen, die der ganzen westlichen Welt inzwischen als Inbegriff sensibler, moderner Melodienseligkeit erscheinen, keine richtige musikalische »Stimmung« finden.

»Tom«, der Mann, der diese Revolution auslöste, ist unter seinem vollen Namen, Antonio Carlos Jobim, den Musikhörern der ganzen Welt bekannt geworden. Die Songs, die er und seine Kollegen schrieben, haben »die Welt erobert«. Die Kollegen sind João Gilberto, der Gitarrist Baden Powell und der Komponist des »Orfeo Negro«, Luiz Bonfa.

Der Name, den man für die neue Musik wählte, ist so sehr Verlegenheitsausdruck wie die meisten ähnlichen Begriffe vom »Bebop« zum »New Thing«: Bossa Nova. Wer im Rio-Jargon etwas »com Bossa« tut, tut es gut und richtig und mit Schwung. All den effektvollen Interpretationen der Publicity-Schreiber in den Pressestellen der Schallplattenfirmen zum Trotz bedeutet Bossa Nova lediglich eine »neue, wohlgetane Sache«.

Die Texte der Bossa und ihrer diversen Nachfolge-Stadien, die es inzwischen gibt, sind voll Poesie und Sensibilität. Hochschätzung und Respekt vor der »Poesia« schwingen in ihnen. Das Wort »Poeta« – Dichter – ist im brasilianischen Sprachgebrauch zum Inbegriff respektvoller Verehrung geworden. Wer seinen Freund mit besonderer Liebe anreden will, sagt »mein Poet« zu ihm, selbst wenn der Freund Fischer oder Taxi-Fahrer ist! Die Verachtung, mit der man im klassischen Lande der Intelligenz, in Deutschland, von »Intellektuellen« redet, ist für den Brasilianer nicht nachvollziehbar; ein Politiker, der sich nicht auf Künstler und Intellektuelle berufen kann, ist von vornherein »unten durch«. Als in den sechziger Jahren die beiden hervorragenden Bossa-Musiker Gilberto Gil und Caetano Veloso wegen Schwierigkeiten mit der Generals-Junta das Land verließen – und wohl auch verlassen mußten –, wurde darüber in allen sozialen Schichten, von den Reichsten bis zu den Ärmsten, solange gemeckert, wurde in offenen und camouflierten Kommentaren, Glossen und Radio-Moderationen so lange betont, daß man die beiden vermisse, bis man sie (die sich inzwischen in London aufhielten) wissen ließ, sie mögen doch baldmöglichst zurückkommen. Kein brasilianisches Regime könnte es sich – wie die Nazis im Deutschland der dreißiger Jahre – leisten, die Spitzen der Intelligenz und der Kunst außer Landes zu jagen.

In diesem Land spürt auch der einfache Mensch etwas von der Spannung, die zwischen der Sprachmelodie als solcher und einem spezifischen Song-Text bestehen kann, und er begreift, daß sich die Meisterschaft der brasilianischen Text-Poeten darin zeigt, die Spannung niedrig zu halten. Ihre Texte folgen der Sprachmelodie des Portugiesischen, wie es in Brasilien gesprochen wird, in vollkommener Weise – etwa so wie es im Europa des 19. Jahrhunderts in den Texten der großen italienischen Oper mit dem italienischen oder in denen des Schubert-Liedes mit dem deutschen Sprachduktus geschah.

Aber die Reibungslosigkeit zwischen Sprach-Duktus und musikali-

schem Text-Duktus geht stärker auf afrikanische als auf europäische Traditionen zurück. Sie ist eine kennzeichnende Eigenschaft der gesamten afrikanischen Musik, soweit sie vokal ist.
In die Nachbarschaft des »Erfühlens« der Sprachmelodie gehört die eigentümlich vibratolose Gesangsweise der brasilianischen Sänger. Ohne Vibrato: das heißt bei uns »glatt«, und das wiederum signalisiert einen Mangel an Ausdruck, an gefühlsmäßiger Intensität. Auch das gehört zum Wunder der brasilianischen Musik, daß sie »glatt« gesungen wird und trotzdem voll brennender Expression ist. Überall in der Welt sind das Widersprüche. Ich weiß nicht, wie die Brasilianer es fertig bringen, dies zu vereinen, aber offensichtlich hängt die Verhaltenheit des *espressivos,* das stets mit aller Kraft »da« ist und gleichwohl nirgendwo »explodiert« – wie es das bei den schwarzen Sängern Nordamerikas ständig tut –, hiermit zusammen. »Cooking«, »kochend« nennen die schwarzen Jazzer diese äußerste »Hitze« der emotionalen »power«. Ein amerikanischer Freund, mit dem ich brasilianische Platten anhörte, sagte: »Es ist mir rätselhaft, wie die Brasilianer das machen: Sie ›kochen‹ wie wir, aber ich glaube, sie brauchen nur die halbe Flamme. Wir brauchen die volle, um die gleiche Wirkung zu erzielen.« Musterbeispiele für diese Art vibratolosen und gleichwohl emotionell aufgeladenen Gesanges bieten die Platten von João Gilberto (siehe die Plattttenbeispiele am Schluß dieses Beitrages).
Das afrikanische Element war in der brasilianischen Dichtung auch in rassischer Hinsicht prägend. Nicht nur die großen Bildhauer und Musiker der brasilianischen Tradition waren Neger oder Mulatten – auch die Dichter waren es: Joaquim Maria Machado de Assis, 1839 als Sohn eines schwarzen Malers geboren, der oft als der größte Dichter Südamerikas bezeichnet wird, stammt aus einem Slum – einer Favella – auf den Hügeln Rios. Er gründete 1897 die Brasilianische Akademie für Wissenschaft und Künste. Aber auch Mario de Andrade, der Begründer des »modernismo«, der heute die brasilianische Literatur beherrschenden Richtung, war Mulatte. Beide – Machado de Assis und de Andrade – haben jenes poetische Grundgefühl geprägt, das in den modernen Song-Dichtungen eines Vinicius de Moraes und anderer schwingt.
»Vinicius«, der Dichter des »Orfeo Negro«, hat die Standards gesetzt für das hohe Niveau der Song-Texte. Jahrelang war ein brasilianischer Musiker, der auf sich hielt, zuerst einmal daran interessiert, Moraes' »Poesien« zur Vertonung zu erhalten, aber der ließ diese Ehre – und es wurde wirklich als Ehre verstanden – nur den begabtesten zuteil werden; die meisten Vinicius-Texte hat der Gitarrist Baden Powell vertont.
Baden – über den ich nicht objektiv berichten kann, weil ich ihn acht Jahre lang produziert habe –, der einzige unter den bekannten Künst-

Baden Powell

lern der brasilianischen Musik, der einen Ausländer, gar einen Europäer, als festen Schallplatten-Produzenten hatte, der beständigste auch unter ihnen, der einzige, der auch fünfzehn Jahre nach der Entstehung der Bossa noch so gut und so aktiv ist, wie es die anderen Bossa-Schöpfer längst nicht mehr sind . . ., Baden Powell geht so weit, daß er sagt: »Erst durch die Begegnung mit Vinicius und seinem poetischen Werk bin ich geworden, was ich bin.«
De Moraes hat seinem Land jahrelang als Diplomat im In- und Ausland gedient, und auch dies ist kennzeichnend für die Hochschätzung populärer Musik in Brasilien. Wo gibt es das sonst, daß ein »Schlagertexter« – das ist er ja nach deutschen Begriffen – Gesandter und Botschafter seines Landes würde?
Zum Liebenswerten der brasilianischen Musik gehört es auch, daß die Komponisten als moderne »Barden« ihre Songs selbst vortragen und sich dabei auf ihrer Gitarre begleiten. So muß sich ein Lied durchsetzen. Die effektvollen Arrangements großer Orchester, die es natürlich ebenfalls gibt – und wie! –, kommen erst dann ins Spiel, wenn Publikum und Musiker einen Song in der eigenen Interpretation seines Komponisten geprüft und akzeptiert haben.
Darüber, wie die Musiker zur Bossa Nova gekommen sind, erzählen sie alle das gleiche: Sie haben amerikanischen Jazz geliebt – und zwar die Variante des Cool Jazz, wie er in den fünfziger Jahren gespielt wurde. Immer wieder sprechen sie von der Musik, die das Gerry Mulligan Quartet mit dem Trompeter Chet Baker damals in Kalifornien gemacht hat. Die hat sie beeindruckt. Deren Stil haben sie auf ihre »traditionellen« Samba- und Volksmusik-Klänge angewandt: dadurch sei die Bossa entstanden. Man könnte sagen: Sie haben die Samba »unterkühlt«. Vieles in ihrer alten Musik erschien ihnen als derb und vulgär und gar zu offensichtlich. Durch die Unterkühlung wurde es zart und sensibel und indirekt.
Man muß sich das Einzigartige und Besondere dieses Vorganges vergegenwärtigen. Nirgendwo in der Welt gibt es etwas Vergleichbares. Denn gewiß haben polnische, jugoslawische und schwedische Jazzmusiker Volkslieder ihrer Heimat gespielt. Aber was dabei entstand, blieb doch immer Jazz in der auch vorher bekannten Weise, nur lag eben der konventionellen Jazz-Improvisation ein etwas anderes, nationaleres Thema zugrunde. In Brasilien aber entstand eine neue Musik. Und jeder Brasilianer ist bereit, seine Hand dafür ins Feuer zu legen, daß es eine ganz und gar »brasilianische Musik« ist, in keinem anderen Land denkbar. Man liebt den Ausdruck »musica brasileirissima« als Inbegriff superlativer Qualität.
Eine Voraussetzung des Prozesses war es, daß es keine Spannung zwischen der traditionellen Volksmusik und dem modernen Jazz geben durfte, – eine Voraussetzung, die für den europäischen und zumal für

den deutschen Hörer schwer nachvollziehbar ist. Der Jazz ist für uns das ganz und gar andere, das der eigenen volksmusikalischen Tradition a priori Entgegengesetzte – eine Polarität, die bereits für die »traditionelle« Samba-Musik Brasiliens nicht gegeben war. Sie hatte ja eine Tradition, die selber bereits auf der Begegnung zwischen afrikanischem und europäischem musikalischem Erbe basierte – genau wie sich in den USA der Jazz aus einer solchen Begegnung gebildet hatte. Wenn plötzlich irgendwo im rhythmischen Hexenkessel einer »Escola de Samba« auf einer Piccolo-Flöte eine Melodie improvisiert wird, geschieht im Grunde nichts anderes, als wenn ein nordamerikanischer Jazzbläser auf einem Saxophon zum harmonischen und rhythmischen Gerüst eines Jazzstückes improvisiert. Die brasilianische Volksmusik also stand – und steht noch – mit dem Jazz gleichsam »auf du und du«. Es ist kennzeichnend, daß die Brasilianer das einzige Volk der Erde sind, das den nordamerikanischen Jazzausdruck »swing« nicht im Original zu übernehmen brauchte. Sie haben ihr eigenes Wort: »balancado« – ein dem swing ähnliches Sprachbild: ein Schwingen, ein Balance-Akt zwischen zwei verschiedenen musikalischen Zeitebenen, zwischen dem Zeitverhältnis des afrikanischen und den so gänzlich anderen Zeitbegriffen des europäischen Musikers. Wer in den USA »swinging« und in Brasilien »balancado« spielt, befindet sich in schwingendem Gleichgewicht, in schwebender Balance zwischen den Ebenen der Zeit.

Der brasilianische Musikwissenschaftler Eurico Nugueira Franca hat gezeigt, daß es in der traditionellen Samba-Musik Brasiliens seit dem vergangenen Jahrhundert, also lange bevor von einem Einfluß der nordamerikanischen Musik die Rede sein kann, sogar Blue Notes gegeben hat, die verminderten Septimen und Terzen, gelegentlich auch Quinten (man darf gewiß nicht von »kleinen Terzen« sprechen, weil der »blue Terz« die Moll-Funktion der konventionellen, »europäischen« kleinen Terz fremd ist), die vom Blues her die ganze amerikanische Jazz- und populäre Musik durchdrungen und harmonisch geprägt haben.

Weil die Ausgangsbasen, von denen her sich die nordamerikanische und die brasilianische Musik entwickelt haben, in so wesentlichen Punkten vergleichbar sind, deshalb konnten »Tom« und seine Kollegen den Jazz für ihre eigene Musik in so eigener und reicher Weise fruchtbar machen.

Längst schon hat sich die Bossa weiterentwickelt. Alle paar Jahre gibt es einen neuen Stil. Neben dem anglo-amerikanischen Kulturkreis ist die brasilianische populäre Musik heute die aktivste, künstlerisch reichste der Erde. Nur auf der Musikszene der USA gibt es noch eine vergleichbare Palette so großer, faszinierender Persönlichkeiten wie in Brasilien. Aber die brasilianischen Musikleute werden nicht ganz so

gewaltsam, nicht ganz so bedenkenlos vermarktet wie ihre amerikanischen Kollegen. Ich kann hier nur einige wenige unter den zahlreichen wichtigen Vertretern der brasilianischen Szene nennen:
In Europa am bekanntesten ist wohl Elis Regina, die »Ella Fitzgerald Lateinamerikas« (tatsächlich »scattet« sie ähnlich wie Ella, aber als sie damit begann, hatte sie noch nie von ihr gehört; diese Art wort- und textloser Gesang auf »sinnlose« Silben ist Yoruba-Erbe aus Afrika); ihr steht die schwermütige Maria Bethânia gegenüber; Gal Costa verbindet den Stil dieser beiden und versetzt ihn außerdem noch mit einem guten Schuß nordamerikanischer Balladen-sophistication . . . Dann die großen Schöpfer »Tom« Antonio Carlos Jobim, João Gilberto, Baden Powell . . ., der Dichter Vinicius . . . und die zweite Generation, eröffnet von Edu Lôbo, weitergeführt von Gilberto Gil, Caetano Veloso, Jorge Ben, Milton Nascimento . . . Außerdem Vokalensembles von einer Perfektion, wie man sie sonst nur in den USA findet: erst die vier Damen des Quartetto Em Cy, die dann von den Herren des MPB 4 geheiratet wurden, so daß nun dieses letztere allein regiert . . . Hinzu kommen Instrumental-Gruppen von der Kultiviertheit und Ausgewogenheit der amerikanischen Combo-Kultur, etwa das Quinteto Violado . . . Arrangeure vom Ideenreichtum eines Oliver Nelson oder Quincy Jones – wie Chico Buarque . . . Komponisten (und Instrumentalisten), die die brasilianische Musik zur Basis einer im europäischen Sinne hochentwickelten Kammermusik machen – wie Egberto Gismonti . . . Instrumentalisten, die sogar für Miles Davis gut genug sind, zum Beispiel Hermeto Pascoal, Airto Moreira, Raoul de Souza – um nur einige wenige zu nennen (siehe die Plattenempfehlungen am Schluß des Kapitels).
Auf das Ausland, speziell die USA, hatte zunächst nur »die erste Generation« gewirkt: in Form der Bossa Nova-Welle, die nach anderthalb Jahren, 1962 oder '63, schon wieder ausgelaufen war. Die amerikanischen Musiker, die sich damals mit einer Begeisterung (die wir alle nachempfinden konnten, weil wir es ja ähnlich empfanden) auf die zarten poetischen Songs aus Brasilien stürzten, haben brasilianische Musik letztlich nicht oder nur oberflächlich verstanden. Aber gerade weil die Mode inzwischen vorbei ist, konnte es zu einer wirklichen »Integration« brasilianischer Musik in den Strom der Populärmusik der westlichen Welt kommen. (Darüber mehr in dem Beitrag über Flora Purim in diesem Buch.)
Edu Lôbo war der erste, der – um 1965 – die Weiterentwicklung der Bossa einleitete, damals zunächst in die dem Klima der sechziger Jahre gemäße Richtung auf einen eigenen brasilianischen »Protestsong«.
Das Phänomen Lôbo lag auf der gleichen Ebene wie das Bob Dylans in den USA. Doch während sich die Texte der Sänger der sechziger Jahre in den anderen Ländern der Erde schon vom sprachlichen Duktus her

Egberto Gismonti

gegen die Sprache als Symbol der Gesellschaft, gegen die protestiert wird, auflehnten, blieben die brasilianischen Protesttexte geborgen in der portugiesischen Sprachmelodie, oder genauer, in der so viel reicheren, lebendigeren brasilianischen Variante der portugiesischen Sprache. (Das Portugiesisch, das in Brasilien gesprochen wird, verhält sich zur Muttersprache ähnlich wie das amerikanische Englisch zum europäischen Englisch. Wir Europäer müssen von unserem Hochmut herunter, die europäische »Ursprache« immer noch als die »eigentliche«, die höher stehende Sprache anzusehen, die in der Neuen Welt »auf den Hund gekommen« sei. Das Gegenteil ist geschehen. Wer nicht europäisch überheblich denkt, kann konkret nachprüfen, wieviel reicher, komplexer, vielschichtiger heute etwa das Vokabular, die Diktion, die Syntax und damit überhaupt die Ausdrucksmöglichkeiten eines amerikanischen Schriftstellers sind im Vergleich zu seinen englischen Kollegen. Sie sind nicht zuletzt infolge der Begegnung mit den Afrikanern reicher, die sich in beiden Amerikas so intensiv ausgewirkt hat. Noch der konservativste, negerfeindlichste Südstaatler in den USA spricht eben deshalb »anders« englisch, weil Generationen seiner Vorfahren und deren Kinder und Kindeskinder ihr Englisch auch von schwarzen Ammen und schwarzen Spielgefährten gelernt haben; selbst das verächtlichste Wort, das der Weiße noch immer für den Neger besitzt, das Wort »Nigger«, ist eben die schwarze Art, »Neger« zu sagen. Längst schon weiß die Sprachforschung, daß sich das Englische, wie es in den USA heute gesprochen wird, nicht zuletzt unter schwarzem Einfluß zu einer »anderen« Sprache entwickelt hat; Entsprechendes gilt für Brasilien und die spanisch sprechenden Länder Lateinamerikas, Ähnliches für die Inseln der Karibischen See, auf denen eine kreolische Variante des Französischen gesprochen wird [siehe dazu den Beitrag »Der kreolische Raum«].)
In einem Edu Lôbo-Song – auch hier der Text von Vinicius! – wird »Zambi« besungen, ein sagenumwobener schwarzer Heros, der die Sklaven seiner Plantage zur Freiheit führte und der in diesem Lied zum Symbol eines neuen, jungen Brasiliens wird. Zambi ist ein brasilianisches Gegenstück zu dem nordamerikanischen Negro-Heros John Henry. Aber nun bedenke man, mit welch zornigem Aufwand, mit welch lautstarker Passion der Blues-Song von John Henry in den USA »verkündet« wird, wie leis und zart aber, ohne jede Protestgebärde, ja ohne Lautstärke, es in dem brasilianischen Lied zugeht:

> »Wir wollen nicht mehr leiden, ruft Zambi.
> Dasselbe Blut.
> Dieselbe Farbe.
> Derselbe Abschied.
> Derselbe Schmerz.

Der Zambi nimmt Waffen.
Der Zambi kämpft.
Für ein Leben ohne Sklaverei.
Unter dem gleichen Himmel.
In dem gleichen Land.
Mit der gleichen Liebe.
Mit der gleichen Passion . . .«

Plattenbeispiele:

»Folklore e Bossa Nova do Brasil« mit Edu Lôbo, Sylvia Telles, Rosinha de Valenca, Escola de Samba u. a. (MPS 21 20629-7)
Baden Powell: »Tristeza On Guitar« (MPS 21 29623-7)
Baden Powell: »Poema On Guitar« (MPS 21 20653-1)
Baden Powell + Janine: »Images On Guitar« (MPS 21 29057-3)
Baden Powell: »Canto On Guitar« (MPS 21 20756-0)
Egberto Gismonti: »Orfeo Novo« (MPS 21 20752-8)
»The Elis Regina Show« (Polydor 2480 160)
»Ela« (brasilian. Philips 6349 003)
Elis Regina: »Falso Brilhante« (brasilian. Philips 6349 159)
Elis Regina e Jair Rodrigues: »Na Bossa« (brasilian. Philips P632 765L)
Maria Bethânia: Viana Telles Veloso (brasilian. Philips 6349 001)
Chico Buarque & Maria Bethânia: »Do Vivo« (brasilian. Philips 6349 146)
Gal Costa: »Gal A Todo Vapor« (brasilian. Philips 6349 020)
Tom Jobim: »Matita Perê« (brasilian. Philips 6349 071)
Antonio Carlos Jobim: »Stone Flower« (Philips 6308 031)
Antonio Carlos Jobim: »The Composer Of Desafinado Plays« (Verve V 8547)
Antonio Carlos Jobim: »Wave« (A & M 21 20 20)
Stan Getz featuring João Gilberto (CBS 81 207)
João Gilberto (brasilian. Philips 999 012)
Vinicius e Caymmi com o Quarteto Em Cy (Companhia Brasileira de Discos, Elenco ME 23)
Vinicius/Toquinho (brasilian. Philips 6349 134)
Edu Lôbo (RCA, Paris, AM Records SP 3035)
Edu Lôbo: »Cantiga De Longe« (Companhia Brasileira de Discos, Elenco SE 1006)
Gilberto Gil (brasilian. Philips 6349 034)
Gilberto Gil: »Refazenda« (brasilian. Philips 6349 152)
Caetano Veloso: »Transa« (brasilian. Philips 6349 026)
Caetano Veloso (brasilian. Philips 6349 132)
Jorge Ben: »Fôrca Bruta« (brasilian. Philips 6349 141)
Jorge Ben: »Africa Brasil« (brasilian. Philips 6349 187)
Milton Nascimento: »Lô Borges« (Industria Brasileira MOAB 6005/6)
MPB 4: »10 Anos Depois« (brasilian. Philips 6349 144)
Quinteto Violado (brasilian. Philips 6349 031)
Chico Buarque: »Construcão« (brasilian. Philips 6349 017)
Hermeto Pascoal (Buddha Records, Cobblestone CST 9000)
Paulinho Nogueira: »Antologia do Violão« (brasilian. Philips 6349 302) (Geschichte der brasilianischen Gitarrenmusik mit Kompositionen von D. Reis, Luiz Bonfa, Cearense, Baden Powell u. a.)
(Siehe auch die in dem Beitrag über Flora Purim erwähnten Platten)

Der kreolische Raum

Notizen aus der Karibischen See

I.

Es habe – so steht in den Jazzgeschichten – in New Orleans zwei Gruppen von Negern gegeben: die kreolischen und die »amerikanischen«. Die Kreolen waren Sprößlinge aus Liaisons, die die französischen Plantagenbesitzer und Handelsherren mit den schönsten Negerinnen ihres Sklavenbestandes eingegangen waren. Oder sie stammten von Sklaven ab, die »wegen besonderer Verdienste« freigelassen worden waren. Diese Kreolen waren die eigentlichen Kulturträger in »La Nouvelle Orleans«. Sie sprachen französisch oder »kreolisch«, jenen französischen Dialekt, der eines der sprachlichen Wunder dieser Erde ist. Kreolisch ist noch heute die geheime »lingua franca« fast überall im Karibischen Meer: von Louisiana im Süden Nordamerikas bis Surinam und Cayenne im Norden Südamerikas. Ja, selbst auf einer Insel wie Trinidad, die nie zu Frankreich gehört hat, spricht ein Teil der Bevölkerung nach wie vor kreolisch.

Dank dieser Sprache, die ein genial versimpeltes Französisch ist – mit einem vorwiegend französischen Vokabular und einer vorwiegend afrikanischen Syntax –, können sich die Schwarzen von Madagaskar und Mauritius im Indischen Ozean östlich von Afrika mit denen von Haiti oder Guadaloupe in der Karibischen See unterhalten, obwohl es über die weite Entfernung hinweg nie irgendeine Beziehung gegeben hat. Die Logik, nach der sich das Kreolische zu einer Sprache entwickelt hat, scheint so zwangsläufig, daß man in verschiedenen Erdteilen zu gleichen Ergebnissen kommen *mußte*, ob man nun etwas miteinander zu tun hatte oder nicht.

Die wohlgebildeten kreolischen Neger in New Orleans schauten auf die armen, unerzogenen »amerikanischen« Neger mit Verachtung herab. Der eine war »Le Nègre«, der andere war »'de Nigger«. In dem ersteren Ausdruck ist der Bezug auf die vielbewunderte französische Kultur einbeschlossen, während in dem anderen die Diskriminierung durch die amerikanisch-englische Gesellschaft mitschwingt. Im ganzen vergangenen Jahrhundert waren Haß und Verachtung zwischen »Nègre« und »Nigger« im kreolischen Raum größer und intensiver als die allgemeine Diskriminierung von Schwarzen durch Weiße. Es ist seltsam, daß noch kein Jazzautor darauf hingewiesen hat, daß sich dieser Haß in eben jenen Jahren beruhigte, in denen der Jazz entstand. Das war ja das Besondere, auf nordamerikanischem Boden Einzigartige im New Orleans der Jahrhundertwende: die – verhältnismäßige – »Ausgewogenheit«, die Toleranz zwischen den Rassen, zwischen Weißen und Schwarzen, zwischen kreolischen und »amerikanischen« Negern. Die Bedeutung, die dieser Atmosphäre für die Entstehung des Jazz als einer Musik des Zueinanders der Rassen zukommt, kann schwerlich überschätzt werden.

Gewiß, es gab auch in der Anfangszeit des Jazz in New Orleans entweder mehr kreolische oder mehr »amerikanische« Bands, aber fast jedes kreolische Orchester hatte doch seinen »Nigger«, oder jedes »amerikanische« Neger-Orchester hatte einen oder zwei Kreolen. Ganz und gar löste sich die kreolisch-»amerikanische« Spannung erst, als die New Orleans-Musiker nach Chicago emigrierten. Da spielte dann jeder mit jedem. Aber Musiker wie Sidney Bechet, Barney Bigard und Kid Ory haben ihr ganzes Leben lang nicht vergessen, daß sie in Wirklichkeit Kreolen waren. Die Geringschätzung, mit der Jelly Roll Morton in seinen Lebenserinnerungen fast alle anderen Neger bedenkt, ist der verdrängte Haß der kultivierten, »freien«, »französischen« kreolischen Minorität auf die schwarze »amerikanische« Majorität. Und der naive Stolz, den Louis Armstrong empfand, als er endlich, nachdem er sich ein halbes Leben lang danach gesehnt hatte, »Zulu-König« beim Karneval in New Orleans geworden war, ist der Stolz des schwarzen »amerikanischen« Negers, der auch noch, nachdem er ein Weltstar geworden war, darum bangte, von der kreolischen Kultur und Tradition seiner Heimatstadt akzeptiert zu werden; denn der Karneval in New Orleans ist kreolisch.

Die »amerikanischen« Neger – und bald schon die Amerikaner ganz allgemein – haben ihr kulturelles Unterlegenheitsgefühl gegenüber den Kreolen dadurch kompensiert, daß sie den Ausdruck »Kreola« zu einer rassischen Bezeichnung machten. Da war dann »der Kreole« ein Afro-Amerikaner unter anderen, das heißt, er wurde ebenso diskriminiert wie alle Menschen mit schwarzem Blutanteil. In Wirklichkeit bezeichnet der Ausdruck Kreole weniger eine rassische als eine soziokulturelle Identität.

Überall auf den Inseln der Karibischen See gibt es ebenso weiße, wie schwarze Kreolen. Auf Martinique etwa ist das Zusammengehörigkeitsgefühl der alteingesessenen Kreolen, seien sie nun weißer oder schwarzer Hautfarbe, stärker als das Zusammengehörigkeitsgefühl der Weißen untereinander oder der Schwarzen untereinander. Wer sich in Martinique und Guadaloupe, aber auch auf englischen Inseln der Karibischen See wie St. Lucia, Grenada oder Dominica »Kreole« nennt, tut das mit jenem Selbstbewußtsein, das irgendwo im tiefsten Innern davon überzeugt ist, daß die französische Kultur die einzig wahre und den

Kulturen der Engländer, Holländer, Spanier – oder wer sonst immer in der Karibischen See kolonisiert haben mag – überlegen ist. Nicht umsonst spürt man deshalb auch heute noch in vielen Volkstänzen auf Martinique – im Bel Air etwa und im Gran Bélé – Elemente alter höfischer französischer Tanzmusik, wie sie im Versailles des 18. Jahrhunderts gespielt worden sein mag. Und ich meine, das ist etwas Bemerkenswertes: Daß es kaum einen modernen französischen Tagesschlager gibt, in dem es noch Anklänge an die großen französischen Hof-Komponisten der »Belle Epoque« – sagen wir, Rameau und Lully – gibt, daß man aber auf Martinique noch heute allseits beliebte Tänze findet, die etwa wie eine Ouvertüre zu einer alten französischen Tanz-Suite beginnen – nur daß ein typisch kreolischer Rhythmus unterlegt ist. Ja, selbst in dem von den Holländern kolonisierten Surinam wird unter dem Namem »Set Dans« noch heute eine höfische Quadrille im Stil des 19. Jahrhunderts getanzt, wie man sie, von altjüngferlichen Tanzvereinen abgesehen, so vergleichsweise authentisch schwerlich in Frankreich finden dürfte. Dabei hat es in Surinam nur wenige französische Pflanzer gegeben, diese wenigen aber haben ihre Umgebung geprägt.

Noch deutlicher wird dies alles auf Trinidad. Ich bin auf dieser Insel, die, wie gesagt, nie zu Frankreich gehört hat und seit anderthalb Jahrhunderten englisch ist, in Dörfer gekommen, in denen ich mich mit den schwarzen Farmern und Holzfällern besser französisch als englisch verständigen konnte. Die Spanier, die sich zunächst Trinidad einverleibt hatten, haben in den Jahren nach 1783 jedem, der willens war, das Land zu bebauen, freies Farmland überlassen. Die einzige Bedingung war: Man mußte katholisch sein. In Kürze wurde die Insel, die eben noch wenig mehr als tausend Einwohner gehabt hatte, von mehr als zwölftausend Siedlern bestellt. Die meisten waren Franzosen. Sie hätten das Land übernehmen können, aber sie dienten zuverlässig zuerst der spanischen, dann seit 1802 der britischen Krone und begnügten sich damit, Trinidad kulturell zu durchdringen. So ist es dazu gekommen, daß nahezu alles, was in Trinidad nicht auf afrikanisch-negroide Traditionen zurückgeht, von französischen Bräuchen geprägt ist; ja, sogar der Name des berühmtesten Exportes der Insel, des vorwiegend afrikanisch beeinflußten Calypsos, ist aus dem Französischen abgeleitet – von »Carrousseaux«. Im ausgelassenen, farbenprächtigen Spektakel des Karnevals von Trinidad ist die Vitalität afrikanisch und die Form nicht etwa – wie man bei einer Insel, die immerhin mehr als vierhundert Jahre zu Spanien gehört hat, erwarten sollte – spanisch, sondern eben französisch. Vom »Jour ouvert«, den die Trinidad-Kreolen zu »Joo-vay« verstümmelt haben, dem Eröffnungstag des Karnevals, bis hin zu all den Masken, Figuren und Gestalten, die zur Karnevalszeit durch die Straßen ziehen, trägt das meiste deutlich einen französisch-

kreolischen Stempel, obwohl viele Leute im englischsprachigen Trinidad kaum noch wissen, daß etwa der »M'sieu Gros Boudin« der Herr »Fettwanst«, die »M'sella Shuiss Bouchon« das Fräulein »Kork-Schenkel« und der »Petit Jamb Torty« der »Kleine mit den verdrehten Beinen« ist. Sogar die traditionelle Beruhigungsformel, mit der die gar zu ekstatisch Tanzenden an Anstand und Sittlichkeit gemahnt werden, ist französisch-kreolisch: »Dancez, mes enfants, dancez, jamb a jamb, mais pas faire pollison. Faire con frere espis se mais pas con homme eh pis femme.« – »Tanzt, Kinder, tanzt, Bein an Bein, aber macht keine unanständigen Sachen. Macht es wie Bruder und Schwester, aber nicht wie Mann und Frau.« Wenn man bedenkt, daß auf Trinidad in erster Linie Neger und Inder leben, dazu Chinesen, Engländer, Libanesen und Nordamerikaner, spanisch-sprechende Gruppen aus Venezuela und Nachkommen der alten spanischen Kolonisten, dazu kaum noch nachweisbare indianische Restgruppen – wenige Arawaks und Caribs –, dann ist das alles ein eindrucksvolles Beispiel französischer Kultur-Intensität.
Die Trinidaner bezeichnen sich gern als den »rassisch am stärksten gemixten Platz« dieser Erde. Sie haben beinahe recht, nur Surinam ist noch »gemixter«, denn dort kommen zu all den zahllosen Rassen, die es auf Trinidad gibt, noch die Javaner, die die Holländer aus ihrer ehemaligen Kolonie Indonesien importiert haben.

II.

Es war in erster Linie die Plantagenarbeit, die seit der Mitte des 16. Jahrhunderts das Völkergemisch verursacht und geprägt hat. Das Gesetz der schweren Arbeit unter der tropischen Sonne war und ist stärker als irgendein anderer gesellschaftsbildender Vorgang. Je weiter die Sklavenbefreiung zurückliegt, desto deutlicher wird, daß sie letztlich ein oberflächlicher Vorgang war, dessen rassische, kulturelle und geistige Bewältigung ausgeblieben ist. In den USA wurde die Diskriminierung mit der Sklavenbefreiung schlimmer, ja viele Autoren finden pointiert: Sie begann, sie endete nicht damit.
Vor Columbus gab es die wilden und kriegerischen Indianer vom Stamme der Kariben, die auf ihren kleinen Kanus praktisch die ganze Karibische See beherrschten. Wer erlebt hat, wie stürmisch das Meer zwischen den beiden großen amerikanischen Erdteilen sein kann, wird kaum begreifen, wie man in dem riesigen Raum zwischen Florida und der Orinoco-Mündung auf den kleinen, zerbrechlichen Booten sicher navigieren konnte. Völkerkundler meinen, daß die Carib-Indianer, die von Peru aus immer weiter nach Norden gedrungen waren, im Grunde

mehr auf ihren Booten als auf den Inseln zu Hause waren. Die eigentlich bodenständige Indianer-Kultur der Karibischen See war die der Arawaks. Es waren friedliche Indianerstämme, die irgendwoher aus dem Norden gekommen sein müssen und Meister der Land-Kultivierung waren. Die hohe Kultur der Arawaks ist nicht erst von den Spaniern zerstört worden; sie war zum größten Teil schon von den Kariben zerstört, als Columbus den karibischen Raum entdeckte. Was uns heute in den Kultstätten und Töpfereien als Überbleibsel vorgeführt wird, war bereits damals Überbleibsel.
Die Kariben haben die Kultur, die Spanier die Menschen vernichtet. Indianer sind nun einmal – damals wie heute – zu schwach, um auf Plantagen arbeiten zu können. Deshalb wurden Schwarze importiert. Als diese bei der Aufhebung der Sklaverei davonliefen, zeichneten sich zweierlei Entwicklungen ab: Entweder teilten die Neger das Land unter sich in zahllose kleine und allerkleinste Höfe und Besitzungen auf – wie etwa auf Martinique –, oder die weißen Plantagenbesitzer mußten neue Arbeitskräfte finden. Deshalb wurden Inder geholt – und in die holländischen Besitzungen außerdem noch Javaner.
Neger und Inder scheinen dazu prädestiniert zu sein, Schwierigkeiten miteinander zu haben – von Südafrika bis Guyana: größere, tiefer gehende Schwierigkeiten, als es sie zwischen Weißen und Schwarzen gibt. In Surinam und auf Trinidad sind die Schwarzen noch in der Mehrheit, aber die Inder vermehren sich doppelt so schnell wie die Neger. Hier – wie auch andernorts – gibt es jenes charakteristische Wettrennen zwischen der natürlichen Vermischungstendenz der Rassen untereinander und einem ebenso intensiven Rassenfanatismus. Nicht nur die Fremden, auch die Trinidaner sind fasziniert vom Spektakel ihres rassischen Farben-Mischmaschs. Jeder junge Mann in Trinidad sieht, wenn er Augen im Kopf hat, daß die schönsten Mädchen seiner Insel die »Douglas« sind: Mischungen aus Indern und Negern. Schon jetzt kann jeder zweite Trinidaner nicht mehr so genau sagen, welcher Rasse er angehört – und man spürt, wie stolz alle diese Leute sind, wenn sie einem aufzählen, daß etwa ihr Großvater Inder und ihre Großmutter Kreolin, ihre Mutter Negerin oder ihr Vater Chinese war. Das Rennen, das sich abspielt, ist das Rennen zwischen der Faszination durch den andersrassigen Partner und der Fanatisierung der Inder. Hubert Fichte in seinem Trinidad-Bericht: »Der Inder findet, die Welt braucht einen Krieg.«
Längst gibt es die natürliche Spaltung zwischen der Fanatisierung bei Tag und der Faszination bei Nacht. Die Westside-Story nach Leonard Bernsteins Musical verwundert nur die »squares«. Überall zwischen Guyana und Puerto Rico (und das bedeutet: Harlem) gibt es die Gangs, die sich tagsüber Messer in den Leib jagen und deren Jungen und Mädchen nachts miteinander schlafen. Der Sorge der Politiker steht das gegenüber, was jedermann sieht, der nach Trinidad kommt:

der kochende Hexenkessel der Rassen – und wohl bemerkt: er kocht vor Lebenslust und nicht vor Fanatismus. Daß Menschen so vieler Rassen immerhin ein – einigermaßen – funktionierendes staatliches und wirtschaftliches System nicht nur aufrechterhalten können, sondern mit Temperament weiterentwickeln, kann nicht genug bewundert werden und widerspricht allen europäischen Erfahrungen, inklusive dem Schweizer Beispiel, sind doch die deutsch-, französisch-, italienisch- und romanisch-sprechenden Helvetier ohnehin alle Weiße und einander so ähnlich, daß sich ein paar tausend Kilometer weiter öst- oder westlich niemand mehr über ihre Unterschiede ereifern würde. Ich möchte in diesem Zusammenhang den Satz eines weitgereisten Politikers aus Trinidads Parlament zitieren: »Wissen Sie, was mich am meisten in Europa verwundert hat? Daß ihr mit euren Stämmen (er gebrauchte das Wort ›tribes‹) immer noch Schwierigkeiten habt – Südtiroler in Italien, Deutsche in Polen, Basken in Spanien, Korsen und Bretonen in Frankreich, Iren und Engländer in Irland, Gastarbeiter in Deutschland, und was man sonst über derartige Probleme bei euch in den Zeitungen liest. Wenn wir uns noch über so kleine Fische aufregten, dann müßten wir uns hier auf dieser Insel alle längst totgeschlagen haben.«

III.

Man sollte den karibischen Raum, der von Louisiana in den USA bis Französisch-Guyana in Südamerika reicht, den kreolischen Raum nennen. Wie gesagt, Kariben gibt es kaum noch, und das einzige, was all diese so verschiedenen Länder und Inseln gemeinsam haben, sind eben Kreolen. Dieser kreolische Raum ist heute der musik-ethnologisch interessanteste der Erde. Da gibt es schlechterdings alles – und alles ist selbstverständlich. Nur den Touristen verwundert es noch, wenn er etwa in Paramaribo, der Hauptstadt Surinams, zu nahezu jeder Tages- und Nachtzeit im Radio javanische Gamelang-Musik hören kann oder wenn er auf Trinidad einer indischen Hochzeitsprozession begegnet, deren Musik eine klassische Hindu-Raga zugrundeliegt. Neben den christlichen Kirchen aller nur denkbaren Sekten steht da eine Moschee oder dort ein Hindutempel, und die christlichen Heiligen sind mit den Yoruba- und Dahomey-Göttern aus Afrika so identisch, daß selbst die Priester nicht mehr wissen, ob sie nun gerade einen afrikanischen Gott oder einen christlichen Heiligen »meinen«. Auf Trinidad gibt es mehr als hundert afrikanische Kultstätten: zur Hälfte Yoruba, zur Hälfte Dahomey. Und der höchste Priester der Yorubas, der sogenannte »Mombja« – seine Anhänger nennen ihn »König dieses Landes« – ist gleichzeitig Prediger in einer Baptistenkirche!

Gar nicht weit von dem Hotel, in dem ich in Trinidad wohnte, fand ich im Hinterhof einer Seitenstraße eine kleine, christlich aussehende Kapelle, die einer Yoruba-Priesterin, der »Aunt Cylla«, gehörte. Viele größere und kleine Statuen und Götterbilder standen herum, und Tante Cylla erklärte mir, welche Heiligen zu welchen Göttern »gehören«. Es gibt die gleichen oder ähnliche Entsprechungen wie im Voodoo Haitis, wie im Candomblé Brasiliens (siehe den entsprechenden Beitrag in diesem Buch) und wie überall, wohin Yorubas als Sklaven verschleppt wurden. Hier, auf Trinidad, ist es die Göttin Minane, die zur Jungfrau Maria wurde (und doch Minane blieb), Dada ist das christliche Kreuz, Aba Kosco der Heilige Anton. Shango, der mächtigste der Yoruba-Götter, Ajaja und Da Alvina entsprechen alle drei dem Heiligen Johannes, und Cylla erklärte mir, warum es die dreifache Entsprechung gibt: Auch in der Bibel habe man ja Johannes den Täufer, den Jünger Johannes und den Johannes der Offenbarung . . . Zu meiner größten Überraschung entdeckte ich in dieser »Yoruba-Kirche« zwei indisch aussehende Statuen. Auf meine Frage hin erklärte mir Tante Cylla, das seien Hanuman und Ram – also die berühmten indischen Göttergestalten aus der Ramayana, dem heiligen Epos der Hindus, mit kaum veränderten Namen. Trotzdem bestritt Aunt Cylla jeden Zusammenhang: »Nein«, sagte sie so lapidar, daß ich keinen Widerspruch wagte, »das sind Yoruba-Götter.«
Im Nachbartal, eine Meile weiter, fragte der mich begleitende Ethnologe Andrew T. Carr einen Dahomey-Gläubigen, wie es dazu gekommen sei, daß die afrikanischen Götter christliche Namen bekommen hätten. Der Mann antwortete: »Es war immer so.« Carr fragte erneut, ob nicht die Missionare, vielleicht schon in Afrika, die christlichen Heiligen eingeführt und ihre Namen in afrikanische Vorstellungen übersetzt hätten. »Nein«, sagte der Mann, »wir hatten das Christentum, bevor die Missionare kamen. Es war immer so. Es ist dieselbe Sache.«
Regelmäßig gibt es im Hof von Aunt Cyllas Haus »meetings« der benachbarten Yoruba-Gläubigen. Vier oder fünf Trommler spielen. Die Gemeinde sitzt um die Trommler herum. Oft dauert es stundenlang, bis Aunt Cylla in Trance fällt. Dann zuckt sie, stammelt, schreit, verkrampft und windet sich, Schaum bildet sich vor ihrem Mund. Und erst dann fangen die anderen zu tanzen an. Drei oder vier Gemeindemitglieder – meist Frauen – fallen ebenfalls in Trance. Auch der christliche Pfarrer der benachbarten Kirche ist anwesend. Er gerät in Ekstase wie alle anderen. Die mitgebrachten Opfertiere, meist Schafe, werden geschlachtet, die Eingeweide, vor allem das Herz, gekocht und gegessen. Das übrige Fleisch nehmen die Gläubigen mit nach Hause.
Andrew Carr hat aufgenommen, was Tante Cylla in Trance schreit, und Sprachwissenschaftler haben bestätigt: es ist die alte Yoruba-Sprache, wie sie zu der Zeit, als die Sklaven aus Afrika herübergebracht

wurden, in West-Afrika gesprochen wurde. Jeder moderne Yoruba-Schwarze in Afrika verstünde, was Cylla stammelt, wenn es ihm auch etwas altertümlich vorkäme (siehe ebenfalls den Beitrag über Brasilien). Aber sobald Cylla aus ihrer Trance erwacht, kann sie keinen einzigen zusammenhängenden Yoruba-Satz formen. Sie hat nie Yoruba gelernt, und niemand in ihrer Familie hat es gesprochen. Es gab in ihrer Verwandtschaft niemals Yoruba-Priester oder -Priesterinnen. Aunt Cylla ist heute einundsechzig. Mit vierzig Jahren fiel sie zum ersten Mal in Trance. Ich fragte sie, woher sie die Namen all der Götter und all die alten Bräuche kenne. Sie sagte: »Es kam zu mir. In der Woche, nachdem mich der Heilige zum ersten Mal besessen hat.« Das heißt, nachdem sie zum ersten Mal in Trance gefallen war – vierzigjährig.
In dem Tal, wo die Dahomeys leben, werden bei den Trance-Ritualen vor allem Tauben geschlachtet. Carr hat die Tonbandaufnahmen, die er dort gemacht hat, an Herskovits geschickt, den berühmten amerikanischen Afrikanologen, und der hat bestätigt, er habe noch nie außerhalb Afrikas so authentische Dahomey-Rhythmen gehört wie auf diesen Bändern.
Carr sagte mir: »Gewiß, all diese Leute sind Christen, die christlichen Kirchen sind voll, und die Menschen sind wirklich gläubig und durchdrungen vom Christentum. Aber die Pfarrer und Bischöfe, auch die katholischen Instanzen, sind klug. Wenn diese Leute gezwungen würden, sich zwischen ihren afrikanischen Riten und dem Christentum zu entscheiden, wäre ich nicht sicher, ob sie das Christentum wählen würden.«
Man darf nicht meinen, daß die Yoruba- und Dahomey-Gemeinden aussterbende Überreste sind. Vieles von dem, was ich geschildert habe, spielt sich nicht in ländlicher Isoliertheit ab, sondern in der großen Stadt Port of Spain. Auf anderen karibischen Inseln gibt es Ähnliches, zum Beispiel auf Haiti, wo die afrikanischen Voodoo-Bräuche intensiver gepflegt werden als irgendwo anders. Auf Haiti gab es keinen neutralisierenden englischen oder spanischen Kolonialeinfluß, sondern nur die französische Tradition, die nicht neutralisierend, sondern intensivierend gewirkt hat. Die alten afrikanischen Sagen und Geschichten sind mit den französischen so sehr verbunden, daß die Völkerkundler kaum unterscheiden können, ob nun eine bestimmte Sagengestalt aus Afrika oder etwa aus einer Fabel von La Fontaine stammt.
Was auf Haiti der staatlich geförderte Voodoo-Kult ist, das ist 200 Kilometer weiter westlich auf Jamaika der jahrhundertelang verbotene Obeah-Kult mit seinen zahllosen »Duppies«, Geistern, die die Insel bei Nacht bevölkern. Es gibt auf Jamaika außerhalb der Städte so etwas wie einen nationalen Komplex wegen der Unterdrückung der Obeah-Tradition: Niemand will mehr an Duppies glauben, und trotzdem glaubt jeder daran und würde auch dann, wenn er noch so laut beteu-

ert, er habe mit diesen Dingen nichts zu schaffen, nie etwas zu tun wagen, was irgendeinen Geist beleidigen könnte.
Vergleicht man die beiden benachbarten Inseln Jamaika und Haiti, wird der Unterschied zwischen englischer und französischer Kolonisierung besonders deutlich. Die Franzosen haben Kultur intensiviert, die Engländer Politik und Common Sense. Jamaika ist ein funktionierender demokratischer Staat, Haiti ist eine unerfreuliche, schlecht funktionierende Diktatur. Aber Haiti hat eine großartige, eigene Kultur und Tradition, die lebendig ist und sich weiterentwickelt. Jamaika besitzt die afrikanische Tradition nur noch im Unterbewußtsein und schämt sich ihrer, eine weiße Kultur aber hat es nie gewonnen. Selbst – und gerade! – für die politisch bewußtesten Jamaikaner, die Rastas, existiert Afrika im Grunde nur als Vision, als Traum: als das von Kaiser Haile Selassie beherrschte Äthiopien, von dem ständig die Rede ist und das doch nie wirklich, sondern immer nur als Symbol schwarzer Sehnsucht gemeint ist. Gerade Haile Selassie war alles andere als ein Mann, auf den sich die revolutionären, links stehenden Rastas hätten einigen können; wenn sie je nach Äthiopien gekommen wären, sie wären bitter enttäuscht worden.
Den schwarzen Komplex und das schwarze Selbstbewußtsein gibt es heute überall. Die Spannung zwischen beidem schafft das eigentliche schwarze Problem, das – so haben James Baldwin und Eldridge Cleaver gesagt – ein psychologisches Problem der Schwarzen selber ist. Slogans wie »Black is beautiful!« oder »I'm black and proud!« haben mehr geholfen, den schwarzen Komplex zu lösen, als die meisten anderen Unternehmungen und Versuche in diesem Bereich.
Aber: Nirgends ist der schwarze Komplex stärker ausgeprägt als auf Jamaika. Nirgends ist das schwarze Selbstbewußtsein selbstverständlicher und gelöster als auf Haiti und Martinique. Daher kommt die Aggressivität der Jamaikaner, verstärkt wohl noch dadurch, daß – wie man auf Jamaika voller Stolz erzählt – die Whadloes, ein besonders kriegerischer westafrikanischer Stamm, einen großen Teil der Schwarzen Jamaikas gestellt haben sollen.
Nicht umsonst ging die erste radikale afro-amerikanische Freiheitsbewegung von Jamaika aus: die Universal Negro Improvement Society von Marcus Garvey in den zwanziger Jahren. Garvey hatte als erster die Hoffnung seiner schwarzen Brüder auf einen »Großen Herren« – einen »Ras« – in Afrika gelenkt. Als unmittelbar darauf Haile Selassie – dessen eigentlicher Name Ras Tafari war – zum Kaiser von Äthiopien gekrönt wurde, glaubten die Schwarzen, er sei der starke »Ras«, der ihnen verkündet worden sei. Damit begann die – auch religiös verstandene – Fixierung auf Äthiopien. Deshalb nannten und nennen sich die Anhänger und Nachfolger von Marcus Garvey »Rastas«.
Garvey wollte Schiffe besetzen, in den USA landen und mit den Ne-

gern Nordamerikas gemeinsam gegen die Weißen kämpfen. Er wollte einen freien, christlichen schwarzen Staat schaffen – entweder auf amerikanischem oder auf afrikanischem Boden. Er hatte auch schon eine eigene Dampfschiffahrtslinie, die »Black Star Line«, gegründet, um seine schwarzen Brüder in das neue gelobte Land zu befördern.
Die Weißen haben die Rastas verteufelt. Wie »Black Power« und all die anderen schwarzen Freiheitsbewegungen. Indem man sie als kriminell bezeichnete und so behandelte, wurden sie auch so – und konnten entsprechend ausgerottet werden. In Wirklichkeit sind die strengen, gläubigen Rastas von urchristlicher Friedfertigkeit. Garveys ursprüngliche Aggressivität wurde sublimiert in einem Kult von »Peace and Love«, der in mancher Hinsicht die Hippie-Bewegung der sechziger Jahre vorausnahm. Die Rastas leben in ideal-kommunistischen Gemeinschaften, essen kein Fleisch, trinken keinen Alkohol und beteiligen sich nicht an all den Stehlereien und Überfällen, an denen die Unterwelt von Kingston so reich ist. Sie reden ihre Mitbrüder mit »I« an, als ob der andere, das Du, sie selber wären, ihr anderes Ich.
Vor diesem diffizilen und komplexgeladenen Hintergrund ist auf Jamaika die Reggae-Musik entstanden: die eindrucksvollste Verschmelzung von Folk Music aus dem karibischen Raum und nordamerikanischem Rock, die es gibt. Reggae bedeutet einen musikalischen Sublimierungsprozeß. Die heutigen Rastas wollen kein Land mehr erobern, sie sagen: Es sind unsere Songs, die der Welt das Heil bringen werden.
Reggae ist nicht denkbar ohne den musikalischen Widerpart von der anderen, der nördlichen Seite des Meeres her: ohne New Orleans und den dort entwickelten typischen »brand« des Rock 'n' Roll. Aber auch die New Orleans-Musik – die alte, wie die heutige – ist nicht denkbar ohne Anregung und Echo aus dem kreolischen Raum. Deshalb ist diese Musik »anders« als der Rock der übrigen USA. New Orleans ist nicht nur die südlichste Großstadt Nordamerikas, es ist auch die nördlichste Großstadt des kreolischen Raumes. Und es war nicht nur zur Zeit der Jazzentstehung musikalische Hauptstadt, sondern ist es auch wieder seit den fünfziger Jahren, seit der Popularisierung des Rock 'n' Roll mit Musikern wie Fats Domino (er war der Vorläufer) und danach Professor Longhair, Allen Toussaint, Dr. John, den Meters, Willie Tee und seinem New Orleans Project und anderen. Beide Male – und in dem ganzen dazwischen liegenden Zeitraum – unterschied sich die Musik von New Orleans eben dadurch von der New Yorks oder Hollywoods, daß es nicht nur nordamerikanische, sondern eben auch kreolische Musik war und weiterhin ist, wenn auch verfremdet, akulturisiert, durch viele Filter geflossen. (Eines der schönsten Beispiele für die zeitgenössische, kreolisierte Rock-Musik aus New Orleans bietet die Platte »Dr. John, The Night Tripper, Gris Gris«, Atlantic ATL 30 045, mit

all den kreolischen Stücken, deren Titel heute nicht anders klingen als zur Zeit der Jazzentstehung um die Jahrhundertwende: »Gumba Ya Ya«, »Mama Roux«, »Danse Fambeaux«, »Croker Courtbullion« etc.)
Auf Jamaika begann die kulturelle, die musikalische Sublimierung des Protestes – und, parallel dazu, der schwarzen Selbstfindung (dessen, was Martin Luther King »Identifikation« nannte) – im Grunde erst mit der Reggae, also in den sechziger Jahren. Auf Haiti begann der gleiche Prozeß anderthalb Jahrhunderte früher, gleich nachdem die Insel 1803 selbständig geworden war, früher als irgendwo sonst im kreolischen Raum. Es paßt dazu, daß der Ausdruck »Négritude«, den der schwarze Dichter Aimé Césaire auf Martinique geschaffen hatte und den die Schwarzen der ehemals französischen Besitzungen Afrikas und die in Paris lebenden Afrikaner zu einem Schlagwort gemacht haben, sich in den fünfziger Jahren von Haiti aus durchsetzte.
Haiti ist »afrikanischer« als irgendeine andere karibische Insel. Die Martiniquaner andererseits sagen stolz von sich selbst: »Wir sind französischer als selbst die Franzosen.« Beides bestätigt, daß sich Afrikanisches und Französisches im kreolischen Raum intensiviert haben. Das selbstgewählte Schlagwort der »Négritude« ist Ergebnis der Intensivierung. Man kennt Césaires »Hurra«:

»Hurra für diejenigen, die niemals etwas erfunden haben,
Für diejenigen, die niemals etwas entdeckt haben,
Für diejenigen, die niemals etwas gezähmt haben,
Aber die sich selbst dem Wesen der Dinge anvertrauen . . .«

Oder: »Meine Négritude ist kein Turm oder keine Kathedrale, sie taucht tief in das Fleisch der Erde und dringt hinein in das brennende Fleisch des Himmels.«
Es ist charakteristisch, daß dieser Begriff der »Négritude«, der in Afrika so begierig aufgegriffen und inzwischen auch von den schwarzen amerikanischen Schriftstellern übernommen wurde, daß dieser so prägnante und fruchtbare Begriff im französisch-kreolischen Raum des Karibischen Meeres geboren wurde. Politisch gesehen haben die Franzosen in ihrer Kolonialgeschichte eine Katastrophe nach der anderen ausgelöst, von Vietnam und Algerien bis zu dem sträflich vernachlässigten Cayenne, wo noch Furchtbares geschehen wird, aber in kultureller Hinsicht hat kein anderes Kolonialvolk etwas geschaffen, das dem kreolischen Bewußtsein und der kreolischen Tradition der Westindischen Inseln auch nur annähernd vergleichbar wäre.

IV.

Es ist diese Atmosphäre, die den kreolischen Raum in musikalischer Hinsicht so faszinierend macht. Die auslösende Mischung ist die afrikanisch-französische. Die anderen Elemente sind mehr oder minder Fremdkörper geblieben – trotz der englischen Folklore, trotz ein paar chinesischer Spuren, die die Fachleute in der Steelband-Musik von Trinidad gefunden haben, und trotz der wenigen Inder, die gelegentlich zu so einer Steelband gehören und ein paar Ragas mitbringen.
In den Tänzen Martiniques spürt man noch heute die Nähe zum kreolischen New Orleans Jazz, wie ihn etwa Kid Ory oder Sidney Bechet gespielt haben. In einer Volksmusik-Gruppe hörte ich einen sechsundneunzigjährigen Klarinettisten, der das charakteristische, starke Vibrato Bechets besaß. Der »Laghia« auf Martinique ist ein uralter westafrikanischer Tanz zweier fechtender Männer, den es in anderer Form auch auf Trinidad gibt und der bis zur Jahrhundertwende ein fester Bestandteil des Karnevals in New Orleans war. Die »Négrille« ist eine kreolisierte und europäisierte Form dieses Fechttanzes. Hier »kämpfen« Gruppen von Männern mit Macheten – den großen, geschwungenen Messern, mit denen das Zuckerrohr geschlagen wird –, bis eine der Gruppen von den Umstehenden als Sieger beklatscht wird. Dieser Tanz wird besonders an der Ostküste Martiniques getanzt. Die meisten Inseln haben sich »nach innen«, das heißt nach der karibischen Seite hin »entwickelt«. »Innen« – auf der Westseite – haben fast alle Inseln ihre Hauptstadt; dort gibt es die »Zivilisation«. Auf der Ostseite aber, wo der Atlantik die Inseln rauh und felsig macht, kann um so reichere Folklore-Ernte gehalten werden. Auch der »Bel Air«, die martiniquekreolische Form der alten französischen Quadrille, wird vor allem auf der Atlantik-Seite Martiniques getanzt; ich fand ihn in St. Marie.
Noch stärker »europäisch« ist die Mazurka – aber es ist nicht die polnische Form dieses Tanzes, sondern die Mazurka als französischer Modetanz des vergangenen Jahrhunderts, unterlegt mit dem heißen kreolischen »shuffle«-Rhythmus. Dieser Rhythmus, der im Grunde nur eine Farbe ist, die vielen rhythmischen Akzentuierungen aufgesetzt werden kann, verbindet die meisten Formen kreolischen Musizierens. Die Jazzleute kennen ihn aus zahlreichen kreolischen Stücken des New Orleans-Jazz und dann auch später aus anderen Jazzformen bis ins Harlem der vierziger Jahre. Als ich zum ersten Mal nach New Orleans kam – 1950 –, habe ich von dem New Orleans-Schlagzeuger Paul Barbarin das alte kreolische Lied »Comm on 'tait p'tit chi« (Als ich ein kleines Kind war) aufgenommen – mit dem gleichen Shuffle-Rhythmus, den ich Jahre später bei den Steelbands von Trinidad, in den Béguines von Martinique und den »Set Dans« von Surinam hörte. Es ist eine rhythmische Farbe, die deutlich als Vitalisierung wirkt. Ich habe aus Marti-

nique Aufnahmen all der altbekannten, französischen Weihnachtslieder mitgebracht, unter anderem auch von »Minuit Chrétien«. Man singt es auf Martinique mit derselben Melodie, die man überall zur Weihnachtszeit in Frankreich hören kann. Der einzige Unterschied ist, daß es mit dem charakteristischen Vibrato negroider Bläser gespielt wird und daß der Melodie eben der »kreolische Rhythmus« unterliegt. Auch der Tanz, der im allgemeinen als am meisten »martiniquisch« gilt, die »Béguine«, wird von diesem Rhythmus als Farbelement getragen. Die Melodie, die alljährlich den »Premier Prix Carneval« erhält, ist Jahr für Jahr eine Béguine.

Auf Martinique und Guadaloupe ist der französische Einfluß besonders stark spürbar, weil die Inseln auch heute noch zu Frankreich gehören. Das Kreolisch, das dort gesprochen wird, ist für denjenigen, der französisch kann, leichter verständlich als das Kreolische etwa auf St. Lucia oder Trinidad, das sich seit mehr als hundert Jahren ohne Kontakt zur französischen Muttersprache weiterentwickelt hat.

St. Lucia, unmittelbar südlich von Martinique gelegen, ist die am meisten umkämpfte Insel der Karibischen See. Wenn man gesagt hat, daß sich der Machtkampf zwischen England und Frankreich in erster Linie nicht in Europa, sondern auf den Westindischen Inseln abgespielt habe, dann darf man dies noch weiter zuspitzen: er hat sich auf St. Lucia abgespielt. Vierzehnmal hat die Insel den Besitzer gewechselt, bis sie von 1814 an »endgültig« England gehörte – und damit war der Kampf im Grunde entschieden.

St. Lucia war seit seiner Entdeckung durch die Spanier im Jahre 1502 etwa gleich lang in französischem und englischem Besitz, aber so sehr die Insel politisch von England geprägt ist, kulturell ist sie französisch. Die Einwohner sprechen das französische Kreolisch. Ihre Folklore ist gekennzeichnet durch die typisch französisch-afrikanische Kulturmischung, die es auch auf den anderen Inseln gibt und denen keine vergleichbare englisch-afrikanische Mischung gegenübersteht. Auch auf St. Lucia werden »Belairs« getanzt (der Name wird hier in einem Wort geschrieben). Es gibt zwei uralte »Blumen-Festivals«, die von den kreolischen »Sociétés« organisiert werden. Diese Gesellschaften heißen »La Rose« und »La Margueritte«. Auf ihnen und auch bei anderen Gelegenheiten werden eigentümliche Trinklieder gesungen, die »A-bwe« genannt werden, verstümmelt aus dem französischen »boire« = trinken.

Vor allem aber gibt es die »Kélé«-Zeremonie, die man auch als »Plaisir Guinée«, als guineisches Vergnügen bezeichnet. Was Voodoo auf Haiti, Shango auf Trinidad, Obeah auf Jamaika oder Saraca auf Grenada ist, das ist Kélé auf St. Lucia: ein Blutopfer, von wilden Trommeln begleitet, voll ekstatischer Religiosität. Viele der Kélé-Gläubigen fallen nach stundenlangem orgiastischem Tanzen in Trance.

Es ist interessant, daß Kélé erst 1867 bekannt wurde – kurz nach der Ankunft einiger Familien des Ekiti-Stammes aus Westnigeria, dreißig Jahre nach der Abschaffung der Sklaverei. Unter den Tänzen gibt es die »Debette«, die zur französischen Quadrille tendiert, und den »Piquant«, pikant wie sein Name. Harry Simmons, Folklore-Forscher auf St. Lucia: »Ich habe Paare gesehen, die nackt tanzten und dabei vor allen Zuschauern kopulierten.« Dadurch, daß Simmons über all diese Tänze, die sich im Innern und auf der atlantischen, der östlichen Seite der Insel lebendig erhalten haben, ethnologische Fachuntersuchungen schrieb, wurde die katholische Kirche aufmerksam; prompt wurden Debette und Piquant »verboten«. Simmons: »Sie werden weitergetanzt.«

V.

Man hat oft darauf hingewiesen: Das melodische »Material«, das die Musiker in New Orleans spielten, ist vorwiegend europäisch. Es waren Quadrillen und Märsche, Volkslieder aus Frankreich und anderen europäischen Ländern, die allgemeine, populäre Musik der Jahrhundertwende mit einem guten Schuß ordinärer Zirkus- und Unterhaltungsmusik oder neue Melodien, die all dem nachgebildet oder nachempfunden waren. »Ich spiele europäische Musik«, hat Jelly Roll Morton mehrfach gesagt, und gewiß hatte er recht, denn auch seine eigenen Melodien waren aus der europäischen Musik abgeleitet. Wenn man diese Melodien aufschrieb, sahen sie – annähernd – aus wie andere populäre Melodien im Europa jener Zeit, aber wenn die schwarzen und kreolischen Musiker in New Orleans sie spielten, dann entstand etwas Neues. Der durchgepaukte Marsch-Rhythmus wurde »auseinandergenommen« und auf verschiedene rhythmische Ebenen verteilt, schwache Schläge wurden stark, starke schwach akzentuiert: dadurch entstand swing. Die Instrumente wurden mit einer in der europäischen Musik ungewöhnlichen Tongebung und mit weitem Vibrato geblasen: dadurch entstand größere Emotionalität. Der melodische Ablauf wurde »ausgeschmückt«, schließlich variiert und verändert: dadurch entstand Spontaneität. In der Phrasierung wurde auf Zügigkeit und Geschmeidigkeit Wert gelegt: dadurch entstand Intensität. Jedes Instrument wurde mit einer persönlichen Tongebung gespielt, so daß man den spielenden Musiker meist schon nach wenigen Takten erkennen konnte: dadurch entstand Individualität. Alles freilich, was da entstand, indem konventionelle europäische Musik »schwarz« gespielt wurde – swing, Emotionalität, Spontaneität, Intensität, Individualität –, läuft hinaus auf eine Vitalisierung des gegebenen Materials.
Diese Vitalisierung ist es, die auch die Musik verbindet, die im kreoli-

schen Raum gespielt wird. Die Steelbands auf Trinidad spielen die europäischen und amerikanischen Tagesschlager, sie spielen auch Chopin und Johann Strauß, nur »vitalisieren« sie, was immer sie spielen. Die Volksmusikanten auf Martinique singen und spielen alte oder neue französische Musik, Chansons, europäische Weihnachtslieder, Märsche, höfische Tänze – nur klingt hinterher alles vitaler, intensiver, als man es vorher in Europa gehört haben mag. Und wenn es sich um Musik »ernsteren« Charakters handelt – um Choräle oder um klassische Musik –, klingt sie nicht gar so ernst, so feierlich, wie wir es gewöhnt sind. Vieles, was der Schwarze an europäischen Dingen übernommen hat – in der Musik und anderswo –, parodiert er; er übernimmt es, macht sich aber gleichzeitig auch ein wenig darüber lustig. Ohnehin ist das Moment des Spottes ein integraler Bestandteil der afrikanischen Kunst, viel stärker als etwa der europäischen. Die im ganzen karibischen Raum bekannt gewordene Version des Frühlingsstimmen-Walzers, den Trinidads langjährige Steelband Nummer Eins, die »Pan-Am-Band«, geschaffen hat, ist, wenn man sich erst einmal durch die stupiden metallischen Effekte durchgehört hat, eine simple und amüsante Johann Strauß-Parodie – in dem gleichen Sinne, in dem die Musik der Marching Bands im alten New Orleans eine liebenswürdig-beswingte Verspottung stupider europäischer Marschmetrik war. Und man muß die Neger in Surinam nur einen ihrer »Set Dans« tanzen gesehen haben, um sofort zu spüren, wie die geschickte Parodie einer alten Quadrille auszusehen hat.
Es gibt diesen Parodie-Charakter auch dort, wo schwarze Menschen europäische Gepflogenheiten oder Arbeitsvorgänge übernehmen. Ich werde nie jenen schwarzen »business man« auf Jamaika vergessen, der einer großen Fabrik vorstand und sein Geschäft mit vorbildlicher Umsicht lenkte, aber bei allem, was er sagte und tat – wie er seinen Arbeitern »Hello« zurief oder Sekretärinnen in sein Büro beorderte (»Hey, baby, would you please . . .«), wie er Konferenzen arrangierte oder Geschäftsabschlüsse tätigte –, parodierte er die gleichen Vorgänge und Handlungen, die in jeder europäischen oder amerikanischen Firma genauso vorgenommen würden, nur dort eben trockener, sachlicher, unpersönlicher, humorloser, aber vielleicht rationeller und effektiver.
Es gibt ein Gedicht von dem puertorikanischen Dichter Luis Palés Matos, das – als es vor Jahren bekannt wurde – viele europäische Leser schockiert hat:

»Asien träumt sein Nirwana,
Amerika tanzt seinen Jazz,
Europa spielt und theoretisiert,
Afrika grunzt: nam-nam – essen-essen.«

Señor Matos kennt die weißen Leser seiner Gedichte. Darin, daß er sein »nam-nam« auf eine Ebene mit europäischer Wissenschaftlichkeit und buddhistischem Nirwana hebt, liegt herrlich verschmitzte schwarze Parodie, liegen Spott und Hohn. Jenseits davon ist Matos' »nam-nam« nur ein Symbol dafür, was Leben heißt. Afrika, will er sagen, kümmert sich um die menschlichen Dinge, während ihr anderen über euren Theorien und Wissenschaften und wohlorganisierten Vergnügungen das vergessen habt, was dem Menschen not tut. Janheinz Jahn hat die »Verlebendigung der Existenz« als »Beitrag Afrikas zur Weltkultur der Zukunft« (ich muß aus dem Englischen rückübersetzen) bezeichnet. Er führt diese Verlebendigung auf die Bantu-Philosophie zurück, die das ganze afrikanische Denken geprägt habe. Nun bleibt gewiß zweifelhaft, ob ein so vielgestaltiger Erdteil wie Afrika mit so vielen verschiedenen Völkern und Einflüssen von der Philosophie eines einzigen Stammes geprägt sein kann, aber sicher ist die »Verlebendigung der Existenz«, die Konkretisierung der Abstraktion und damit ihre Vermenschlichung, sind Vitalisierung und Parodie so typisch für schwarze Menschen, wie das Abstrahieren und das wissenschaftliche Denken typisch sind für die weißen Völker. Der Neger sei »in der mechanisierten Welt des weißen Mannes der Wächter der Menschlichkeit geworden«, sagt Franz Fanon, schwarzer Schriftsteller aus Martinique.

Parodie und Vitalisierung, Verlebendigung der Existenz, ein – vergleichsweise – stärkeres Bewußtsein von Menschlichkeit und menschlicher Dinge – all das ist in der Musik des kreolischen Raumes von Louisiana bis Surinam Klang geworden. Darin liegt die Botschaft dieser Musik. Gewiß liegt die gleiche Botschaft auch in der Musik Afrikas. Der Unterschied ist nur der, daß der Schwarze auf den Trommeln Afrikas zu anderen Afrikanern spricht – und *nur* zu Afrikanern, während der Schwarze im kreolischen Raum sich europäischen Materials bedient und nicht nur zu Schwarzen spricht, sondern auch zu uns.

Das Wunder Bali

Man kann in einem halben Tag vom Norden zum Süden der Insel Bali fahren; von Ost nach West dauert es einen Tag. Aber es gibt mehr als zehntausend Tempel auf Bali, einige gehören den Fürsten und Prinzen, andere den Bauern, die meisten sind Eigentum der Dorfgemeinschaften, der »bandjars«.
Fast jedes bandjar hat seine eigene Gamelan-Gesellschaft – und es gibt Dörfer, die mehr als eine besitzen, viele hundert Orchester auf der kleinen Insel. Ein Gamelan kann aus mehr als siebzig Instrumenten bestehen, die von zwanzig bis dreißig Musikern gespielt werden. Das Gamelan-Orchester ist ein hochentwickelter, komplexer Organismus – dem Symphonieorchester der westlichen Welt vergleichbar. Ja, die Gamelan-Musik ist im Grunde die einzige wirklich orchestrale Musikkultur, die es neben der europäischen gibt; alle anderen bedeutenden musikalischen Kulturen sind vorwiegend solistisch.
Gamelan gibt es im ganzen indonesischen Raum, aber im Sinne einer differenzierten Kunstmusik doch in erster Linie auf Java und Bali. Der Unterschied ist, abgesehen von diversen technischen Einzelheiten, der: Die javanische Musik – wie überhaupt die große Kunst Javas – erstarrte, als vor etwa fünfhundert Jahren die Moslems die Bevölkerung der meisten malayischen Inseln zum Islam bekehrten. Die Bekehrung bedeutete einen Einschnitt. Von da an wurde die schöpferische javanische Kunst, der man immerhin den Borubudur, den unvergleichlichen »Tempelberg« in der Nähe von Jogjakarta, verdankt – vielleicht das größte, gewaltigste Kunstwerk der buddhistischen und hinduistischen Welt –, im westlichen Sinne »klassisch«: Man schaute auf sie zurück als etwas Abgeschlossenes, der Vergangenheit Angehöriges, das man gern am Leben erhalten hätte. Wie in Europa taten dies in erster Linie die gebildeten Schichten.
Bali aber blieb – wie durch ein Wunder – in dem riesigen Moslem-Archipel, der sich da gebildet hatte (so breit, daß er – auf europäische Breiten übertragen – von Grönland bis Moskau reichen würde), hinduistisch. Dies ist das erste – das eigentlich auslösende – der vielen »Wunder«, an denen die Geschichte Balis so reich ist und die alle im Grunde rational nur unvollständig erklärt werden können. Diesem Versagen rationeller Erklärungsmöglichkeiten verdankt Bali seinen

Beinamen: »Die Insel der Götter«. Die Balinesen glauben – ja, sie wissen –, daß sie es wirklich ist.
Seit dem 15. Jahrhundert lief eine Welle der Gewalt nach der anderen gegen die Insel an. Nach den Moslems kamen die Holländer, dann die Engländer, danach wieder die Holländer, zwischendurch – und auch vorher schon – ein paarmal die malaiischen Brüder aus dem benachbarten Java, Wogen von islamischen und christlichen Missionierungsversuchen; es kam der Krieg gegen die Holländer, dann der Zweite Weltkrieg, die japanische Besatzung, der antikolonialistische Befreiungskrieg, erneut die Javaner, der kommunistische Umsturzversuch, noch mehr Javaner, heute die Flut der Touristen . . . und doch prallte all das an den Balinesen ab wie Regenwasser an einer Fensterscheibe. Es ist ein Phänomen, für das es nirgendwo in der Welt eine Parallele gibt: die innere Reinigungsfähigkeit der Balinesen. Sie können rabiat werden, trotz all ihrer Liebe und großen Kultur, wenn sie ihre Reinheit gefährdet sehen – wie im Krieg gegen die Holländer, über den Vicki Baum ihr wunderbares Buch »Liebe und Tod auf Bali« geschrieben hat, oder wie beim kommunistischen Putsch am Ende der Sukarno-Ära, als auf Bali in einer Nacht vierzigtausend Menschen getötet wurden – viele mit bloßen Händen erwürgt.
Wenn man abends über die Insel fährt, kann es passieren, daß man den singenden klaren Klang der Gamelans von drei oder vier verschiedenen Seiten zusammenklingen hört. Die Musik ist Teil der Landschaft – wie das Zirpen der Grillen. Sie ist das auch heute noch, auch wenn die Touristen Gegenteiliges berichten. Man muß sich nur weit genug von den touristischen Zentren entfernen. Auch das gehört zur Reinigungsfähigkeit der Balinesen, daß sie sich einen touristischen »cordon sanitaire« geschaffen haben: Während sie die Gäste mit der ihnen eigenen Wärme und Herzlichkeit begrüßen, verweisen sie sie doch andererseits auf bestimmte touristische Zentren – vor allem auf den Süden der Insel. Jenseits davon lebt Bali so weiter wie eh und je. Den Balinesen ist es gerade recht, wenn erzählt wird, der Tourismus habe die Insel »verdorben«. Man kann sich schützen und abkapseln hinter solchen Legenden.
Während, wie gesagt, die große klassische Kunst Javas erstarrte, als die Javaner Moslems wurden, entwickelte sich die Kunst auf der Hindu-Insel Bali ununterbrochen in faszinierender Lebendigkeit und Fülle weiter. Colin McPhee, der amerikanische Musikwissenschaftler, der das umfassendste Werk über die Musik Balis verfaßt hat, erzählt: Wenn er nur wenige Jahre nicht auf Bali gewesen sei, bemerke er schon gleich am ersten Abend, an dem er wieder ein Gamelan-Orchester höre, wieviel sich verändert habe. Übrigens kennt jede Gamelan-Gemeinschaft ihre gesamte orchestrale Tradition – Musik aus etwa einem Jahrtausend; westliche Symphonieorchester verfügen allenfalls über eine drei- bis vierhundertjährige Tradition.

McPhee: »Der Unterschied zwischen Musik auf Java und auf Bali ist verblüffend. Im wesentlichen sind es die gleichen Instrumente, die gleichen tonalen Systeme, die gleichen musikalischen Grundformen und orchestralen Methoden, mit denen jede Insel ihren eigenen musikalischen Stil produziert – dabei sind die Musikstile in Stimmung und Farbe so verschieden wie Tag und Nacht. Eine mystische, parfümierte Atmosphäre umgibt den javanischen Gamelan . . . In auffälligem Kontrast dazu wirkt die balinesische Musik dramatisch – mit ihrer heftigen, wilden, metallischen Vitalität und mit der fast fieberhaften Intensität, mit der die neuere Musik auf Bali gespielt wird. Trotz ihrer langen Isolation haben die Balinesen eine Musik geschaffen, die so zeitgenössisch ist wie Jazz.«

Wie alles auf Bali hat die Musik religiöse Bedeutung. Sie entstammt einer hinduistisch-animistischen Religiosität, die mit glücklicher Hand alles zu vermeiden scheint, was den indischen Hinduismus oft so unsympathisch macht – nicht zuletzt das Kastensystem. Auf Bali gibt es nur vier Kasten: die Brahmanen – wie in Indien die höchste –, die Kesatryas, die Vesyas und das »gemeine Volk der Sudras«. Ihre Mitglieder leben in einer Harmonie, die die ganze Insel zu durchwirken scheint. Im Laufe des Jahres folgt Fest auf Fest. Böse Geister müssen gebannt, Dämonen verjagt, Reis- und Wassergötter besänftigt, glückliche Mond- und Gestirnstände gefeiert werden, Tote sind zu bestatten und zu verbrennen, jeder Gott hat seinen eigenen Geburtstag. Die Pubertät der Mädchen wird ebenso gefeiert wie die erwachende Männlichkeit der Jungen, Zähne müssen heruntergefeilt werden, um der sechs bösen Begierden – der sadripù – Herr zu werden: Faulheit, Gleichgültigkeit, Unentschlossenheit, Liebe zu weltlichen Gütern, sexuelle Unmäßigkeit und Verschwendungssucht.

Ich kam eines Abends in ein einsames Bergdorf, Midjil, im Osten Balis. Am Tor stand die hölzerne, bunt bemalte Kuh, in der – und mit der – die Körper der Toten verbrannt werden. Die Verbrennungszeremonie sollte am nächsten Tag stattfinden. Wir fragten, ob wir das Dorfgamelan hören könnten. Die Tänzerinnen arbeiteten noch auf den Reisfeldern. Wir mußten viele Stunden warten, bis sie ihre Kostüme, ihren Haarschmuck und ihr Make-up angelegt hatten. Als die Mädchen schließlich kamen, war es tiefe Nacht. Sie tanzten in einem kleinen Pavillon, in dem keine einzige Lampe brannte. Niemand konnte sie sehen, und doch hatten sie viele Stunden verbracht, sich herzurichten. Letztlich tanzten sie nicht für uns, die wir darum gebeten hatten, sondern für die Götter. Und Götter können auch im Dunkeln sehen.

Ich bin inzwischen mehrere Male auf Bali gewesen, aber eingeführt in die Insel hat mich Theo Meier, der Schweizer Maler, der fünfundzwanzig Jahre auf Bali gelebt hat. Theo besaß ein Haus in Iseh bei Midjil,

das er von einem anderen Maler – dem Deutschen Walter Spieß – übernommen hatte. Er und einige andere westliche Künstler hatten sich dort während des Krieges zunächst vor den Holländern, dann vor den Japanern versteckt. Theo hatte das Haus jahrelang nicht betreten, er lebt inzwischen in Thailand, aber der Balinese, dem er es übergeben hatte, pflegte und reinigte es wöchentlich. Theo: »Es sieht aus, als hätte ich es gestern erst verlassen.« Auch das ist balinesisch.
Balinesen sind fleißig. Während die Javaner – wie überhaupt die Menschen der tropischen Länder – jede unnötige Körperbewegung vermeiden und im Laufe der Jahrhunderte immer träger und lässiger zu werden scheinen, entdeckt der Balinese unendliche Möglichkeiten der Selbstbeschäftigung. Die Irrigationssysteme zur Bewässerung der Reisfelder sind so raffiniert angelegt, daß selbst die Holländer mit ihren reichen Wasserbau-Erfahrungen davon lernen konnten. Das Wasser gehört der Gemeinschaft und wird in einem ideal-kommunistischen Sinne geteilt und verwaltet; alle haben daran Anteil. Die Reis-Terrassen sind wahre Kunstwerke – die einzige vorstellbare Bodenkultur, die die Insel noch schöner macht, als sie ohnehin schon ist.
Was immer die Balinesen tun: sie verschönern! Gleich nach der Arbeit an den Bewässerungssystemen und auf den Reisfeldern kommt das Künstlerische. Nirgendwo habe ich so viele Menschen gesehen, die sich künstlerisch betätigen – nicht nur musikalisch, sondern auch als Bildhauer in Holz oder Stein, als Maler, als Schnitzer . . . In manchen Dörfern sitzen arbeitende Künstler vor jedem dritten oder vierten Haus.
Die Musik ist den Balinesen so wichtig, daß die Dorfgemeinschaften die Musiker von der Arbeit auf den Reisfeldern freistellen, damit täglich geübt werden kann. Und zu jedem Gamelan-Orchester gehören noch einmal so viele Menschen, die die Instrumente tragen und aufbauen, die den Musikern auf Schritt und Tritt folgen, ihnen die Wünsche von den Augen ablesen, um sie sofort erfüllen zu können – ein ganzer Organismus von Menschen . . . band boys, roadies, second liners, groupies durchaus im Sinne von Jazz und Rock. Und dann die Kinder! Alle Kinder des Dorfes – Trauben von Kindern – hören von Anfang an Musik und nehmen begeistert daran teil; sie fangen damit an, noch bevor sie reden oder gehen können.
Gamelans sind kostbar, das Instrumentarium ist ungeheuer reich. Seine Herstellung beruht auf einer weit zurückreichenden handwerklichen Tradition, die der einer teuren europäischen Geige nicht nachsteht. Jedes Gamelan – all die vielen Instrumente, die dazugehören – muß in sich stimmig gemacht werden; eine absolute Stimmung ist unbekannt.
Erwähnen wir wenigstens einige der Instrumente. Zunächst die Gongs: vom ganz kleinen Rinchik bis zum großen Kempur und dazwischen Chengcheng und Kelenang und Bendé und Kajar (man spreche alle

diese Namen laut aus und horche dem Klang nach, dann weiß man in etwa, wie die Instrumente klingen – alles ist Poesie auf Bali, deshalb gibt es so viele onomapoetische Worte); dann kommen die Trommeln: das Kendang Lanang, das Kuntang und das Wadon, die mit schweren Hämmern geschlagenen Nyonyong (ja, so klingen sie!); als nächstes eine kaum übersehbare Palette von Metallophonen: Jegogan, Jublag, Penyachah, Gangsa Jongkok, Trompong, Ponggang, Kempli – und die Xylophone: Chunglik, Charuk, Petuduh; außerdem die zwei-, drei- und vierrohrigen Angklungs, die Mundharfe des Genggong (auch in diesem Wort steckt wieder der Sound), die arabische Rebab-Geige, die diversen Suling-Föten . . . Und das alles nun in den verschiedensten Kombinationen, die so weit voneinander differieren wie ein Symphonieorchester von einem Salonensemble, ein Kammerorchester von einer Big Band, ein Streichquartett von einer Rockgruppe. Um wieder nur wenige zu nennen (auch eben bei den Instrumenten und nachher bei den Tänzen nannte und nenne ich aus Gründen der Übersicht immer nur Weniges): An erster Stelle kommt natürlich der Gamelan Gong, der auf jedem Dorffest zu hören ist; dann der Gamelan Bonang, der aus Gongs besteht, die in Prozessionen getragen werden; der Gamelan Angklung, der in Tempeln steht; der Gender Wayang, dessen Metallophone bei den Schattenspielen und Theateraufführungen zu hören sind; ferner gibt es die Gambang-Orchester, die bei den feierlichen Einäscherungen spielen, die Gamelan Semar Pegulingan, die Liebe und Erotik ausdrücken – nach dem Gott der Schlafzimmer benannt –, und noch viele andere, darunter nicht zuletzt besonders faszinierende Flötengruppierungen.
Viele dieser Orchester – vor allem das populärste, der Gamelan Gong – haben zwei Schlagzeuger, von denen der eine den Grund-Beat liefert, während der andere diesen Beat in vielfältigen rhythmischen Schattierungen umspielt und einkreist. Der Leittrommler ist meist auch der »leader« – so wichtig also ist der Rhythmus.
Alle Orchester und Klangkörper »gehören« den Göttern. Alle dreißig Wochen – am Tage des »Tumpal Wayang«, dem Tag der Musik und des Theaters – müssen die Instrumente gereinigt und neu eingesegnet werden, in einer feierlichen, religiösen Zeremonie, die die Folge der Feste um ein weiteres bereichert.
Der Musik liegen sieben- und fünftönige Skalen zugrunde: die Pelog-Skala, die unserer diatonischen Leiter ähnelt (aber andere Tonabstände hat), und die Slendro-Skala, die den Leitern der pentatonischen Musikkulturen entspricht – letztere wird gelegentlich auch auf vier Töne reduziert. Diese Skalen werden »modal« verwendet – durchaus ähnlich der Modalität des zeitgenössischen Jazz. Immer wieder gibt es im Gamelan-Spiel die oft erschreckend wirkenden Kontraste, wie man sie auch aus der Musik der alten Blues-Sänger oder aus den Improvisa-

Genggong von Iseh

tionen Charlie Parkers kennt: Kaskaden einander überstürzender Noten in heftigsten Bewegungen und unmittelbar darauf Pausen, lange Zwischenräume, Ruhe: Eine verwirrende Folge also von lauten und leisen Partien . . . Oft wird improvisiert. Aber es ist immer nur ein einzelner Musiker, der improvisiert und dessen Improvisationen sich vom orchestralen Spiel des Ensembles abheben – durchaus ähnlich wie im Jazz.

Oft wird Musik zum Tanz gespielt. Ein furchterweckender Tanz ist der Barong. Böse und gute Geister, zum Teil in Tiermasken, kämpfen miteinander. Zwei Männer stecken in einem einzigen Kostüm, um einen langen chinesischen Drachen darzustellen: den Barong. Es gehört zur Kraft des beschwörenden Aktes, daß die Maske des guten Geistes – also des Barong – oft bedrohlicher, fürchterlicher aussieht als die bösen Masken, vor allem die der üblen Hexe Tjalonarang. Nach einiger Zeit fallen einige Tänzer in Trance. Ihre Kris, die scharfen malaiischen Dolche, zucken in wilden Bewegungen durch die Luft, scheinen die Haut zu ritzen – aber der Mensch ist präziser in der Trance, genauer als im wachen Bewußtsein; fast nie gibt es Verletzungen – und selbst wenn die Haut geritzt wird, blutet der Tänzer nicht, solange er in Trance ist. Auf dem Höhepunkt des Barong wird einem lebendigen Küken der Kopf abgebissen: Man hat teil an der Kraft des neugeborenen Lebens.

Die Balinesen sind zivilisiert *und* wild. In einer Nachbarschaft, einer Verbundenheit, die es nirgendwo ähnlich gibt. Auch das gehört zum Wunder Balis.

Der charmanteste Tanz Balis ist der Legong, von zarten jungen Mädchen, meist kaum älter als elf, mit zauberhaften Armbewegungen getanzt. Wenn sie zu menstruieren beginnen, dürfen sie nicht mehr tanzen. Tanz und Musik könnten sonst »unrein« werden. (Das Reinlichkeitsbedürfnis der Balinesen! Im wörtlichen und übertragenen Sinne muß alles rein gehalten werden – Körper, Geist, Tempel, Kunst, Reisfelder . . .) Besonders beliebt beim Legong sind Episoden aus dem alten malaiischen Malat-Epos. Gelegentlich sitzt ein Erzähler neben den tanzenden Mädchen und spricht die Partien des Epos, die durch die Tanzbewegungen verdeutlicht werden: Der stolze Prinz Lasem möchte die schöne Nymphe Langa Kasari gewinnen, aber vorher müßte er erst ihren Vater, den alten König, töten. Am Ende wird Prinz Lasem selber getötet. Die Königstochter aber behält ihre Freiheit, zu wählen, wen sie möchte. Man beachte, wie die Geschichte im deutschen Märchen ausgehen würde: Da würde der Vater getötet und der Prinz gewinnen. Da, versteht sich, würde die brave Tochter den Sieger nehmen, gefiele er ihr oder nicht. Die Freiheit der Frauen, die Offensichtlichkeit, mit der das Mädchen entscheidet: auch das gehört zum Charme Balis. Wer sich auskennt, sieht schon jeweils am Kopfschmuck, an der Art der Blu-

Barong in Ubud

menarrangements, wer verfügbar ist. (Auf einem Markt, an einem Obst- und Blumenstand, gab mir eine junge, reizende Verkäuferin, mit der ich mich radebrechend unterhalten hatte, anstelle des Wechselgeldes zwei übereinander gelegte weiße Blumen. Hinterher, als wir wieder im Wagen saßen, machte Theo Meier mir Vorwürfe: »Das bedeutet, du hättest dich mit ihr verabreden können, das hättest du doch wissen müssen.« – Zu spät!)

Man kann die eben erzählte Legong-Geschichte im Sinne der Jungschen Archetypenlehre psychologisch interpretieren. Der Prinz ist für C. G. Jung immer auch princeps, Prinzip. Das triumphiert in Europa, das unterliegt auf Bali. Die Königstochter ist die anima, die »fließende«, veränderliche Seele, die frei bleibt – auf Bali –, sich dem zu verbinden, den sie mag. Und »der alte König ist das herrschende Symbol« (C. G. Jung), der Archetyp des Göttlichen bei allen Völkern der Erde, unversehrbar auf Bali, in Europa aber tausendmal verwundet um jeder verführerischen anima-Nymphe willen. Das hat Jung ja gezeigt: Wie man Kulturen und Völker verstehen kann, indem man ihre Mythen und Märchen deutet.

Der aufregendste Tanz ist der Ketjak. Bis zu einhundertfünfzig Tänzer sitzen in konzentrischen Kreisen, biegen ihre Körper hin und her, werfen die Hände ekstatisch und doch mit atemberaubender Präzision in die Luft und stoßen spitze, durchdringende Schreie aus, jeder einzelne Schrei genau auf dem rhythmischen Akzent sitzend. Außerhalb und innerhalb des Kreises singen und tanzen einige Mädchen. Sie rezitieren Episoden aus dem Ramayana-Epos, dem heiligen Buch der Hindus, das die Kunst des ganzen süd- und südostasiatischen Raumes durchwirkt hat. Sita, die Frau des Königs Rama, wird von dem bösen Dämonenkönig Rhawana entführt. Rama kämpft mit Rhawana, um Sita, die inzwischen mannigfachen Verführungskünsten ausgesetzt ist, aber standhaft bleibt, zurückzugewinnen. Rama kann den Kampf nicht gewinnen ohne Hanuman, den König der Affen, und dessen Armee, die ihm in einer furchtbaren Schlacht zum Siege verhelfen. Die ganze Geschichte kann in wenigen Sätzen erzählt werden. Aber das Ramayana-Epos ist unendlich reich an Seiten- und Nebenstories, die bis in Details ausgearbeitet werden.

Im Ketjak symbolisieren die im Kreise sitzenden Männer die einander bekriegenden Armeen. Weil in Ramas Armee die Affen eine besondere Rolle spielen, nennen die amerikanischen Touristen den Ketjak »Monkey Dance«, Affentanz; besser hieße er Ramayana-Tanz – oder noch besser Sangjang Dedari-Tanz; so nämlich heißt die Urform, aus der der deutsche Maler Walter Spieß in den dreißiger Jahren den Ketjak entwickelt hat – unter Zusammenführung eines uralten Tanzes zweier Nymphen, die tanzend in Trance fallen und im Zustand der Trance das Sühneopfer verkünden, das die Götter der Gemeinschaft

auferlegt haben, und eines Männerchores, der Episoden aus der Ramayana singt, tanzt und rhythmisch skandiert. Spieß – in Moskau geboren, in Rußland und Berlin aufgewachsen – ist in die balinesische Kultur eingedrungen wie kein anderer. Nur einem Menschen, der die Balinesen so liebte wie er, konnte es gelingen, einen Tanz zu schaffen, der Bestandteil der tänzerischen Tradition der Insel geworden ist, so daß die Jüngeren kaum noch wissen, daß es ein Deutscher war, der bei der Entstehung des Ketjaks – im genauen Sinne dieses Wortes – als »Katalysator« gewirkt hat. Spieß hat alle die Künstler und Wissenschaftler, die Bali in den dreißiger Jahren berühmt machten, in die Insel eingeführt – von Stokowski bis Charlie Chaplin, von Margaret Mead und Claire Holt bis Miguel Covarrubias und Colin McPhee, von Vicki Baum bis Noel Coward und Victor von Plessen.
Auch als Maler hat Walter Spieß, der seinerseits von Henri Rousseau, dem »Zöllner«, beeinflußt scheint, Eigenes an die Balinesen weitergegeben. Auch hier ist es zu einem Geben und Nehmen gekommen. In dem Museum, das der Tjokorda Agung, der Fürst von Ubud, neben seinem »Puri« – seinem Hof – für balinesische Maler eingerichtet hat, kann man Bilder junger balinesischer Maler sehen, auf denen man den Geist von Walter Spieß zu spüren meint: ein Phänomen, das bei der Eigenständigkeit der balinesischen Künstler nur dadurch zu erklären ist, daß Spieß seinerseits Bali so tief und so sensitiv verstanden hat.
Als deutscher Staatsangehöriger wurde er 1940, nach Beginn des Zweiten Weltkrieges, von den Holländern interniert. Das Schiff, das ihn mit zahlreichen anderen politischen Gefangenen nach Ceylon bringen sollte, wurde im Januar 1942 von japanischen Kampfflugzeugen an der Westküste Sumatras versenkt. Das Buch »Schönheit und Reichtum des Lebens – Walter Spieß, Maler und Musiker auf Bali«, das Hans Rhodius bei L. J. C. Boucher in Den Haag herausgegeben hat, ist ein bewegendes Dokument über das Wunder Balis, über den Reichtum und die Schönheit des balinesischen Lebens, das schönste Bali-Buch, das ich kenne.
Hier einige Sätze aus Briefen von Walter Spieß: »Heute ist ein Festtag auf Bali. Alles ist geschmückt und hängt voll gelblicher Blätter und bunter Blumen. Man geht wie unter Fahnen und hochgeschwungenen Bambusbögen. Reisopfer, geblümte, mit vielen Fransen, hängen wie hohe Kronleuchter. Wilde Tigerlöwen und Elefanteneber klappern in den Kampongs, und Gamelans laufen hinterdrein . . . Die Beine wissen nicht, wem sie folgen sollen, es ist ein Gezerre in jeder Richtung, man möchte sich multiplizieren oder Quadratwurzeln machen aus Auge, Ohr, Nase und Glückseligkeit. Und abends werden dann wilde Kämpfe auf Leinwand geschattet, und Tanzbeine und Schlängelarme ziehen geschlungene Schlingenkreisspiralen in Luft und Sand, und die Nacht dröhnt voll dumpfer Gongs und kristallener Metallophonparaphra-

sen . . .«. »Die Religion ist lebendig und ist da, um das Leben lieben und leben zu können, und die Kunst ist lebendig und ist da, um die Heiligkeit des Lebens zu preisen. Kunst ist hier nicht außerhalb des Lebens und des Glaubens! . . . Darum kann beinah jeder Balinese malen, beinah jeder tanzen oder im Gamelan spielen. Alles ist eins, und es ist Leben, und es ist heilig!«
Vom Ketjak schrieb Spieß, er sei ein »wüster« Tanz: »Herumschlagende Arme, überall greifende, langfingrige, verkampfte Hände; Angst, Schrecken in den Augen, hilfeschreiender Ausdruck . . .«
Ein weiterer balinesischer Tanz ist der Plajong. Ein alter Sitztanz, wie es ihn ähnlich auch auf Java gibt, aber auf Bali weniger statisch, dramatischer und charmanter getanzt. Mädchen und Jungen sitzen im Quadrat einander gegenüber und erzählen mit seltsamen, verschlungenen Hand- und Armbewegungen alte balinesische und hinduistische Geschichten, widmen sich gelegentlich auch moderneren Sujets, sogar aus der Politik. Am schönsten ist es, wenn sie – spaßhaft und geistreich, oft voller Anzüglichkeiten – ihre eigenen Liebes- und Teenager-Geschichten so eng mit den großen, oft heiligen Themen der balinesischen Epik verbinden, daß nur Eingeweihte erkennen können, was dabei episch und was persönlich ist.
All diese Musik und diese Tänze sind den Balinesen seit Jahrhunderten bekannt. Jeder weiß, wie die Geschichten, die Sagen, die Mythen, die dargestellt werden, ausgehen, wie die Musik abläuft. Was interessiert, sind die Details der tonalen und rhythmischen Schattierung, die wenigen improvisierten Soli, der Klang der Gongs, der Metallophone und der anderen Instrumente, die Reinheit der Stimmung, die Präzision des Zusammenspiels, die Finesse und der Stil der Tänzer und Tänzerinnen, ihre Schönheit, der Reichtum ihrer Kostüme, der Aufwand ihrer Haartrachten, der Ausdruck von Händen und Augen, das Timbre ihrer Stimmen – kurz, jene Details, die eine musikalische Kultur eigentlich erst begründen und in denen ja auch der Reiz der westlichen Musik liegt, wo ebenfalls jeder gebildete Konzertbesucher den Ablauf der bekannten Symphonien und Concerti kennt und das eigentliche Interesse der Werkauffassung zugewendet ist.

Warum erzähle ich das alles in einem Jazzbuch? Weil auch das zum Wesen des Jazz gehört, daß er seine Hörer öffnet für die Sounds, für den Reichtum an musikalischen Kulturen in der Welt – gerade auch für eine Musik, die so viel Gemeinsames mit dem Jazz hat wie die balinesische. In der Welle der Entdeckung der großen exotischen Musikkulturen, die es seit dem Ende der sechziger Jahre gibt, sind es immer die Jazzmusiker gewesen, die den anderen um ein rundes Jahrzehnt voraus waren – wie nicht zuletzt Ravi Shankar, der berühmte indische Sitar-Spieler, bestätigt hat (siehe »Der Jazz und die Neue Religiosität«).

Tony Scott und die Indonesian All Stars auf den Berliner Jazztagen 1967: Tony Scott (Klarinette), Bubi Chen (ketjapi-indonesische Sitar)

Ich bin sicher, daß die balinesische Musik dem Jazzmusiker so viel zu bieten hat wie die indische. Nur ist die balinesische schwerer zugänglich, von unserer westlichen noch weiter entfernt.
Die erste Begegnung von Jazz und balinesischer Musik hat 1962 der amerikanische Klarinettist Tony Scott angebahnt, der damals in Asien lebte und Indonesien besuchte. Als ich 1967 nach Djakarta eingeladen wurde, um aus der Fülle indonesischer Musiker die besten Jazzer auszuwählen und in einem All Star-Ensemble – den seither bestehenden »Indonesian All Stars« – zusammenzuführen, ergab sich, daß alle diese Musiker ihre eigentliche musikalische Entwicklung auf Tony Scott zurückführten. Sowohl Tony wie die Indonesier, aus denen inzwischen professionelle Musiker geworden waren, äußerten den Wunsch, endlich unter befriedigenderen Bedingungen, als es Anfang der sechziger Jahre in der Sukarno-Ära möglich gewesen war, gemeinsam Musik erarbeiten zu können. Ich lud deshalb die indonesischen Musiker nach Deutschland ein und bat Tony Scott, aus New York dazuzukommen. So entstand die Platte «Tony Scott And The Indonesian All Stars«, von der ein Stück – und zwar gerade das auf balinesische Musik zurückgehende »Djanger Bali« – in das Doppelalbum »Jazz Meets The World« (MPS 29 22520–8) übernommen wurde.
Um die gleiche Zeit schickte ich Don Cherry die Platte »Bali«, die ich 1962 mit den besten Orchestern der Insel aufgenommen hatte (Holl. Philips ST 6303172), und Don war so beeindruckt, daß er mich bat, ihm Zugang zu einem balinesischen Gamelan zu verschaffen. Das gelang mit Hilfe der indonesischen Botschaften in Amsterdam und Bonn, die uns einige ihrer Instrumente für die Berliner Jazztage 1968 zur Verfügung stellten. Das Ergebnis wurde »Eternal Rhythm« (MPS 21 20680–7) mit einem von Don geleiteten Orchester europäischer New Jazz-Musiker, zu dem auch Albert Mangelsdorff, Joachim Kühn, Sonny Sharrock und Karl Berger gehörten. Der letztere schrieb damals enthusiastisch: »The Gamelan sound is to hit the West! The time is now!«
In »Eternal Rhythm« – und vor allem in dem Stück »Crystal Clear« – gibt es die meines Wissens bis dato dichteste Durchdringung von balinesischer Musik und zeitgenössischem Jazz. Doch erzählte mir Chris Brubeck, einer der Brubeck-Söhne, daß er und seine Brüder an einer ähnlichen Verbindung arbeiteten – unter Zugrundelegung eines Ketjak.
Eberhard Schoener, ebenfalls von Theo Meier in Bali eingeführt, schuf 1975/76 eine Verbindung von balinesischer Musik und Rock-Musik (»Bali-Agung«, Electrola 1 C 062-29 647). Aber Schoener dient der balinesischen Musik nicht. Er verwandelt sie in eine Schau, in der er selbst der »Oberschaumeister« ist. Von der Musik Balis als einer Musik der Liebe, der Zartheit und Zärtlichkeit, der Religiosität bleibt hier fast nichts. Bali-Kenner waren erschrocken.

Wer balinesische Musik wirklich versteht, macht nicht so viel aus sich selber, bleibt im Hintergrund – wie etwa der finnische Schlagzeuger Edvard Vesala oder der englische Komponist und Arrangeur Neil Ardley. Letzterer – wie ich zu meiner Freude erfahre, ebenfalls von meiner Bali-Platte auf Philips angeregt – bildete sein siebensätziges »Kaleidoscope Of Rainbows« aus der balinesischen Pelog-Skala. Das Stück wird von einer Big Band gespielt, zu der viele der bekannten englischen Jazzer gehören, darunter der Trompeter Ian Carr und der Saxophonist und Klarinettist Tony Coe (Gull-Intercord INT 163 304).
Die balinesische Musik (schönstes Beispiel in Deutschland die dreibändige Kassette »Bali – Gamelan Music From Sebatu«, Archiv Produktion Deutsche Grammophon 2723 014) macht es dem, der sich mit ihr beschäftigt, nicht so leicht wie Musik aus dem indischen oder arabischen Raum. Sie bedarf, wie alles auf Bali, liebender Hingabe und eines großen Zeitaufwandes. Sie bedarf jenes asiatischen Zeitgefühls, für das Zeit nicht abläuft, sondern »ist«. Don Cherry sprach bei den Proben zu »Eternal Rhythm« von einem »Circle of time«. Um einigen der beteiligten Musiker das zugrundeliegende Zeitgefühl zu erklären, sagte er: »There's joy behind what we do. You might not know it, but eternity is here – is now! That's what beauty is all about.«
Walter Spieß: »Der ganze Gamelan ist wie ein großes Gewoge. Es beginnt wie ein Sturm, immer stärker, immer schrecklicher, Blitze, Donner – die Eisenleiber des Gamelans erzittern mächtig, bis alles plötzlich mit einem Angstschrei abbricht – atemberaubende Stille! – und fortissimo wieder einsetzt . . . Und es kommt Freude in die Musik, wie eine Feier, langsam und groß!«

»I Like Everything!«

Die ganze Musik oder der Ausschnitt

»My father told me a long time ago to listen to any and everybody.«
Richard Davis

Ich stelle mir eine Party vor, eine oft erlittene. Der Leerlauf des »small talks«: Wetter . . . Nachbarn . . . Drinks . . . Jemand bringt das Gespräch auf Musik. Gleich eine der ersten Fragen ist, welche Musik es denn sei, mit der man sich beschäftige. Die Frage folgt fast einem Ritual. Erst wenn der Angesprochene das Feld »seiner« Musik abgesteckt hat, als würden da Grenzen gezogen – er liebe Bach oder New Orleans Jazz, Richard Wagner oder modernen Jazz, Swing oder Mozart –, ist Näheres zu sagen. Erst dann werden Musikalität und Musikliebe, die vorher doch etwas vage im Raum standen, faßbar. Kaum denkbar offenbar für die bürgerliche Welt, daß jemand die *ganze* Musik liebt –?

Andererseits: Wer immer die Musikerinterviews verfolgt, die in den Fachzeitschriften der Jazzwelt erscheinen, oder wer selber häufig mit Jazzmusikern spricht, kennt die Aussprüche: »I like *all* music.« »I like everything.« »I like music, period.« Ich liebe Musik, Punktum, ohne Wenn und Aber. Die Frage des interviewenden Journalisten, welche Musik es denn vor allem sei, wird nicht gern gehört und meist nur ungenau oder ausweichend beantwortet. Während ich dies schreibe, kommen mir entsprechende Äußerungen von Duke Ellington und Charlie Parker, Lionel Hampton, Johnny Griffin, John Coltrane, Percy Heath, Thad Jones, Joe Henderson und anderen ins Gedächtnis. Jeder, der sich im Jazz auskennt, wird die Liste mühelos verlängern können. Das also ist kein zufälliger Befund: Die weiße, bürgerliche Welt tendiert dazu, Musikalität und Musikliebe einzugrenzen auf jeweils bestimmte Arten von Musik; die Jazzwelt tendiert zur Ausweitung, zur Öffnung auf »everything«, auf *alle* Musik.

Was signalisiert dieser Sachverhalt? Was – zunächst – signalisiert die Einengung der Musik? Ich meine, sie signalisiert Diskriminierung – ein Wort, das in der Kunst von jeher hohes, kritisches, anspruchsvolles Kennertum bezeichnet, aber sofort einen negativen Beigeschmack gewinnt, wenn man es gesellschaftlich oder politisch verwendet. Dann nämlich schließt es Hochmut, Vorurteil, Überheblichkeit, rassistische oder gesellschaftliche Enge ein. Der ganze elitäre, letztlich eben doch ein wenig faschistoide Kunstbegriff der westlichen bürgerlichen Welt wird dadurch bezeichnet: dadurch, daß ein Begriff, dessen politische und gesellschaftliche Bedenklichkeit außer Zweifel steht, in der Welt der Kunst als hohes, unumstrittenes Ideal gilt. Der weiße künstlerische Mensch diskriminiert, sonst ist er keiner.

Wenn ich auf Gesellschaften oder Parties Menschen begegne, die eine ganz bestimmte Art von Musik, und *nur* diese, lieben und/oder kennen – die Klassik, aber nur ja nicht die Romantik . . ., das Barock, aber ja nicht alles übrige . . ., den Jazz bis zum Swing oder nicht einmal bis dahin . . . oder erst den Cool Jazz oder gar nur den elektronischen –, dann frage ich mich, ob sich solcherart Musikverständnis nicht letztlich im Gewöhntsein an bestimmte Regeln und Verfahrensweisen einer Musizierpraxis erschöpfe. Nicht umsonst wird ja für viele solcher Musikfreunde sofort »das Ende der Musik«, wird musikalisches »Chaos« sichtbar, wenn irgend jemand es einmal wagt, die Regeln und Verfahrensweisen, an die sie sich gewöhnt haben, zu verletzen oder auch nur auszuweiten. Der Begriff von Musik wird auf diese Weise immer enger. Am Ende steht die Gefahr, daß er reduziert wird auf einen einzelnen, letztlich willkürlichen Ausschnitt aus dem Riesenreich der Musik, auf einen Ausschnitt, der – gemessen an dem, was Musik eigentlich bedeutet – minimal ist, aber gleichwohl dazu tendiert, das Minimum für die ganze Musik zu halten, alles übrige draußen zu lassen: das also, was für Menschen anderen Geschmackes, anderer Gesellschaftsschichten, anderer Kreise, Rassen, Kulturen, Länder ihrerseits wieder »die ganze Musik« sein mag. Gespräche über Musik geraten auf diese Weise in die Gefahr, entweder zu einem Spezialisten-Getratsch oder zu einem beziehungslosen Aneinander-vorbei-Reden zu werden, wobei jeder die Musik im Sinne hat, die er selber mag, ohne die Möglichkeit nachvollziehen zu können, daß der andere jeweils von einer ganz anderen Musik ausgeht. Jeder, der häufig Gespräche über Musik führen muß, weiß, daß sich rund neunzig Prozent der gängigen musikalischen Konversation in diesem Dilemma totläuft.

Am weitesten haben die Kritiker der bürgerlichen westlichen Welt den Prozeß der Musik-Verengung getrieben. Selbst von der Musik, auf die sie spezialisiert sind, ist für sie oft nur ein Bruchteil akzeptabel. Das in dem allgemeinen Verengungsprozeß erzielte Musik-Minimum wird bei ihnen noch einmal auf noch kleinere Einheiten herunterdividiert. Ich kenne einen Kritiker in München, der dort seit Jahren Jazzbesprechungen schreibt, sich auch selbst für einen Jazzfreund hält, aber seine Besprechungen sind größerenteils Verrisse, so daß für ihn vom Jazz – der ja ohnehin ein verhältnismäßig kleiner musikalischer Bereich ist – nur noch Minimales übrigbleibt. Man muß solche Leute bedauern: Einesteils sind es hochmusikalische und hochsensible Menschen, aber andererseits wird ihr Bedürfnis nach der Musik, die vor ihrer Diskriminierungsfähigkeit – und vor allem: ihrem ständigen Diskriminierungstrieb – bestehen kann, nur ganz selten befriedigt. Ich stelle mir vor, sie gehen – im übertragenen Sinne – immer »hungrig« durchs Leben, ja schlimmer: sie sind »hungrig«, obwohl sie von Berufs wegen ununterbrochen einem Übermaß an Speisen ausgesetzt sind. Man wird krank – sowohl was das Essen, wie was die Musik betrifft –, wenn man sich ständig an »Speisen«, die man ablehnt, überißt. Die Frustration solcher Kritiker ist geradezu vorprogrammiert.

Was andererseits signalisiert die Ausweitung der Musik, das Die-ganze-Musik-Lieben der Jazzmusiker? Ich meine, es signalisiert Offenheit, Toleranz, Aufgeschlossenheit, geistige und künstlerische Weite. Es signalisiert auch das Unvermögen, in Kategorien zu denken und zu empfinden, die Ablehnung des Glaubens, daß man mit Hilfe von Kategorien irgendeiner Art von Musik, als sei sie – im Sinne der Bürosprache – ein »Vorgang«, näherkommen könne.

Es ist diese Offenheit, die die Jazzmusiker von Anfang an, seit es Jazz gibt, von den musikalischen Bereichen, in denen sie zunächst zu Hause waren, auf jeweils andere Bereiche blicken ließ, die sie sich erschlossen. Am Anfang entdeckten sie von ihrer schwarz-afrikanischen Ausgangsbasis her die weiße, europäische Musik –, in verschiedenen Stadien vom Ragtime bis zum Bebop und Cool Jazz, beziehungsweise – dem entsprechend – von der Romantik über die Klassik bis einerseits zum Barock, andererseits zur zeitgenössischen Konzertmusik. Später, als sie über die europäische Musik weitgehend verfügten, erschlossen sie sich Asiatisches, vor allem Indisches, sowie Arabisches, Brasilianisches, und assimilierten noch einmal jene afrikanischen Elemente, von denen Jazz herkam und die inzwischen in Vergessenheit geraten waren. Der Begriff der Jazzmusiker von Musik also wurde immer weiter: eine Entwicklung, die derjenigen in der bürgerlichen Welt, wo er immer enger wird, entgegengesetzt ist.

Selbst dort, wo die westliche Welt offen zu sein glaubt, in den Kreisen ihrer Avantgarde, ist sie in Wirklichkeit festgeschrieben auf die jeweils dominierenden Musizierpraktiken. Als etwa auf dem Höhepunkt der seriellen Musik in den fünfziger Jahren John Cage und David Tudor auf den Donaueschinger Musiktagen spielten, war die Ablehnung einhellig, obwohl doch kein Zweifel an der überragenden Bedeutung dieser Musiker sein kann. So sehr war man festgelegt auf das Nur-Serielle. Ähnlich einhellig war die Ablehnung, als später, in den siebziger Jahren, Peter Michael Hamel seine aus asiatischer Religiosität gespeiste Meditationsmusik aus der Schule eines Terry Riley oder Steve Reich präsentierte. Darauf war man nicht vorbereitet, das reimte sich nicht auf das, was man erwarten zu können glaubte. Es war ein wenig, als sage man: Das schickt sich doch nicht, uns hier in Donaueschingen solche Musik vorzusetzen, man muß doch wissen, was hierher gehört!

Wenn der Jazzmusiker von »ganzer« Musik redet, meint er auch Popmusik. Auch hier ist er offener als der gebildete Europäer, für den das Populäre im allgemeinen minderwertiger ist als das Klassische. Das

Die-ganze-Musik-Lieben bedeutet keinesfalls einen Verzicht auf kritische Diskriminierung. Nur fehlt dieser Art von Diskriminierung jene Elitär-Haltung, von deren politischer und gesellschaftlicher Bedenklichkeit oben die Rede war. Der Jazzmusiker hört Popmusik, weist einen Teil von ihr zurück, aber verarbeitet und assimiliert einen anderen. Das ist auch seine Haltung gegenüber den anderen Musikkulturen und Musikarten. Offenheit heißt nicht etwa, daß er summarisch und kritiklos vereinnahmt. Offenheit heißt, daß er hört und hört und wieder hört und daß er erst dann, also nachdem er gehört hat, einen Teil ablehnt, aber eben auch einen anderen Teil annimmt. In der bürgerlichen weißen Welt hört man oft kaum eine andere Musik mehr als die, über die man sich in dem betreffenden Kreis ohnehin einig ist.
Ich meine, es müßte offensichtlich sein: Dieses Hören-Können der ganzen Musik verdient viel eher das Attribut »musikalisch« als das eingelernte Verfügen über einen Minimalbereich, das letztlich eben doch weniger eine künstlerische als eine kunsthandwerkliche Fähigkeit ist.
Die wirkliche Musikalität musikalisiert die ganze Welt, und das geht sogar noch über die Musikkulturen der Länder und Völker hinaus; es bezieht sich auf das Hörbare schlechthin: auf das Rauschen des Meeres, den Gesang der Vögel, auch – etwa bei Paul Horn und anderen – auf das Singen der Walfische, auf das Stampfen der Maschinen, den Rhythmus der Funk-Zeichen (vor Jahren etwa bei Mal Waldron) ... Immer wieder sind es Jazzmusiker gewesen – viel mehr als Musiker irgendeines anderen Bereiches, auch mehr als diejenigen der modernen Konzertmusik –, die alle diese Geräusche und Sounds einbezogen und die auch dort noch Musik entdeckt haben, wo für den Durchschnittsmenschen längst alle Musik und alles Musikalisierbare aufgehört haben.
Der in den bürgerlichen Kreisen der westlichen Welt übliche Ausdruck, daß man eine Musik »verstehe« – oder daß man sie eben beim besten Willen nicht »verstehen« könne –, besitzt etwas Verräterisches. Denn tatsächlich, – wer sich in nur wenigen musikalischen Bereichen und Stilen auskennt in dem Sinne, daß er auf sie spezialisiert ist, der »versteht« diese Musik. Er begreift sie im Sinne eines technischen Ablaufes; er kann ganz genau sagen, wenn hier oder dort einmal etwas »falsch« ist. Das ist es, was so viele bürgerliche Menschen von Musik fordern, wenn sie meinen, sie müßten sie »verstehen« können. Musik muß für sie ablaufen als ein funktionelles, rationelles, durchschaubares Geschehen; nur dann akzeptieren sie sie.
Wer sich aber der *ganzen* Musik öffnet, der muß es aufgeben, Musik verstehen zu wollen. Der weiß, daß im Verstehen das *Ver*-stehen mitschwingt und daß die Vorsilbe »ver« ihren reinsten Ausdruck im Verhindern, Ver-derben, Ver-säumen findet. Auch dies bedeutet ver-stehen: etwa so lange durch-stehen, bis es *ver*standen ist. Darin brilliert die weiße Welt: Sie hat die Dinge so lange verstanden, genauestens,

bestens, am detailliertesten, bis sie sie *ver-*standen hat – als habe sie sie *zer-*treten. Im Verstehen liegt immer auch die Gefahr eines Ver-zichtes: auf Dimensionen und Möglichkeiten künstlerischer, geistiger, humaner Aneignung, die sich dem *Ver-*stand entziehen und – oft genug – über ihn hinausgehen. Wer nur ver-steht, ver-stellt sich sein eigentliches Musikerlebnis. Über das Verstehen hinaus geht das Erfahren und Erleben. Wer nicht alles unbedingt verstehen will, der öffnet sich der Möglichkeit, Musik – und überhaupt: Klänge, Sounds – erfahren und erleben zu können als die Musikalisierung der Welt, in der er lebt. Die Welt gewinnt dadurch einen Reichtum, von dem sich der dividierende Hörer keine Vorstellung machen kann. Erst das Erlebte und Erfahrene wird wirklich gehört – und, was die optischen Künste betrifft, wirklich gesehen. Den anderen aber ver-geht Hören und Sehen in einem beängstigenden Maße. Ein Menschentyp wird sichtbar, der Augen und Ohren nur noch in ihrem rudimentärsten Sinne als Ortungssysteme benutzt.

Brief an einen jungen Jazzkritiker
samt einiger Erfahrungen aus dem Jazz-Business

I.

Ich erhalte gelegentlich Briefe mit der Frage: Wie wird man Jazzkritiker? Ein junger Hörer aus Köln schrieb: »Ich habe schon mehr als tausend Platten, ich lese alles, was ich über Jazz finden kann . . . Ich will unbedingt Jazzkritiker werden. Ich glaube, Sie können mir am besten schreiben, wie man das machen muß. Bitte antworten Sie mir möglichst genau . . . Was muß ich tun? Was soll ich lernen, was lesen, wo soll ich studieren?«
Solche Fragen bringen mich in Verlegenheit. In doppelte. Einesteils, weil sie so schwer zu beantworten sind. Zum anderen, weil unklar ist, ob man überhaupt einem jungen Menschen raten darf, Jazzkritiker zu werden.
Im Grunde ist Jazzkritiker ein Nebenberuf. Für viele ist es Hobby. Ich kenne selbst in den USA nur eine Handvoll Spezialisten, die wirklich davon leben, daß sie Jazzkritiker sind. In Berlin gibt es einen Journalisten, der über Kriminalistik und Verbrechensbekämpfung schreibt und nebenbei Jazzkritiker seiner Zeitung ist. In Hamburg kenne ich jemanden, der das gleiche als Sportreporter tut. Viele Zeitungen schikken ihren Lokalredakteur in die Jazzkonzerte, um darüber zu berichten. Oft – und dann ist es schlimm – schreibt jemand über Jazz, dessen eigentliches Anliegen die Pop- oder Schlagermusik ist.
Es gibt eine Art »Jazzkritiker«, die sich gegenüber ihren Kollegen in anderen Bereichen in einem besonderen Vorteil wissen – und diesen Vorteil ausnutzen. Hier ein Beispiel: Vor einiger Zeit hörte ich im dritten Programm eines deutschen Senders einen doch recht bekannten sogenannten »Fachmann« Herbie Hancock als »*den* großen zeitgenössischen Spezialisten des Soul« vorstellen. Natürlich, wenn man das hört, ärgert man sich. Man sagt sich, wenigstens das sollte er doch wissen: den Unterschied zwischen Soul und Funk, das eine aus der Gospel-Musik, das andere vom Blues kommend, und daß Herbie Hancock seinen Erfolg der zeitgenössischen funky-Mode verdankt, die er mitgeschaffen hat, nicht also dem Soul. Aber dann sagt man sich: Es macht »eh« nichts aus. Nehmen wir einmal an, die betreffende Sendung habe im Augenblick zweihunderttausend Hörer – und das wäre viel. Ich kann mir nicht vorstellen, daß es darunter mehr als zehn oder fünfzehn

gibt, die den Schnitzer bemerken. Und sehen Sie, genau das sagt sich auch der betreffende »Fachmann« selber: »Es macht ›eh‹ nichts aus. Es gibt ›eh‹ kaum Leute, die beurteilen können, ob ich irgend etwas falsch mache. Und selbst wenn es sie gibt – diejenigen, die beeindruckt sind von meinem Herumwerfen mit Fachausdrücken, von meiner Fachkenntnis, die sind in so gewaltiger Überzahl, daß die wenigen anderen kaum eine Rolle spielen.«

Gewiß, mit populärwissenschaftlicher Publizistik wird auch in anderen Bereichen Unfug getrieben. Aber in kaum einem anderen Bereich ist der Unfug so wenig kontrollierbar wie im Jazz. Und, was schlimmer ist: In keinem Bereich ist es so gleichgültig, wenn jemand etwas Falsches sagt. Hand aufs Herz: Was macht es denn schon aus, ob man Herbie Hancock als Soul- oder als funky-Mann vorstellt? Weil dies so viele »Jazzspezialisten« wissen, deshalb steckt die »Jazzkritik« – ich setze das Wort hier absichtlich in Anführungsstriche – so voller Scharlatane.

Daß das so ist, liegt nicht nur an den Kritikern (obwohl es gewiß auch an ihnen liegt). Die Redaktionsleiter, die Chefredakteure sind sich zwar darüber im klaren, daß sie, um über symphonische Konzerte berichten zu können, einen Fachmann brauchen, der diese Musik wirklich versteht und studiert hat. Aber sie begreifen nicht, daß es im Jazz eigentlich genauso sein müßte.

Ich habe jahrelang ein Ausschnittbüro beauftragt, mir alles zu schikken, was in Deutschland über Jazz erscheint. 90 % davon war kenntnislos. Ich schwöre: Das ist keine Übertreibung.

Gewiß, es gibt ein paar Leute, die, ohne selbst Musiker zu sein, vom Jazz leben und sich auch wirklich auskennen. In Deutschland – einem Land von zweiundsechzig Millionen Einwohnern – kenne ich zwölf solcher Menschen. Aber keiner von ihnen ist allein Kritiker. Sie tun vielerlei, was mit Jazz zusammenhängt, und haben dabei unter den folgenden Möglichkeiten zu wählen: Jazzsendungen im Rundfunk machen, gelegentlich auch im Fernsehen, Schallplatten produzieren, Tourneen organisieren, Konzerte veranstalten, Festival-Programme gestalten oder beraten und – manchmal! – eben auch Kritiken schreiben. Das alles sind, gemessen an den Maßstäben der Konzertmusik, einzelne, in sich abgeschlossene Berufe. Die Gesellschaft hat es nicht gern, wenn sie sich überlappen. Im Jazz aber geht es nicht anders. Keiner der obengenannten zwölf tut nur eines. Deshalb sagte ich, Jazzkritiker sei ein Nebenberuf. Nicht einmal John S. Wilson, der Jazzkritiker der New York Times, kann es sich leisten, nur Kritiker zu sein.

Daß im Beruf des Jazzkritikers – wenn ich diesen Ausdruck von jetzt an als Sammelbegriff benutzen darf (denn international wird er so verwendet) – verschiedene Tätigkeiten zusammenfallen, kann zu Interessenkollisionen führen – zum Beispiel zwischen der Funktion des Plat-

tenproduzierens und der des Kritikers. Vor ein paar Jahren warf mich eine Schallplattenfirma, für die ich jahrelang Platten produziert hatte, hinaus, weil ich es für notwendig gehalten hatte, ihre Arbeitsweise zu kritisieren. (Später holte sie mich dann wieder zurück.)
Als ich die Berliner Jazztage leitete, habe ich praktisch aufgehört, Konzertkritiken zu schreiben, weil ich das Gefühl hatte, bei allem, was ich darüber schrieb, schaue meine eigene Position als Festival-Chef durch. Damals wurde ich von allen nur möglichen Seiten – von Agenten, Plattenfirmen, Managern, Musikern – unter Druck gesetzt, um die Vorteile, die mein Posten als künstlerischer Leiter der Berliner Jazztage für den einen oder anderen mit sich bringen konnte, auch in andere Tätigkeiten einzubringen, die mit der Jazztage-Position nichts zu tun hatten. Ich meine, daß ich diesen Anträgen widerstanden habe; aber dann mußte ich bemerken, daß ich mir dadurch nur noch mehr Feinde machte. Schließlich sah ich mich vor die Alternative gestellt, entweder nur die Jazztage zu leiten und alle meine übrigen Tätigkeiten aufzugeben oder umgekehrt. Ich habe mich für letzteres entschieden, obwohl der Jazztage-Posten der lukrativste Angestellten-Job ist, den ich im internationalen Jazzgeschäft kenne.
Es ist notwendig, diese eigenen Erfahrungen zu berichten. Um ihretwillen werde ich ja gefragt. Bereits im Vorwort (an das ich hier anknüpfe) war davon die Rede: Nur Erfahrungen, die man selber gemacht hat, sind »er-fahren« und berechtigen den, der sie gemacht hat, zu Ratschlägen an andere. Ich werde deshalb auch weiterhin die eigenen Erfahrungen nicht aussparen können.
Wie schwierig es ist, der Interessenüberlappung Herr zu werden, wurde vor einigen Jahren in den USA deutlich. Die Zeitschrift »down beat« stellte die Bedingung, daß nur solche Kritiker Platten besprechen durften, die keinerlei Bindung an Plattenfirmen besaßen, sei es auch nur als gelegentliche Zulieferer von Schallplatten-Begleittexten.
Nach ein paar Jahren mußte »down beat« diese Politik stillschweigend aufgeben. Es gab keine professionellen, kenntnisreichen, entsprechend souveränen Kritiker, die entweder nur das eine oder nur das andere taten. Es *konnte* sie nicht geben, denn sie könnten nicht leben, wenn sie entweder nur das eine oder nur das andere täten. Man hat bei »down beat« auch gemerkt, daß es gar nicht wünschenswert wäre, daß es sie gäbe, denn die Souveränität, den Gesamtüberblick, gewinnt man eben nur dann, wenn man alles kennt.
Ich habe die Leitung der Jazztage gern niedergelegt; es war wie eine Erleichterung. Trotzdem möchte ich diese Erfahrung nicht missen. Mein ganzes Verhältnis zur Festival- und Konzertkritik hat sich dadurch verändert. Nur dadurch habe ich den Vermarktungsprozeß, dem Jazzmusiker unterworfen sind, begreifen können. Ich muß oft lächeln, wenn ich lese, wie Kritiker diesem Vermarktungsprozeß mit den Mit-

teln der marxistischen Kunsttheorie zu Leibe rücken wollen, so laienhaft, so irreal kommt mir das vor.
Und was Plattenkritik betrifft: Es ist wichtig, zu wissen, wie es im Studio zugeht, auch die technischen Vorgänge zu kennen, die Fragen der Mikrophonaufstellung, der 16-, 24- und 32-Spur-Maschinen, der Abmischung, schließlich auch die Überlegung nachvollziehen zu können, warum eine Plattenfirma oder ein Produzent – und vor allem: warum der betreffende Musiker selbst – die Platte, um die es geht, in einer bestimmten Situation herausbringen. Weil die amerikanischen und englischen Kritiker das verstehen, deshalb sind die Kritiken aus diesen Ländern so oft solider und professioneller als die kontinentaleuropäischen.
Es ist wichtig, lieber junger Jazzkritiker, seinen Gesichtskreis so weit wie möglich zu strecken, – auch etwa, indem man dabeizusein versucht, wenn Platten produziert werden. Sie können eine Platte Dutzende Male hören; wenn Sie sie selber produziert haben, hören Sie Dinge darauf, die kein anderer hört. Sie können über einen Musiker ein Buch geschrieben haben, wirklich kennen tun Sie ihn erst, wenn Sie mit ihm im Studio gearbeitet haben (deshalb sollten Sie das Buch auch dann erst schreiben!). Wenn Sie mit einem Musiker auch nur eine einzige Platte gemacht und wirklich daran gearbeitet haben, erfahren Sie mehr über ihn, als wenn Sie zehn seiner Platten lediglich anhören (siehe hierzu auch das Quincy Jones-Zitat in der Intro).
Der Jazzkritiker also muß mit Tätigkeitsbereichen leben, die in der Konzertmusik meist – aber auch dort gewiß nicht immer – voneinander geschieden sind. Nicht nur, weil er sonst nicht leben könnte, sondern auch, weil der Jazz ein kleiner Bereich ist – viel kleiner als die Konzertmusik – und man ihn deshalb *ganz* überblicken muß, wenn man nicht ständig Halbheiten, unprofessionelles Blabla von sich geben will.
Die Kleinheit des Jazzbereiches ist auch ein Grund dafür, daß das Kritiken-Schreiben – oder überhaupt eine der verschiedenen möglichen Tätigkeiten – allein als nicht ausreichend und als unbefriedigend empfunden wird – zumal für jemanden, der eine gewisse Aktivität mitbringt. Wer sich beispielsweise als Kritiker Kenntnisse über einen Musiker erarbeitet hat, kann zu dem Ergebnis kommen, daß der betreffende Mann in Verbindung mit einem bestimmten anderen Musiker eine besonders gute, gültige Platte machen könnte; es ist ein Charakteristikum der Jazzwelt, daß man in einem solchen Fall meist vergeblich warten wird, bis jemand anderes die betreffende Platte produziert. Wenn sie nötig ist, wird man sie eben selber machen müssen. Ich bin auf diese Weise zum Plattenmachen gekommen. Ich hatte als Kritiker erfahren, daß es einfach nötig war, Oscar Pettiford mit Bud Powell und Coleman Hawkins oder Nathan Davis mit Larry Young und Woody

Shaw oder George Russell mit Don Cherry aufzunehmen. Niemand tat es – also tat ich's selber. Aber auch der umgekehrte Weg (siehe auch hier wieder die Intro) ist möglich: Man kann als Produzent so viel über einen Musiker und dessen Musik lernen, daß man in wachsendem Maße das Bedürfnis und schließlich auch die Notwendigkeit empfindet, über ihn zu schreiben. So ist es mir unter anderem bei Baden Powell, dem großen brasilianischen Gitarristen, gegangen. Dadurch, daß ich ihn produzierte, lernte ich – graduell – so viel über brasilianische Musik, daß ich anfing, mich auch als Schriftsteller mehr und mehr damit zu befassen. Ein Bereich also ergänzt den anderen; das Wort er-gänzen kommt von »ganz«, will sagen: oft wird erst durch die Er-Gänzung etwas Ganzes entstehen können. – – –

Die Musiker sind oft so desillusioniert und abgestoßen von dem, was die Kritiker tun, daß sie finden: »Kritik gehört abgeschafft.« Frank Zappa wollte mal alle Kritiker »vergasen«. (Aber die bittersten Worte über Kritiker sind nicht im Jazz, sondern in der E-Musik gefallen – zum Beispiel von Schönberg: »Unsere Musikkritiker taugen eben nicht einmal zum Kanonenfutter . . .«) Kritik hat im Jazz die gleiche Aufgabe wie in anderen Kulturbereichen – oder sollte sie doch jedenfalls haben: eine helfende, dienende, interpretierende, den Zugang erleichternde, Brücken schlagende, Offenheit schaffende, informierende Funktion. Die Minoritäten, die eine Musik wie der Jazz anspricht, wären noch kleiner, wenn es nicht Kritiker gäbe, die immer wieder werben und Verständnis schaffen würden. Schauen wir auf die moderne Konzertmusik: Wenn es nicht in den zwanziger Jahren Kritiker gegeben hätte wie H. H. Stuckenschmidt oder Heinrich Strobel, dann hätte diese Musik – von ein paar ohnehin schon eingeweihten Kennern abgesehen – praktisch kein Publikum gefunden. Heinrich Strobel hat mir einmal ärgerlich gesagt (als ich in Oscar Fritz Schuhs Schweizerischer Musikzeitung ein Konzert »verrissen« hatte): »Wenn Sie Kritiker sein wollen, müssen Sie nicht gleich denken, daß Sie alles und jedes zu kritisieren haben . . . Das Wort ist falsch. Das Kritisieren kommt eigentlich erst am Schluß.«

Genauso ist es: Wenn der Begriff, wenn das Wort »falsch« ist, wie sollte dann die allgemeine Vorstellung vom Kritiker richtig sein können? Das Wort impliziert: Der Kritiker hat zu kritisieren – zu allererst dies. In Wirklichkeit hat er erst dann ein Recht – und dann freilich auch eine Pflicht –, zu kritisieren, wenn er der Kunst, über die er schreibt, dient. Ich bin so oft gefragt worden, warum ich das Goethe-Wort »Man lernt nichts kennen, außer man liebt es« zum Motto des »Jazzbuches« gemacht habe – samt Satchmos »Du mußt lieben, um spielen zu können«: Genau aus diesem Grunde. Weil das Lieben, das Dienen- und Helfen-Wollen die Voraussetzung des Kennenlernens ist und das Kennen wiederum die Voraussetzung der Kritik. Dies also wäre die Rei-

henfolge: Lieben – Kennen – Kritisieren. Pointiert ausgedrückt: der Kritiker müßte viel eher »Liebender« oder doch wenigstens »Kenner« heißen als »Kritiker«.
Wenn ein Kritiker – gerade auch ein Jazzkritiker im weiten Sinne dieses Begriffes – so motiviert ist, dann kann es auch keine Interessenkollision geben. Dann er-gänzen sich seine diversen Tätigkeiten gegenseitig wirklich im Sinne von Ganzheit, von Heilheit. Dann werden Zweifel zu Unterstellungen: zum neidischen Gekläff derer, die ihren eigenen Krämergeist immer auch bei den anderen wittern und nicht begreifen können, was einen Kritiker wirklich motiviert: nämlich die Verpflichtung gegenüber der Kunst, für die er arbeitet.
Ich glaube, es ist gut für einen Kritiker, sich selbst von Zeit zu Zeit diese Fragen zu stellen: Was will ich mit meiner Kritik? Wozu ist Kritik da? Was soll sie erreichen? Was ist ihre Funktion? Stimmt meine eigene Arbeit in bezug auf die Antworten, die allein diesen Fragen angemessen sind?

II.

Weil die Jazzkritik, als reine Kritik, ihren Mann nicht ernährt, weil es so viele halbprofessionelle Kritiker und Hobby-Kritiker gibt – und notwendigerweise geben muß, sonst hätte der Jazz zu wenig Kritiker –, deshalb gibt es so viele Feindschaften. Je kleiner der Ausschnitt ist, den ein Kritiker überblickt, desto subjektiver, persönlicher wird seine Kritik. Die »Halbprofessionellen« – das fängt schon bei den »Damen« an – sind immer emotionell stärker engagiert als die Professionellen. Goethe argwöhnt in seinem Entwurf »Über den sogenannten Dilletantismus oder die praktische Liebhaberei in den Künsten«, daß der Dilletant »die Wirkungen mit den objektiven Ursachen und Motiven« verwechsle.
Vergessen Sie, lieber angehender Jazzkritiker, alles, was Sie über Feindschaften in anderen Bereichen – in Literatur etwa oder E-Musik – gehört haben; es ist alles viel emotioneller und unkontrollierter in der Jazzwelt. Sie können exakt überprüfen: je professioneller der Standard der Kritik – etwa in Japan oder in den USA –, desto weniger Feindschaften; je halbprofessioneller – zum Beispiel in der Bundesrepublik oder in Frankreich –, desto heftiger die Polemik!
Seien Sie davor gewarnt. Und darauf gefaßt. Es gibt Kritiker, die geradezu von Polemik leben. Sie müssen auch davon leben, weil sie exakte, solide gearbeitete Beiträge nicht vorzuweisen haben. Es gibt einen, meinen Lieblingsfeind – den Namen zu nennen, wäre zu viel der Ehr' –, der, weil er am Jazz nicht genug verdienen zu können meinte, absprang und, um sein Abspringen verständlich werden zu lassen, verkündete,

der Jazz sei tot. In Wirklichkeit war Jazz nur für ihn selber tot, in diesem Moment wenigstens, denn solche Leute wechseln ihre Meinung wie's Handtuch. Um zu beweisen – sich und den anderen –, daß er nun endlich seine Unabhängigkeit gewonnen hatte, übte er einen wahren »Kahlschlag« demgegenüber, von dem er das meiste gelernt, dem er jahrelang nachgeeifert und von dem er oft genug abgeschrieben hatte. »Vatermord« nannte das ein Beobachter, der auf der deutschen Szene bekannt ist. Bevor er mit dem »Kahlschlag« begann, hatte er mir über seine Frau das Angebot machen lassen, ich solle ihn doch in die Berliner Jazztage mit hineinnehmen, dann würde er aufhören, mich zu kritisieren!

Noch schlimmer die französische Situation. Jahrelang war sie geradezu paralysiert durch den wütenden Kampf zwischen dem Altmeister der französischen Jazzkritik, Hugues Panassié, und seinem ehemals engsten Mitarbeiter Charles Delaunay. Dies ist der eigentliche Grund, warum der französische Jazz so in sich zerfallen ist. Man muß sich das vorstellen: Seit dreißig Jahren leidet die Szene eines großen Landes unter der Feindschaft zweier Männer, die einstmals wichtig für den Jazz ihres Landes waren, aber es doch nun längst nicht mehr sind – und doch drückt die Hypothek, die sie hinterlassen haben, weiter. Ich kenne keine andere Kunst, die in vergleichbarer Weise unter einem Kritikerstreit gelitten hätte. Der heftigste Streit, den es in der deutschen Literaturgeschichte gab, derjenige zwischen Lessing und dem Hauptpfarrer Goeze, war – in seinen konkreten Auswirkungen – eine Lappalie dagegen. Nur im Bereich der Religion – und das, in der Tat, bietet Anlaß zu mannigfachen Spekulationen! – schafft der Streit zwischen einzelnen Männern ähnliche Schismen.

Vieles, was ich in diesem Abschnitt – und überhaupt in diesem Buch – sage, wird mir Feinde machen. Wenn Sie Angst haben vor Feindschaften, lieber angehender Jazzkritiker, suchen Sie sich eine andere Tätigkeit. Im Jazz werden Sie Feindschaften, wenn Sie mehr sagen wollen als Plaisanterien, nicht vermeiden können. Am schlimmsten ist es am Anfang. Da kommen die Alten und fragen: Was will der junge Schnösel? Nichts, was ich heute an Auseinandersetzungen kenne, hat auch nur annähernd die Intensität der vierziger Jahre, als ich anfing, zu schreiben. Gehen Sie also Ihren Weg. Ich zitiere gern Benn: »Was Sie nicht aussprechen, das ist nicht da, denken Sie also ruhig alles aus sich heraus – Sie machen sich Feinde, Sie werden allein sein, eine Nußschale . . . aber geben Sie nicht SOS – erstens hört Sie keiner, und zweitens wird Ihr Ende sanft sein nach so viel Fahrten . . .« (und womöglich schon, bevor Sie überhaupt mit dem »Fahren« so richtig anfangen!). Und Hermann Hesse: »Gegen die Infamitäten des Lebens sind die besten Waffen: Tapferkeit, Eigensinn und Geduld. Die Tapferkeit stärkt, der Eigensinn macht Spaß, die Geduld gibt Ruhe.«

Auch die Musiker reagieren – in diesem Fall freilich wie die Künstler aller Bereiche – heftig und emotionell. Wenn Sie über zehn Musiker schreiben – oder zehn Musiker in Konzerten oder auf Schallplatten produzieren –, dann werden es hundert bemerken und sich benachteiligt fühlen; wenn Sie über hundert schreiben oder hundert produzieren, werden tausend denken: »Warum bin ich nicht einer der Hundert?« Sie können schreiben, soviel Sie wollen, so viele Konzerte organisieren und so viele Platten machen, wie denkbar sind, Sie können so fleißig sein wie niemand sonst, in jedem Fall werden immer noch mehr Musiker da sein, für die Sie noch nichts getan haben. Unter diesen werden Ihre potentiellen Feinde stecken.
Ich kenne einen bekannten europäischen Jazzschlagzeuger, von dem ich jahrelang nur Gutes dachte. Mit einem Male merkte ich, daß er mir böse war; er schrieb mir, er fühle sich von mir »benachteiligt«. Ich hatte bisher nur eine Platte mit ihm gemacht. Ich konnte ihm ein halbes Dutzend anderer Schlagzeuger nennen, mit denen ich ebenfalls nur eine Platte gemacht hatte, und, versteht sich, es gibt Hunderte, mit denen ich nie eine produzieren werde. Vielleicht ist es menschlich, daß unter denen, die beobachten, was dieser oder jener Kritiker oder Produzent tut, immer einige sind, die – zumal weil sie Künstler sind – nur persönlich, nur subjektiv reagieren können; das sind diejenigen, die dann sagen: Der Mann mag mich nicht, er benachteiligt mich. Oder gar: Der betreffende Kritiker oder Produzent ist nicht »objektiv«. (Apropos: Was heißt objektiv? Man arbeitet doch mit den Musikern, die einem interessant erscheinen, und produziert die Musik, die man gern mag. Man macht doch nicht Platten, als ob man Brötchen backt, eines wie das andere, und wenn man es täte, dann wäre diese Art von »Objektivität« schlimmer als deren Mangel.)
Aufschlußreich in diesem Zusammenhang: In den USA sind diejenigen, die am meisten für die Musiker getan haben, die Bestgehaßten: George Wein und Norman Granz, die »Stars« unter den Produzenten. Granz hat den Jazz in die großen Konzerthallen gebracht, Wein die Idee der Jazz-Festivals durchgesetzt.
Auch das schien mir problematisch, als ich die Berliner Jazztage leitete: Mit einem Male bemerkte ich, daß ich mit denen, auf die es mir am meisten ankam – die Musiker –, nicht mehr über Musik, sondern nur noch über Gagen, Konzertdaten und Besetzungsfragen, über Spesen und organisatorischen Kleinkram reden konnte. All diese Dinge richteten eine Wand auf zwischen mir und den Musikern. George Wein sagte: »Du mußt dich damit abfinden oder du mußt es seinlassen.« Auch deshalb hab ich's seinlassen.

III.

Ich habe das Wort »Vermarktungsprozeß« gebraucht. Es gibt Agenten, die mit Jazzmusikern handeln, als seien sie Vieh oder Sachen. »I own Dizzy Gillespie«, sagte mir einmal Norman Granz. »Ich besitze ihn.« Die großen Agenten arbeiten mit Druckmitteln, von denen sich der Außenstehende keine Vorstellung macht. Wenn man eine bestimmte Gruppe für ein Festival haben will, dann geben sie einem die Gruppe nur dann, wenn man noch zwei oder drei weitere nimmt, an denen man im Grunde gar nicht interessiert ist. Solche Agenten handeln in einem monatelangen Prozeß die letzten Details aus: Wie groß der Name »ihres« Musikers im Verhältnis zu anderen Namen auf dem Plakat stehen muß, an welcher Stelle im Konzertprogramm er auftritt, wie lange sein Auftritt sein wird, in welchem Hotel er wohnt, nicht mit dem oder jenem auf dem gleichen Flur, wie er zur Konzerthalle gebracht wird, nicht mit Soundso im selben Bus . . . All diese Kleinigkeiten sind ihnen die wichtigsten Dinge der Welt.
Dann gibt es den Druck durch die Schallplattenfirmen. Die Kosten sind in den letzten Jahren so gestiegen, daß große Europa-Tourneen vielköpfiger Bands heute oft nur noch stattfinden können, wenn sie von der Plattenfirma der betreffenden Gruppe subventioniert werden. Dadurch gewinnt die Plattenfirma Macht, und die nutzt sie. Zum Beispiel macht sie zur Bedingung, daß man die Konkurrenzband einer anderen Firma nicht präsentieren darf. Dabei mag es einem künstlerisch interessierten Programmgestalter (zumal wenn er von der Kritik herkommt) gerade interessant erscheinen, zwei Gruppen, die seit einiger Zeit in einem Atemzug genannt und miteinander verglichen werden, im selben Konzert auftreten zu lassen.
Unverhältnismäßige Bedeutung wird der Position zugemessen, an der eine Gruppe in einem Konzert auftritt: am Anfang, vor der Pause, nach der Pause, am Schluß . . . Es gibt Musiker und Agenten, die machen aus dem Gerangel darum eine Staatsaktion. Miles Davis ist Meister darin. Einmal ließ er sich ein halbes Jahr vorher schriftlich bestätigen, daß er am Schluß spielen würde, aber als er dann da war, wollte er plötzlich an den Anfang. Verständlich, daß die anderen Gruppen, die im selben Konzert auftreten, verärgert darüber sind. Sowieso will niemand gern im selben Konzert wie Miles auftreten; der stiehlt ja doch allen die Schau. Aber es gehört zum Ritus der Branche, daß Miles verehrt wird; niemand wagt, etwas gegen ihn zu sagen. Miles nutzt diesen Vorteil und schiebt die Schuld auf den Konzertveranstalter: Der habe das ganze Durcheinander geschaffen. Von dem Streit, der auf diese Weise entstehen kann, können sich Außenstehende keine Vorstellung machen. Solche Auseinandersetzungen können ganze Konzerte gefährden, ihren Schatten über ein ganzes Festival werfen.

Ein Problem ist immer auch die finanzielle Transparenz. Zu Außenstehenden darf man nur über Spitzengagen sprechen, denn das ist die beste Reklame, die sich ein Agent, eine Plattenfirma, ein Künstler wünschen, weil es dann heißt, dieser oder jener Künstler habe die höchste Gage erhalten, die von dem betreffenden Veranstalter – oder gar: jemals für einen derartigen Auftritt! – gezahlt worden sei. Gerade über Spitzengagen möchte man als Konzert- oder Festival-Veranstalter aber nicht so gern reden, denn sie schaffen Vergleichsfälle, an denen sich die anderen Gruppen von nun an orientieren werden, um sie baldmöglichst ebenfalls zu erreichen.
Andererseits: Über die mittleren und niederen Gagen möchte man als Festival-Veranstalter schon sprechen, aber das wiederum darf man aus Solidarität mit den Gruppen, die man verpflichtet hat, nicht. Keine dieser Gruppen ist daran interessiert, daß andere Veranstalter erfahren, daß sie einem befreundeten Programmgestalter vielleicht besonders entgegengekommen sind, denn dann verlangen die anderen Veranstalter ein ähnliches Entgegenkommen. Auf diese Weise bleibt alles hinter einer Wand aus Geheimnistuerei versteckt, die letztlich immer nur dem Veranstalter vorgeworfen wird: er wolle nicht Rechenschaft ablegen über seine Finanzen, wohinter sich der Vorwurf versteckt, er zweige einen zu hohen Anteil für sich selber ab. Der Veranstalter, wenn er klug ist, schweigt gegenüber solcher Kritik, denn an erster Stelle ist es natürlich für ihn wichtig, daß er solidarisch ist mit seinen Künstlern; schließlich will er auch weiterhin Festivals machen.
Erpressung gehört so sehr zum ehernen Gesetz der Branche, daß niemand sich mehr darüber aufregt. Ich hatte einmal eine ganz berühmte Gruppe verpflichtet, einen Musiker, der bekannt ist wegen seines ständigen Redens über hohe moralische Standards. Ich war eigens nach Amerika geflogen, um den betreffenden Mann, der seit Jahren keine Konzerte mehr gegeben hatte, zu gewinnen. Als ich schließlich einen rechtskräftig unterschriebenen Vertrag hatte, glaubte es mir niemand, nicht einmal in den USA, so sensationell war die Sache. Es war noch zu der Zeit, als die Jazztage ihre Eintrittskarten nicht wegen des zum Begriff gewordenen Namens »Berliner Jazztage« verkauften, sondern wirklich bedeutende Stars brauchten, um ihr Publikum nach Berlin zu ziehen. Der betreffende Mann war in diesem Jahr unser wichtigster Name. Er war schon ein paar Monate vorher nach Europa gekommen, nach London und Paris, und beobachtete von dort aus, wie die ganze Publicity für die Jazztage um seinen Auftritt zentriert wurde. Er wartete in Ruhe ab, bis das Publicity-Spiel seinen Gipfelpunkt erreicht hatte. Dann, drei Wochen vor Beginn des Festivals, verlangte er die doppelte Gage. Wir mußten sie ihm zahlen.
Um sich die Möglichkeit der Erpressung offenzuhalten, ist es zu einem Gesetz der Branche geworden, Verträge erst möglichst spät – oft buch-

stäblich im letzten Moment – zu übersenden. Sie können – für eine Tournee im November – bereits im Januar oder Februar die Abmachung treffen, den Vertrag bekommen Sie trotzdem erst im Oktober. Erpressung bezieht sich dabei oft nicht nur auf die Gage, sondern auf eine Fülle zusätzlicher Details, an die ursprünglich niemand gedacht hat – oder gedacht haben will.
Charles Mingus hat für das Wort »Vertrag« den Ausdruck »White Man's Stuff« geprägt: Kram des weißen Mannes. Verträge als Unterdrückungsmechanismus. Der Ausdruck machte schnell die Runde. Er machte Vertragsbruch zu einer moralischen Angelegenheit. Vor einem Konzert in Barcelona ließ sich Miles Davis mit dem Argument, er habe nach dem Konzert keine Zeit, die volle Gage auszahlen. Das Konzert fand nie statt. Miles saß, als sein Auftritt beginnen sollte, bereits im Flugzeug, der spanische Veranstalter – ein rührender, dem Jazz dienender Mann – war ruiniert.
Klaus Doldinger berichtete nach einer US-Tournee, die er mit seiner Gruppe »Passport« unternommen hatte: »Das ist eben die harte, brutale, amerikanische Tour . . . Die verzögern die Verträge meist so weit hinaus, daß nachher sowieso alles zu spät ist. Man wird selten einen Vertrag zur rechten Zeit bekommen – man kriegt nur Zusagen: Ja, er ist längst unterwegs; die Post ist verlorengegangen, was weiß ich. Die lassen sich immer alle Türen offen . . .«
Deshalb sind Charles Mingus und alle, die ihm folgen, mit dem Wort vom Vertrag als »White Man's Stuff« über ihren eigenen Komplex gestolpert. Nicht der Vertrag ist »White Man's Stuff«, sondern gerade das, was er wenn schon nicht vermeiden, so doch in Grenzen halten soll: die Brutalität und Rücksichtslosigkeit der Ausbeutung. Hinter dem Mingus-Wort steht ein unbewußter, psychischer Mechanismus, den es in anderen Bereichen ähnlich gibt: die Liebe der Ausgebeuteten zu ihren Unterdrückern. Mingus' Wort ist geradezu Wasser auf die Mühle der Korruption, der Brutalität, der Gewissenlosigkeit des Music Business. Wer ihm zustimmt, bestätigt im Grunde, daß er den Ausbeutungsmechanismus nicht durchschaut; im Gegenteil, er intensiviert ihn. Die Protestgeste bleibt eben dies: Geste! Als stünden sie alle im geheimen, unbewußt, auf der Seite ihrer Unterdrücker – selbst diejenigen, die den Protest der ausgebeuteten Musiker anzuführen meinen, selbst Mingus, selbst Miles!
Ein anderer Fall: Gerry Mulligan war für zehn Konzerte nach Europa gekommen. Wir hatten ihn eigentlich nur für die Berliner Jazztage haben wollen, aber er sagte, unter zehn Auftritten tue er es nicht. Nach dem ersten Konzert – in Berlin – ging er, während des Fluges nach Kopenhagen, zu unserem Reisebegleiter und sagte, er habe Freunde in Kopenhagen, ob man ihm nicht jetzt schon die volle Gage geben könne. Wir hatten immer ein gutes, oft freundschaftliches Verhältnis zu

unseren Künstlern. Selbstverständlich erhielt Mulligan das Geld. Es war eine Riesensumme, denn zur Mulligan-Gruppe gehörten in dem betreffenden Jahr so bekannte Musiker wie Earl Hines, Kenny Clarke, Roy Eldridge, Stuff Smith und andere. Als die Gruppe in Kopenhagen ankam, verschwand Mulligan in einer Toilette, verließ sie aus einem anderen Ausgang, erst im Hotel wurde seine Abwesenheit bemerkt; da saß er schon im Flugzeug nach New York. Es war das einzige Mal, daß wir prozessiert haben. Mulligan mußte die volle Gage zurückerstatten – und außerdem noch Schadenersatz zahlen.

Es ist auffällig, daß jeder, der zum Geschäft gehört, über die Praktiken des »business« schimpft. Es gibt ganze Musikergruppen, die sich von den etablierten Agenturen getrennt haben, um ihre Konzerte unter eigener Regie veranstalten zu können: ohne den »bullshit« der Agenten. Sie fangen mit großen moralischen Worten an, reden von der »Ethik« des Musikgeschäftes (Kenner wissen, wen ich meine), aber schon nach wenigen Monaten tun sie schlimmere Sachen als ihre ehemaligen, eben noch in Grund und Boden verdammten Agenten.

Ich wünschte, ich könnte mehr Namen nennen. Solange man drinsteckt, kann man überhaupt nichts sagen. Selbst jetzt, Jahre danach, liegen die wenigen, die ich genannt habe, an der Grenze des Möglichen. Trotzdem wäre es wichtig, das ganze »business« einmal zu durchleuchten. Nur dadurch kann es besser werden. Vielleicht muß dazu der Abstand noch etwas größer geworden sein. Man möchte ja nicht einzelne Personen schädigen. Die Personen sind immer nur Opfer des Apparates.

Das amerikanische Agentenwesen ist in den zwanziger Jahren aus der Mafia entstanden. Es war die Zeit der Prohibition, des Alkoholverbotes. Jazz wurde in Clubs gespielt, in denen getrunken wurde; etwas anderes war damals nicht denkbar. Nur die Gangster besaßen solche Clubs, in denen sie ihren aus Kanada hereingeschmuggelten oder selbst gebrannten »Sprit« verkauften. Zu einem Club gehörte Musik. Schon um die Gäste zum Trinken zu animieren. Die Mafiosi also verpflichteten Musiker, tauschten diese untereinander aus, kamen dadurch dazu, die ersten »Tourneen« zu organisieren, und taten das alles, versteht sich, nach den Gesetzen ihrer Branche. All die berühmten Lokale, in denen die Jazzmusiker im Chicago der zwanziger Jahre aufgetreten sind, gehörten Gangstern – der Royal Garden, das Sunset Café, der Grand Terrace Ball Room . . . Diese Leute prägten den Ausdruck, ein Musiker »gehöre« ihnen (und sie gehörten ihnen wirklich).

Auch außerhalb Chicagos war Club-Business in erster Linie Gangster-Business. Man weiß das von Las Vegas. Das New Yorker »Birdland«, das klassische Lokal des modernen Jazz, das in den vierziger und fünfziger Jahren eine Bedeutung besaß wie keine andere Jazzstätte, wurde von Gangstern finanziert; deshalb wurde schließlich einer seiner

Besitzer umgebracht: vor dem Band-Stand, in Gegenwart des spielenden Woody Herman-Orchesters, vor achtzehn Musikern, von denen keiner blind war, und doch fand sich hinterher kein einziger, der es gesehen haben wollte.
Es gibt Plattenfirmen, die auch heute noch im Besitz der Mafia sind. Das Juke Box Business ist es sowieso. Deshalb stehen überall so viele Musikboxen herum. Stünde irgendwo keine, bräche in dem betreffenden Lokal »mit einemmal«, »zufällig«, eine Schlägerei aus, bei der die gesamte Ausstattung verwüstet und meist auch noch der eine oder andere – wie gesagt: »zufällig«, »leider« – verletzt würde. Die Leute, die Lokale besitzen, brauchen eine solche Lektion nur einmal zu erhalten. Meist genügt es, daß irgend jemand in der Nachbarschaft sie erhielt. Der Fachausdruck lautet: »They're teaching you.« Sie belehren dich.
Wie gesagt, aus dieser Welt ist das Agentengeschäft entstanden. Jahrzehntelang leitete Joe Glaser die mächtigste Agentur der USA. Er war ein prächtiger alter Herr. Als ich ihn kennenlernte, wurde ich ihm vorgestellt als jemand, der Jazzbücher schreibt. »So«, sagte er, »dann müssen Sie ja eine Menge über mich geschrieben haben!« (Dies ist das erstemal, daß ich über ihn schreibe.) Louis Armstrong bezeichnete ihn als seinen besten Freund. Aber im Chicago der zwanziger Jahre war Mr. Glaser ein Partner Al Capones. »Al Capone wasn't so bad after all«, sagte er. Mein Gott!
Es ist verständlich, daß ein Geschäft, das eine solche Tradition besitzt, sich schwertut mit moralischen Standards. Natürlich gibt es heute Agenturen, die keine Kontakte mit der Mafia besitzen, aber auch sie sehen sich jeden Tag mit den Konsequenzen eben dieser Tradition konfrontiert.
Fast niemand redet über diese Dinge. Der Schlagzeuger Jack DeJohnette hat es getan: »Wie ich es sehe, sind die Musik und das Music Business in einem schrecklichen Zustand. Die hinter uns liegende Dekade hat einen Haufen mittelmäßige Musik gebracht – von Gruppen, die meist durch geldgierige Manager und Promoter korrumpiert wurden, die nicht daran interessiert sind, die Leute innerlich zu bereichern, und die sie mit Musik schlechter Qualität für dumm verkaufen und sich gleichwohl gut dafür bezahlen lassen.
Gruppen, die etwas Originelles und Neues produzieren, werden im allgemeinen von Plattenfirmen und Konzertveranstaltern abgelehnt. Gewöhnlich sagen die Firmen in solchen Fällen, daß ›die Musik zu gut‹ sei; man müsse sie verwässern, das Publikum wolle nicht zuhören, wenn etwas gut sei usw.
Auf diese Weise ist es zu der nicht endenden Lawine von Sounds gekommen, die uns täglich aus dem Radio entgegenblöken. Gewöhnlich hat der Künstler nichts über das, was da produziert wird, zu sagen. Plattenalben, Bücher, Zeitschriften, Filme – alles ist gekauft von den

Geldleuten, die glauben, sie allein wüßten, was das Publikum hören will.
Mir scheint, das alles paßt zu der Art und Weise, in der Kultur in der westlichen Zivilisation mißhandelt wird. Alles Positive und Ungewöhnliche wird unterdrückt. Eine Fülle großer Künstler wurde ignoriert. Ich glaube, daß eine Revolution im Bereich der schöpferischen Künste genauso notwendig ist wie in jeder anderen Hinsicht . . .
Es gibt einen unendlichen Reichtum von schöpferischer Kraft um uns herum – aber wenn man das nicht wüßte: niemand würde es bemerken . . .«

IV.

Die Anmaßung, mit der sich Plattenproduzenten gebärden, übertrifft alles Vorstellbare. Flyin' Dutchmans Bob Thiele veröffentlicht auf nahezu allen seinen Plattenproduktionen sein eigenes Photo und wagte es, eine Gedenkplatte für den verstorbenen Oliver Nelson mit einem Text zu versehen, der nichts über Nelson, aber – in einer einzigen, unverhältnismäßigen Lobeshymne – alles über Thiele enthielt (und dabei hatte Thiele einem Teil der Musiker, die auf dieser Platte spielten, nicht einmal das ihnen zustehende Honorar bezahlt!). Creed Taylor versieht jede seiner CTI-Platten mit seiner »pingeligen« Unterschrift, als bedeute schon dieser Namenszug ein Qualitätssignum. »Teo Macero von CBS gab Miles Davis- und Thelonious Monk-Platten mit seinem Namen, aber nicht mit denen der Begleitmusiker heraus« (Gary Giddins). Dutzende von Firmen schneiden die Aufnahmen ihrer Künstler so zusammen, daß oft nicht einmal mehr diese selbst ihre eigene Musik erkennen. Und sie versehen die Aufnahmen großer Musiker, ohne diese zu fragen, nachträglich mit einem süßlichen Streicher-Background, um ihre »Produkte« (dies der einschlägige Branchenausdruck!) auf diese Weise verkäuflicher zu machen – wie es Capitol mit Nat King Cole oder Creed Taylor mit Wes Montgomery taten, ja, Gary Giddins von der New Yorker »Village Voice», dem ich für einige der hier verwendeten Informationen dankbar bin, berichtet, daß CBS' Irving Townsend sogar eine Duke Ellington-Platte, um ihr »Party-Charakter« zu geben, mit Gesprächsfetzen, Gelächter und Gläsergeklapper, die er *in* die Musik (!) eingeblendet habe, verschandelte. Capitol wollte die grandiose Saxophongruppe »Supersax« nur dann unter Vertrag behalten, wenn diese sich bereit erklärt hätte, Beatles-Stücke mit Streicher-Backgrounds aufzunehmen, wie es Decca schon ein paar Jahre zuvor mit Count Basie getan hatte. »Man muß sich«, so Giddins, »wirklich wundern, was Norman Granz in Charlie Parker hörte, da er doch darauf bestand, ihn mit unfähigen Begleitmusikern, lahmen Tanzarrangements, Latin Bands und ›oooo-schreienden Sängerinnen‹ aufzunehmen.« Creed Taylor hat auf seinen CTI- und Kudu-Labels eine ganze Generation von Jazzmusikern – im weiten Raum zwischen Wes Montgomery und Stanley Turrentine oder Grover Washington – so zurechtfrisiert, daß von deren wirklicher Musik nahezu nichts übriggeblieben ist.

Und Clive Davis – der gigantomanischste der Plattengewaltigen – behauptet in seiner vorzeitig veröffentlichten Autobiographie, er habe Miles Davis zum Weltstar gemacht, obwohl er – nämlich *Clive* Davis – erst zu Columbia-CBS kam, als *Miles* Davis schon zwanzig Jahre lang ein Weltstar war. Clive Davis hat mit seinem Anspruch, er habe unendlich viel für den Jazz getan, sogar einige Jazzkenner beeindruckt – dabei hat er Charles Mingus, Keith Jarrett und Bill Evans aus dem Columbia-CBS-Konzern herausgeworfen. Und als er dann, ein paar Jahre später, selber bei CBS hinausflog und seine eigene Firma, Arista, gründete, begnügte er sich damit, einen einzigen akustisch spielenden Jazzmusiker, Anthony Braxton, herauszustellen, während er sein übriges Jazz-Repertoire – statt selber Aufnahmen zu machen – aus Platten der Firma Freedom zusammenstellte, die zum Teil schon zehn Jahre vorher in Europa gemacht worden waren und die ihn nur geringfügige Übernahmelizenzen kosteten. Die elektronisch spielenden Jazzgruppen, die auf Arista erscheinen – Urszula Dudziak, Michal Urbaniak, die Brecker Brothers, Airto, Larry Coryell –, vermarktete Clive Davis so bedenkenlos, daß zwischen den Aufnahmen, die die Genannten gemacht hatten, bevor sie zu Arista kamen, und denen, die sie jetzt machen, nahezu keine Gemeinsamkeit mehr besteht.

Die Machtstellung, die die Plattenfirmen besitzen, ist um so unantastbarer, als nicht nur die Musiker selbst, sondern auch die Kritiker kaum eine Möglichkeit haben, sich einer Plattenfirma gegenüber durchzusetzen. Wer als Kritiker auf gewisse Mißstände bei einer Plattengesellschaft hinweist, läuft Gefahr, keine Besprechungsplatten mehr zu bekommen. Platten aber braucht der Kritiker, sonst ist er nicht informiert.

Die Beziehung zwischen Plattenfirmen und Fachzeitschriften ist noch nie wirklich durchleuchtet worden. Als Fachmann wundert man sich gelegentlich, wenn eine Fachzeitschrift eines ihrer Hefte schwergewichtig der Arbeit bestimmter Plattenfirmen widmet, seien diese Firmen auch noch so verdienstvoll. Man stelle sich vor, eine E-Musik-Zeitschrift würde ein ganzes Heft der – gewiß ebenfalls höchst verdienstvollen – Archiv-Produktion der Deutschen Grammophon dedizieren! Ich besitze Briefe des Chefs einer international bekannten Jazz-Zeitschrift, die beweisen, wie versucht wird, Plattenfirmen zu Anzeigenaufträgen zu veranlassen: durch das Angebot, der betreffenden Firma ein vornehmlich ihre Arbeit würdigendes Heft zu widmen.

»Mindestens 4 Anzeigenseiten jährlich« wurde als »conditions« für einen derartigen »deal« bezeichnet.
Trotzdem ist auch dieses Bild nicht komplett ohne ein dazugehöriges »Andererseits«. In den fünfziger Jahren haben Firmeninhaber und Produzenten wie Dick Bock, Lester Koenig und Nesuhi Ertegun Maßstäbe gesetzt, die für Jazzproduktionen auch heute noch gültig sind. Ray Charles' Karriere und sein Einfluß auf die Wiederentdeckung des Blues für die heutige Szene ist undenkbar ohne den Einfluß der – freilich bescheiden im Hintergrund bleibenden – Produzenten Ahmed Ertegun und Jerry Wexler von der Firma Atlantic, wie überhaupt nahezu alles, was am Rhythm and Blues der fünfziger Jahre gut und bleibend ist, ohne Ahmed Ertegun und Jerry Wexler nicht hätte entstehen können. Immer wieder erzählen Musiker, wie ihnen etwa Wexler einen Rhythmus vorgetrommelt oder ein Motiv vorgesungen habe, die irgendwo aus ihrer Heimat in den Südstaaten – in Mississippi oder Louisiana – stammten und die sie selbst längst vergessen hatten. Diese Rhythmen und Motive haben oft, wie sich dann später zeigte, den Erfolg einer Aufnahme eigentlich ausgelöst.
Es ist falsch, wenn man behauptet, daß ein Musiker keine große Begabung besitzen könne, wenn er auf die Inspirationen und Anregungen seines Produzenten angewiesen sei. Gerade eine so überragende Sängerin wie Aretha Franklin macht deutlich, daß es nicht nur ihres eigenen künstlerischen Genies, sondern auch eben eines einfühlsamen Produzenten bedarf, um große Aufnahmen herzustellen. Die alten Platten, die Aretha zu Anfang ihrer Karriere bei CBS gemacht hat, sind praktisch bedeutungslos geblieben. Erst als sie zu Atlantic kam – in die Hände von Ahmed Ertegun und Jerry Wexler –, wurde ihr musikalisches und künstlerisches Potential ausgeschöpft. Und was Orrin Keepnews, der wohl bedeutendste (und bescheidenste!) aller Jazzproduzenten, getan hat, zuerst bei Riverside – als Entdecker von Wes Montgomery, Bill Evans, den Brüdern Adderley und als Wiederentdecker von Thelonious Monk – und später in seinen Produktionen für Fantasy in San Francisco – etwa in Aufnahmen von McCoy Tyner und Sonny Rollins –, das kann kaum hoch genug gepriesen werden.
Die wichtigen, künstlerisch und musikalisch kompetenten Produzenten wirken wie Katalysatoren. Ohne sie hätte ein großer Teil der schönsten Jazzplatten nie entstehen können. Kaum auszudenken, wie die Jazzgeschichte aussähe ohne Produzenten wie John Hammond, Milt Gabler, Alfred Lion und Francis Wolff von der Firma Blue Note, ohne Orrin Keepnews, ohne die Erteguns, Dick Bock und Lester Koenig und gewiß auch ohne einige der von sich selbst Besessenen – wie Norman Granz oder Bob Thiele! Daher auch die Dankbarkeit, ja Verehrung, die viele Musiker ihren Produzenten gegenüber empfinden und die allerdings selten so laut verkündet wird wie die Verachtung, die denen

gebührt, für die ein Musiker nur ein auszubeutendes Objekt darstellt. Dankbarkeit freilich gewinnt einen seltsamen Beigeschmack, wenn sie von bestimmten Plattenfirmen im Sinne einer empfehlenden Publicity verwendet wird – als ein Mittel der Werbung, des Geschäftes –, wenn etwa die betreffende Firma veröffentlichen läßt, dieser oder jener Musiker habe sich nie vorstellen können, je mit einem Platten-Gewaltigen befreundet zu sein, bis er den Chef besagter Firma kennengelernt habe. In Wirklichkeit sind Freundschaften zwischen Jazzmusikern und Produzenten – und überhaupt Personen des Jazzgeschäftes – gar nicht so selten. Man denke etwa an die Beziehungen zwischen Wes Montgomery und Orrin Keepnews, Louis Armstrong und Joe Glaser, Benny Goodman und John Hammond, Ella Fitzgerald und Norman Granz oder auch die engen menschlichen, betreuenden Beziehungen, die Alfred Lion und Francis Wolff mit so vielen ihrer Blue Note-Musiker unterhielten.
Aber das genau ist das Dilemma: Es ist gerade die Leistung der wenigen wichtigen Produzenten, die der Fülle der verfälschenden, ausbeuterischen Geschäftemacher die Basis gibt, auf der sie sich wichtig tun. Die Schamlosigkeit, mit der Talent manipuliert wird, hat praktisch keinen nennenswerten Jazzmusiker der letzten dreißig Jahre ungeschoren gelassen – von Charlie Parker und Dizzy Gillespie über Ella Fitzgerald und Sarah Vaughan bis Thelonious Monk, Miles Davis und darüber hinaus.

V.

Lieber angehender Jazzkritiker, was ich da eben erzählt habe, ist nicht »Beiwerk« oder nur »background«. Es ist die Welt, in der die Musiker, über die Sie schreiben wollen, arbeiten und oft genug leben. Für die amerikanischen Kritiker ist es geradezu lebenswichtig, diese Welt zu kennen und mit Vorsicht zu betreten – und einige kennen sie wirklich: Ich weiß von zwei – übrigens recht bekannten – Kollegen in den USA, die schon einmal oder auch mehrere Male niedergeschlagen oder bedroht wurden; sie reden nicht gern darüber, aber sie haben sich's gemerkt.
Sie fragen mich nach einem Studium. Die Antwort, die ich Ihnen geben will, hängt unmittelbar mit den vorangegangenen Ausführungen zusammen. Wer nach einem Studium fragt, hat meist die Mittel dafür – oder weiß doch Wege, sie sich zu beschaffen. Mein Rat: Geben Sie nur einen Teil dieser Mittel für Ihr Studium aus – für wenige Semester. Das Studium »Jazzgeschichte« und »Jazztheorie« gibt es ohnehin nicht. Aber es gibt ein halbes Hundert Bücher darüber – fast alle in englischer Sprache; davon sollten Sie möglichst viele durcharbeiten, die Bü-

cher von Martin Williams, Ira Gitler, Rudi Blesh, Gunther Schuller, Leonard Feather, Ralph Gleason, Charles Keil, Nat Hentoff und Nat Shapiro, Paul Oliver, Marshall Stearns, André Hodeir, Alan Lomax, George T. Simon, Ross Russell, Samuel B. Charters . . .

Im übrigen sollte man europäische Musikgeschichte und europäische Musiktheorie kennen, sollte Noten lesen können, um Themen und Arrangements verstehen zu können. Dies alles kann man auf jeder guten Musikhochschule studieren. Einige amerikanische Kritiker haben auch Soziologie und Musikethnologie studiert, kennen sich aus in afrikanischer und indischer Musik (um nur diese beiden zu nennen). Jazz ist, stärker als andere Musik, gesellschaftlich konditioniert. Deshalb die Soziologie.

Und dann, nicht zu vergessen, müssen Sie schreiben können, sollten Sie Stil haben. Auch dies ist lern- und studierbar – in Form von Germanistik, Stilkunde, Literatur . . . Wir haben das oft im Jazz: Leute, die wahnsinnig viel wissen, die aber nicht schreiben können. (Und auch dies schafft Feindschaften: Weil viele dieser Wissenden Ressentiments gegenüber denen entwickeln, die als Kritiker und Schriftsteller ständig in den Medien präsent sind und gleichwohl nicht so viel Einzelwissen besitzen wie eben die Spezialisten. Jeder Kritiker – und ich schließe mich da mit ein – muß sich dessen bewußt sein: Je weiter der Bereich ist, den er überblickt, desto »unschärfer« wird seine Relation zu gewissen Details.)

Andererseits: Es ist wichtig, nicht zu viel zu studieren. Dutzende Male hat sich gezeigt: Die Gesichtspunkte des Jazz sind denen der Konzertmusik entgegengesetzt. Gewiß, es kann hilfreich sein, europäische Musik und ihre Geschichte zu kennen, wer sich aber gar zu sehr damit vollsaugt, ist in Gefahr, das zu verlieren, was die Jazzleute »Jazzfeeling« nennen. Fast immer ist das, was Fachleute der Konzertmusik über Jazz schreiben, eigentümlich indirekt – selbst dann, ja gerade dann, wenn sie Gutes zu schreiben meinen. Ich kenne einen Berliner E-Musik-Kritiker, der über einige wenige Jazzmusiker glänzend zu schreiben versteht, etwa über Cecil Taylor. Aber wenn man genauer hinschaut, merkt man, daß er die Atonalität Taylors lediglich als intensivierte Atonalität im Sinne moderner Konzertmusik hört, daß aber die ganze andere Hälfte fehlt: das Harlem Stride Piano, Earl Hines, Afrika, überhaupt schwarze Tradition, das also, worauf es Taylor doch viel mehr ankommt. Ich erzähle das, weil dadurch deutlich wird: Selbst Jazzmusiker, die dem Kenner der Konzertmusik so viel entgegenbringen wie Cecil Taylor, können unter den Gesichtspunkten der europäischen Musik immer nur zur Hälfte – Taylor selbst würde sagen: nicht einmal zur Hälfte – beurteilt werden. Man muß die schwarze Musik ebenso genau – möglichst noch genauer – kennen, und das Verständnis hierzu kann einem durch zu viel E-Musik verbaut werden.

Vorhin habe ich gesagt, Sie mögen nur den geringeren Teil des Geldes, das Sie möglicherweise für ein Studium besitzen, verwenden, um zu studieren; jetzt der weitere Ratschlag: Kaufen Sie sich für den größeren Teil eine Fahrkarte, fliegen Sie nach Amerika und leben Sie, solange das Geld reicht, in engstem Kontakt mit der Musik und den Musikern. Das beste Jazzbuch ist nach wie vor Nat Hentoffs und Nat Shapiros »Hear Me Talkin' To Ya'« (in deutsch: »Jazz erzählt«, dtv). Warum ist es das beste? Weil hier die Jazzmusiker selbst reden. Fast alles, was die Kritiker in fünfzig Jahren Jazzkritik an wirklich Relevantem zusammengetragen haben, stammt von den Musikern selbst. Deren Anteil wird künftig noch wachsen, weil der zeitgenössische Jazzmusiker artikulierter ist, seine Musik stärker reflektiert und häufiger und genauer darüber reden kann als die Musiker des traditionellen Jazz. Dies ist nicht nur ein Charakteristikum des Jazz. In der Modernen Malerei, in der E-Musik ist es ähnlich. Wir erleben es alle Jahre wieder auf den Donaueschinger Musiktagen. Fast nichts, was da die Kritiker schreiben, hat auch nur annähernd ähnliche Relevanz wie das, was die Komponisten selber über ihre Werke sagen. Die modernen bildenden Künstler sind längst schon, mindestens seit dem Bauhaus, selber ihre besten Advokaten. Vielleicht ist das überhaupt ein Charakteristikum moderner Kunst: Früher – in der Romantik – kamen die wichtigsten Äußerungen über Kunst von Außenstehenden, heute kommen sie von den Künstlern selbst.
Um von noch einer eigenen Erfahrung zu berichten: Nichts, was ich gelernt habe, war mir so wichtig wie die Gespräche mit Charlie Parker und all den anderen Musikern aus der Entstehungszeit des modernen Jazz, später mit Eric Dolphy, Albert Ayler, John Coltrane, wie ein ganzes Jahr praktischen Zusammenlebens mit Oscar Pettiford und die jahrelangen, immer wieder neuen Reisen kreuz und quer durch die USA, wie das ständige Hören von Jazz und das Diskutieren mit Jazzmusikern und die Bekanntschaft mit Musikern in New Orleans und Kansas City, auf der Southside Chicagos, in Hollywood und San Francisco, in Harlem und auf der 52nd Street und später auf den »Lofts« des New Yorker Village. Intensität ist für den Jazz, stärker als für die europäische Musik, eine Kategorie, und das bedeutet unter anderem auch: die Beziehung zwischen dem Leben, das einer führt, und der Musik, die er macht, ist im Jazz dichter und wichtiger als in der Konzertmusik.
Was weiß ein Durchschnittsbürger vom Leben der Jazzmusiker? Konzertkomponisten leben in der gleichen europäischen, akademischen, bürgerlichen Umwelt, in der wir auch leben. Jazzmusiker leben irgendwo anders, weit entfernt. Sie kommen – die Mehrzahl von ihnen – aus ländlichen Slums, aus städtischen Gettos, aus unterprivilegierten Schichten jedenfalls, von deren Leben und Denken die bürgerliche Welt nichts wissen will – deshalb hat sie es sich auch so eingerichtet,

daß Menschen, die ihr angehören, normalerweise gar nichts darüber erfahren *können*.

Das Wichtigste habe ich bisher nur in Parenthese gesagt: Sie müssen Jazz hören und hören und wieder hören, jeden Tag mehrere Stunden. Hören ist wichtiger als über Jazz lesen. Es ist selbstverständlich, daß Sie ein großes Plattenarchiv brauchen – so selbstverständlich, wie es für Literaten ist, eine Bibliothek zu haben. Ja, es ist noch wichtiger, denn der Philologe kann sich seine Werke auch in den örtlichen Stadt-, Hochschul- oder Universitätsbibliotheken ausleihen, für Jazzplatten gibt es diese Möglichkeit nicht. Tausend Platten, würde ich denken, sind für den Anfang das mindeste.

Wie gesagt, der Jazz ist ein kleines Gebiet. Wer sich als Kritiker auf Jazz spezialisiert, ist schon so weitgehend spezialisiert, daß er sich nicht noch weiter spezialisieren sollte – etwa auf Bebop oder Dixieland, auf Blues, Electric Jazz oder Swing. Gewiß, wir brauchen auch weiterhin spezialisierte Fachwerke, aber für einen professionellen, journalistisch tätigen Kritiker ist Spezialisierung irreal, bedeutet sie Selbstisolation im elfenbeinernen Turm . . . obwohl natürlich jeder seine Lieblingsbereiche hat, haben muß und – für die Fachwelt – auch in ihnen arbeiten sollte. Gerade weil man sie hat, bleibt man gehalten, über sie hinauszuschauen: auf den ganzen Jazz, im Bewußtsein der ganzen Musik, ja der ganzen zeitgenössischen Szene. Nochmals: Die Jazzkritik muß endlich aus dem Fuchsbau heraus, in den sie sich verkrochen hat!

Ich habe am Anfang gesagt, daß ich nicht sicher bin, ob man es verantworten kann, einem jungen Menschen zu raten, Jazzkritiker zu werden. Ich habe vieles gesagt, was den angehenden Kritiker abschrecken mag. *Wenn* er sich davon abschrecken läßt, ist sowieso nichts verloren. Aber ich glaube nicht, daß es schwieriger ist, Jazzkritiker zu werden, als irgendeinen anderen differenzierten modernen Beruf zu erlernen. Es erfordert weniger Studium (aber gewiß *auch* Studium), dafür jedoch mehr Beweglichkeit, Weltoffenheit, jahrelange *eigene* Arbeit.

Wenn wir uns darüber beklagen, daß die Chefredakteure immer noch Lokal- oder Sportreporter in die Jazzkonzerte schicken, dann müssen wir uns auch sagen, daß dies erst dann besser werden kann, wenn professionelle Jazzkritiker in ausreichendem Maße vorhanden sind.

Noch eine Erfahrung: Ich habe einen Zwölf- oder Dreizehn-Stunden-Tag. Wer immer mit mir zusammenarbeitet, weiß, daß ich nur die Hälfte von dem annehme, was ich eigentlich tun sollte, und ständig bei anderen Jazzkennern anfrage, ob sie nicht dies oder jenes übernehmen könnten. Es gibt gar nicht so viele, bei denen man anfragen kann, denn auch die anderen haben genug zu tun. Das heißt: In einem großen Land wie Deutschland müßten und könnten doch ein paar mehr Jazzkritiker tätig sein, als dies heute der Fall ist. Auch das gehört ja zum Wesen des Jazz, daß, wer sich wirklich auskennt, sich ständig neue Ar-

beitsmöglichkeiten schafft, weil er ständig auf Dinge stößt, mit denen er nicht zufrieden ist und an denen etwas geändert werden muß.
Das alles ist gewiß nicht einfach. Wer es einfach haben will, der gehe, wenn es denn schon die Musik sein muß, in eine der konventionellen Musik-Branchen.
Aber natürlich muß auch die Offenheit der Chefredakteure und Redaktionsleiter gegenüber dem Jazz größer werden. Selbst das Jazzverhältnis unserer Renommierblätter ist das alter Tanten. Nicht nur in den USA, sondern auch in westeuropäischen Ländern wie Frankreich, England, Holland und in den skandinavischen Ländern ist das anders. Die Kampagne der Plattenindustrie in den sechziger Jahren, daß der Jazz die Musik müder Opas sei, war in Deutschland wirkungsvoller als in anderen Ländern (in denen man nur darüber gelacht hat!). Und vor allem: In Deutschland gab es »Kritiker«, sogar »Jazzkritiker« (!), die sich in den Dienst dieser Kampagne gestellt haben. Das hat die Chefredakteure konditioniert. Sie haben noch nicht gemerkt, wieviel sich seither geändert hat: Daß der Jazz – wie im Grunde immer schon, aber heute mehr als je zuvor – die Musik der schöpferischen und beweglichen »jungen Leute jeden Alters« ist und daß diese Leute ihre Leser – und, was noch wichtiger ist, ihre potentiellen Leser! – sind.
Daß man am Anfang – wie es uns allen gegangen ist – seine Skripte von vier oder fünf Redaktionen zurückerhalten wird, bevor es schließlich doch jemand druckt, brauche ich kaum zu sagen . . . Das heißt, man muß es wohl doch sagen, denn die jungen Schreiber glauben heute, daß immer schon jemand bereitsteht, der ihnen gleich ihr erstes Opus mit Freuden und hohem Honorar aus den Händen reißt. Auch den jungen Schriftstellern, den Literaten, den Dichtern geht es in ihren Anfängen nicht anders. Fast alle haben einmal »die Runde gemacht«. Als ich in den vierziger Jahren anfing, über Jazz zu schreiben, habe ich meine Manuskripte so oft zurückbekommen, daß ich sie manchmal neu abtippen mußte, damit man ihnen nicht mehr ansah, über wie viele Schreibtische sie schon gewandert waren.
Damals war alles noch schwieriger als heute. Die Manuskripte, die in den Schubladen verfaulen, obwohl sie es wert wären, gedruckt zu werden, sind heute in den meisten Bereichen eine Angelegenheit der Vergangenheit. Die von Medien besessene Szene der siebziger Jahre ist gefräßiger, als es sich die meisten vorstellen. Junge Talente werden heute nicht mehr zu spät oder gar nicht entdeckt; die Gefahr liegt darin, daß sie zu früh und zu schnell entdeckt werden. Auch dieser Gefahr, die sich dem Talent keinesfalls als Gefahr, sondern als lockende Versuchung darstellt, gilt es zu begegnen.

Bildquellen

Fotos aus dem Archiv J.-E. Berendt

Innenteil:

Katsuji Abe, Tokio: S. 156, 256, 355
Rolf Ambor, Hamburg: S. 28, 157, 176
Pete Ariel, Berlin: S. 239
Archiv Joachim Ernst Berendt, Baden-Baden: S. 88, 132/133, 177, 188, 196, 199, 200, 217, 349, 352, 384, 386
Werner Bethsold, Berlin: S. 336, 337
Jørgen Bo, Kopenhagen: S. 55, 80
Alain Chevrier, Paris: S. 47
Paul Gerhard Deker, Johanneshov: S. 51, 74, 89, 338, 359
Anne Delmas, Paris: S. 252, 254
Mara Eggert, Frankfurt/M.: S. 220
Irene Funk, München: S. 60
Tom J. Gramse, Kassel: S. 32
F. C. Gundlach, Stuttgart: S. 189
Hans Harzheim, Düsseldorf: S. 242
Rainer Hertfelder, Stuttgart: S. 214
Anneliese Heuer, Berlin: S. 333
Horace, Paris: S. 108/109
courtesy: ICOA, New York: S. 328
Max Jacoby, Berlin: S. 98, 266
Jazz im Bild, Hanns E. Haehl, Stuttgart: S. 142, 203, 206
Marek A. Karewicz, Warschau: S. 124
Landesbildstelle, Berlin: S. 390
Robert Lebeck, Frankfurt: S. 46
Attila Melzer, Wankheim: S. 89, 128
Siegfried Pilz, Hamburg: S. 212
Giuseppe G. Pino, Mailand: S. 26, 227
Nigel Rollings, Greenwich: S. 339
Yusoh Sato, Tokio: S. 50
Susanne Schapowalow, Hamburg: S. 191, 209
Hubert Schatzl, Wien: S. 329
Kira Tolkmitt, Hamburg: S. 224
Joel Vandroogenbroeck: S. 238
Josef Werkmeister, Allershausen: S. 116, 166, 261, 264
Stephanie Wiesand, Baden-Baden: S. 24, 128, 230, 244
Anno Wilms, Berlin: S. 33, 54, 128, 233, 341

Schutzumschlag (nach der Reihenfolge der Fotos):

Irene Funk, München
Raymond Ross, New York
Charles Stewart, New York
Paul Gerhard Deker, Johanneshov
Horace, Paris

Register

Zusammengestellt von Achim Hebgen

Der Klassiker für Jazz-Fans

Das berühmte Standardwerk von Joachim Ernst Berendt – reich bebildert, mit einer ausführlichen Discographie – als repräsentative und dennoch preisgünstige Leinenausgabe: für alte und neue Jazzfreunde eine unentbehrliche Ergänzung ihrer Bibliothek.

Joachim
Ernst Berendt
Das Jazzbuch
Von Rag bis Rock
480 Seiten mit
50 Illustrationen
und 40 Seiten
Discographie,
Leinen

Wolfgang Krüger Verlag